国家图书馆年鉴

National Library of China Yearbook

2020

国 家 图 书 馆 出 版 社

图书在版编目（CIP）数据

国家图书馆年鉴 . 2020/ 国家图书馆编 . —北京 : 国家图书馆出版社 , 2021.2
ISBN 978-7-5013-7112-9

Ⅰ . ①国…　Ⅱ . ①国…　Ⅲ . ①中国国家图书馆—2020—年鉴　Ⅳ . ① G259.251-54

中国版本图书馆 CIP 数据核字 (2020) 第 212753 号

书　　名　国家图书馆年鉴 2020
著　　者　国家图书馆　编
责任编辑　高　爽　张　颀　王炳乾　唐　澈
封面设计　北京金书堂文化发展有限公司

出版发行　国家图书馆出版社（北京市西城区文津街 7 号　100034）
（原书目文献出版社　北京图书馆出版社）
010-66114536　63802249　nlcpress@nlc.cn（邮购）
网　　址　http://www.nlcpress.com
印　　装　北京华艺斋古籍印务有限责任公司
版次印次　2021 年 2 月第 1 版　2021 年 2 月第 1 次印刷

开　　本　889×1194　1/16
印　　张　29.75
字　　数　700 千字
书　　号　ISBN 978-7-5013-7112-9
定　　价　580.00 元

撰稿人（按姓氏笔画排序）：

丁　曦　于良杰　于菲菲　卫萌萌　马　骏　马　超　马　静　马学良
马赵扬　王　欢　王　丽　王　洋　王　蕊　王　燕　王　薇　王　融
王　鑫　王会娟　王旭东　王若舟　王佳欢　王彦侨　王桂杰　王婵婵
戈　岳　方　堃　方志达　邓咏秋　平　安　叶　茜　叶升阳　申子超
申庆月　申晓娟　田　颖　田周玲　代　坤　白云娇　白鸿叶　边　靖
毕朦予　师宇腾　吕婷婷　朱　云　朱　莺　朱庆华　任旭明　任思琪
刘　伟　刘　杨　刘　俊　刘　洁　刘　贺　刘　瑛　刘小川　刘术华
刘羽冰　刘丽娜　刘英赫　刘源泓　齐东峰　闫　征　闫　宝　关　月
安　平　安载良　许　璐　孙　乐　孙　倩　孙伯阳　孙保珍　孙梦晖
杜　鹃　李　丹　李　帅　李　伟　李　进　李　杉　李　坚　李　茵
李　洋　李　彬　李　静　李一秀　李子日　李月婷　李文蕾　李东杰
李奇明　李金涛　李莹菲　杨　帆　杨云鹏　杨经玮　杨晓微　杨海帆
肖慧琛　吴　凯　吴　洋　吴澍时　邱奉捷　冷　熠　辛　璐　宋　辰
宋　姝　宋仁霞　宋晶晶　张　玮　张　洁　张　涛　张　雪　张　章
张　辉　张　楠　张　煦　张　鹏　张亚清　张收棉　张红霞　张若冰
张珊珊（典藏阅览部）　张彦希　张美宁　张爱芳　陈　阳　陈　敏
陈　琳　陈英敏　陈国丽　陈莹莹　陈魏玮　邵颖超　武　翰　范梦璐
林世田　季　业　岳小艺　金文昌　周一虹　郑　伟　郑晓雯　屈　凯
孟　征　孟　修　赵　娜　赵　悦　赵　敏　赵　婷　赵　磊（离退休干部处）
赵　磊（保卫处）　赵丹阳　赵金柱　赵建国　赵荣荣　赵爱学　赵媛媛
郝玉凯　郝金敏　荣　杰　胡　泊　胡　洁　胡宏哲　南江涛　钟晶晶
姜　蕴　姜晓曦　洪　琰　宣艺瑶　姚　迎　索　晶　贾　贝　顾　恒
徐　燕　徐晨光　高　爽　高　博　高诗萌　郭　妮　郭　炯　唐　书
唐　龙　黄　晴　黄　静（党群工作办公室）　黄　静（社会教育部）　黄梦洁
曹丽萍　龚　浩　常慧慧　梁　淳　梁钜霄　彭福英　彭增光　蒋宇弘
韩　华　韩　玲　韩　萌　韩　尉　韩　超　韩晔瞳　韩新月　程天舒
敦文杰　谢　丰　谢万幸　谢冬荣　蒙海光　槐　燕　雷　亮　雷　强
雷　蕾　解天龙　解晓毅　蔡　丹　蔡　颖　蔡旭彦　裴书静　廖永霞
樊　桦　潘　竹　潘常青　穆浴阳　魏　然

编辑说明

一、《国家图书馆年鉴》力图系统、全面记录国家图书馆年度事业发展进程，着眼于记录主要事件，反映年度工作，保存重要数据，提供决策参考，服务业界社会。首卷出版于 2011 年，每年编辑出版一卷。

二、《国家图书馆年鉴》由国家图书馆主办，编纂工作由国家图书馆研究院《国家图书馆年鉴》编辑部主持。

三、《国家图书馆年鉴 2020》反映 2019 年国家图书馆事业的发展状况。

四、《国家图书馆年鉴 2020》正文采用分类编辑法。全文由综述、特别记载、基础业务工作、服务工作、国家数字图书馆建设与服务、重点文化工程及项目、文献整理与编辑出版、学术与科研、对外交流与合作、机构与人事管理、党建与群团活动、设施建设与安全保卫、统计资料、重要文件选编、媒体报道、年度大事记以及综合索引等部分构成。

目 录

综 述

综　述

2019年，国家图书馆深入学习贯彻落实习近平总书记给国家图书馆8位老专家回信精神，以“创新发展”为主题，在传承弘扬中华优秀传统文化、服务全民阅读、推动公共数字文化创新融合、引领行业发展、实现跨界合作等领域取得重要突破，圆满完成全年工作任务。

一、深入学习习近平新时代中国特色社会主义思想，全面贯彻新时代党的建设总要求从严从实

一年来，国家图书馆坚持将学习贯彻习近平新时代中国特色社会主义思想贯穿全年工作始终，坚持党的建设和事业发展“两手抓、两促进、两加强”，坚持以党的建设确保业务工作方向不移、道路不偏，坚持以业务工作成效检验党建工作效果，全面从严治党持续向纵深发展，党建水平得到整体提升，为完成全年工作提供了坚强思想保障和组织保障。

（一）党建工作机制不断完善

坚持以党的政治建设为统领，实现馆、处两级领导班子党政同责、一岗双责，进一步完善行政、业务与党建的统筹规划、统筹安排、统筹研究、统筹部署、统筹检查和统筹落实“六个统筹”工作机制。在《国家图书馆章程》中设立中共国家图书馆委员会专章，明确理事会、管理层、党委会的权责关系。制定下发《国家图书馆党委关于落实全面从严治党责任实施办法》，完善全面从严治党制度体系。

（二）基层党组织建设成效显著

制定《国家图书馆党委关于推进党支部标准化规范化建设的实施意见（试行）》，党支部标准化、规范化建设稳步推进。完善党建述职评议考核机制，对标《中国共产党支部工作条例（试行）》，组织开展支部建设情况自查自评。组织各党支部召开专题组织生活会，开展民主评议党员，党组织战斗堡垒作用和党员先锋模范作用不断强化。注重从管理骨干和业务骨干中培养发展党员，全年新发展党员10人，预备党员转正9人。在广泛调研的基础上形成《新时代加强国家图书馆党支部建设的实践与思考》研究报告，获文化和旅游部党建研究成果一等奖。

（三）“不忘初心、牢记使命”主题教育扎实开展

按照中央与文化和旅游部党组部署，深入开展主题教育活动，制订全馆实施方案，组建活动

领导小组，召开动员部署大会，圆满完成“学习教育、调查研究、检视问题、整改落实”各环节工作。以多种形式组织党员干部学习习近平总书记重要讲话精神和党的十九届四中全会精神，在全馆党员干部中增强理论学习的思想自觉和行动自觉，不断深化理解习近平新时代中国特色社会主义思想，扎实开展“四力”教育实践，增强“四个意识”，坚定“四个自信”，做到“两个维护”。充分发挥党委理论学习中心组带动引领作用，馆班子成员带头开展学习研讨、带队深入调研、讲授专题党课。发挥党支部党员学习教育主阵地作用，组建21个年轻干部理论学习小组，充分发挥“学习强国”平台作用，依托“三会一课”、主题党日、主题宣讲等多种形式开展党员教育。

（四）意识形态工作责任全面覆盖

严格落实意识形态工作责任制，牢固树立国家图书馆是重要意识形态阵地的观念。定期专题研究全馆意识形态工作，教育引导全馆党员干部切实增强政治敏锐性和政治鉴别力，确保事业发展的正确政治方向。建立覆盖各业务环节、服务界面的意识形态管理机制，全面加强文献信息资源采访采集、讲座展览、阅读推广、对外交流合作等领域意识形态把控与审核。加强意识形态教育，组织“做好新时代意识形态工作”“舆情危机应对处置”等主题讲座，提高关键岗位员工和馆属企业防控意识形态风险、维护意识形态安全的能力。

（五）党风廉政建设持续推进

严格落实党风廉政建设“两个责任”，积极实践运用监督执纪“四种形态”，抓早抓小、防微杜渐。通过召开警示教育大会、观看警示教育片、实地参观等形式，落实落细中央八项规定精神，通过节前宣传教育、节日期间监督检查，持之以恒纠“四风”，形式主义、官僚主义专项整治成效明显。不断完善财务管理和项目管理制度，强化对政府采购招投标、商务谈判、古籍鉴定及资产处置等事项的日常监督，探索建立对主责部门进行“再监督”的工作机制。严格执行重大事项请示报告制度，重要事项和重大问题均严格按规定程序向文化和旅游部党组请示汇报，全年提交请示报告142件。

（六）各项整改任务落实落地

积极配合文化和旅游部党组巡视工作部署，将其作为对国家图书馆党的建设、事业发展的一次全面检阅，对全馆党员干部队伍的一次政治“体检”，对全馆各方面工作的一次高标准、高质量指导。召开专题馆务会，深入学习党内法规以及党组巡视工作有关制度，学习党中央关于深化政治巡视的要求，学习雒树刚同志在巡视动员部署会上的重要讲话精神，按要求成立巡视工作联络组，全力配合巡视组开展工作。统筹推进中央巡视、中央和国家机关工委推进党的政治建设督查、“不忘初心、牢记使命”主题教育整改、文化和旅游部党组巡视工作，坚持即知即改，立行立改。

二、学习贯彻落实习近平总书记回信精神，推动事业创新发展坚决有力

国家图书馆以学习贯彻落实总书记回信精神为契机，通过学习讨论、制定实施意见、部署专题项目、细化工作方案、建立工作台账等系列举措，着力提升全馆事业发展整体水平。

（一）多管齐下学习习近平总书记回信精神入脑入心

在国家图书馆建馆110周年前夕，习近平总书记给国家图书馆8位老专家回信，充分肯定老专家离退休后仍心系国家图书馆发展和文化事业、对“传承文明　服务社会”初心的坚守，充分肯定国家图书馆110年来在传承中华文明、提高国民素质、推动经济社会发展等方面所发挥的积极作用，并对国家图书馆事业未来发展提出殷切希望。馆领导班子第一时间召开馆务会学习总书记回信精神，并连夜向老专家传达总书记回信。专门印发《国家图书馆关于深入学习贯彻习近平总书记给国家图书馆老专家回信精神的通知》，号召全馆党员干部员工将深入学习贯彻落实习近平总书记回信精神作为当前和今后一个时期的首要政治任务，并对相关工作做系统部署。配合文化和旅游部组织召开全国副省级以上图书馆馆长学习座谈会，并通过召开党委会、全馆员工大会、离退休员工代表座谈会、青年干部座谈会等多层面交流学习活动，组织全馆深入学习领会总书记回信精神。在业界核心刊物策划学习专栏，发表专题学习文章，中国图书馆学会专门印发通知，带动全国图书馆界掀起学习热潮。

（二）多措并举推动习近平总书记回信精神落地落实

为深入学习贯彻落实习近平总书记给国家图书馆8位老专家的回信精神，推动国家图书馆事业创新发展，国家图书馆结合工作实际，制定下发《关于深入学习贯彻落实习近平总书记给国家图书馆老专家回信精神　推动事业创新发展的实施意见》，根据总书记回信要求，围绕深入学习领会习近平总书记回信精神、坚持正确政治方向、弘扬优秀传统文化、创新服务方式、推动全民阅读、增强行业引领能力等六个方面重点任务，研究部署47项专题工作，各项任务均由主管馆领导牵头，制定细化方案，建立工作台账。

结合习近平总书记回信精神，国家图书馆以统揽全局的战略思维，聚焦当前和今后一个时期图书馆事业发展的基础性、战略性、关键性问题，精心组织、科学谋划未来发展。制定下发《国家图书馆发展战略研究工作方案》，部署馆藏发展策略、公共服务策略、数字发展战略等22项研究任务，建立馆领导牵头、相关部处参加、业界专家联动的工作机制。联合中国图书馆学会，制定下发《全国公共图书馆事业发展战略研究工作方案》；联合15家副省级以上图书馆，启动传承弘扬优秀传统文化、基层图书馆发展路径、全民阅读服务、新技术创新应用等13个专题的战略研究。

三、建馆 110 周年系列活动精彩纷呈，新时代国家图书馆精神风貌立体呈现

国家图书馆按照隆重简朴、厉行节约的原则，以“一会一展”为中心，统筹策划开展建馆 110 周年系列主题活动，圆满实现提升服务水平、凝聚行业共识、传承弘扬百年国图精神、汇聚干事创业精气神、展现全馆发展新风貌、提升行业影响力的活动目标。

（一）成功举办“一会一展”，社会影响广泛热烈

“图书馆・与时代同行”国际学术研讨会邀请来自 11 个国家和地区的 35 位知名专家学者及 300 余位业界学界代表，深入学习领会习近平总书记回信精神，交流研讨新时代图书馆事业发展目标与任务，推动国内外学术交流与合作，明确新时期中国图书馆事业的发展方向，以高质量内容策划、高规格嘉宾阵容、高标准会议服务受到广泛赞誉；通过互联网对开幕式及主旨报告进行网络直播，线上观看达 80 余万人次，社会反响热烈。“中华传统文化典籍保护传承大展”力求为公众展示源远流长、博大精深的中华典籍文化和一脉相承的中华民族精神追求，共展出来自 20 余个省 40 余家单位和 30 余位私人藏书家的 330 余件珍贵古籍善本，接待观众近 56 万人次，展品数量规模之大、品种类型之多、文物价值之高，在同类展览中均属鲜见。

（二）传承百年国图精神，激发团结奋进力量

举办主题升旗仪式，激发全体员工爱国爱馆热情，增强职业认同感、自豪感和荣誉感。上线建馆 110 周年专题网站，截至 2019 年底访问量达 483 万人次。编辑出版《国家图书馆同人文选・第五辑》，全面展示近十年国家图书馆学术研究成果。“古籍保护传承宣传长廊”完整呈现中华古籍传承历史和国家图书馆百十年发展历程。“聚力文化惠民　共建数字中国”主题展览生动展示近年来公共数字文化建设成果。“总馆南区夜景照明改造工程”充分展现国家图书馆的建筑魅力、人文内涵和文化底蕴。制作纪录片《口述国图》，致敬老一辈图书馆人恪尽职守、爱岗敬业、甘为人梯、无私奉献的职业精神，此片在 2019 中国（广州）国际纪录片节首映，引发社会公众情感共鸣。

四、国家文献信息资源总库与总目建设有序推进，立体化馆藏文献信息资源体系逐步形成

一年来，国家图书馆在进一步夯实各类型传统文献资源建设的基础上，以构建立体化资源体系为中心，积极探索活态记忆资源、网络信息资源融入现有馆藏体系的路径，进一步提升国家图书馆完整保存和立体呈现新时代中华文明发展变化和时代特征的能力。

（一）国家文献信息资源总库规模、结构、质量协调发展

全年入藏各类型文献135万册/件，馆藏文献总量达4036万册/件。文献交存工作稳步推进，中文图书、期刊、报纸、电子出版物交存率分别达78.4%、95.4%、70.7%和89.1%，外文期刊、报纸交存率分别达97.8%和100.0%，总体较去年有所提升。数字资源存储总量达2158.83TB。外购数据库251个，完成馆藏文献数字化36755种、视频资源数字化1526小时，采集网站558个，建设专题网站17个，加工水文、西夏文等19个民族文字古籍数字化资源33万拍，永青文库捐赠汉籍数字化资源33.2万拍。传统介质资源与数字资源协调互补的资源体系日趋完善。

启动国家图书馆互联网信息战略保存项目，在新浪建立首个试点基地，对其全平台内容进行系统保存，“2000亿条微博被国家图书馆保存”成为新浪微博热议话题，5天阅读总量达3亿次。法文版《论语导读》、郑振铎等抢救流散香港文物往来信札、新中国70年纪录片百部推荐典藏作品、杨晦手稿等一批珍贵文献入藏。依托“中国记忆”项目，采集国家功勋模范人物、东北抗联等口述史料、影像资料804.5小时，“我们都是追梦人——当代追梦故事征集计划”征集社会公众个体记忆文本3000余篇。

（二）国家文献信息资源总目建设基础不断夯实

着力提升各类型文献信息资源的统一检索和整合揭示能力，全年制作书目数据近69.8万条，发布自建数字资源920.8GB。文津搜索系统优化版上线运行，实现5563余万条数据的入库揭示及121万条数字资源与馆藏实体资源的整合挂接，文津搜索数据总量达到3.8亿条。建设云发布系统，完成156万余种图书、11万首音频、1万余场视频数据的迁移和发布。基于资源描述与检索编目标准（RDA）对图书馆自动化管理系统（ALEPH500）进行优化调整，并向RDA理事会提交本地化实施报告。开展跨语种规范控制研究，提出工作方案并开展可行性测试。建设《中国分类主题词表》互联网维护系统，完成关联数据转化及平台测试。

（三）国家文献信息资源典藏保护能力持续增强

通过文献修复、缩微拍摄、入库管理、关键技术研究等多种手段提升文献保存保护水平。全年修复各类纸质文献10212册/件，其中包括“天禄琳琅”专项74册/件、西夏文献20册/件；修复缩微胶片1250卷。实现172TB数字资源的长期保存和198TB灾备中心数据备份。完成善本缩微胶片数字化加工50.75万拍、缩微拍摄239余万拍。“文献批量整本脱酸技术关键因素研究”项目获文化和旅游部重点实验室资助。国家图书馆国家文献战略储备库建设项目完成工程初步设计和投资概算评审、项目场地平整及各专项设计工作，继续在承德县承租临时周转库房，累计迁入近1300万册文献，周转库管理安全有序。

五、专业化信息服务能力显著提升，公共文化服务提质增效

一年来，国家图书馆坚持围绕中心、服务大局，积极为国家立法决策和重大发展战略提供专业化信息与知识服务，积极为社会公众学习知识、提升素养提供高质量文化产品与服务，国家级文献信息服务机构作用得到充分发挥。

（一）立法决策服务效益凸显

全年为党政军提供咨询服务2405件；编制经济、文化、外交、国防、民政、海外智库等领域专报12种853期，其中《探寻粤港澳大湾区协调发展之路》被中央某机关选用为优秀稿件。人大代表服务平台和政协委员服务平台点击量实现稳步增长，发放政协委员阅览卡1484张。举办部级领导干部历史文化讲座12场，服务近2000人次，国务院副总理孙春兰9次参加，对讲座选题及内容给予高度评价。受外交部委托，遴选并推荐中国历史文化等相关图书25种，其中7种被选中。打造“文旅阅读空间”，通过开发移动图书管理系统，设立图书阅览区、漂流书架和智能书柜，为文化和旅游部机关干部职工提供优质便捷阅读服务。为中央某机关建设数字图书馆。整合海洋专题馆藏资源，打造海洋专题数据库。就建设国家图书馆军事科学院分馆与有关方面达成初步合作意向。

（二）全民阅读服务出新出彩

以公众需求为导向，深入开展全民阅读服务，特色服务品牌社会效益显著。“4·23世界读书日”期间，国家图书馆与中国图书馆学会首次联合全国3039家图书馆，向社会公开发布“服务全民阅读　共创美好生活”活动倡议，在全国同步开展同城共读、扫码看书、中华传统典籍阅读竞答等系列活动，活动规模、质量及社会影响力均创新高；依托新浪微博、腾讯、喜马拉雅等社交媒体，搭建交互开放式阅读服务平台，抖音账号上线仅8天累计访问量就超过100万次，被《光明日报》文艺评论周刊点赞，称其“内容独特、创意精妙”；专设“世界读书日”网页，通过“邂逅典籍”“好书共读”“大师微讲堂”等栏目提供精品馆藏品读。联合中国图书馆学会在全国开展“读好书·爱中华”主题阅读活动，采取线下线上相结合的方式，以移动终端服务为重点，通过荐读导读、经典诵读、主题征文、主题展览等形式，向公众推荐好书、解读经典。“国图公开课”全年共发布226期，累计时长150小时，平台年点击量达7704.1万次，互联网和专网直播34次；经典课程资源通过“学习强国”平台提供服务；“纪念司马光诞辰一千周年——千年回望司马光”活动通过新浪网、凤凰网等平台直播，超过140万人次观看。组织第十四届文津图书奖评选，评出获奖图书10种，推荐图书40种，参评书目历年最多，参评出版社224家（比上届增长40%）；联合北京人民广播电台推出两期“文津图书奖专题直播活动”。“M地铁·图书馆”项目推出“异乡·吾乡”“人无再少·书可重读”“家庭阅读汇”等专题资源，开展线上“家庭朗读大赛”。“文津经典诵读”项目推出微课堂视频版块，举办“四季读诗　品味生活”系列诗词文化活动。

（三）国家典籍博物馆发展动能强劲

国家典籍博物馆展陈题材不断拓展，展陈手段日趋丰富，全年举办“中华传统文化典籍保护传承大展”“凡是国宝都要争取——郑振铎等抢救流散香港文物往来信札入藏纪念展”“妙法天成——细川护熙书法展”等专题展览23场，接待公众参观130.16万人次。依托丰富的馆藏资源，开设典籍课堂、经典典籍读书班、我是小小讲解员等特色课程，研学活动服务16100人次，获2019年北京市中小学生社会大课堂资源单位资格。“亚洲非遗大展”“甲骨文记忆展”等被列入亚洲文明对话大会“亚洲文明联展”。“国家图书馆藏《永乐大典》文献展”获“全国博物馆十大陈列展览精品推介”优胜奖，“甲骨文记忆展”入选全国博物馆陈列艺术成果交流。与“中华古籍保护传承大展”配套的“古籍保卫局”之“山海社的宝藏”实景解谜游戏引发读者参与热情，社会反响强烈。

（四）到馆服务体验提档升级

全年共接待到馆读者近577.1万人次，解答各类咨询近87万件，文献流通近2463.36万册次，其中培训、讲座、参观、展览、演出等各项社会教育活动共接待读者182.33万人次，与2018年相比增加40.36%。举办低幼“悦”读会、新书故事会等活动，改造升级少儿馆数字共享空间，新增设朗读亭、低幼阅读桌、简笔画触摸屏等体验设备，全年共接待少年儿童读者34.8万人次。为老年读者提供放大镜、老花镜等阅读辅助用具，打造“老年文化节”读者活动品牌，举办“关爱夕阳”老年课堂培训24场，累计培训老年读者2800余人次。文津讲坛迎来第1000期，成为深受京城百姓喜爱的讲座品牌。

（五）科技创新服务稳步推进

扎实推进面向科技创新的专业服务，全年完成各类信息咨询11353件；接受文献传递、馆际互借、国际互借请求44725件，满足率77.7%。国家图书馆科学评价中心为多家科研机构提供科学评价报告，编制《京津冀协同创新分析报告》2019年版。筹建国家图书馆知识产权信息服务中心，完成前期调研论证和建设规划。

六、现代信息技术赋能服务业态创新，在线服务呈现新气象

一年来，国家图书馆以公众需求为导向，以公共数字文化工程融合创新发展为重点，依托新媒体、新技术创新服务内容和服务形式，有效提升公共文化服务的供给数量、覆盖范围和智能化水平。

（一）公共数字文化工程融合创新初见成效

根据文化和旅游部党组总体部署，会同文化和旅游部全国公共文化发展中心建立协同工作机

制，成立标准规范、资源建设、平台搭建和培训推广等 7 个联合工作组，圆满完成实施方案要求的年度各项任务，实现工程统一称谓、统一标识、统筹管理，融合发展初步效益明显。建立统一标准规范框架，研制 11 项亟须适用标准。搭建统一平台，打造“文旅 e 家”两微一端服务品牌。升级用户管理系统和唯一标识符系统，形成用户池和资源池。梳理盘活已建数字资源 2.2 万 TB，初步形成公共数字文化资源服务总目录。采购、定制音视频资源 5133 小时，开发微讲座、改造精品讲座 200 场。统筹开展基层数字文化资源配送，向县级和乡镇基层点配送资源 5TB。拓展社会化合作，在喜马拉雅平台开通“文旅之声”账号，总播放量 2400 万次，获评 2019“年度新锐主播”；在“学习强国”平台设立“数字文化”学习强国号；与强军网建立军民融合合作共建试点。举办专题培训班 16 期，在线培训超过 10 万人次。

（二）多终端、全媒体、智能化服务格局不断拓展

实施门禁智能化升级改造，向到馆读者提供人脸识别、扫码入馆、扫码借书、手机端小额金融支付等服务。数字图书馆体验区经过改造，打造数字“魔墙”，提供虚拟现实和增强现实阅读、人工智能机器人、5G 应用等新科技互动体验，并入选“2019 年文化和旅游装备技术提升优秀案例”。“国图公开课”经典课程资源通过“学习强国”平台提供服务，开设“国家图书馆学习强国版”学习平台，为广大党员和社会公众提供优质传统文化学习资源。调整优化国家图书馆网站，新增“每日课堂”，全年网站点击量 8.1 亿人次，手机门户访问量 1.2 亿人次。优化升级数字图书馆运行管理平台，收割全国 2900 多家公共图书馆基本运行管理数据。国家图书馆官方微博获评“微博十年特别贡献 · 创新”奖，官方微信订阅号获评第四届“大众喜爱的 50 个阅读微信公众号”，国家数字图书馆 APP 获“五个一百”网络正能量榜样称号。

七、重点文化工程稳步实施，传承弘扬中华优秀传统文化卓有成效

一年来，国家图书馆以牵头实施的各项重点文化工程项目为抓手，创新工作思路，提升工作水平，着力推动中华优秀传统文化创造性转化、创新性发展，社会效益显著。

（一）中华古籍保护计划推进有力

完成第六批《国家珍贵古籍名录》和全国古籍重点保护单位评审工作，拟入选古籍 752 部，全国古籍重点保护单位 23 家。全国古籍普查登记共完成 270 余万部另 18000 函，占预计总量的 90% 以上，发布普查登记目录 77 余万条，出版《全国古籍普查登记目录》15 部 15 册。“中华古籍资源库”联合全国 19 家图书馆发布古籍数字资源 7200 余部，全国古籍数字资源发布总量累计超过 7.2 万部 / 件；“海外中华古籍书目数据库”累计收录书目数据 80 余万条。深入推进“三位一体”人才培养模式，增设 4 家古籍修复技艺传习所、3 家传拓技艺传习所，国家级古籍修复技艺传习中心全国附设传习所累计达 32 家；启动“古籍保护系列培训教材”编纂工作，举办培训

班22期，培训902人次。“中华古籍普查文化志愿服务行动”拓展到全国19个省，帮助基层单位整理编目古籍约21万册/件，江西、云南、西藏普查志愿服务被列入2019年“春雨工程——全国文化志愿者边疆行”重点需求项目。在全国倡导发起“中华传统晒书大会”，通过晒国宝、晒经典、晒技艺、晒传统等丰富多彩的活动，传播爱书护书观念，光大典籍保护传统。

（二）革命文献与民国时期文献保护计划进展顺利

文献普查工作不断深入，新增民国时期书目数据1.4余万条，升级改造民国时期文献普查平台，实现革命文献、民国时期连续出版物普查数据的发布与展示，出版《民国时期图书总目·社会科学总论》。评审立项文献整理项目56项，全年出版图书404册，累计出版6636册。征集入藏2.5万页海外藏中缅印战区抗战历史档案，完成“西南太平洋战区日本战争嫌犯讯问档案”1.2万页对象数据加工、整理及验收工作，建成“日本细菌战资源库”。完成民国时期图书缩微胶片数字化200余万拍。组织革命文献与民国时期文献保护计划系列宣传推广活动暨民国时期文献保护工作高级研修班，培训409人次。

（三）典籍整理出版规模效益逐步呈现

《中华传统文化百部经典》编纂项目首批10种图书获第七届中华优秀出版物奖，中宣部领导做重要批示；全年新出版《荀子》《楚辞》《战国策》《西厢记》等15种图书，累计出版书目达30种。《鲁迅手稿全集》文稿编、译稿编、书信编、日记编、辑校古籍编、辑校金石编基本完成编纂工作，附录编基本完成出版目录整理。国家传统文化典籍整理工程之《丝绸之路研究论著提要》《天津图书馆藏敦煌文献》等3部成果正式出版，《中国历代海洋文献丛刊》《中国国家图书馆藏西域文献中藏文文献的整理与研究》等4部成果交付出版，启动“全国图书馆藏新民主主义革命时期中共党史文献整理与研究”子项目。与阳明文化（贵阳）国际文献研究中心等合作建设的数字王阳明资源库全球共享平台正式上线，出版《王阳明文献普查目录》等成果。中国记忆项目出版物《一生一事——顾方舟口述史》和国图公开课出版物《汉字与中华文化十讲》获评“中国好书”。

八、科研工作与人才队伍建设取得新进展，对事业发展的支撑作用有效发挥

一年来，国家图书馆以建立适应事业发展需要的人才队伍和研究体系为重点，进一步推动事业发展与科研工作、人才队伍建设的协同融合与良性互动，作为全国图书馆发展研究中心的履职能力持续提升，人才队伍建设取得新成绩。

（一）人才队伍结构不断优化

根据业务发展需要调整内设机构，更名科组1个，撤销科组1个，调整后的部处内设机构共

114 个，协调机构共 11 个。不断完善选人用人机制，提高选人用人的科学化水平，完成 6 名处级干部、58 名科级干部、9 名馆属企业管理岗位人员的聘任和职务调整工作。接收高校应届毕业生 28 人，军转干部 2 人。推荐晋升高级职称 18 人，晋升或转任副研究馆员 55 人，全馆高级职称人员比例 35.68%。员工获评文化名家暨“四个一批”人才、宣传思想文化青年英才、全国维护儿童权益先进个人、全国阅读推广特别贡献人物等荣誉。

（二）科研工作成果丰硕

获批省部级以上科研项目 8 项，博士后面上资助二等项目 1 项，立项资助馆级科研项目 34 项，文津出版基金项目 3 项。获评全国文化和旅游系统 2018 年度十佳调研报告 1 项，优秀调研报告 2 项。“公共数字文化标准体系研究”被列入文化和旅游部 2019 年度重点调研选题。受文化和旅游部公共服务司委托，开展公共图书馆文献信息处置制度、公共图书馆年报制度等法律配套制度研究。举办第六届全国文献编目工作研讨会、国家图书馆第四届青年学术论坛等学术会议。组织编纂《中国图书馆年鉴》《中国图书馆事业发展报告》，主办《中国图书馆学报》《文献》《国家图书馆学刊》等学术刊物，成为促进业界学术交流和实践研究的重要学术平台。依托全国图书馆标准化技术委员会、全国文献影像技术标准化技术委员会，申请立项国家标准和行业标准 7 项、标准化研究项目 2 项，制定发布标准 1 项，发布实施《全国文献影像技术标准化技术委员会标准档案管理办法》。

九、跨界融合发展多点突破，开创合作共赢局面展现新作为

一年来，国家图书馆坚持提升面向图书馆界提供业务指导和技术支持的履职能力，配合国家重大外交战略，积极拓展国内外交流合作，适应跨界融合发展新趋势，统筹谋划与相关领域机构的战略合作，为国家图书馆事业开辟更广阔的发展空间。

（一）多领域跨界合作揭开新篇章

与新浪集团就互联网信息战略保存达成合作意向，并将其微博资源纳入国家文献信息资源总库长期保存。与华为技术有限公司合作建设联合创新实验室，开展新技术应用研究。与新华书店总店等签署战略合作协议，联合推进图书馆、出版社、书店互联互通、融合发展，共同服务全民阅读。与中国图书进出口总公司、喜马拉雅、北京市公园管理中心、中信出版集团、中国动漫集团等商议推进战略合作事宜，推动形成优势互补、合作共赢的发展局面。启动文创“品牌发展计划”，上线“全国图书馆文化创意产品开发一体化平台”“全国图书馆文化创意产品开发联盟天猫旗舰店”，联合天猫商城推出“新文创、新阅读”系列活动。全国图书馆文化创意产品开发联盟项目成果入选 2019 年“全国大众创业万众创新活动周”展示。举办全国图书馆“典籍杯”优秀文创产品设计大赛，征集作品 2000 余件。

（二）行业交流合作实现新发展

举办第十五届省、自治区、直辖市、较大城市图书馆馆长联席会议。组织文献采访、联合编目、馆际互借、文献传递、参考咨询、缩微技术等业务领域交流与培训80场，为基层图书馆培训专业人员近13万人次。全国联合编目中心新增成员馆268家，上传数据68.15万条，下载数据1088.79万条。全国图书馆文献缩微复制中心启动成员馆善本缩微胶片数字化异质保存项目，完成国家母片库库房醋酸片核查工作，成员馆数转模年产量超过20万拍。编制《全国少年儿童图书馆（室）基本藏书目录（2019）》。深入开展文化精准扶贫，以选派优秀干部挂职锻炼、“订单式”人才援藏等形式，为西藏地区图书馆提供专业指导和技术支持。组织“我们的中国梦——文化进万家”文艺小分队下基层活动，为云南、广西和河北基层图书馆送书扶智。支持中国图书馆学会组织召开2019年中国图书馆年会、“中国图书馆学会成立40周年”主题论坛、全国县级图书馆馆长研习班等活动，支持中国古籍保护协会成立“古籍专家鉴定委员会”“古籍修复技艺专业委员会”。

（三）国际及台港澳交流合作呈现新气象

派员参加第85届国际图联大会、第二十七届亚洲和大洋洲地区国家图书馆馆长会议、第二届丝绸之路国际图书馆联盟论坛等国际性会议10次、台港澳学术会议5次。组织召开中英图书馆论坛、第三届中国与阿拉伯国家图书馆及信息领域专家会议，举办东南亚图书馆员研修班。与摩洛哥国家图书馆等签署合作协议，《中国国家图书馆与法国国家图书馆合作协议（2019—2021）》被纳入2019年中法高级别人文交流机制第五次会议合作成果。与葡萄牙共同主办“汉文文书——东波塔档案中的澳门故事”展览，与日本永青文库合作举办“妙法天成——细川护熙书法展”。推进“中国阿拉伯国家数字图书馆”建设，中国文化中心数字图书馆提供线上服务。全年接待来访43批次396人次，组织出国（境）访问27批次87人次。

十、管理运行机制持续优化，综合治理水平明显提高

一年来，国家图书馆坚持底线思维，加强统筹管理，完善工作机制，凝聚发展共识，创新宣传手段，综合保障与管理水平稳步提升，为完成全年工作奠定坚实基础。

（一）法人治理结构改革试点工作步入正轨

结合国家图书馆实际进行法人治理结构改革工作制度设计，配合文化和旅游部组建国家图书馆第一届理事会，召开两次工作会议，审议通过《国家图书馆章程》《国家图书馆理事会议事规则》，圆满完成文化和旅游部党组交办的改革试点阶段性任务，为在全国推进改革工作提供经验借鉴。

（二）内部管理制度体系进一步完善

坚持民主集中制原则，全年召开馆务会53次、馆长办公会49次。制定《国家图书馆馆长特

别奖评选办法》《国家图书馆"改革发展和党的建设宣传工作先进集体和个人"评选办法》，完善荣誉制度。全年财政预算9.20亿元，其中当年预算8.22亿元，当年预算支出7.75亿元，预算实际执行进度94.28%，在文化和旅游部财务司开展的财务考评中评定等级为"优"。制定《国家图书馆采购代理机构管理工作办法》《国家图书馆大额资金使用管理规定（试行）》，修订《国家图书馆财务管理办法》，完善内部管理制度。完成会计凭证录入审核工作，新个人所得税扣缴和职业年金补缴工作顺利推进，实现职业年金当期缴费。完成"馆领导离任经济责任审计""'三公'经费和会议费专题审计"等9项专项审计工作。规范并完善采购代理机构管理，完成43个项目的政府采购招标工作、67个馆定集中采购项目的商务谈判工作。介入、处理11件重点诉讼案件，全方位推进商标注册保护，依法依规治馆成效显著。

（三）新时代"国图故事"影响广泛

媒体宣传热点亮点频出，争取到中央电视台、中央人民广播电台、湖南广播电视台免费为国家图书馆量身制作宣传片。央视《国家记忆》栏目推出专题片《国图风云志》，湖南卫视《时光的旋律》大型纪录片重点推介国家图书馆读者服务，央广文艺之声推出国图专栏。全年宣传报道总数突破2万条，再创新高；组织集中宣传活动70余次，发布平面媒体专版25个，进行新媒体直播19次。"2000亿条微博被国家图书馆保存"话题首次进入新浪微博热搜。与新浪微博策划推出"全民读书季"话题，阅读量突破8.7亿次，成为国家图书馆首个亿量级网络互动话题。光明网主播带网友探访"中华传统文化典籍保护传承大展"视频直播点击突破200万次。多项活动得到央视《新闻联播》报道，特别是"国家图书馆藏《永乐大典》"和"甲骨文记忆展"得到《新闻联播》重点推介。《国家图书馆通讯》通过微信发布，改版后推送文章数量增长57%，阅读量增长285%。信息报送被采用量排名位居部直属单位第一，《每日舆情摘报》之"7.2万余部古籍数字资源公众可免费阅览"得到文化和旅游部部长雒树刚重要批示。

（四）出版社及馆属企业管理运行规范高效

出版社及馆属企业坚持把社会效益放在首位，实现社会效益和经济效益双丰收，为国家图书馆事业发展做出积极贡献。国家图书馆出版社全年共出版图书327种，2种出版物获"第七届中华优秀出版物奖"，4种出版物被评为"全国古籍出版社年度百佳图书（2018）"；获"北京典籍与经典老唱片数字化出版项目专项资金"资助1项；举办出版社成立四十周年系列活动。国图艺术中心全年共举办各类公益活动108场，开展演出经营活动285场，北京文化艺术基金荣庆学堂项目结项。国图酒店圆满完成各项会议接待任务，顺利完成食堂运营交接。北图文化发展中心对外承接冬奥主题图书馆等20余家公共文化场馆的运营管理，雅集书院举办公益讲座、活动20场。"国图书店图书专营店"入驻天猫商城，图书馆建筑模型等系列文创产品广受好评，《翰墨书香》智能书法文具盒销量累计达1万套；编辑《中国历代图书总目·艺术卷》；运营紫竹院公园友贤山馆，探索具有文化特色的阅读空间经营模式。国家图书馆创新打造800余平方米的创意空间，培育新型文化场景式消费业态，开通"国家图书馆天猫旗舰店"，开发馆庆系列、传世经典系列、

“敦煌莲花包”等文创产品60余种，积极探索众筹等新型营销模式。

（五）安全风险防控有力

严守安全红线，狠抓安全管理，将读者安全、文献安全、职工安全、馆区设施设备安全、网络安全放在安全生产工作首位，通过举办安全培训、开展安全演练、组织安全知识答题等方式，提高全馆防控事故能力和消防“四个能力”建设水平；增设“文明督导员”进行馆区控烟巡视；根据文化和旅游部消防安全督导组意见逐项整改；在国务院安委会考核巡查中名列北京市榜首。定期开展网络风险排查及系统安全加固，对重要网站及信息系统开展24小时监测，加强重要节点网络安全保障，阻断互联网高风险事件3000余万次，拦截垃圾邮件188余万封，全年未发生1起网络安全事故。

（六）后勤保障精细务实

圆满完成全馆及各类重要活动的供电、供水、供暖、空调、医务、收发、保洁、车辆管理等服务保障任务，中央空调安全运行5592小时，10个新能源汽车慢速电桩投入使用。营造绿色清新、健康洁净的馆区环境，高标准通过“健康教育与健康促进”和“病媒生物预防控制”市级专家组验收。完成南区文园、思园绿化修缮及北区扶梯、少儿馆东侧道路整体翻修大修、馆区楼宇墙体粉刷及景观绿化美化、数据中心和四库全书库空调系统改造等工程，全面改善馆区环境。加强对物业公司的监督管理和工作考核，为营造良好的事业发展环境提供可靠保障。

（七）组织凝聚力持续增强

充分发挥群团组织作为党关心群众、团结群众的桥梁纽带作用，营造积极向上的群团工作风貌。召开第二届职工代表大会第八次、第九次全体会议。举办第十三届员工运动会，开展群众性健身活动。开展“青春心向党·建功新时代”“重温入团誓词”等主题活动，组织团员青年参加纪念任继愈先生逝世10周年缅怀祭扫活动。参加“我爱你中国”中央和国家机关青年手机摄影大赛并获优秀组织奖。组建馆庆系列活动文化志愿服务队，依托“志愿北京”平台，运行志愿服务项目30个，参与志愿服务2500余人次，累计服务时长28300小时。

多举措切实关怀员工生活，全方位营造和谐氛围。食堂经营成功转型，建立自行采购食材、全方位监管食品加工制作和食堂就餐秩序的工作机制，举办4期美食节，让员工吃得安全、吃得健康。员工收入实现稳步增长。制作新馆服，以全新风貌迎接110周年馆庆。关心员工身体健康，调整体检预约模式，增加体检项目，延长体检时间，在馆区配置自动体外除颤器。面向女员工、青年员工等特定人群开展摄影比赛、亲子互动、升学政策讲座等活动。面向有特殊困难的员工开展“送温暖”活动。举办离退休党支部党小组长及协管工作骨干培训，开展“听老党员讲故事”等活动，引领老同志在新形势下进一步坚定理想信念，勇担时代使命。关心离退休员工家庭就医、救助等实际需求，探视慰问住院及生病人员、特困人员等共计218人次。举办首届离退休社团新春联谊会，组织新春团拜会、老同志春秋游活动，支持离退休员工参与摄影、舞蹈、合唱、乒乓球等各类文体活动，践行文化养老理念。

特别记载

- 国家图书馆深入学习贯彻落实习近平总书记回信精神
- 国家图书馆开展“不忘初心、牢记使命”主题教育
- 国家图书馆举办建馆110周年系列纪念活动
- 国家古籍保护中心组织第六批《国家珍贵古籍名录》和“全国古籍重点保护单位”评审工作
- 国家图书馆联合中国图书馆学会面向全国图书馆发布“服务全民阅读　共创美好生活”活动倡议
- 国家图书馆互联网信息战略保存项目启动
- 第十四届文津图书奖获奖图书揭晓
- 文津讲坛举办1000期系列纪念活动
- 国家图书馆与华为技术有限公司合作建设联合创新实验室
- 国家图书馆第一届理事会成立
- 第十五届全国省、自治区、直辖市、较大城市图书馆馆长联席会议召开
- 2019中英图书馆论坛召开
- 国家图书馆出版社建社四十周年系列活动
- 国家图书馆二期数据中心和四库全书库空调系统改造完成
- 重大展览
- 新入藏珍贵文献

特别记载

一、国家图书馆深入学习贯彻落实习近平总书记回信精神

习近平总书记给国家图书馆8位老专家的回信

丁瑜、薛殿玺等同志：

你们好！来信收悉。你们离退休后仍心系国图发展和文化事业，体现了你们对“传承文明、服务社会”初心的坚守。

110年来，国家图书馆在传承中华文明、提高国民素质、推动经济社会发展等方面发挥了积极作用。一代代国图人为此付出了智慧和力量。在此，我向国图全体同志致以诚挚的问候。

图书馆是国家文化发展水平的重要标志，是滋养民族心灵、培育文化自信的重要场所。希望国图坚持正确政治方向，弘扬优秀传统文化，创新服务方式，推动全民阅读，更好满足人民精神文化需求，为建设社会主义文化强国再立新功。

习近平

2019年9月8日

在国家图书馆建馆110周年前夕，中共中央总书记、国家主席、国家军委主席习近平同志给国家图书馆8位老专家回信，充分肯定老专家离退休后仍心系国家图书馆发展和文化事业、对“传承文明　服务社会”初心的坚守，充分肯定国家图书馆110年来在传承中华文明、提高国民素质、推动经济社会发展等方面所发挥的积极作用，指出“图书馆是国家文化发展水平的重要标志，是滋养民族心灵、培育文化自信的重要场所”，并对国家图书馆事业未来发展提出殷切希望，要求国家图书馆“坚持正确政治方向，弘扬优秀传统文化，创新服务方式，推动全民阅读，更好满足人民精神文化需求，为建设社会主义文化强国再立新功”。这是总书记首次就图书馆事业专门做出重要论述，充分体现以习近平同志为核心的党中央对国家图书馆工作，乃至全国图书馆事业、文化事业的高度重视。馆党政领导班子积极回应，多措并举，在全馆并联合中国图书馆学会在全国图书馆界掀起学习贯彻落实习近平总书记回信精神的高潮。

（一）开展多层面学习讨论，组织全馆干部员工深入学习领会总书记回信精神

9月8日晚，接到消息的第一时间，国家图书馆就按照中共中央办公厅要求和文化和旅游部部长雒树刚的具体安排，连夜向老专家传达习近平总书记的回信。同时召开馆务会，馆班子成员和有关部处负责人一同集体学习总书记的回信，并结合110年馆庆系列活动部署有关学习工作。9月9日下午，新华社刊发报道——《习近平给国家图书馆老专家回信强调　坚持正确政治方向　弘扬优秀传统文化》。当晚，在“传承文明·与时代同行”国家图书馆建馆110周年音乐会上，

向在场的国家图书馆员工和参加“图书馆·与时代同行”国际学术研讨会的国内外专家学者进行传达。9月11日，再次召开馆务会，研究部署全馆学习贯彻落实习近平总书记回信精神的总体安排。9月12日，印发《国家图书馆关于深入学习贯彻习近平总书记给国家图书馆老专家回信精神的通知》，号召全馆党员干部员工将深入学习贯彻落实习近平总书记回信精神作为当前和今后一个时期的首要政治任务，并对相关工作做系统部署。

9月12日，组织召开部分离退休员工代表座谈会，畅谈学习习近平总书记回信精神的体会和收获，讲述国家图书馆近些年取得的发展成就和巨大变化，围绕“不忘初心、牢记使命”谈如何为图书馆事业的繁荣兴盛贡献力量，馆长饶权出席座谈会并讲话，王婷、李致忠等15位离退休员工代表以及相关部处主要负责人参加会议。饶权强调，近年来，在历届馆领导班子的谋划以及全体员工的努力拼搏下，国家图书馆各项工作取得令人振奋的好成绩，事业发展持续呈现总体向好趋势。当前图书馆事业正处在转型发展的关键时期，转型发展的方向、目标、路径都亟待研究、探索，也非常需要凝聚老同志的智慧资源和丰富经验，为推动国家图书馆事业发展实现新突破贡献力量。老同志们纷纷表示要继续发挥表率作用，坚守初心，沿着总书记指引的方向坚定前行，不辜负总书记的厚望和重托，为建设社会主义文化强国贡献力量。

9月16日，组织召开深入学习贯彻习近平总书记给国家图书馆老专家回信精神大会。会议由党委书记、副馆长魏大威主持。馆长饶权向全馆员工全文宣读习近平总书记给国家图书馆8位老专家的回信，并就国家图书馆学习贯彻落实总书记回信精神，坚守初心、牢记使命，凝心聚力推动事业创新发展做出明确部署，号召各部门、各支部、每位员工把学习贯彻习近平总书记的回信精神作为当前和今后一个时期的重要任务，自觉把思想和行动统一到总书记回信精神上来，进一步深化主题教育成果，深入推进国家图书馆事业创新发展，以实际行动回报总书记的关心关怀，为推动中国特色社会主义文化事业大发展、大繁荣做出新的更大贡献。

9月20日，组织召开学习贯彻习近平总书记回信精神青年干部座谈会，深入学习贯彻习近平总书记给国家图书馆老专家回信精神，馆长饶权主持会议并讲话，来自业务管理处等部处的14位青年代表以及相关部处主要负责人参加座谈。青年代表们立足本职，围绕文献资源建设、读者服务、古籍保护、新技术应用、青年人才队伍建设等方面的工作各抒己见，结合国家图书馆事业发展中面临的具体问题积极诚恳地提出意见和建议。饶权在讲话中指出，总书记的殷切期望、殷殷嘱托，最终要靠每一位国图人，特别是每一位国图青年通过长期不懈的努力拼搏奋斗来实现，希望各部门的青年管理干部和业务骨干，要深入学习贯彻习近平总书记给国家图书馆老专家回信精神，肩负起时代赋予的重任，为推动国家图书馆事业创新发展再立新功。同时对青年干部提出5点要求：坚定理想信念，提高政治站位；坚持人民立场，牢记初心使命；坚持学习，克服“本领恐慌”；坚持修身律己，锤炼高尚品格；坚持真抓实干，敢于担当作为。

此外，各部门、各支部也以部门全体会议、科组会议、党支部全体会议、党小组会议等方式，结合部门业务实际、个人岗位工作，开展内容丰富的学习交流活动。

（二）加强统筹部署，务实推动习近平总书记回信精神落地落实

根据《国家图书馆关于深入学习贯彻习近平总书记给国家图书馆老专家回信精神的通知》要求，各部门立足工作实际，面向国家图书馆事业和全国图书馆事业发展大局，积极谋划创新项目，深入研讨贯彻落实习近平总书记回信精神的思路举措，分别提出阶段性学习总结和贯彻落实工作方案。在此基础上，馆内于11月2日印发《关于深入学习贯彻落实习近平总书记给国家图书馆老专家回信精神　推动事业创新发展的实施意见》，围绕深入学习领会习近平总书记回信精神、坚持正确政治方向、弘扬优秀传统文化、创新服务方式、推动全民阅读、增强行业引领能力等6方面重点任务，部署47项专题工作，各项任务均由主管馆领导牵头，在各项目细化工作方案的基础上，制定下发《〈关于深入学习贯彻落实习近平总书记给国家图书馆老专家回信精神　推动事业创新发展的实施意见〉项目工作台账》。

根据习近平总书记在给国家图书馆8位老专家回信中提出的要求，国家图书馆立足于《中华人民共和国公共图书馆法》对国家图书馆主要职能定位的规定，结合近年来国内外图书馆领域广泛关注的热点、前沿问题，于11月中旬启动国家图书馆发展战略研究项目，围绕事业中长期发展环境、党组织建设与发展、馆藏建设与服务、现代信息技术创新应用、国际化发展、管理运行机制改革等12个专题，部署22项发展战略研究任务，其中“国家图书馆事业中长期发展环境分析”“国家图书馆资源整合战略研究”“国家图书馆营销及合作战略研究”等3项任务分别委托南开大学商学院教授柯平、中国科学院文献情报中心研究员张晓林、中山大学资讯管理学院教授程焕文等专家团队组织实施，其余19项任务均由馆班子成员牵头负责。根据研究任务需要，各自组建研究小组，制订研究工作方案，计划于2020年上半年形成阶段性研究成果，为《国家图书馆“十四五”规划纲要》的编制提供参考和支撑。

（三）发挥引领示范作用，带动全国图书馆界以总书记回信精神为指引推动事业创新发展

9月10日，文化和旅游部在国家图书馆组织召开学习贯彻习近平总书记给国家图书馆老专家回信精神座谈会。部党组书记、部长雒树刚在会上讲话指出，总书记在回信中立足图书馆职能定位、结合中国图书馆事业发展实际，提出对国家图书馆以及全国图书馆今后发展的目标要求和殷切期望，为我们做好新时代图书馆工作提供理论指导和行动指南。我们一定要认真学习贯彻习近平总书记回信精神，深刻领会新时代图书馆事业的重要作用、重要使命，不断增强做好工作的责任感、使命感、紧迫感，振奋干事创业的信心、决心、进取心，切实把思想和行动统一到习近平总书记回信精神上来，推动文化事业、图书馆事业开创新局面。馆长饶权和李致忠等3位老专家代表及陈进等9位全国各级公共图书馆馆长代表发言，全体馆班子成员、各部处主要负责人以及全国副省级及以上公共图书馆和少儿馆馆长共100人参加会议。

9月12日，中国图书馆学会发布《关于深入学习贯彻习近平总书记给国家图书馆老专家回信精神的通知》（中图学字〔2019〕91号），号召各分支机构，各省、自治区、直辖市图书馆学（协）会，各会员单位和各图书馆认真组织学习，深刻领会习近平总书记回信的重大意义和精神

实质，切实贯彻落实到图书馆事业发展的方方面面。通知得到全国各级各类图书馆的积极响应，纷纷在第一时间向员工传达回信精神，组织召开全馆员工大会、专题座谈会、党员干部学习会议、业务小组学习会议等多种形式，开展学习交流，并通过图书馆官方微信、微博、网站等自媒体渠道和馆内电子屏、标语、墙报等阵地做好宣传。西藏自治区图书馆、北京市西城区青少年儿童图书馆、福建省委党校图书馆等组织全体馆员召开会议，传达回信精神，提出落实举措；河南省平顶山市图书馆、海南省保亭黎族苗族自治县图书馆等召开学习交流会，馆员结合自身岗位工作实际，就如何贯彻落实习近平总书记回信精神展开讨论；吉林省通化市柳河县图书馆等公共图书馆与市委党校图书馆、通化卫生学校图书馆等联盟成员馆共同召开座谈会，交流学习心得。

与此同时，为贯彻落实习近平总书记回信精神，抓住公共图书馆事业转型发展的重要窗口期，谋划好“十四五”时期甚至未来更长一个时期的发展目标、方向、任务与举措，国家图书馆在文化和旅游部公共服务司指导下，联合中国图书馆学会，研究提出《全国公共图书馆事业发展战略研究工作方案》，并提交11月26日召开的第十五届全国省、自治区、直辖市、较大城市图书馆馆长联席会议进行交流研讨，获得广泛支持，最终确定13项专题研究任务，分别由上海图书馆等15家副省级以上公共图书馆牵头组织实施，涵盖中华优秀传统文化传承弘扬、资源建设、服务创新、全民阅读、现代信息技术发展、跨界合作、营销推广、管理运行机制等战略发展方向。各专题已根据研究任务需要组建研究团队，并广泛邀请有代表性的市、县级图书馆及研究领域专家参与，计划于2020年上半年陆续推出阶段性研究成果，为文化主管部门制定公共图书馆事业高质量转型发展相关政策措施提供研究支撑。

除此之外，《中国图书馆学报》充分发挥学术交流平台作用，策划学习专栏，组织国家图书馆及全国各级公共图书馆、专业图书馆、高校图书馆馆长、专家以及学界代表，从不同视角阐发对总书记回信的理解，围绕学习贯彻落实习近平总书记给国家图书馆老专家回信精神，创新推动全国图书馆事业发展进行深入研讨，积极建言献策。

二、国家图书馆开展“不忘初心、牢记使命”主题教育

按照党中央“不忘初心、牢记使命”主题教育活动部署，2019年6—9月，国家图书馆在文化和旅游部党组的领导和部主题教育第二指导组的指导下，在全体党员中深入开展“不忘初心、牢记使命”主题教育活动。馆党政领导班子高度重视，结合国家图书馆实际，广泛动员、周密部署，制订全馆实施方案，组建活动领导小组和办公室，确定重点措施、时间表，召开动员部署大会，将全馆党员干部思想统一到主题教育要求上来。主题教育期间，坚持以习近平新时代中国特色社会主义思想为指导，深入学习贯彻习近平总书记给国家图书馆老专家回信精神，统

筹推进回信精神项目落实，将整改工作贯穿始终，严格按照进度要求、质量要求落实各项工作任务。

加强理论武装，党员干部“理论学习有收获”。坚持将学习习近平新时代中国特色社会主义思想贯穿全过程，不断提高运用党的创新理论指导实践、推动工作的能力。研读必读书目，坚持读原著、学原文、悟原理。落实“集中学习周”安排，开展集中学习研讨。馆党委理论中心组组织专题学习会和中心组学习（扩大）会，馆班子成员围绕落实全面从严治党责任等8个主题，开展集中学习研讨。筹建国家图书馆青年理论学习小组，进一步提升青年员工马克思主义理论水平。

坚定理想信念，党员干部“思想政治受洗礼”。开展革命传统教育、形势政策教育和先进典型教育。馆班子成员与党委委员和近三年来入党的党员赴北京新文化运动纪念馆参观学习，重温入党誓词。七一前后，馆班子成员普遍讲授了“不忘初心、牢记使命”专题党课。举办纪念任继愈先生逝世十周年座谈会。各党支部开展主题党日、困难党员慰问和群众帮扶等系列活动。制定《国家图书馆党委关于落实全面从严治党责任实施办法》《国家图书馆关于推进党支部标准化规范化建设的实施意见》，推进全面从严治党向纵深发展。严格落实意识形态工作责任制，加强意识形态教育。邀请专家举办专题讲座。调研制定《国家图书馆地图分级利用办法》等业务制度。

推进务实调研，凝聚全馆员工力量“干事创业敢担当”。馆班子成员围绕事业发展中的重点、难点问题，设立一批调研项目，深入开展调研。2019年中中层干部扩大会以“推动党建和业务融合发展”等5个题目，组织与会党员干部务实研讨。馆班子成员深入服务一线，听取读者意见，研究改进措施；同时利用出差、开会等机会调研国内图书馆业界发展情况，征求对国家图书馆的意见建议。馆班子还带队赴新华书店总店、华为北京技术有限公司等机构调研，为推进国家图书馆事业发展拓展空间。

坚守人民立场，扎实推进“为民服务解难题”。以“迎馆庆，树新风”为主题，深入开展服务态度专项整治，不断提升服务质量。召开现场办公会，制订“两步走”工作方案，整体提升国家图书馆少儿馆服务水平。推进公共数字文化工程融合发展取得阶段性成果。国家图书馆与文化和旅游部全国公共文化发展中心建立联席会议制度，协同开展工作，在工程统筹管理、设立工程统一品牌、制定统一标准、搭建统一基础平台等方面取得阶段性成果。圆满举办庆祝建馆110周年系列活动，拓展事业发展空间，以馆庆为契机，改善馆容馆貌、提升硬件保障水平。结合实际，研究制订主题教育专项整治方案和整改落实方案。召开对照党章党规找差距专题会议和馆班子专题民主生活会，检视问题，剖析原因，落实整改措施。部署各党支部召开专题组织生活会，结合部门实际，推进工作整改。

加强党风廉政建设，领导干部“清正廉洁作表率”。召开国家图书馆警示教育大会，以身边事教育身边人。完善相关管理措施，制定印发《国家图书馆财务管理办法（2019年修订）》《国家图书馆大额资金使用管理规定（试行）》等制度。深入贯彻落实中央八项规定精神，持续整治“四风”问题。召开馆长办公会部署落实“文物藏品征集工作专项清查”工作。

各支部也结合实际，策划实施许多各具特色、贴近实际的支部活动。有的支部通过开展党员示范岗等创先争优活动，引导党员立足岗位发挥先锋模范作用；有的支部开展读书分享会、党员代表讲党课，增强学习的吸引力和感染力；有的支部组织开展主题教育知识竞赛，丰富理论学习方式；有的支部组织观看《时代楷模——黄文秀》等教育影片、参观中国航天员中心、赴大兴机场开展调研活动，以鲜活的事例开展党员教育。各部门各支部还按照全馆整改工作部署，围绕加强党的建设、改进读者服务、创新事业发展等主题认真落实各项整改工作。

通过开展主题教育，国家图书馆广大党员干部普遍接受了一次政治洗礼，不断提高运用党的创新理论指导推动图书馆事业发展的能力和水平，理想信念更加坚定，增强“四个意识”、坚定“四个自信”、做到“两个维护”的自觉进一步巩固。通过检视问题，查摆不足，国家图书馆各级领导干部进一步树立以读者为中心的发展理念，找准问题，出实招、办实事、求实效。主题教育活动以来，国家图书馆坚持“两手抓、两加强、两促进”，进一步落实落细管党治党要求，推动全面从严治党向纵深发展。公共文化服务能力与水平进一步提高，文献资源保障水平不断提升，读者服务工作水平稳步提升，重点文化项目实施取得新成效。广大党员干部强化担当作为意识、激发干事创业热情，干部队伍聚焦创新发展的工作氛围更加浓厚，为国家图书馆的长足发展奠定更加坚实的基础。

三、国家图书馆举办建馆 110 周年系列纪念活动

2019 年是新中国成立 70 周年，也是国家图书馆建馆 110 周年。8 月 28 日，国家图书馆建馆 110 周年系列活动新闻发布会在文化和旅游部召开。文化和旅游部公共服务司一级巡视员陈彬斌，国家图书馆副馆长、党委副书记兼纪委书记陈樱出席发布会并做相关介绍，来自国家图书馆研究院、国家古籍保护中心办公室的相关负责同志参加活动。文化和旅游部新闻发言人喻剑南主持。发布会上介绍了即将举办的一系列活动信息。

从 9 月初开始，国家图书馆集中举办“中华传统文化典籍保护传承大展”和“图书馆 · 与时代同行”国际学术研讨会等系列活动，进一步展现国家图书馆在社会发展中的重要作用，为新中国 70 周年华诞营造良好的社会氛围。

（一）举办“中华传统文化典籍保护传承大展”等展览

9 月 7 日，“中华传统文化典籍保护传承大展”正式开展。本次展览由文化和旅游部、国家文物局主办，国家图书馆（国家古籍保护中心、国家典籍博物馆）承办，全国高等院校古籍整理研究工作委员会及各参展单位协办。文化和旅游部党组书记、部长雒树刚，文化和旅游部党组成员、国家文物局局长刘玉珠，中央宣传部、中央统战部、教育部相关司（局）负责人，国家图书馆馆长、国家古籍保护中心主任、国家典籍博物馆馆长饶权，国家图书馆党委书记、副馆长、文化和旅游部全国公共文化发展中心主任魏大威等国家图书馆领导班子全体成员，文化和旅游部、国家

文物局有关司（局）以及相关直属单位负责人，全国古籍保护工作部际联席会议各成员单位联络员，古籍保护领域专家学者代表，参展单位和私人藏书家代表，博物馆界代表等200余人出席开幕式。雒树刚致辞并宣布展览开幕。饶权以及全国高等院校古籍整理研究工作委员会主任、北京大学教授安平秋在开幕式上致辞。开幕式由刘玉珠主持。

中华传统文化典籍保护传承大展

此次展览汇集全国20多个省近40余家公藏单位、30余位私人藏书家的330多种珍贵典籍文献，是新中国成立以来国内外典籍展览中数量、规模、等级最高的一次。首次展出近年古籍普查新发现的一批重要古籍，如南京图书馆新入藏的北宋刻本《景祐礼部韵略》，是近年来古籍的重要发现；西藏自治区色拉寺藏明永乐八年（1410）刻本《甘珠尔》，是第一部藏文刻本大藏经，为永乐皇帝所颁赐，至今保存完好，反映明中央政府对西藏的管辖，具有十分重要的历史文献价值和文物价值；《乾隆御定石经》部分文字屡被后人磨改，有多个不同版本的拓本存世，孔子博物馆所藏《乾隆御定石经》是乾隆初拓本，嘉庆元年（1796）正月颁赐衍圣公，具有重要的价值。湖南省考古研究所藏36000余枚里耶秦简，是目前唯一一份秦朝政府档案，填补《史记》《汉书》中有关秦朝历史的大片空白，改变战国秦汉学术史的面貌，首次在国家典籍博物馆展出。2019年是司马光（1019年11月17日—1086年10月11日）和曾巩（1019年9月30日—1083年4月30日）诞辰1000年，展览展出宋刻本《资治通鉴》和金刻本《南丰曾子固先生集》。

新中国成立以来，特别是中华古籍保护计划实施以来，古籍修复重点项目成果首次系统展出，包括《赵城金藏》、敦煌遗书、《永乐大典》、西夏文献、天禄琳琅藏书、纳格拉洞藏经的修复前后对比，观众可以近距离观赏感受古籍修复技艺的传承与发展。同时，国家图书馆及相关单位在中华典籍传承方面所形成的古籍整理影印、数字化、缩微复制等重要成果也有集中展示。

展览依托国家典籍博物馆近5000平方米的展陈空间，分为“国宝吉光”“百代芸香”“汲古润今”“交流互鉴”4个展厅，广泛运用数字虚拟沙盘演示、全息视屏演示、沉浸式数字场景、微信导览等多种现代科技互动手段，力图将中华民族跨越时空、超越国度、富有永恒魅力的文化基因和民族记忆传递给每一位观众。配合展览，还推出古籍修复配纸染色、古典诗词音乐会、讲座沙龙等互动活动，让观众在多样的互动体验中，寓教于乐，观赏典籍珍品，感受中华传统文化深厚底蕴。

国家图书馆在同一时期还举办多个展览。8月10日，“吉光片羽　吾道斯存——馆史资料征集成果展”开展，展出2018至2019年集中征集到馆的部分手稿、照片及实物等珍贵馆史档案资料，共计152件。9月7日，“聚力文化惠民　共建数字中国——国家图书馆110周年公共数字文化展”开幕，主要展示人工智能技术、VR/AR技术、5G等新技术在国家数字图书馆的创新应用，以及公共数字文化海量优质数字资源及服务。9月10日，“幽兰香远——国图建馆110周年艺术名家手稿展”开展，展出11位艺术名家的17件/部手稿、手迹，内容涵盖古琴、评书、昆曲、歌曲、影视剧等方面。

（二）召开“图书馆·与时代同行”国际学术研讨会

9月9—10日，“图书馆·与时代同行”国际学术研讨会在国家图书馆召开。文化和旅游部部长雒树刚、副部长张旭，原文化部部长、中国国家图书馆理事会理事王蒙，原文化部副部长、中国国家图书馆原馆长周和平，韬奋基金会理事长聂震宁，国际图书馆协会与机构联合会秘书长杰拉德·莱特纳先生，中国国家图书馆馆长饶权，上海图书馆（上海科学技术情报研究所）馆（所）长陈超出席会议开幕式并致辞。美国、英国、加拿大、埃及、新西兰、新加坡等10余个国家和国内图书馆界权威专家学者、图书馆工作者、新闻媒体记者近300人参会。国家图书馆党委书记、副馆长魏大威主持会议。

文化和旅游部部长雒树刚致辞

雒树刚在致辞中代表文化和旅游部向国家图书馆表示热烈祝贺。他指出：国家图书馆自建馆以来，秉承“传承文明　服务社会”的宗旨，与时代同进步，与民族共命运，经过一代又一代员工的艰苦努力和拼搏奋斗，在保存国家和民族文明成果，传承和弘扬中华优秀传统文化，全面提高公民科学文化素质，促进国际文化交流交往等方面发挥重要作用。同时，希望国家图书馆以及各地公共图书馆紧紧围绕中央决策部署，不忘初心、牢记使命，抓住历史机遇、不负时代重托，为推动社会主义文化大发展大繁荣做出新的更大贡献。同时，也希望世界各国图书馆领域的专家学者多到中国来考察交流，共同推动全世界图书馆事业再创新的辉煌。

饶权在致辞中回顾中国国家图书馆110年来走过的不平凡历程，展望中国国家图书馆未来发展的美好愿景，介绍本次研讨会的主题，期待国内外图书馆同人深入交流，积极分享先进经验，共同谋划新时代图书馆事业转型发展的宏图伟业。中国国家图书馆将始终秉承“传承文明　服务社会”的宗旨，继往开来，再谱华章。

中国国家图书馆馆长饶权做主旨报告

杰拉德·莱特纳、陈超分别代表国际图联和上海图书馆（上海科学技术情报研究所）、上海市图书馆行业协会、上海市图书馆学会致辞。对中国国家图书馆工作给予高度评价，祝愿中国图书馆事业取得更大发展，并预祝“图书馆·与时代同行”国际学术研讨会圆满成功。

主旨报告环节，饶权、杰拉德·莱特纳、中山大学资讯管理学院教授程焕文分别做“中国图书馆事业的历史经验与转型发展”“从守护者到领路人：全球图书馆界的新角色”“国际视野下的中国图书馆学术思想发展”3场报告。饶权通过回望历史、立足当下、面向未来3个方面，介绍中国特色的图书馆事业发展道路，中国图书馆事业所面临的新机遇与挑战，以及如何开启图书馆事业高质量发展新时代。杰拉德·莱特纳、程焕文分别介绍全球图书馆界的新角色的转换，以及中国图书馆学术思想发展等。

此次国际学术研讨会在国家图书馆内开设两个直播分会场，供热切希望到场听会的图书馆同人观看会议直播，还通过图书馆专网、国家图书馆官方微博以及光明网等网络平台直播大会开幕式及主旨报告盛况，直播链接通过国家图书馆新媒体平台公布。

会议期间开设 5 个分会场，分别围绕“开放共享的图书馆文献资源建设”“用户导向的图书馆信息与知识服务”“技术驱动的图书馆转型发展”“多向互惠的图书馆交流合作”“多元参与的全民阅读”等主题进行研讨交流。本次国际学术研讨会的召开，是国家图书馆履行国际交流职责、推动文明交流互鉴的又一有益尝试，对推动我国图书馆事业发展、增强国际图书馆间交流与合作有积极意义。

（三）举行建馆 110 周年升旗仪式

9 月 9 日，国家图书馆举行建馆 110 周年升旗仪式。馆长饶权，党委书记、副馆长魏大威，副馆长张志清、孙一钢、陈樱、汪东波出席仪式，各部处负责人及员工共 800 余人参加仪式。

仪式中，仪仗队守护着国旗和馆旗庄严地走到升旗台，在庄严的国歌声中，鲜艳的国旗和相伴两侧的国家图书馆馆旗缓缓升起，飘扬在国家图书馆上空。

饶权在升旗仪式上讲话。他表示，今天是国家图书馆 110 周年华诞，在这个特别的日子举行升旗仪式，表达对伟大祖国繁荣昌盛的深深祝福和对国家图书馆鹏程万里的衷心祝愿！国家图书馆百十年发展历程，是历代国图人薪火相传的奋斗征程，是中国图书馆事业砥砺前行的历史缩影，更是近代以来中华民族伟大复兴的时代长卷。百十年来，国家图书馆始终与国家和民族同呼吸、共命运，秉持“传承文明　服务社会”的办馆宗旨，在赓续中华文脉、助力民族复兴、服务国家战略、推动创新发展、涵养国民素质等方面主动担当、积极作为，引领全国图书馆界走出一条独具特色、波澜壮阔的中国图书馆事业改革发展之路。今天，站在新时代的新起点，让我们继承百年国图精神，与人民同心、与时代同行，抓住机遇，推动发展，把爱国爱馆的激情转化为逐梦前行的力量，以坚定的文化自信，推动国家图书馆事业再谱华章、再创辉煌！

（四）与读者共庆建馆 110 周年活动

1. 读者寄语建馆 110 周年活动

9 月 9 日当天，国家图书馆在总馆多个阅览室、基藏外文图书外借出纳台以及少年儿童馆等多处同步开展读者寄语活动。活动期间，到场读者踊跃参与。一位老读者一边向工作人员讲述年轻时经常来国家图书馆查阅汽车组配书的往事，一边提笔留言：“您是科学知识的宝库，我们在这里学到很多的知识，增加不少才干。希望你们越办越好，为广大读者增加知识，为祖国服务得更好！”学龄前小读者们不会写字，就用稚嫩的画笔和天真的想象力绘出一张张精美的生日贺卡，有的画生日蛋糕，有的画国家图书馆的标志，还有的小读者在家长的启发下画出“我如鱼，书如水，国图如海”的图样。一张张明信片写满读者对国家图书馆的期许与祝福：“感谢国图带给我的静谧和浩瀚的感觉，在国图，慢慢略去浮躁。”“祝愿国图越来越美好，祝愿工作人员身体健康。”“作为国图十几年的老读者，在国图这座知识的宝库，我从中得到无穷无尽的知识源泉。”

2. 建馆 110 周年知识问答活动

9 月 9 日，馆庆知识问答互动活动在国家图书馆总馆北区举行。早晨刚开馆，读者已在活动入口排起长队，其中既有经常来阅览室温习课业的学生、常年在阅览室学习充电的年轻人，也有天天光临阅览室的老年读者。他们有秩序地抽号领取题目。问答内容涉及国家图书馆的馆情、馆史、服务、资源、讲座、展览等多方面内容，通过浏览国家图书馆网站主页均可找到答案。活动旨在通过答题的方式为读者普及图书馆知识，引导读者更好地了解和利用图书馆资源。

（五）建馆 110 周年其他活动

1. 编辑出版《国家图书馆同人文选 · 第五辑》，全面展示近 10 年国家图书馆学术研究成果

《国家图书馆同人文选 · 第五辑》

本辑同人文选收录范围为 2009—2018 年间发表的论文，由研究院牵头开展论文评审和编辑出版相关工作。在广泛、深入调研的基础上，制订编辑出版方案；在参考咨询部配合下，通过数据库采集、面向馆内公开征集等多种方式，收集 10 年间发表的同人论文共计 3402 篇；对论文题名、作者、摘要、发表期刊与刊期等信息进行汇集整理；制定评审和打分规则；组织馆内专家共计 111 人次分组进行初评，按得分遴选出其中 298 篇论文进入终评；组织国家图书馆学术委员会委员对终评入选论文进行评选投票，最终 151 篇论文入选。

本辑同人文选入选论文涉及图书馆管理与事业发展研究、图书馆业务研究、数字图书馆与现代技术研究、文献研究等国家图书馆工作各领域，较好地体现了国家图书馆近 10 年的学术研究水平和成果。这些论文从一个方面勾勒出国家图书馆在图书馆学研究领域的探索和进步，相关内容对国家图书馆未来的事业发展具有参考和借鉴作用。

2. 开展“我的国图故事”征集活动

7 月 22 日，国家图书馆启动“我的国图故事”征集活动。活动面向社会各界，广泛征集以“我的国图故事”为主题的文稿、图片、视频、实物等各类作品。线上征集于 8 月 31 日截止，线下征集一直延续至 12 月 31 日。国家图书馆在总馆北区视听服务空间专门设置“我的国图故事”征集点，接受读者提交的各类作品；读者还可在工作人员的协助下，现场摄录、提交作品。

3. 拍摄制作口述史纪录片《口述国图》

《口述国图》是国家图书馆在建馆 110 周年之际，制作出品的第一部以亲历人视角展现国家图

书馆发展历史的口述史纪录片，也是国内首部记录和展现我国图书馆事业发展的口述史纪录片。国家图书馆于 2003 年启动老馆员口述史访谈工作，10 多年来，共有 47 位老馆员及其亲属接受口述访问，口述资料累计 200 余小时、105 万字。以这些珍贵的影音文献资料为基础，《口述国图》全片共分为“情系国图”“缘起文津街”“善本保卫记”“馆藏的故事”“为读者服务”“艰难中的前行”“新馆的诞生”“站在世界舞台上”“走向现代化”“重返柏林寺”“馆员心声”11 部分。影片全面记录几代国图人在面对不同历史机遇与挑战时担负的使命和做出的选择；展现图书馆员不忘职业初心，恪守职业本分，不辱职业使命的理想信念；体现他们在履行“传承文明　服务社会”宗旨过程中的精神品质；表现在民族和国家奋斗复兴的恢宏历史画卷中，图书馆人平凡而伟大的坚守和始终秉持的赤子之心。

《口述国图》海报

12 月 10 日，口述史纪录片《口述国图》在 2019 中国（广州）国际纪录片节上首映。首映式由国家图书馆和广州图书馆共同主办，广州纪录片研究展示中心和国图影视中心承办。国家图书馆副馆长汪东波和广州图书馆馆长方家忠等出席活动并分别致辞。广东省立中山图书馆馆长王惠君、中山大学资讯管理学院常务副院长张靖，曾经在国家图书馆工作过的谭祥金、黄俊贵以及广东省图书馆界的老专家、老学者代表，中国电视纪录片学术委员会名誉会长、纪录片导演刘效礼，中华口述史研究会常务副会长、扬州大学教授周新国等嘉宾出席活动。

该片于 2019 年国家图书馆读书周期间在国家图书馆学津堂面向馆员和读者公开放映，借此向老一辈图书馆员致敬。

4. 拍摄制作国家图书馆宣传片

2019 年版国家图书馆宣传片在回顾国家图书馆历史的基础上，介绍国家图书馆概况以及馆藏情况以及国家图书馆的各项基础工作与亮点工程项目，如“组建‘全国图书馆文化创意产品开发联盟’”“助力‘学习强国’学习平台建设”等各项工作的最新成果和最新发展。该宣传片分为中文版、英文版以及突出展示国家图书馆党建工作的党建工作版，共计 3 个版本。

5. 策划制作世界图书馆馆长访谈

利用“图书馆 · 与时代同行”国际学术研讨会契机，策划并录制国图公开课“世界图书馆馆长访谈”，对到访的国际图联秘书长和7个国家的图书馆馆长进行采访，请他们畅谈分享图书馆最新发展趋势和热点话题，介绍本国图书馆发展情况。该访谈传播展示业界热点话题和前沿领域动态，为全国图书馆界提供优质的学习资源。

6. 建设国家图书馆建馆110周年专题网站

该专题网站开设新闻、国际学术研讨会、在线展览、馆史回眸、我的国图故事、读者寄语、媒体报道等7个版块。新闻版块发布新闻稿12篇，其中包括《习近平给国家图书馆老专家回信》全文、会议通知等重要内容。国际学术研讨会版块包括邀请函以及会议日程安排等2项内容。在线展览包括“中华传统文化典籍保护传承大展”和“国家图书馆公共数字文化展”2个展览。馆史回眸包括国图简介、光影流年、大事记、宣传片、国图百十年典籍传承记等5个图文并茂的馆史资料栏目。我的国图故事包括向社会各界征集的17个视频、110幅图片、21篇文章等与国家图书馆相关的作品。读者寄语征集馆庆期间读者对国家图书馆的祝福。媒体报道链接光明网、新华网、人民网等重要媒体对国家图书馆建馆110周年的报道21篇。

完成国家图书馆建馆110周年移动端专题网站的建设，共4个栏目、13个页面，将“中华传统文化典籍保护传承大展”和“国家图书馆公共数字文化展”2个展览重新排版整合，发布110张图片、7个视频、25篇征文以及15个音频。

7. 举办数字图书馆体验区活动

数字图书馆体验区举办主题为“聚力文化惠民　共建数字中国”的公共数字文化展，完成5G网络部署，集中展示公共数字文化工程的建设成果和数字图书馆新技术应用案例。推出智能机器人、魔墙、数字图书馆知识服务、未来图书馆知识服务、5G技术应用、VR/AR体验区等新展项。活动获得较高的社会关注度。馆庆前后，接待学术研讨会和各界同人等团体参观35次。活动不仅获得公众的广泛好评，也得到光明网、《新京报》等各界媒体的高度关注和大量报道，并在学习强国平台上重点推荐。

馆庆期间，为了让读者能够提前了解5G技术，体验5G网络，在数字图书馆体验区完成5G网络部署，同时展示基于5G技术的移动设备及VR场景。通过调整网络策略，增加无线AP等方式有效保障馆庆期间网络稳定、畅通，保障国际学术会议的稳定直播。

8. 改造馆区环境景观

国家图书馆以迎接“双庆”为契机，改造总馆院区设备设施、人文景观，营造具有国家图书馆人文特色、环境典雅的阅览氛围。总馆南区夜景照明改造工程在8月完成。改造后的夜景充分体现出国家图书馆的建筑魅力、人文内涵、文化底蕴和氛围，着力突显庄重大气、唯美典雅的风格，营造出简洁、雅致的夜景效果。

在总馆南区院内西侧新建一道人文景观——古籍保护传承宣传长廊。长廊全线长度约300米，分为“四大专藏雕塑”“国图百十年典籍传承记”“国家图书馆建馆110周年大事记”“中华古籍长河”四大部分。读者流连于其中，可以纵览110年以来国家图书馆的历史沿革与变迁，近距离了解古籍保护传承的重大成果，切实提高全社会古籍保护意识。

改造工程后的总馆南区夜景照明

9. 举办文艺演出活动

9月6日，举办"'致敬经典'国家图书馆建馆110周年馆庆演出季——古琴名家演奏会"，国内顶尖的古琴演奏家陈长林、吴钊、龚一、李凤云、王建欣为观众演出传统经典。9月7日晚，举办"'致敬经典'国家图书馆建馆110周年馆庆演出季——昆曲名家演唱会"，侯少奎、蔡正仁、梁谷音、张静娴4位国家级非物质文化遗产昆曲艺术代表性传承人、著名昆剧表演艺术家近10年来首次在北京同台献唱，为观众带来10余段经典昆曲唱段。演出前，4位艺术家将5部手稿无偿捐赠给国家图书馆，共贺国家图书馆建馆110周年。

9月9日晚，由国家图书馆、中国煤矿文工团联合主办的"'传承文明·与时代同行'中国国家图书馆建馆110周年音乐会"在国图艺术中心音乐厅举行。本场音乐会作为国家图书馆建馆110周年系列活动的重要内容之一，以"传承文明·与时代同行"为主题，既包含中国民族音乐的经典之作，也有中西融合的作品，向建馆110周年的国家图书馆致以美好祝愿。

10. 举办"万卷书香、百年图强——国家图书馆110周年馆庆摄影展"

为庆祝国家图书馆建馆110周年，丰富员工的文化生活，增添馆庆气氛，国家图书馆工会举办"万卷书香、百年图强——国家图书馆110周年馆庆摄影展"。展览展出110幅作品，遴选自国家图书馆近三届艺术节摄影比赛获奖作品，大家用镜头记录国家图书馆历史、用光影定格多彩瞬间，多角度记录馆舍建筑、读者服务、文体生活等内容，展现广大员工对工作的热爱，以及对美好生活的向往和追求。馆工会还引导各分工会举办丰富多样的员工文娱活动，共同欢庆建馆110周年。

四、国家古籍保护中心组织第六批《国家珍贵古籍名录》和“全国古籍重点保护单位”评审工作

（一）第六批《国家珍贵古籍名录》和“全国古籍重点保护单位”评审工作启动

2018 年 5 月上旬，国家古籍保护中心下发《关于申报第六批〈国家珍贵古籍名录〉和“全国古籍重点保护单位”的通知》，全国各省级古籍保护中心积极组织申报。2019 年 3 月，国家古籍保护中心通过古籍收藏单位申报、补报和专家点报，收到全国 31 个省 253 家收藏单位和个人申报的古籍 3981 部，16 个省 27 家单位申报“全国古籍重点保护单位”。国家古籍保护中心对申报材料进行系统整理，逐条核验，比对查重，分类排序，并寄送专家预审。

3 月 15 日，2019 年全国古籍评审工作启动会在国家图书馆召开，第六批《国家珍贵古籍名录》和“全国古籍重点保护单位”评审工作正式启动。文化和旅游部党组成员、副部长张旭，国家图书馆党委书记、副馆长魏大威，文化和旅游部公共服务司副司长陈彬斌，以及来自文化和旅游部、国家图书馆相关部门负责人员，全国古籍评审工作委员会及评审专家委员会成员参加会议。会上，张旭充分肯定多年来《国家珍贵古籍名录》和“全国古籍重点保护单位”申报评审工作取得的成绩，并对本次评审工作提出具体要求。魏大威回顾一到五批《国家珍贵古籍名录》及“全国古籍重点保护单位”的评审情况，介绍第六批古籍评审工作的组织情况及后续安排。陈彬斌宣读 2019 年全国古籍评审工作委员会成员名单、2019 年全国古籍评审专家名单。全国古籍保护专家委员会主任李致忠对评审标准加以说明。

2019 年全国古籍评审工作启动会

按照张旭副部长的讲话要求，国家古籍保护中心加强统筹协调，细化工作任务，明确责任分工，合理安排工作进度，研究制定《第六批古籍评审工作纪律要求》，开展意识形态核查工作。国家图书馆纪检部门履行监督职责，相关部门全力配合支持，保障评审工作顺利开展。

（二）第六批《国家珍贵古籍名录》评审工作

3 月 18—19 日，国家古籍保护中心组织开展第六批《国家珍贵古籍名录》初审工作，分简帛、敦煌佛经、经部、史部、子部一组、子部二组、集部一组、集部二组、碑帖、舆图、少数民族文字古籍、其他文字古籍等 12 组进行评审。评审工作严格遵照《〈国家珍贵古籍名录〉申报评审暂行办法》（文社图发〔2007〕31 号），原则上从一、二级古籍中遴选，要求“时代早、流传少、价值高”。5—7 月，针对初审中有疑问的部分古籍，国家古籍保护中心组织专家分 11 条线路赴收藏单位进行现场考察。

6 月 25—26 日，第六批《国家珍贵古籍名录》复审工作在国家图书馆开展，分 6 组进行评审。10 月 15—16 日，第六批《国家珍贵古籍名录》专家审定会在国家图书馆召开，国家图书馆馆长饶权参会。会上拟定第六批《国家珍贵古籍名录》推荐名单，推荐入选古籍 752 部，其中汉文珍贵古籍 646 部，少数民族文字珍贵古籍 94 部，其他文字珍贵古籍 12 部。

本次推荐名单中包含各类珍贵古籍。一是清华大学申报的战国竹简，均为首次公布的战国佚籍，这批典籍包括一系列阐述治国理政思想的文献，如《邦家之道》《邦家处位》《治邦之道》等，为先秦历史学、文献学、思想史等方面的研究提供宝贵资料。二是近年征集工作成果丰硕，新入藏一批珍贵古籍，如国家图书馆新购 3 件早期印刷品，为晚唐五代木版雕刻，其中五代后唐天成二年（927）刻本《佛说观弥勒菩萨上生兜率天经》仅比唐咸通九年（868）《金刚经》晚 59 年，为国内已知有纪年的最早雕版印刷品，是早期印刷品实物的重要例证；南京图书馆新购北宋本《礼部韵略》，为海内外现存最早刻本；湖北省图书馆新购北宋写金粟山广惠禅院大藏经本《大方广佛华严经》，目前金粟山大藏经仅存约 20 件。三是随着古籍普查工作的深入开展，新发现一批珍贵古籍，如孔子博物馆藏《乾隆御定石经》，为 2019 年国家古籍保护中心举办碑帖普查编目培训班上新发现的清乾隆初拓本，自嘉庆元年赏赐孔府后，保存至今；重庆图书馆藏明初拓本《汝帖》等，亦为碑帖普查编目中的重大发现；上海图书馆在古籍普查时，发现宋刻残本《杜工部草堂诗笺》，可与国家图书馆、上海博物馆藏本合璧。四是名家稿抄校本不断涌现，名家稿本、抄本、批校题跋本，递藏有序，具有重要的文献和文物价值，如国家图书馆藏清抄本《元朝秘史》十卷《续集》二卷，此十二卷本出自洪武本，为现存最佳抄本，上有顾广圻、周銮诒、傅增湘跋；上海图书馆藏范钦辑《建安七子集》，卷首题辞、小传、目录及书眉所注诗文出处均为天一阁主人范钦手迹。五是本次推荐入选四库进呈本、四库底本、四库样本、南三阁本等各类《四库全书》本，如国家图书馆藏《文津阁四库全书样本》、中共北京市委图书馆藏四库底本《北溪先生大全文集》、广西壮族自治区图书馆藏南三阁四库全书残本《文苑英华》等，反映《四库全书》编纂和流传的过程。六是少数民族文字珍贵古籍丰富多彩，如西藏自治区朗县金东乡人民政府藏清抄本

《仁普地域志》（藏文），详细记录西藏仁普地区的地理环境和民俗文化等内容；内蒙古大学图书馆藏清抄本《水浒传》《西游记》《红楼梦》（蒙文），生动体现民族文化交融、多元一体的特点；鄂尔多斯市图书馆藏清铜版印本《般若波罗蜜多八千颂》（藏文），据题记，该书以铜版印制于内蒙古库伦地区，刻版材质特殊。七是香港特别行政区积极参与申报，香港中文大学中国文化研究所文物馆申报12部宋拓本，包括7部南宋游似藏《兰亭序》。世传南宋游似藏兰亭百种，现存世仅30余册，殊为珍贵。

（三）第六批“全国古籍重点保护单位”评审工作

2018年7—9月，国家古籍保护中心组织专家分10条线路对27家“全国古籍重点保护单位”申报单位进行现场核验，并提交考察报告。

2019年3月16日，国家古籍保护中心召开“全国古籍重点保护单位”评审会。评审组组长张志清等20位专家全部与会。评审工作遵照《“全国古籍重点保护单位”申报评定暂行办法》（文社图发〔2007〕31号）以及评审原则和评分体系，从古籍藏量、硬件环境、库房管理等多方面进行综合评价，并要求各申报单位提供馆藏古籍目录，严格审核古籍藏量（10万册/件，其中善本3000册/件）。鉴于云南楚雄彝族文化研究院、西双版纳傣族自治州图书馆部分古籍的版本和数量需要专家再次确认，内蒙古巴彦淖尔市图书馆在考察之后认真落实整改意见，国家古籍保护中心又于5月底—6月初组织专家和工作人员对上述3家单位进行现场核验。10月15日召开“全国古籍重点保护单位”专家审定会，研究拟定推荐23家申报单位入选。

近年的古籍普查和评审工作，带动一批单位查清善本数量，改善库房存藏环境，符合“全国古籍重点保护单位”的评选标准，此次推荐入选单位数量比第五批有所增加，尤其是中西部地区增量明显。甘肃、青海、内蒙古、云南等民族地区多家古籍收藏单位存藏条件有很大改善，宁波市图书馆、平湖市图书馆、安庆市图书馆等单位在普查中发现善本数量超过3000部，均符合评选标准，推荐入选。文博系统积极参与古籍保护工作，推荐入选单位数量有所增加，国家博物馆、天津博物馆、西安碑林博物馆、余姚市文物保护管理所、甘州区博物馆等列入推荐名单。巴彦淖尔市图书馆认真落实考察组意见，完善基础设施，新安装气体自动灭火系统，成为“以评促改”的典范。

五、国家图书馆联合中国图书馆学会面向全国图书馆发布“服务全民阅读　共创美好生活”活动倡议

4月23日是第24个世界读书日（世界图书和版权日），国家图书馆联合中国图书馆学会逾3000家各级各类图书馆及阅读推广有关单位，共同开展以“读经典　学新知　链接美好生活”为主题的全民阅读活动。

活动利用学会的行业组织优势联络、指导各分支机构和省级图书馆学（协）会开展有关工作。各分支机构和省级学（协）会高度重视，精心组织，面向本区域图书馆进行广泛宣传和动员。形成全国行业联动，成效显著。

（一）工作部署

1. 第一阶段：广泛动员及倡议书预热

4 月 1 日，国家图书馆联合中国图书馆学会面向各分支机构和省级图书馆学（协）会、各单位会员发布《关于联合开展 2019 年 4・23 全民阅读活动的通知》，开展动员。4 月 9 日，在山西太原举办的第十三届全民阅读论坛上，发布全年全民阅读活动工作安排，简要介绍倡议书要点，邀请各级各类图书馆积极响应倡议，配合开展 4・23 世界读书日全民阅读活动。

中国图书馆学会全力组织协调各分支机构和各省、自治区、直辖市图书馆学（协）会，各分支机构和省级图书馆学（协）会又在本系统、本地区组织动员，将行业联动的精神逐级传达到基层，完成一次全行业的大动员。最终共有 3039 家（截至 4 月 16 日）参与活动，涵盖公共、高校、高职、中小学、党校、科研院所、医院等各级各类图书馆及阅读推广机构。

2. 第二阶段：收集视频素材

4 月 9 日，全民阅读论坛后，通过各馆申报和推荐的方式，遴选全民阅读活动策划丰富、对发布倡议书响应态度积极的图书馆录制视频，共读倡议书。公共图书馆、高校图书馆和少儿图书馆等各级各类图书馆参与到拍摄中，由每个图书馆朗诵倡议书中的一个段落，拍摄视频，提供作为活动视频素材，于 4 月 23 日当天在主会场、分会场同步播放。

同时，积极做好图书馆 4・23 阵地活动方案，严把意识形态关，确定分会场直播工作方案，将各馆活动实况和国家图书馆活动实况集中直播。

3. 第三阶段：搭建活动平台

搭建“4・23 阅读活动展示平台”，各承办单位陆续登录平台，上传单位名称、标志（Logo）、“同城共读”活动方案、活动开展情况等信息，通过平台展示全国图书馆界联合开展 4・23 世界读书日活动的盛况。

（二）活动内容

1. 联合发布倡议书

联合发布《服务全民阅读　共创美好生活——中国图书馆界 4・23 全民阅读活动倡议书》，号召全国图书馆界一起行动。4 月 23 日，国家图书馆馆长、中国图书馆学会理事长饶权和国家图书馆馆领导班子成员与全国图书馆代表一起，宣读倡议书，共同向社会发出图书馆人对于服务全民阅读、推进学习型社会建设的倡议，共有 3039 家图书馆积极响应。

国家图书馆领导、馆员代表共同宣读《服务全民阅读　共创美好生活——中国图书馆界 4·23 全民阅读活动倡议书》

2. 开展“同城共读”4·23 世界读书日主题活动

围绕活动主题，组织专家团队研制中华优秀传统经典推荐书目，包括《唐诗三百首》《古文观止》《史记》《论语》《诗经》等 50 种经典读物；同时在国家图书馆官方微信公众号搭建“4·23 阅读活动展示平台”，免费向承办单位提供电子书资源、音视频资源等作为活动资源。各参与单位根据推荐书目选择其中的一本或多本书，结合本地区、本系统特色，面向到馆读者或社会公众策划开展形式多样的线下读书活动。同时，动员社会公众登录“4·23 阅读活动展示平台”，访问“传统文化库”等各类电子资源，积极参加线上阅读推广活动。

3. 开展“万卷共知”阅读竞答活动

在全国范围内组织开展“万卷共知”阅读竞答活动。依托《唐诗三百首》《古文观止》《史记》《论语》《诗经》等 5 种推荐深度阅读的图书，组织专家研制题库，开展竞答活动。共有 91000 余人访问阅读竞答平台完成注册、参与学习，其中 73000 余人参加线上答题，决赛于 2019 年中国图书馆年会期间在鄂尔多斯市东胜区全民健身活动中心一楼信息发布中心举行。

在综合考虑各省级图书馆学会组织的在线竞答参与人数、平均分数、高分段人数（≥ 90 分）等因素的基础上，经研议，江苏省图书馆学会等 16 个省级图书馆学会组队参赛，最终产生活动名次。活动中还研议产生“先进个人”、“学习标兵”和优秀单位等。

附：服务全民阅读　共创美好生活——中国图书馆界 4·23 全民阅读活动倡议书

习近平总书记指出，“读书可以让人保持思想活力，让人得到智慧启发，让人滋养浩然之气”。

中华民族自古崇尚读书，耕读传家、诗书继世的思想源远流长。党的十八大以来，以习近平同志为核心的党中央高度重视社会主义文化建设。倡导全民阅读、共建书香社会，已经成为传播弘扬中国特色社会主义文化，培育践行社会主义核心价值观，激发全社会创新创造活力的时代召唤。

值此第24个“世界图书和版权日”之际，中国图书馆学会和国家图书馆联合全国图书馆界，共同开展以“读经典　学新知　链接美好生活”为主题的2019年全民阅读活动，并发出如下倡议：

一、坚持思想引领，弘扬时代精神。自觉承担举旗帜、聚民心、育新人、兴文化、展形象的使命任务，深入学习、大力宣传习近平新时代中国特色社会主义思想，着力推动这一思想的大众化普及化，引领新时代，指导新实践。

二、组织全域联动，实现融合发展。坚守“为人找书、为书找人”的价值理念，竭诚引导、推动、服务全民阅读，广泛联合社会各界，共同构建面向书香社会和学习强国建设的阅读服务网络，推动阅读服务全覆盖。

三、优化阅读环境，引领阅读风尚。丰富阅读资源供给，建设美好阅读空间，打造特色阅读品牌，开展线上线下“同城共读”阅读活动和“万卷共知”竞答活动，努力满足公众阅读需求，营造崇尚学习、热爱阅读的良好氛围，让更多人走进图书馆，与书籍相伴，令书香致远。

四、创新技术应用，提升用户体验。持续跟进数字出版、融媒体传播、人工智能等新技术与新设备研发，深入开展基于大数据的阅读行为与需求分析，创新阅读解决方案，优化阅读服务模式，提升阅读服务效能。

五、坚持以人为本，促进普惠均等。积极关注少年儿童、老年人、残疾人等特殊群体需求，丰富面向革命老区、民族地区、边疆地区和贫困地区的服务供给，倡导书香家庭新生活，以阅读启民智，以阅读扶民志，以阅读助力扶贫攻坚战。

阅读点亮梦想，阅读成就未来。让我们积极行动起来，坚持以习近平新时代中国特色社会主义思想和党的十九大精神为指导，以为人民提供丰富精神食粮为己任，引领阅读社会新风尚，开创全民阅读新时代，为满足人民对美好生活的新期待，实现中华民族伟大复兴中国梦而不懈努力！

六、国家图书馆互联网信息战略保存项目启动

4月19日，国家图书馆互联网信息战略保存项目在北京启动，首家互联网信息战略保存基地落户新浪，国家图书馆正式开启联合社会力量推动互联网信息保存和服务的协同发展道路。文化和旅游部公共服务司副司长陈彬斌，国家图书馆馆长饶权，党委书记、副馆长魏大威，副馆长孙一钢，微博首席执行官王高飞，新浪首席信息官王巍，以及相关专家学者，国家图书馆和新浪的代表等出席此次“网络时代记忆，信息协同保存”主题活动。魏大威和王巍分别代表国家图书馆和新浪集团签署合作协议。饶权在活动致辞中表示，国家图书馆设立互联网信息战略保存项目，

是立足于国家信息安全与社会信息化建设的长远发展，建设覆盖全国的分级分布式中文互联网信息资源采集与保存体系，及时、有效地记录时代文明发展脉络，提炼、积累与传承中华文明最新成果及其生动展现形式。为了达到这样的目标，图书馆需要与更多社会力量联合起来，共同推进互联网信息的社会化保存和服务。王高飞在致辞中表示，参与互联网信息的保护和应用，是新浪义不容辞的责任。新浪将继续发挥新媒体的技术优势和平台优势，确保信息的存储安全，并且和国家图书馆一起探索和创新应用方式，让互联网信息更好地服务于提升公共服务精准性和有效性，服务于社会治理创新，发挥出最大的社会价值。活动现场召开以“互联网时代人类文化记忆保存的价值、路径和未来”为主题的圆桌论坛，北京大学信息管理系教授王子舟、北京师范大学新闻传播学院执行院长喻国明、国家图书馆副馆长孙一钢、中国科学院文献情报中心副主任张智雄和微博高级副总裁曹增辉围绕主题做精彩对话。

国家图书馆互联网信息战略保存项目启动暨首家基地落户新浪活动上签署国家图书馆互联网信息战略保存合作协议

首创互联网信息社会化保存合作模式。国家“十三五”规划纲要指出，要加快推动数据资源共享开放和开发应用，助力社会治理创新，同时要深化政府数据和社会数据关联分析、融合利用，提高宏观调控、市场监管、社会治理和公共服务精准性和有效性。国家图书馆“十三五”规划纲要也将推进数字资源建设与保存工作作为重要规划工作之一。从2003年起，国家图书馆就开始尝试对互联网资源进行采集和保存。2009年，国家图书馆成立互联网信息保存保护中心，对国内外政治、经济、文化、科技等领域重要网站和重大专题资源进行采集保存。截至2019年，国家图书馆累计采集网站5.8万余个。为推动互联网信息的社会化保存与服务，构建国家互联网信息资源战略保障体系，国家图书馆秉承“公益主导、互利共赢”的原则，提出在国家法律框架内共建互联网信息战略保存基地的设想，面向中国境内开展互联网业务，并向在相关领域处于领先地位的企业机构，发起共建互联网信息战略保存基地的倡议，“国家图书馆互联网信息战略保存项目”正式启动，首家“国家图书馆互联网信息战略保存基地”落户新浪。根据合作协议要求，新浪网发布的新闻和微博上公开发布的博文，都将被该基地保存。同时为实现国家图书馆的学术优势和互联网公司的技术优势之间的协同效应，双方设立联合工作组，负责就基地建设相关事宜和业务工作进行对接与沟通，理顺和完善工作流程，制定工作规范，确保业务的顺利持续发展。其中信息数据仍由基地主体保存，国家图书馆根据保存规范、数据遴选原则和数据服务需要提出使用需求，由基地主体提供数据导出和数据分析支持，逐步将部分互联网数据纳入国家文献信息战略保存体系，服务于国家决策、社会治理、学术研究以及公共服务等非商业用途。国家图书馆将充分发挥在文献保存、信息传递和参考咨询方面的优势，为基地的建设和发展提供政策支持、专业人员和业务指导。新浪集团也将充分发挥技术、平台和渠道优势，为基地的资源储备、数据分析和内容服务提供必要的人才、技术和设施设备支持。

完整记录时代文明发展脉络。“国家图书馆互联网信息战略保存项目”旨在建设覆盖全国的分级分布式中文互联网信息资源采集与保存体系，通过与国内重点数字文化生产和保存机构的合作，推动互联网信息的社会化保存与服务，构建国家互联网信息资源战略保障体系。该项目的启动有助于提升互联网信息采集和保护的系统性与持续性，及时有效地记录时代文明发展脉络，提炼、积累与传承中华文明最新成果及其展现形式，不断激发中华文明在现代社会的活力，促进中华优秀文化的传播，更好地提供面向全社会的公共文化服务。此次合作，新浪网和微博上公开发布的所有信息都会进入“国家图书馆互联网信息战略保存基地”保存。新浪集团将依托现有技术平台，提供先进的长期保存设备及技术，完成数据资源的长久保存，以百年为目标，做好数据保存机构和数据保存介质的承接或转移应急预案。同时，防止由于保存介质性能变化引起数据损坏和丢失，不定期对长期保存数据进行硬件迁移、软件迁移和格式迁移，确保数字资源在未来技术环境中可被识别和利用。待条件成熟时将数据完整移交给国家图书馆保存。这意味着，网友在微博发布的信息，其对于社会发展的记录价值已经得到权威认可。截至 2018 年 12 月，新浪网累计发布新闻超过 2.1 亿条、图片 13 亿张、视频 4500 万个，互动总量超过 80 亿次；微博全站发布博文超过 2110 亿条、图片 550 亿张、视频 4 亿个，评论和点赞总量近 4719 亿次。新浪网和微博上新产生的数据，也将持续进入保存基地。

开拓互联网信息服务新局面。共建互联网信息战略保存基地的同时，国家图书馆还与新浪开展一系列合作探索。双方加强数据对接，国家图书馆负责接收并分析用户需求，新浪负责数据检索、提取和挖掘，并向国家图书馆反馈分析结果，双方将联合发布互联网数据分析报告，并逐步开展面向不同社会群体的公益性信息服务。双方将着眼于国家信息安全与社会信息化建设的长远发展，利用云计算、大数据等技术对海量互联网信息资源进行分析，为政策制定提供数据保障和支撑，面向中央和国家领导机关提供决策支持服务；加强科学研究性信息数据的收集整理，通过数据挖掘、智能分析等加工处理，面向科研教育机构提供学术研究服务；加强社交数据的挖掘整理，通过专题梳理，打造国家记忆和个体记忆的整合服务平台，适时面向大众提供全面的互联网记忆查询与揭示服务；建立意识形态筛查长效机制，加强对已保存互联网资源的常规筛查和特殊处理，担负好公共文化服务重要阵地的责任，确保文化信息安全。此外，双方还在图书馆新媒体矩阵建设、传统文化推广等领域开展合作。借助微博平台的宣传和渠道推广能力，组建国家图书馆新媒体矩阵，发布新媒体报告和数据榜单；讲好各级图书馆“故事”，吸引年轻网民关注并走进图书馆，更好地宣传优秀传统文化和社会主义先进文化；未来将持续开展互联网影响力人物走进图书馆等各种文化活动，联合举办主题论坛、讲座、公开课、沙龙等。

引发媒体及网民热切关注。项目启动当天，光明网、新浪微博、北京时间等10余家媒体官方微博对现场活动进行视频直播，累计播放超过155万次。项目启动半个月，新华社、中新社、中央电视台、《人民日报》(海外版)、《中国日报》、《中国文化报》、央广网、中国经济网等中央媒体，北京电视台、上海卫视、浙江电视台等地方媒体原发及转载报道共计600余篇/条。项目启动后，“2000亿条微博被国家图书馆保存”成为热议话题，一举挺进新浪微博热搜榜。该话题发布推出5天，阅读总量达3亿次，讨论3.9万次。与此相关的“国家数字记忆”话题也备受关注，阅读量达到1.3亿次。媒体普遍认为，互联网信息是人类文明和社会记忆的新载体，国家图书馆发动社会力量，开展互联网信息战略保存，共同记录人类文明足迹，从社会发展、文明传承的角度来看具有非常重要的意义。大部分网民表示：会以实际行动大力支持保存计划，要认真对待个人每一条微博信息的发布，多传递正能量。

当代社会互联网信息成为人类文明和社会记忆的新载体，客观反映着一定时期内政治、经济、文化和社会等方面的变迁。网络资源的易逝性和不可再生性，使互联网信息的采集和保存尤为迫切，而随着移动互联网和物联网的普及，互联网信息的爆炸式增长，调动社会力量参与已成为互联网信息采集和保存的趋势。网络时代记忆，信息协同保存，在新浪集团设立“国家图书馆互联网信息战略保存基地”是国家图书馆迈入发展新阶段开启的社会化合作新尝试。未来国家图书馆将积极推进保存基地的建设，并不断加强多边合作和深度合作，适时吸纳其他社会力量共同参与互联网信息战略保存与服务工作。

七、第十四届文津图书奖获奖图书揭晓

为充分发挥国家图书馆国家级全民阅读主阵地作用，积极推动、引导、服务全民阅读，创新开展世界读书日阅读推广活动。进一步完善评审机制，完成第十四届文津图书奖的评选及推广工作。

(一)“读经典　学新知——链接美好生活”4·23世界读书日特别活动

4月23日，由国家图书馆、中国图书馆学会、“学习强国”学习平台联合主办的“读经典　学新知——链接美好生活”世界读书日特别活动在国图艺术中心举办。光明网、北京时间、腾讯网、

新浪网和国家数字图书馆推广工程网络等媒体对活动进行直播。

现场公布第十四届文津图书奖获奖图书 10 种。由少儿读物出版家海飞、北京天文馆馆长朱进、中国图书评论学会副会长卜键 3 位文津图书奖评委分别揭晓少儿类、科普类、社科类获奖图书。文化和旅游部公共服务司司长李宏，文津图书奖评委会和组委会主任、国家图书馆馆长饶权，文津图书奖组委会副主任、国家图书馆党委书记魏大威，中宣部宣传舆情研究中心主任、“学习强国”学习平台负责人刘汉俊，文津图书奖评委王渝生为获奖者颁奖。同时邀请获奖作者代表林凤生发表感言。

揭晓仪式后，由国家图书馆馆领导、馆员代表与全国公共图书馆代表共同宣读《服务全民阅读　共创美好生活——中国图书馆界 4・23 全民阅读活动倡议书》，共同向社会发出图书馆人对于服务全民阅读、推进学习型社会建设的倡议。现场播放由中国图书馆学会和国家图书馆联合全国各级各类图书馆开展的全民阅读活动中首都图书馆等 9 家地方图书馆举办的活动花絮。北京大峪中学分校附属小学的学生代表和中国交响乐团成员分别表演“声律启蒙”“感悟论语”2 个读书主题节目。

经过中国图书馆学会和国家图书馆广泛动员，截至 4 月 19 日，共有 3039 家图书馆响应业界联动，涵盖公共、高校、党校、科研院所、高职、中小学、医院等各级各类图书馆，各地阅读推广机构也积极参与其中。

国图公开课策划推出“先生的书房”，中国工程院院士秦伯益和著名学者钱逊先生分别做题为“学新知　链接美好生活”和“世界读书日说‘读经典’”主题演讲。

（二）第十四届文津图书奖评选

第十四届文津图书奖评选工作于 2018 年 12 月 15 日启动，完成组委会和评委会的组织结构调整，充实评审队伍，新增 10 位初评评委和 7 位终评评委，为文津图书奖的评审工作提供更有力的专家队伍保障。

此届评选活动共收到图书馆、出版社、读者、评委等方面推荐图书 2741 种，其中有效参评图书 1562 种。最终产生获奖图书 10 种、推荐图书 40 种。其中社科类 5 种：《汉字与中华文化十讲》《国家相册：改革开放四十年的家国记忆（典藏版）》《左图右史与西学东渐：晚清画报研究》《名画在左科学在右》《我的世界观》；科普类 3 种：《美丽之问：宇宙万物的大设计》《大国重器：图说当代中国重大科技成果》《一想到还有 95% 的问题留给人类，我就放心了》；少儿类 2 种：《别让太阳掉下来》《鄂温克的驼鹿》。

此届评选工作共有 224 家出版社参与推荐，数量比上届增长 40%；76 家图书馆参与推荐和初评活动；33 家图书馆参与全国巡展活动。

第十四届文津图书奖颁奖现场

（三）第十四届文津图书奖推广

4月23日，第十四届文津图书奖获奖图书展在国家图书馆总馆北区二层读者大厅开展，全国33家联合评审单位及各级图书馆同步举办巡展活动。

国图讲坛和国图公开课邀请《鄂温克的驼鹿》作者九儿，《别让太阳掉下来》作者朱成梁、郭振媛等多位获奖图书作者举办文津读书沙龙活动。国图公开课“读书推荐”栏目录制苟利军推荐《一想到还有95%的问题留给人类，我就放心了》，译者兰梅推荐《美丽之问》，徐刚推荐《星空帝国》3期节目。

第十四届文津图书奖的宣传推广工作加强与新媒体的合作，联合新浪微博、抖音等媒体开展形式多样的线上互动活动。

八、文津讲坛举办1000期系列纪念活动

文津讲坛是国家图书馆主办的公益性学术文化系列讲座，创办于2001年1月1日，迄今已举办1000期。为庆祝文津讲坛举办第1000期这一重要时刻，国家图书馆策划并举办纪念特展、第1000期讲座以及编纂《文津流觞》专辑等一系列纪念活动。

（一）纪念特展

12月8日，“传百家之学　启时代新篇：文津讲坛举办1000期纪念特展”在国家图书馆总馆北区举办。展览回顾文津讲坛创设和发展历程、任继愈先生对文津讲坛的贡献，展现文津讲坛的选题特色、主讲人风采，总结读者服务，举行《文津演讲录》与在线讲座资源发布。展品形式多样，有文怀沙、黄苗子、袁行霈等主讲人书法墨宝勉励寄语，有文津讲坛发展史与讲座撷英影像，《人民日报》《光明日报》等媒体对文津讲坛的相关报道，文津讲坛创设初期听讲门票，文津讲坛重大节点纪念刊，出版的文津演讲录系列书籍等，吸引读者驻足观看。

（二）第1000期讲座

12月10日上午，文津讲坛第1000期讲座在古籍馆临琼楼讲座室举办，故宫学院院长单霁翔主讲“文化的力量——让文化遗产资源活起来”。国家图书馆副馆长张志清，古籍馆副馆长陈红彦、谢冬荣以及600余位读者一起聆听此次讲座。单霁翔的讲座包括故宫博物院的管理改革、内外兼修的故宫博物院、削峰填谷、我在故宫修文物、故宫跑、科技故宫到智慧故宫、故宫文化创意与故宫教育、发展开放的故宫走向下一个600年等内容。他结合切身工作，通过翔实的数据、丰富的案例，详细介绍近年来故宫博物院一系列的改革措施和实践经验，向听众全面展现故宫博物院进一步贴近观众、让文化遗产资源活起来的过程。讲座中，他指出，“把工作当学问做，把问题当课题解”的理念是故宫人能够将各项改革得以落地的基本态度，并特别强调文化遗产保护与现实生活相结合的重要性。他对国家图书馆坚持不懈举办文津讲坛予以肯定，并鼓励坚守下去。张志清主持本次讲座。他不仅简要回顾了文津讲坛的创设和发展历程、任继愈先生与文津讲坛的关系，而且特别感谢单霁翔先生多年来对国家图书馆事业发展所做出的贡献。

副馆长张志清主持由故宫学院院长单霁翔主讲的文津讲坛第1000期讲座

（三）《文津流觞》专辑

《文津流觞》是古籍馆编纂的电子刊物。该刊2019年第3期为文津讲坛第1000期纪念专辑。专辑内容主要由文津讲坛历史追溯、工作随记、读者来信、读者调查问卷统计报告、媒体人士相关回顾与展望、名家撷英、馆藏揭示等栏目组成。

文津讲坛历史追溯栏目中，曾经在文津讲坛工作过的员工撰写的《任先生与“文津讲坛”》一文，追忆文津讲坛在树立品牌、逐步走向系统化规模化进程中，任继愈馆长的关怀指导和不可或缺的作用。《建立传播高品位中华文化的新园地》一文就文津讲坛的理念和品牌、社会认可等进行回顾。

工作随记栏目中，现在的讲座工作团队员工们撰文回顾文津讲坛品牌成长之路，提出从现实社会和大众的需求出发，与时俱进地发挥文津讲坛的影响力和作用，继承优良的传统，结合现代的理念和服务方式，更好地为社会大众提供所需所想的服务，让文津讲坛常青。还就如何做好讲座工作和现场服务等提出自己的建议并设计讲座厅的设备改造技术方案。

读者来信栏目，文津讲坛“资深读者”们为专辑著文，回忆自己的听讲经历，对文津讲坛提出鼓励和建议。与文津讲坛结缘深厚的《光明日报·大视野》版主编史楠，特别撰写《我和我们，与文津讲坛的1000期之约》，讲述自己在求学期便在文津讲坛中获益，职业期又恰与文津讲坛有合作的巧妙缘分，探讨在当今“互联网+”时代，《光明日报》与文津讲坛的合作方式和内容。

读者调查问卷统计报告栏目中，通过文津讲坛读者问卷调查的统计和总结，文津讲坛工作团队对文津讲坛的读者群有了更加全面、更为深入的了解，通过读者年龄分布、职业分布、听讲偏好等数据分析，结合讲座现场值班服务经验，在未来的工作中，团队能够更有针对性地安排讲座主题，调整现场及讲座后续服务。

名家撷英栏目选取部分主讲名家的讲稿，如任继愈的《今天看科举制度》、启功的《清代学术问题私见》、朱家溍的《昆曲古今谈》、王蒙的《语言的功能与陷阱》、张岂之的《关于中华文化的几个理论问题》、袁行霈的《中国古典诗词与情趣陶冶》、楼宇烈的《传统礼仪的现代意义》、赵珩的《旧京风物——北京近代社会变迁（1911—1937）》、邓小南的《宋代政治文化面面观》等。

在专辑发布之际，曾经莅临文津讲坛的主讲老师程毅中先生、赵珩先生亲题墨宝，分别以“公开讲座千堂课，不问知津万里程”和“文苑百科、津梁舟楫”寄语文津讲坛。

19年来，文津讲坛共邀请705位学者专家，听讲者有23.8万人次。讲座选题丰富多彩，政治、文化、外交、自然科学等均有涉猎，近年来逐渐以文史哲领域为主，选题策划在考量学术性和前沿性的基础上，注重系列化。莅临文津讲坛的主讲人大多是正当年华的学界中坚，亦有学术新秀，更有德学双馨的学术泰斗。十几年来，文津讲坛凝聚和吸引众多读者，成为一个深受读者喜爱的学习园地，在推动全民阅读、构建学习型社会、弘扬中华传统优秀文化、增强文化自信等方面发挥着积极有益的作用。

九、国家图书馆与华为技术有限公司合作建设联合创新实验室

10月18日，《国家图书馆与华为技术有限公司全面合作框架协议》签约暨“国家图书馆·华为联合创新实验室”揭牌仪式在国家图书馆举行。国家图书馆馆长饶权，党委书记、副馆长魏大威，副馆长汪东波，华为公司中国区副总裁、华为公司EBG中国区总裁蔡英华，华为公司数字政府中国区总裁刘正宝等出席活动。魏大威主持活动，饶权和蔡英华分别致辞。饶权和刘正宝分别

代表国家图书馆和华为公司签署“国家图书馆与华为技术有限公司全面合作框架协议”。

双方以联合实验室为平台，依托各自的行业优势和技术积累，将不断开展在5G、人工智能、大数据、云计算、物联网、移动互联网等领域的业务创新，联合孵化行业解决方案，培养文化科技融合创新人才，打造业界领先的创新实验室，为国家公共文化服务的蓬勃发展提供持续动力。一方面，共同推动图书馆的科技创新应用，打造智慧数字图书馆新业态。借助华为先进的5G技术，结合5G网络帮助国家图书馆实现“极速”数字体验；推动人工智能、云计算、大数据、物联网和楼宇信息模型等先进技术在国家图书馆的应用，打造多云融合、智能物联的智慧数字图书馆新业态；为国家图书馆提供数字化、智能化转型咨询服务，构建安全、智慧、绿色的信息化平台。另一方面，推动公共数字文化工程融合创新发展，提升全国公共数字文化资源传播效率。加速5G在各级文化机构中的落地，推动5G技术在公共数字文化服务和群众文化资源建设与推广中的应用，建立公共数字文化服务5G安全通道，提升资源传播效率；加强文化大数据的采集和利用，通过5G技术对各个省市县级图书馆、文化馆的资源数据和运营数据进行高效采集、监控和分析，实现5G技术支持下的全国公共数字文化服务的数据化、智能化、可视化运营。

十、国家图书馆第一届理事会成立

2月18日，国家图书馆理事会成立大会在国家图书馆召开，理事会的成立，标志着国家图书馆正式启动法人治理结构改革试点工作。文化和旅游部党组书记、部长雒树刚出席会议。文化和旅游部公共服务司司长李宏、人事司司长汪志刚，国家图书馆第一届理事会成员，以及来自馆内外50余位代表参加会议。文化和旅游部党组成员、副部长张旭主持会议。

李宏报告国家图书馆法人治理结构改革试点工作及理事会筹备情况，汪志刚宣读《文化和旅游部关于成立国家图书馆第一届理事会的通知》。国家图书馆第一届理事会由13位理事、3位监事组成。

雒树刚为国家图书馆第一届理事会理事、监事颁发聘书并发表讲话。雒树刚强调，党的十八大以来，以习近平同志为核心的党中央高度重视文化建设，提出一系列新思想、新观点、新要求，做出一系列重要部署。党的十九大报告进一步明确，要深化文化体制改革，完善文化管理体制。推进公共文化机构法人治理结构改革，是中央从文化领域改革发展大局出发提出的一项重点改革任务。法人治理结构改革是完善公共文化机构管理体制的客观需要，有利于扩大社会参与，形成全社会共同关心和支持文化事业发展的良好局面，对于提高公共文化机构服务水平和效能，为群众提供更加优质的服务具有重要意义。

雒树刚指出，国家图书馆作为文化和旅游部直属单位的首家试点单位，要切实担负起试点责任，努力探索实现法人治理的有效路径和方法，落实好改革任务，同时为其他直属单位和全国公共文化机构推进改革积累经验，提供借鉴，做出表率。在改革过程中，要厘清各方权责，让理事会真正发挥作用，要坚持党的领导，落实意识形态责任制，并以改革为契机，推进国家图书馆各项事业创新发展。各地和符合条件的部直属公共文化机构要适时启动改革，同时做好改革经验总结和典型宣传工作。

韩永进表示，国家图书馆第一届理事会的成立，离不开文化和旅游部党组的直接领导与人事司、公共服务司等司局的大力指导。理事会的成立，标志着法人治理结构改革在国家图书馆的落地，标志着国家图书馆作为首批试点单位迈出重要的一步。他将与理事会所有同人一起，坚持以习近平新时代中国特色社会主义思想为指引，特别要深入学习和领会习近平总书记在庆祝改革开放40周年大会重要讲话精神，牢固树立“四个意识”，坚定“四个自信”，坚决做到“两个维护”，深入贯彻落实党中央及文化和旅游部的指示，积极稳妥推进理事会的各项工作，为推进国家图书馆事业发展贡献力量。

饶权表示，国家图书馆被确立为国家级公共文化机构法人治理结构改革首批试点单位，这是文化和旅游部党组对国家图书馆工作的肯定和期待，也是对国家图书馆干部职工干事创业能力的充分认可。接到试点工作任务后，全馆高度重视，党政班子强力推动，在部领导及人事司、公共服务司等相关司局的指导下，积极推进以理事会为主要形式的法人治理结构改革工作。国家图书馆在推进理事会制度改革的过程中，进一步深化对法人治理结构改革工作的认识，进一步聚焦改革试点工作主要任务。今后，国家图书馆将积极发挥示范作用，为全面推进公共文化机构法人治理结构改革提供经验借鉴。

成立大会后，国家图书馆理事会召开第一届理事会第一次会议，审议通过《国家图书馆章程》。

十一、第十五届全国省、自治区、直辖市、较大城市图书馆馆长联席会议召开

11月26日，第十五届省、自治区、直辖市、较大城市图书馆馆长联席会议在国家图书馆召开。此届联席会议的主题是“深入学习贯彻习近平总书记给国家图书馆老专家回信精神，共同谋划公共图书馆‘十四五’发展大局”。文化和旅游部公共服务司副司长白雪华、国家图书馆馆领导班子成员、58位来自全国副省级以上公共图书馆的馆长参加会议，国家图书馆各部处主要负责人列席会议。

饶权在主旨发言中总结“十三五”时期公共图书馆事业发展取得的显著成绩，分析新时期图书馆事业发展面临的突出矛盾和问题，并针对如何推动公共图书馆事业行稳致远提出5点建议，一是希望各馆做好公共图书馆事业发展战略的顶层设计；二是希望大家集中力量形成一批全局性项目，从而带动图书馆事业整体发展；三是希望大家充分发挥改革试点作用，推动改革创新；四是希望各馆能够积极带动全行业整体转型升级；五是希望进一步完善馆长联席会议制度。白雪华在讲话中结合习近平总书记的回信精神，以及新时代的发展趋势，对图书馆事业发展提出5点希望：一是坚持正确的政治方向；二是传承弘扬中华优秀传统文化；三是创新服务方式；四是推进文旅融合；五是进一步引导社会力量参与公共文化建设。

河北省图书馆、上海图书馆、浙江图书馆、河南省图书馆、重庆图书馆、新疆图书馆、广州图书馆的7位馆长代表分别发言。大家强调习近平总书记的回信为图书馆发展指明方向，必将推动图书馆事业取得更大发展，并结合各馆实际介绍贯彻落实总书记回信精神的工作思路。大家一致认为，新时代图书馆面临着更大的机遇和挑战，一定要及早谋划、积极应对，创新思维，在跨界融合、智慧图书馆建设、品牌营销等方面发力，更好地提升公共服务效能，推动图书馆事业发展。

在小组讨论环节，各位馆长积极发言，表示此次会议意义重大，饶权的主旨发言贴合实际、内涵丰富、高屋建瓴。我国的公共图书馆事业在“十三五”时期已经取得显著成绩，希望国家图书馆充分发挥引领带动作用，结合各地图书馆工作的实际情况，做好“十四五”规划的顶层设计。希望馆长联席会议定期召开，共同研究讨论公共图书馆事业发展。各位馆长结合本馆的工作，就如何更好地推进文旅融合、加强人才队伍建设、提高服务效能、完善制度建设等方面进行经验分享与交流探讨。

此次会议就国家图书馆提出的《全国公共图书馆事业发展战略研究工作方案》征求与会代表意见。在文化和旅游部公共服务司支持下，国家图书馆联合中国图书馆学会，设立11个研究专题，拟由全国副省级以上公共图书馆共同参与公共图书馆中长期发展战略研究。

馆长联席会议自1991年创办至今已相继召开十五届，为全国副省级以上公共图书馆的馆长们提供了一个交流思想、共谋发展的平台，对全国公共图书馆事业发展起到切实有效的推动作用。

十二、2019中英图书馆论坛召开

3月27日，由中国图书馆学会、中国国家图书馆、英国国家图书馆主办的2019中英图书馆论坛在四川省图书馆召开。英国驻重庆总领事艾佩诗（Cecille El Beleidi），英国国家图书馆馆长莉兹·乔利（Liz Jolly），文化和旅游部公共服务司副司长陈彬斌，中国国家图书馆党委书记、副馆长魏大威，中国图书馆学会副理事长、中国国家图书馆副馆长陈樱以及“鲜活的知识”英国图书馆联盟（Living Knowledge Network）代表、国内部分公共图书馆馆长等共计120余人参加开幕式。

开幕式上，陈彬斌在致辞中对远道而来的英国图书馆界同人表示欢迎，他指出，英国是现代公共图书馆的发源地，在图书馆的建设和服务方面有着优良的传统与丰富的经验。中国图书馆事业在近年来得到长足发展，在服务效能和服务水平方面都有较大提升。希望中英图书馆界的代表能够充分交流，贡献各自智慧，共同寻找新时代公共图书馆服务创新的有效路径，推动公共图书馆事业进一步发展，造福更多人民群众。

魏大威在致辞中指出，图书馆是促进知识传播的重要窗口，中英两国图书馆界的交流合作，可以促进两国图书馆事业的发展，对两国人民彼此了解历史文化，理解价值观念，共享文明成果，具有十分重要的意义。现代信息技术的发展，为图书馆事业带来新的机遇和挑战，期待中英两国图书馆馆长就图书馆事业创新发展的实践和思考进行广泛交流、深入探讨，彼此收获更多新思路和新理念。

艾佩诗介绍英国国家图书馆及“鲜活的知识”英国图书馆联盟的基本情况，对此次论坛的举办给予充分肯定，她指出此次论坛交流将促进两国图书馆业务联系，增进中英图书馆人的友谊。

莉兹·乔利表示，中国和英国的图书馆有很多可相互学习之处。尽管两国图书馆联盟的发展历程不尽相同，但在连接读者与各形式的知识、借助技术手段提升获取馆藏和服务的渠道方面，双方拥有许多一致的核心目标。期待能与中国的专业图书馆人员和机构建立伙伴关系，并带着新的视野满载而归，思考图书馆和图书馆事业下一阶段的发展。

开幕式后的主旨演讲部分，莉兹·乔利、陈樱和四川省图书馆馆长何光伦分别就中英两国公共图书馆事业发展及相关法规、公共图书馆法在中国基层图书馆的落实情况发表主旨演讲。

此次论坛主题为“公共图书馆服务创新与事业发展”，中英双方嘉宾分别从不同维度探讨读者服务、数字图书馆与创新、图书馆员培训与发展、图书馆角色与定位等的发展现状和思路，全面阐述双方在图书馆管理和服务方面的理念，分享各自的实践经验。

28日晚，论坛举办公开讲座“莎士比亚连结：在英国与中国的文化对话”，来自英国国家图书馆、伯明翰图书馆以及英国艺术委员会等机构的专家以莎士比亚为媒介，介绍英国文化机构如何利用、分享馆藏资源，推动地方公共图书馆以及国家图书馆的合作，促进中英间的文化交流。

会议期间，与会嘉宾还参观了四川省图书馆、成都图书馆、城市阅读空间，进行实地交流。

十三、国家图书馆出版社建社四十周年系列活动

2019年是国家图书馆出版社成立四十周年，国家图书馆出版社策划、举办系列纪念活动，并召开四十周年出版座谈会。

（一）开展纪念建社四十周年系列活动

10—11月，开展“国家图书馆出版社四十年四十书”评选活动，首先由国家图书馆出版社选出四十年来重要图书，形成候选书单，然后在社内外进行投票选举，最后根据得票多少产生“国家图书馆出版社四十年四十书”，在媒体进行专版宣传。

11月29日，在《图书馆报》专版刊登“国家图书馆出版社四十年四十书”。社庆期间，在出版社微信号同步报道相关活动，在《中国新闻出版广电报》、《中国文化报》、《人民政协报》、《中国出版传媒商报》、中国社会科学网等媒体进行专题报道。

12月1日，“国家图书馆出版社成立四十周年”小型展览开幕，展览以四十年出版的重要图书为中心，结合获得的重要奖项以及四十年大事记，引导参观者更好地了解出版社历史及出版成果。

（二）召开四十周年出版座谈会

12月3日，国家图书馆出版社（以下简称“国图出版社”）四十周年出版座谈会在北京举行。来自北京大学、中国社会科学院、中国第一历史档案馆、首都图书馆、中华书局、人民文学出版社等高校、科研单位、文化机构的知名专家和学者共40余人出席会议。国家图书馆馆长饶权，中宣部出版局副局长、古籍办副主任许正明，中国编辑学会会长郝振省，国家出版基金规划管理办公室监管处处长刘兰肖莅临会议并讲话，中国出版协会古籍出版工作委员会主任、中华书局总经理徐俊出席会议并进行总结发言。国家图书馆党委书记、副馆长魏大威主持座谈会。国家图书馆出版社社长魏崇做出版社情况介绍。

饶权指出，此次会议总结回顾国图出版社四十年的发展历程和成绩，为其未来发展举旗定向，这对于推动我国文献典籍的整理出版、推动图书情报学科的进步具有重要意义，对传承弘扬中华优秀传统文化、建设社会主义文化强国具有积极作用。2019年是国家图书馆建馆110年，习近平总书记给馆内8位老专家回信，充分肯定国家图书馆在传承中华文明、提高国民素质、推进经济社会发展等方面发挥的积极作用，对国家图书馆事业未来发展提出殷切希望。国图出版社要以总书记回信精神为指导，不忘初心，砥砺奋进，坚持正确政治方向，坚持社会效益优先、两个效益相统一，为传承弘扬中华文明、提高国民素质、建设社会主义文化强国再立新功。

许正明指出，国图出版社是图书馆行业专业出版社，也是我国的古籍出版重镇，建社四十年来始终围绕党和国家工作大局，与我国改革开放同向同步，努力践行“传承文明、服务学术”的使命，出版了一大批精品力作，国图出版社入选“十三五”国家重点图书出版规划和2011—2020国家古籍整理出版规划项目、获得国家古籍整理出版专项资金资助项目和国家出版基金项目的数量，都位居出版单位的前列，为推动我国古籍整理出版以及弘扬中华优秀传统文化做出重要贡献。希望国图出版社充分把握古籍出版面临的新形势、新任务和新要求，在精品化、时代化、大众化、数字化、国际化上下功夫，抓住机遇，开拓创新，为传承和弘扬中华优秀传统文化，推动社会主义文化繁荣兴盛做出更大的贡献。

郝振省认为编辑人才资源是出版社重要财富，希望国图出版社培养更多的古籍出版名编辑和专家型编辑，为古籍及全行业编辑队伍培育培养做出贡献。刘兰肖肯定了国图出版社高质量承担国家出版基金项目，期待看到更多思想精湛、艺术精深、制作精良的出版精品面世。魏崇简要介绍出版社四十年的发展历程，报告近期的主要选题方向和出版规划。

与会专家感佩国图出版社多年来对于学界的贡献，他们认为，在纷繁复杂不断变化的出版环境下，国图出版社能够耐得住寂寞，坚守自己的出版特色，在文献保护和学术资源的提供上发挥积极作用，实属难得。国家图书馆是一个承载读书人美好记忆的地方，而以此为背景的国图出版社，四十年来造福学界良多，逐渐成长为学术和专业出版重镇，是几代人的不懈努力和正确的办社方向相结合的结果。专家认为，国图出版社在以往注重文史出版、图情出版的基础上，近年来又大力开拓数字出版，可谓是兼顾传统文明和现代创新。正是由于特色鲜明、不断拓新，出版社才得以可持续发展，在坚持社会效益优先中实现经济效益和社会效益的双丰收，这条路应该继续坚守。国图出版社长期以来和图书馆等文献存藏机构做朋友，和学者做朋友，选题资源来自于图书存藏机构和学者，出版的图书又回到图书馆和读者手中，形成良性的互动。在当前大力弘扬和传承中华优秀传统文化的时代背景下，出版社的发展，应该正如许正明副局长所指出的那样，在精品化、时代化、大众化、数字化、国际化方面下功夫。

国家图书馆出版社四十周年出版座谈会

座谈会期间，举行国图出版社学术顾问的礼聘仪式，延聘与该社出版方向相关的，长期关心、关爱、支持出版社事业发展的文史学界、图书馆学界学术大家和部分中青年知名学者为出版社学术顾问，对出版社办社方向和出版导向、中长期发展战略、重大选题提供决策咨询意见。程毅中、袁行霈、吴慰慈、李致忠、陈其泰、安平秋、王耀华、陈祖武等学界名宿，以及桑兵、舒大刚、刘跃进、廖可斌等知名学者共26人，被聘为首批国图出版社学术顾问。

座谈会上还举行《国家珍贵古籍题跋丛刊》首发式。该书由饶权、詹福瑞共同主编，是国家图书馆、国家古籍保护中心2012年启动，联合全国80余家图书馆实施的中华古籍保护计划项目，出版成果入选2019年度国家出版基金资助项目。

十四、国家图书馆二期数据中心和四库全书库空调系统改造完成

国家图书馆二期数据中心和四库全书库空调系统改造工程是国家图书馆向文化和旅游部申请并实施的第一个三年滚动改造项目，项目批复金额1243万元，工程于2019年施工，改造内容为国家图书馆二期数据中心机房、四库全书库机房空调系统的拆除、出风风道、水系统、配电系统、机房防水、室外管道改造。工程自2016年提出改造构想并编制可行性研究报告代项目建议书以来，后勤服务管理中心就成立了以老、中、青三代技术骨干为主的科技创新小组承担工程的各项工作，历经项目可研审批、初设编制、初设审批、项目招标、深化设计、工程施工等多个阶段，一路摸索探索，将于2020年1月工程竣工交付使用。工程解决了二期数据中心和四库全书库原有缺陷，磨炼了科技创新小组各成员的本领，为后续申请的多个三年滚动项目提供诸多宝贵的经验。

（一）工程的提出与前期工作

国家图书馆二期数据中心和四库全书库空调系统又名北区恒温恒湿系统，为2008年随总馆北区建设安装投入使用，系统冷源由冷冻站提供，北区机房安装15台恒温恒湿空调机组，其中申菱

恒温恒湿机组 11 台、艾默生恒温恒湿机组 3 台、康泰恒温恒湿组 1 台，为北区数据中心机房和四库全书保存库提供运行和保存环境。15 台恒温恒湿机组采用集中水冷散热方式，共用 1 台位于总馆南区书库西侧的水冷闭式冷却塔。15 台机组中，申菱设备为 2007 年安装使用，康泰机组 2008 年投入运行，2011 年因存储机房和 UPS 机房空调制冷能力不足，在机房内补加 3 台艾默生专业机房空调。该空调系统自投入运行以来，一直由后勤服务管理中心负责运行维保工作，系统运行至 2016 年前后，后勤技术人员逐渐发现该系统存在诸多缺陷和隐患亟待解决，比如恒温恒湿机组设备老化、局部制冷量不足；恒温恒湿机组随服役年限增加，故障率升高；原设备体积庞大，维修空间不足；机房风道布局不合理，冷风循环不均匀；网络存储机房、网络交换机房无备用机组；冷却塔没有备份以及 UPS 机房、存储机房追加空调机组放置在机房内部，存在管路跑水隐患等。

基于上述问题，后勤服务管理中心于 2016 年初组织专业技术人员编制《国家图书馆二期数据中心和四库全书库空调系统改造工程可行性研究报告》并上报文化部，同年 8 月收到《文化部关于国家图书馆二期数据中心和四库全书库空调系统改造工程可行性研究报告的批复》（文财务函〔2016〕883 号），批复同意对国家图书馆二期数据中心机房、四库全书库机房空调系统改造，改造面积 2296 平方米。建设内容包括：拆除工程、出风风道、水系统、配电系统、机房防水、室外管道保温改造工程以及设备购置及安装工程、结构加固工程。

根据文化部对可行性研究报告批复的批示，后勤服务管理中心抓紧进行《国家图书馆二期数据中心和四库全书库空调系统改造工程初步设计及投资概算》的编制工作，于 2017 年上报至文化部，同年 8 月收到《文化部关于国家图书馆二期数据中心和四库全书库空调系统改造工程初步设计及投资概算的批复》（文财务函〔2017〕685 号），批复同意对国家图书馆二期数据中心机房和四库全书库空调改造项目初步设计方案。建设内容包括：在国家图书馆二期地下一层空调机房、辅助用房和局部走廊实施装修改造工程，改造面积 2296 平方米，更新精密空调机组 18 台，空调机组采用双冷源（冷却水来自国家图书馆闭式冷却塔，冷冻水来自国家图书馆二期冷冻站），实施通风、管线及强弱电配套改造工程。

根据文化部对初设及概算的批示，后勤服务管理中心配合国有资产管理处于 2018 年 9 月完成工程招标，中标单位为北京中建智能建筑系统集成有限公司。在确定中标单位后，随即开展工程深化设计及施工准备工作，并于 2019 年 3 月 16 日正式进场施工。

（二）工程施工

国家图书馆二期数据中心和四库全书库空调改造工程包括暖通工程、电气工程、建筑工程等多个部分，具体包括更新精密空调机组 18 台，利旧使用精密空调机组 3 台，增加冷冻水循环系统 1 套，冷却塔并联水路、电路改造，以及上述各系统配套的水管、风管、强电、控制系统等更新。工程自深化设计完成并进场施工以来，面临多个难题，有工程技术原因，有不间断业务保障原因，也有施工周期保障原因，面对这些困难，后勤创新小组在各级领导的大力支持下，在兄弟部门的紧密合作下，克服重重困难，按时保质保量完成工程建设，未发生一起施工事故，保证工程的圆满完工并通过竣工验收。

（三）工程改造效果

国家图书馆二期数据中心和四库全书库空调改造工程正式通过国家图书馆各部门、监理方、设计方、造价方、物业的多方综合竣工验收并交付物业使用，工程各子项均完成预定设计建设目标，且多项改造效果远超原系统及新系统设计目标。

1. 空调机组新增备份冗余

二期数据中心和四库全书库原有空调机组15台，本身设计有备用机组，但是由于业务发展迅速，制冷需求增加，导致需要将正常机组和备用机组全部开启才能满足制冷需求，如供服务器机房的6台原申菱机组就是这种情况，在改造前，需要常年将6台机组全部开启，且每台机组的3个压缩机也全部工作，才能满足服务器机房的制冷需求，这样满负荷运转也提升了机组的故障率，不利于机组长期使用。还有一些机组是由于本身机房空间有限，只能安装1台申菱空调机组，无法安装备机，如供网络机房的1台原申菱机组就是这样的情况，没有备机导致机房稳定运行的不确定性增加。

工程改造后，将原有15台机组通过新增替换和利旧的方式，变更为21台，为每个机房均配备备用机组，不仅可以实现机组的轮循开启，还有冷量冗余以满足极端情况下运行的需要；同时，由于新更换的艾默生空调机组属于专用机房的精密空调机组，较原先的申菱机组，在单台制冷量不变的基础上体积大幅缩小，实现较小机房空间也能安装至少2台机组以实现1用1备的基本设计要求。

2. 空调机组供电系统采用双电源供电

总馆北区为双路供电，而二期数据中心和四库全书库的空调系统原为单路供电上口连接的供电模式，这样的供电模式不能实现双路电源的快速切换，不利于数据中心和四库全书库的空调系统保障。所以在这次改造中，采用互投双路供电的模式，使所有新增机组均为双路供电，提升系统的稳定性。

在冷源供电方面，原有闭式冷却塔也为单路供电，改造后，为闭式冷却塔及新增并联的1台开式冷却塔均新接电缆，实现这2台冷却塔的双路供电，这样不论是突发应急情况还是单路电源停电检修时，均可以实现在线切换保证设备持续正常运转。

3. 双冷水冷源使机组冷源有备份

二期数据中心和四库全书库原有空调机组为单冷却水冷源，由1台闭式冷却塔提供冷却水，并通过冷冻站循环泵实现冷却水从冷却塔至二期各空调机组的循环，这样的单冷源、单循环管道的设计，存在没有冷源备份的风险，且由于循环管路距离超长，需要循环水压较高，也提升发生管道破裂跑水的风险。

为解决这个问题，工程设计时就选定双冷水精密空调机组，在工程改造时，增加1套冷冻水系统，将总馆北区冷冻水从北区主管线直接接到二期数据中心和四库全书库新装机组中，使每台空调机组均可以采用冷冻水/冷却水的双冷水模式运行，提高整个系统的稳定性。同时，由于北京冬季气温较低，可以采用外界环境自然冷的冷却水作为冷冻水提供给机组，实现节能减排的效果。

4. 空调集成监控系统更智能

原有空调系统在建设时并无单独的监控系统，2012年，后勤技术人员为二期数据中心和四库全书库全部空调机组开发配备监控软件，一定程度上提升系统的稳定性，但是由于此监控软件只能实现空调机组的监控，并无冷源及水流量等监控功能，不能实现对整个空调系统的全部监控。

在改造完成后，为全部空调机组和冷却塔、冷冻站安装基于霍尼韦尔的智能楼宇监控软件，实现对冷却水、冷冻水、混水、机组状态、机组报警等全部功能的监控，特别是针对四库全书库的空调系统，加装烟感报警、风压报警、超温报警等报警联控，实现对空调系统的智能监控。

（四）工程节能效果

特别值得一提的是，后勤技术人员基于多年空调系统运行经验和技术积累，勇于创新，创造性地将双冷水冷源的空调系统中加入自然冷冷源，既提升系统的稳定性，又实现节能减排的效果，一举多得。

改造后的空调系统，在每年夏季（4 月中旬至 10 月上旬）采用冷冻水作为冷源，由于冷冻水由冷冻站的大型螺杆机组提供，制冷效率远高于使用冷却水时每台空调机组单个压缩机的制冷效率，所以可以实现部分节能效果；在每年冬季（11 中旬至 4 月上旬）采用自然冷当作冷冻水使用作为冷源，在使用自然冷作为冷源时，只需要开启冷却塔循环泵和冷却水循环泵即可实现自然冷冷源，无须开启其余功耗大的制冷设备，所以可以大幅节约电能，同时，由于无须开启单个机组的压缩机，可以保护设备，提升设备使用年限；在其余过渡季（由于馆内开启冷冻水时间较长，且自然冷使用时间也较长，所以过渡季时间段实际较短），需要和原有系统一样，采用冷却水作为冷源。以上 3 个运行阶段，冷却水系统随时可以作为备用冷源开启使用，保障系统冷源稳定性。

在 2019 至 2020 年冬季的设备调试试运行时即采用自然冷冷源，使用效果良好，各设备使用正常，达到预定的设计指标，完全能够满足二期数据中心和四库全书库的制冷需求。基于此项创新技术，以国家图书馆作为申请人申请发明专利 1 项、实用新型 1 项、软件著作权 2 项，其中实用新型 1 项、软件著作权 2 项已经授权。

国家图书馆二期数据中心和四库全书库空调系统改造工程的完成，不仅有效解决二期数据中心和四库全书库原有恒温恒湿机组老化、故障率高、无备份机组及备份冷源的缺陷，而且由于增加冷冻水、自然冷水的冷源方案，从而在降低能源损耗和运维成本的同时，大幅提升国家图书馆二期恒温恒湿机组的稳定性。

十五、重大展览

（一）中华传统文化典籍保护传承大展

为庆祝中华人民共和国成立 70 周年、国家图书馆建馆 110 周年，由文化和旅游部、国家文物局主办，国家图书馆（国家古籍保护中心、国家典籍博物馆）承办，全国高等院校古籍整理研究工作委员会及各参展单位协办的“中华传统文化典籍保护传承大展”于 9 月 7 日在国家典籍博物馆正式开展。

此次大展以深入学习贯彻习近平总书记关于传承和弘扬中华优秀传统文化重要论述精神为指引，全面阐发中华传统文化典籍精髓，充分展示中华人民共和国成立以来在党和政府的领导下，各相关单位在中华典籍保护传承方面的努力和成果。展览汇集全国20多个省40余家公藏单位、30余位私人藏书家的珍贵藏品330余种，力图通过精炼深刻的图文内容、珍贵罕见的古籍善本、形式新颖的展览方式、丰富新鲜的现代科技互动手段，将中华民族跨越时空、超越国度、富有永恒魅力的文化基因和民族记忆传递给每一位观众，真正让书写在古籍里的文字“活”起来，使中华典籍能够更好地发挥其价值，嘉惠当代、泽被千秋。

此次展览联动国家典籍博物馆文津厅、两翼通道以及第一至第四展厅进行展示，展区占地5000平方米，各展区和谐统一并各具特色。踏入国家典籍博物馆大门即进入序厅，映入眼帘的是此次大展的标识及习近平总书记给国家图书馆老专家的回信，标识以展开的书叶展示“110周年”的字样，灵动优美，其后矗立“顶天立地”巨型书架，并设有朗读亭。从序厅向两翼连廊走去，仿若走进时光隧道，穿过连廊的“中华古籍长河”及“国图百十年大事记”时间线，进入大展专题展厅，4个主题展厅分别为：“国宝吉光”“百代芸香”“汲古润今”“交流互鉴”，运用多种现代展览技术，展现中华优秀传统文化的薪火相传。

第一展厅主题为“国宝吉光”。展厅入口以巨型环幕的形式，循环播放《中华典籍讲述中国故事》宣传视频，将中华典籍的演变历史、文献宝库国家图书馆、历代藏书家爱书护书传承典籍的事迹以视频的形式展示出来，给观众以震撼的视觉冲击。展览分为“厚德载物　与时俱进”“鉴古知今　汲取智慧”“学说纷呈　匠心天工”“华章焕彩　翰墨流芳”4个主题单元，还有独立单元“典籍总汇　文化渊薮”和“激活经典　熔古铸今”专题，以经史子集四大部类为线索，展现历朝历代在哲学、思想、科技、文学等各个方面的伟大成就。

展品汇集国内20多家图书馆、博物馆藏珍贵文献100余种，大部分展出文献为入选《国家珍贵古籍名录》的珍品，包括已出版的18部《中华传统文化百部经典》原本；海内孤本宋淳熙八年（1181）刻本《扬子法言》；来自湖南省考古研究所的里耶秦简首次在国家典籍博物馆展出；文津阁《四库全书》、文源阁《四库全书》、文澜阁《四库全书》及河南省图书馆藏文渊阁《四库全书》删余稿《明文海》等同台展出。同时为纪念司马光、曾巩诞辰一千年，展厅内展出司马光《资治通鉴》残稿、元大德八年（1304）丁思敬刻本《元丰类稿》。

第二展厅主题为“百代芸香”。入口会衔处用灰色“影壁”配以传统吉祥纹样砖雕，中厅设计则还原晚清四大藏书楼之一的铁琴铜剑楼造型，辅以雅致的文人书房场景布局，带给观众沉浸式的观展体验。通过“酉山事业”“书田寻踪”“社会参与　共护国宝”3个单元，致敬那些为保护和传承我国古代典籍文化做出贡献的历代藏书家，展示他们爱书、护书、捐书的爱国精神，以及中华人民共和国成立后，在政府主导下全民共同参与古籍保护的成果，普及藏书文化与古籍保护知识，展示绵延不绝、传承有序的中华文化。

展览汇集傅增湘、郑振铎、周叔弢等藏书家捐赠国家图书馆的珍贵古籍，以及当代民间藏书家种类多样的珍品共计100余种，其中馆藏30种，其他70余种展品分属30余位民间藏家。展出国家图书馆藏珍贵宋刻14件，如现存围棋著作的最早印本、铁琴铜剑楼旧藏宋刻本《忘忧清乐集》，3件海内孤本宋绍熙三年（1192）黄唐两浙东路茶盐司刻宋元递修本《礼记正义》、南宋宁宗时重刻本《荀子》、宋嘉定六年（1213）淮东仓司刻本《注东坡先生诗》等亮相这个展厅。民间藏品种类丰富，涵盖史书、历书、医书、档案、信札、拓本、佛经、琴谱、棋谱、画谱、雕版以及少数民族文字古籍等，并以颇具艺术性、观赏性的版画居多，反映民间藏书家为保存保护善本古籍、延续中华文脉做出的重要贡献。此外，为此次大展特别拍摄制作的古籍保护纪录片在此展厅的独立视频放映区播放。

第三展厅主题为“汲古润今”，共有“勒之金石　垂于永久”“民族交融　多元一体”“咫尺天下　大美河山”“传承文明　服务社会”4个单元。展览展出珍贵典籍60余种，包括五批《国家珍贵古籍名录》中的金石拓片、少数民族文字古籍、舆图等，如首次集中展出反映我国水利地貌的《八省运河泉源水利情形图》（大运河舆图）、《河防一览图》（黄河舆图）以及《长江名胜图》（长江舆图），其中《八省运河泉源水利情形图》及《长江名胜图》为全图展出。

此次大展首次全面展示中华人民共和国成立以来中华传统文化典籍保护传承事业的发展历程和成就，特别是中华古籍保护计划实施以来，在古籍普查、《国家珍贵古籍名录》和“全国古籍重点保护单位”评审、人才培养、古籍修复、影印出版、古籍数字化等方面取得的成果；重点展示中华再造善本、二十四史、“九全一海”、《宋画全集》、《元画全集》等国家重要出版工程成果，以及缩微复制、革命文献与民国时期文献保护工作成果；通过对比手法展出古籍修复重点项目成果，包括《赵城金藏》、敦煌遗书、《永乐大典》、西夏文献、“天禄琳琅”藏书、纳格拉洞藏经、山西省珍贵古籍的修复前后对比等。

此次大展集中展示近年来古籍普查新发现，如国家图书馆入藏的国宝级早期雕版印刷品，其中五代后唐天成二年（927）刻本《佛说观弥勒菩萨上生兜率天经一卷》仅比咸通九年《金刚经》晚59年，为国内已知有纪年的最早雕版印刷品；南京图书馆藏北宋刻印本《景祐礼部韵略》，珍稀孤罕，版本和学术价值极高。展厅中设置环形书架陈列展示近千册文献典籍，册府恢宏，书架前则是大型沉浸式翻书体验长卷造型，将实体展品陈列和有趣的翻书体验相结合。此外，展厅另设长达9米的大型黄河舆图陈列区域，还有古籍修复纸库陈列，小微书库模型，古籍修复互动体验等多种互动手段，提高展览的参与、互动、体验感。

第四展厅以“交流互鉴”为主题，根据时序勾勒出以丝绸之路为主线的中外文化交流史迹，同时展现中华人民共和国成立后海外珍贵古籍回归所取得的辉煌成就，呈现中华文明在与其他各国文明的交流与互鉴中不断发展、在应时处变中不断升华的历程。

展览展出60余种汉文珍贵古籍、少数民族文字珍贵古籍、西文善本古籍。语言种类丰富，除汉文外，还有于阗文、焉耆－龟兹文、粟特文、回鹘文、满文等少数民族语言，以及拉丁文、意大利文、法文、英文、日文等外国语言；展品类型多样，除传统的古籍善本形态外，还有写本、手稿、拓片、绘画、舆图等，包括手稿《法语－汉语－蒙古语－满语词典》、满文稿本《几何原本》、摇篮本《托勒密天文学大成》等珍贵展品。设立海外回归单元，在展厅中设置“回归大事记”互动多媒体展项，以静态图文配合投影互动的形式呈现重要的文献回归事件，展示中华人民共和国成立以来海外中华古籍的调查、回归、整理、出版等工作取得的重要成果。

制作展览微信语音导览，完成31000多字、120件展品的录音和图文上传，让更多的参观者利用手机就能够根据需求随时观看相关重点展品的图片，获得详尽的展品讲解；制作“中华传统文化典籍保护传承大展”在线展览，在国家图书馆、国家典籍博物馆、国家古籍保护中心的官方网站上进行展示，在“掌上国图”手机客户端制作展览专题，使不能亲临现场的读者观众在线上也能一饱眼福；在国家图书馆、国家典籍博物馆官方网站、微信公众号上发布大展的预告、展品目录、馆长晒国宝、精品讲解、相关媒体深度报道等系列文章，得到读者的广泛关注；开辟新的短视频领域，制作多部短视频投放在抖音、新浪微博，取得良好的社会反响。

自开展以来，展览得到中央领导、中央国家机关党工委和文化和旅游部领导的高度重视，得到图书馆、博物馆等业界同人的高度赞扬，在古籍保护领域引发巨大反响，机关单位、学校等社会团体纷纷组织集体参观交流。10月19日晚，组织“中华传统文化典籍保护传承大展”部级领导干部专场活动，来自中央国家机关等单位的100余位省部级领导干部集体参观展览。山东省图书馆、湖北省图书馆、江西省图书馆、广西壮族自治区图书馆、首都图书馆等10余个省级公共图书馆，北京师范大学、首都师范大学、北京教育学院、天津师范大学等高校图书馆，内蒙古巴彦淖尔图书馆先后多次参观展览，交流办展经验。展览还引起全国新闻媒体的热切关注，开展仅两个月，就有原发媒体报道240篇，包括通讯社发文4篇，广电媒体报道23篇，平面媒体报道121篇，网络媒体报道92篇。《人民日报》、新华社、《光明日报》、中央人民广播电台、中央电视台等重要媒体均对展览做详细报道。截至2019年12月31日，“中华传统文化典籍保护传承大展”接待参观观众超过56万人次。

（二）妙法天成——细川护熙书法展

11月14日，由中国国家图书馆主办，日本公益财团法人永青文库协办的“妙法天成——细川护熙书法展”在国家典籍博物馆第八展厅开幕。

中国文化和旅游部部长雒树刚致辞并宣布展览开幕，日本前首相、永青文库理事长细川护熙，中国国家图书馆馆长饶权在开幕式上致辞，日本驻华使馆代理大使植野笃志，中国外交部外交政策咨询委员会委员、中国前驻日大使程永华，中国文化和旅游部国际交流与合作局局长谢金英，中国国家图书馆理事会理事长韩永进，中国文化和旅游部国际交流与合作局二级巡视员张西龙，以及来自中国书法家协会、中国国家画院等单位的负责同志、部分专家学者及各媒体代表出席展览开幕式。开幕式由中国国家图书馆副馆长陈樱主持。

雒树刚在致辞中表示，中日两国关系正在经历重要和积极的变化。中日文化相通相融，以深厚的历史文化渊源为纽带，在不同文明间开展平等对话、交流互鉴，持续加强人文领域交流合作，是我们不断巩固两国友好的重要基础。汉字及其书写方式在历史上对日本文化有着深远的影响，直至今日，书法在中日文化交流中仍然扮演着重要角色。此次在国家典籍博物馆举办细川护熙先生的书法展览，正是以此彰显中日两国文化艺术上的交流互鉴以及深厚的文化渊源。我们非常高兴能够以此为契机，进一步推动中日两国间的文化交流。

饶权在致辞中表示，2018年细川先生将永青文库所藏36部4175册珍贵汉籍无偿赠予中国国家图书馆，在中日友谊的历史长河中写下浓墨重彩的一笔，是值得两国人民永久珍藏的精神财富。今年是国家图书馆建馆110周年，我们举办盛大的“中华传统文化典籍保护传承大展”，永青文库捐赠的代表性汉籍也在其中专题展出。今后两年，中国国家图书馆还将陆续举办细川护熙艺术创作展和永青文库收藏展，为加强中日文化交流、增进中日友好情谊再添华章。

细川护熙在致辞中表示，能在中国国家图书馆举办个人书法展感到非常荣幸，也十分感谢中国国家图书馆对此次展览的精心策划和周密安排。细川家族数代都十分热爱中国文化艺术，受家庭氛围熏陶，他自幼研习中华传统文化，在书法、绘画、诗词、陶艺等多个领域都有涉猎。他崇尚晴耕雨读的文人生活，自己也在努力践行，会用心创作出更多更好的艺术作品，希望通过文化艺术交流为增进日中两国友谊尽一份绵薄之力。

此次展览用通俗的语言和多样的展陈形式，将中日两国跨越时空、开放包容、交流互鉴的书法艺术和文化内涵传递给每一位观众。展览共展出细川护熙先生的46件书法作品，向广大观众描绘出一幅浓墨重彩的中日文化交流画卷，展现别具特色又水乳交融的中日书法艺术与文化精华。细川护熙先生的书法圆融自在，妙笔天成，题材丰富，从晋唐诗词如《枫桥夜泊》《千山鸟飞绝》《山气日夕佳》等，到佛家禅语如《色即是空》《没踪迹》等，从中国情致到日本典故，处处体现着书者深厚的汉学底蕴、文人逸气和中日文化的交织与融合。这些诗词、禅语、典故等不仅是前人留给我们的宝贵精神财富，更是当今中日文化交流的友谊桥梁和重要载体。

出席“妙法天成——细川护熙书法展”开幕式的领导与嘉宾合影

（三）凡是国宝都要争取——郑振铎等抢救流散香港文物往来信札入藏纪念展

12月26日，郑振铎等抢救流散香港文物往来信札捐赠划拨仪式暨入藏纪念展开幕式在国家图书馆举行。文化和旅游部部长雒树刚，国家文物局局长刘玉珠、副局长关强，中国嘉德国际拍卖有限公司创始人陈东升，国家图书馆馆长饶权，郑振铎先生文孙郑源等领导和嘉宾出席仪式。雒树刚向捐赠方中国嘉德国际拍卖有限公司（以下简称“嘉德公司”）颁发捐赠证书，并宣布展览开幕。

刘玉珠在讲话中指出，新中国成立伊始，党和政府就将遏制文物流失、抢救流散国宝摆上重要议程。在周恩来总理等党和国家领导人亲自关心下，文化部文物局建立“香港秘密收购文物小组”，抢救流散香港文物，开启流失文物回归的恢宏篇章。这批信札主要为文化部文物局首任局长郑振铎先生和“香港秘密收购文物小组”成员之间的往来信函和相关单据，记载了很多重要文物的抢救过程，是党和政府重视开展抢救流散香港文物工作的重要史料。为做好郑振铎等抢救流散香港文物往来信札的保护研究与展示利用工作，国家文物局将这批信札整体划拨国家图书馆，与“西谛藏书”“木音信札”合璧收藏。刘玉珠对嘉德公司的爱国义举表示感谢。他表示，嘉德公司此次为保护信札不致再度流散，主动斥资竞购并无偿捐献给国家文物局，为社会力量共同参与抢救流散文物工作做出表率。

饶权在致辞中向文化和旅游部、国家文物局、嘉德公司以及现场嘉宾表示感谢，并指出，国家图书馆建馆110年的发展历程始终与国家民族的兴衰紧密联系在一起。新中国成立70年来，国家图书馆得以蓬勃发展，形成雍容大观的宏富典藏，离不开国图人的努力，更得益于党和政府的细心筹划、社会各界有识之士的鼎力支持。此次由嘉德公司捐赠，国家文物局划拨的郑振铎等抢救流散香港文物往来信札涉及并由此引申开的那些人、那些事，都与国家图书馆有着千丝万缕的联系。国家图书馆将恪尽职守，积极进取，守护中华民族的文脉，续写新时代文化事业的灿烂篇章。

陈东升表示，郑振铎等抢救流散香港文物往来信札，印证了新中国在成立之初为抢救香港流散文物付出的努力和取得的成果，是珍贵的历史文物资料。嘉德公司能够顺利竞拍到这些文物并捐赠给国家，并由国家文物局划拨入藏国家图书馆，让他感到很荣幸。陈东升承诺，国家的需要就是嘉德的使命，嘉德公司将继续秉持社会责任，积极促进流失文物回归。

此次由嘉德公司捐赠的“郑振铎等抢救流散香港文物往来信札”，包括1952年至1958年间，郑振铎先生等与“香港秘密收购文物小组”成员之间的往来信件、电报存根等共计166页，涉及收购小组成立、文物收购原则、真伪鉴定、资金筹措等多方面内容。2019年9月，国家文物局获悉这批信札即将在香港拍卖，遂与嘉德公司联系。嘉德公司主动作为，在尊重商业规则前提下成功竞购，慨然捐赠国家文物局。

“凡是国宝都要争取——郑振铎等抢救流散香港文物往来信札入藏纪念展”首次向公众整体展示信札原件，客观呈现抢救流散香港文物工作的动人往事。展览除前言和结语之外，主要包括3个单元：第一单元“念兹在兹、抢救国宝”，该单元分为“近代文物的流散与抢救”“香港——抢救流散文物的必争之地”两部分内容，简要介绍新中国成立以来抢救文物的成就以及文物流散香港的状况；第二单元“抢救流散香港文物”，该单元包括宝礼堂藏书回归与“二希”回购、启动香港文物回购、收购目标、收购宋元书画、收购郇斋藏书、收购陈仁涛藏古钱币、个中艰辛，以及余响犹在、初心不改等内容，详细介绍郑振铎先生等人抢救香港流散文物的概况以及成就；第三单元“回归文物撷珍”，该单元结合展板和展柜，充分展示从香港抢救回来的珍贵书画名品、宋元善本、名抄稿本等。此次展览不仅展示21份信札原件，还配合展览选取馆藏档案、善本古籍、普通古籍、名家手稿、再造善本等20余册/件。

十六、新入藏珍贵文献

（一）善本古籍

1.《古今杂剧校语》

丁祖荫撰，稿本，一册。《古今杂剧》是一部著名的古代戏曲选集，原书经明代赵琦美脉望馆抄校，故又名《脉望馆抄校古今杂剧》。清初为著名藏书家钱曾所藏，故又名《也是园杂剧》。原书又经黄丕烈等著名藏家收藏，后不知所踪。民国初，丁祖荫发现此书，并在其所撰《黄尧圃题跋续记》（载《国立北平图书馆月刊》第四号，1929年10月）中予以披露。《古今杂剧校语》内容，即丁祖荫当年在《国立北平图书馆月刊》介绍《古今杂剧》文章之一部分，系最初之原手稿，文字与刊印本有异，可知其发表时经过修改。书末又有潘承弼题跋一纸，对《古今杂剧》的流传与《校语》的来源叙述详细。

2.《刘炳照词》

刘炳照撰，稿本，一册。刘炳照（1847—1917），字光珊，号语石，晚号复丁老人，江苏阳湖人，著有《复丁老人诗记》《感知集》《留云借月庵词》《无长物斋词存》等。工诗文，能书画，近代江浙词坛名宿，与缪荃孙、夏孙桐、郑文焯、费念慈、章钰等人交往密切。依据笔迹判断，此为刘炳照手稿本。全书共八开，收录刘炳照词十余首，另有数首夏孙桐、郑文焯等人的唱和词，词作的撰写时间以光绪二十年、二十一年为主。所收录的词作间有未见收录在刘炳照的词集中。

3.《都门竹枝词》

清杨米人撰，清道光十二年抄本，二册。杨米人，别号净香居主人，安徽桐城人，乾隆、嘉庆时期曾居住北京。另著有《双珠记》。竹枝词作为一种诗体，源自巴蜀地区的民歌，唐代刘禹锡较早搜集并拟写这种诗体，后经宋元明清诸朝代的发展。北京竹枝词在乾隆时开始流行，数量蔚为大观。《都门竹枝词》即为清代北京的竹枝词，反映当时市井风貌、民间风情、浮生百态等。《都门竹枝词》多以抄本流行，至光绪三年方有刻本。此抄本上钤有“路工”印。路工（1920—1996），原名叶德基，浙江慈溪人，早年曾任太行山晋冀鲁豫军区政治部宣传干事、中共襄垣县委宣传部副部长、《新生报》社长、太行文联通联部主任等职，1949年后，历任《人民铁道》报科长、中央文学研究所教员、中国民间文艺研究会研究部副主任、北京图书馆研究馆员等。著名版本学家，著有《访书见闻录》等。1962年北京出版社出版路工编选的《清代北京竹枝词》十三种，其中的《都门竹枝词》即是以此抄本为底本进行整理的。

（二）外文善本

1.《普鲁士王国人物传记画廊》

德文全名为《马丁·弗里德里希·塞德尔的图片集》（*Martin Friedrich Seidels Bilder-Sammlung*），1751年柏林出版。

作者格奥尔格·屈斯特（Georg Gottfried Küster，1695—1776），德国著名历史学家、作家和教育家。1695年出生于德国萨克森－安哈尔特州的哈雷（Halle，Saxony-Anhalt），1728年成为柏林学院的成员，1776年逝世于柏林。一生致力于历史研究，代表作为《历史著作集》（*Collectio opusculorum historiam Marchicam illustrantium*，1743）。

德文题名页之前，有对照的拉丁文题名页，题名为“Icones et elogia virorum aliquot praestantium qui multum studiis suis consliisq Marchiam olim nostram iuverunt ac illiustrarunt. ex collectione Martini Friderici Seidel Consil Brandenbur”，意为“那些过去为勃兰登堡历史做出卓越贡献的杰出人物头像和头衔：来自勃兰登堡马丁·弗里德里希·塞德尔的收藏”，题名被树叶纹饰环绕，上有象征普鲁士王国的雄鹰。

此书共分为3部分：第一部分为德文和拉丁文对照的致读者和100位名人目录。第二部分按照时间顺序，简要介绍普鲁士王国形成历程中的100位重要人物，普鲁士王国成立于1701年，其前身为勃兰登堡公国。收录的人物中，第一位是赫罗斯维塔（Hrotsvitha of Ganders，935—973），最后一位是莫里提乌斯·霍夫曼（Mauritius Hoffmann）。赫罗斯维塔是甘德斯修道院的一名修女，一生共创作6部戏剧，是德国历史上重要的女剧作家。赫罗斯维塔继承了罗马戏剧家泰伦斯（Publius Terentius Afer，195—159 BC）的写作风格，同时又大力宣扬基督的仁善，并有意重塑女性形象，对后世影响颇大。这部分收录的人物还有德籍教宗克莱门特二世（Clement II，—1047）、路德教派神学家马提亚斯·弗拉齐乌斯（Matthias Flacius，1544—1575）、克里斯托弗·尼安德（Christoph Friedrich Neander，1589—1625）等。第三部分收录与第二部分对照的100幅整页人物头像铜版画，上有序号、姓名和头衔，有些还标注生卒年。此书前文后图，图文并茂地展现普鲁士王国历史上的重要人物生平，为了解普鲁士王国的历史提供重要素材。同时，版画刻画细腻，形象生动，具有重要的美学价值。

此书为四开，两栏，有印贴，前后环衬空白叶水印清晰可见，水印位于书叶中间位置，图案为一匹骏马，骏马前蹄腾起，跃跃欲奔。封面和封底均为花纹纸装帧，保存状况佳。

查欧洲网上公开目录，仅英国国家图书馆、牛津大学博德利图书馆、德国巴伐利亚州立图书馆等有收藏。

2.《编年史》

让·弗罗萨特（Sir John Froissart或Jean Froissart，1337—1405）是法国中世纪著名编年史家、作家、神父，著有《编年史》，或称《西欧编年史》，全称为《英格兰、法国、西班牙及其邻国编年史》（*Chronicles of England*，*France*，*Spain*，*and the Adjoining Countries*），其著作区别于当时盛行的基督教史学，以大量的篇幅和生动的笔触记述1326—1400年间骑士时代的西欧社会风情和骑士们行侠仗义、英勇无畏的事迹以及百年战争的场面。

这本史学名著是欧洲第一部有巨大影响力的编年史巨著，被称作欧洲的《资治通鉴》。值得一提的是，此书读来文字幽默风趣，书中配有大量古朴生动的木刻插图，配补多张精美彩色古画本插图，有别于那些枯燥乏味的历史读本，充满世俗的乐趣。可以说，后来的很多文学名著，包括《坎特伯雷故事集》（*The Canterbury Tales*）、《堂吉诃德》（*Don Quixote*）、《巨人传》（*Gargantua and Pantagruel*）、《胡迪布拉斯》（*Hudibras*）等都是在此书的滋养下萌芽的。

此书原文为古法文，此为英文译本，是由英国翻译家托马斯·约翰斯（Thomas Johnes，1748—1816）翻译而成的。约翰斯在英国哈福德（Hafod）成立一家私人出版社，发行很多他的翻译代表作品。1801 年，他翻译了圣帕莱（Sainte-Palaye）的《弗罗萨特的一生》（*Life of Froissart*）。1803—1805 年，他在哈福德出版社出版著名的弗罗萨特《编年史》译本。托马斯·约翰斯的弗罗萨特《编年史》英译本是目前比较准确、权威和通行的《编年史》译本。

让·弗罗萨特的《编年史》自从第一次出版以来，就一直受到高度重视。最初，它只通过手稿的方式发行，是当时用于赠送王公贵族的珍贵礼物，在社会上享有很高的地位和声誉。《编年史》最早分为四卷，其英文版后被托马斯·约翰斯在翻译的过程中改版成两卷本。书中涵盖很多对重大历史事件的描述，比如克雷西之战、内维尔十字军战役、嘉德勋章的建立、黑死病、普瓦捷战役等，也有对当时一些历史事件的细节描述，如查尔斯六世与巴伐利亚伊莎贝拉的婚姻、理查德二世与他的叔叔们发生冲突、埃蒂安·马塞尔在巴黎领导一场商人起义等。因此，这部作品对于现代人理解 14 世纪的历史事件至关重要。《编年史》长达近 300 万字，其中战斗场面描写生动而引人入胜，为社会历史学家提供丰富的信息。

国家图书馆入藏的让·弗罗萨特《编年史》品相极佳，共两册全，于 1868 年在英国伦敦出版，精美大理石花纹纸装帧，书口镶金，内收约 70 幅彩色覆金石印版画，另有大量木版画插图，是难得一见的品相与内容俱佳、具有历史收藏价值和研究价值的外文善本。

（三）舆图

国家图书馆继 2018 年入藏一批清代官绘本舆图之后，2019 年又入藏一批相关清代绘本舆图。此批舆图类型主要有浙江海防图、沿海图、军事图、江湖水利工程图、行政区划图等，此批舆图采用传统形象画法、计里画方、经纬测量法等不同绘法，这些对于研究中国测绘史、地图学史有重要参考价值。此批舆图部分加盖官印，形制大多折成奏折式样，封面贴红色题签，有地方官员题款、内贴有红签、附有上呈奏折。据此判断多为清晚期官绘本舆图。与上批图类别相似，只是各类型图数量稍有差别，比如浙江海防图和山东各府县地图数量明显多于上批，但军事图之中法战争图只有 1 幅。具体包括：

1. 浙江海防图。计 24 幅，主要是官府彩绘本，十分珍贵。地图的内容大多反映中法战争时期宁波各地的海防图，另有澉浦、乍浦沿海图，以及《浙江沿海二十四厅州县分界图》《舟山群岛海洋水文图》。例如:《宁波镇海县海口图》全图详细绘制镇海县全县的地形地貌，包括山川、道路、河流、桥梁、城池、村镇、炮台、军营、岛礁、河口等，还用文字记述了沿海涨落潮时海水进退的尺度等。图上粘贴有数十张笺条，尤其是威远城、招宝山、金鸡山等重要军事炮台、要塞、海口、关卡等处粘贴甚多，笺条上墨笔书此炮台现置钢炮多少门、此要卡现已发地雷电线、此处拟置水雷沉船、此处拟泊军轮驻守、此处札系二哨等有关军事部署详情。实为清后期中法战争期间地方官府绘制并呈送朝廷的计里画方宁波镇海海口军事布防图，图绘精致，比例严谨，数字翔实，资料丰富，品相完好，是研究中法战争期间中国军队沿海布防的重要历史原始档案资料。

2. 沿海图。包括《直隶沿海图》《松江蕰草浜河道河形图》《松江蒲汇塘蟠龙港河形图》3 册 / 幅。《直隶沿海图》详绘各海口、炮台、道路、河流、山峰等，并粘贴有数张笺条，上面墨笔书此海口涨落潮时的水面宽度、深度以及所至某地的里程等;《松江蕰草浜河道河形图》对吴淞镇、江湾镇、南翔镇、嘉定以及河道上横跨的桥梁等均一一标绘并注明名称，图中笺条上面墨笔书写某地至某地里程、河面宽度、河水深度等，是有关上海地区水道流通变迁的历史资料;《松江蒲汇塘蟠龙港河形图》则对上海县、肇家浜、徐家汇、七宝镇、蟠龙镇、纪王镇以及河道上横跨的桥梁等均一一标绘并注明名称。

3. 江湖水利工程图。共 15 幅，涉及江西赣江、江苏六塘河、太湖、淮河、运河、胶莱河等。例如:《徐州府运河图》除详细绘画书写运河沿途所经村寨及各寨寨长姓名外，还记有运河沿途驻军守卫分布、相距里程、堤长丈数等要素;《胶莱河河道图》详绘河道两岸各主要村镇及水闸之间的里程，胶州、高密、潍县、掖县等城池之间的里程，史志上的有关记载，河道上的桥梁，河堤的防护以及沿途驻军守卫情况等，为有关胶莱河的珍贵史料。

4. 山东各府县地图。共 25 幅，涉及曹州、沂州、兖州、济南、青州、青岛等府州及其属县，都是官府彩绘本，多钤盖有府县的官印。如《沂州府沂水县呈送舆图》，村镇、道路、山峰等绘于图中，图的四周墨笔书写四邻县界，图上笺条记述道路、河流等情况，背面钤盖正方形朱色“沂水县印”一方。

5. 其他行政区划地图。共 7 幅，涉及安徽灵璧、泗州、蒙城、广德以及云南永昌府、湖北省京山县等地。如《灵璧县地舆图》，村落、道路、河湖、虞姬墓、黄河等均一一绘出，四周相连州县具以文字标识。

6. 军事图。1 幅，即《基隆战图》，图上标绘城池、村镇、田地、炮台、营房、山川、河流、海口、英国军舰、清军万年青号战舰等。

7. 天文图。2 幅，即《赤道南北恒星图》，清同治元年（1862）刻本，此图据邹特夫所著《冬至恒星黄赤经纬表》一书缩临而成。

基础业务工作

- 文献信息建设
- 文献信息组织
- 文献信息保存与保护
- 年度掠影

基础业务工作

一、文献信息建设

（一）中文文献

1. 中文图书

接收交存431640种1060681册，较2018年种数增加0.67%，册数增加1.06%。购买115170种205327册，较2018年种数减少10.68%，册数减少12.64%。接受赠送4711种18855册，较2018年种数增加15.16%，册数增加134.95%。中文图书旧书补藏4978种（含赠书），较2018年减少50.40%。

2. 学位论文

采访235116种，较2018年增加1.83%。其中博士论文63162种，博士后报告8739种，硕士论文163215种。

3. 台港澳文献

采访图书23085种，较2018年增加26.09%；采访期刊708种7855册，较2018年种数减少6.23%，册数减少6.05%；采访报纸79种25680期，较2018年种数减少3.66%，期数增加5.42%。

4. 中文期刊报纸

入藏期刊10279种525135册，较2018年种数减少1.54%，册数减少3.40%；入藏报纸1336种522844期，较2018年种数减少6.18%，期数减少7.55%。

5. 音像制品和电子出版物

接收交存7649种13825盘，较2018年种数增加7.79%，盘数减少8.46%。购买补藏2089种5310盘，较2018年种数增加31.30%，盘数减少2.89%。接受赠送280种573盘，较2018年种数增加288.89%，盘数增加79.06%。

6. 中文资料

采访非正式出版文献6277种6423册，较2018年种数减少3.92%。存疑文献474种526册，较2018年种数增加12.59%。

（二）外文文献

1. 西文文献

订到图书50699种51501册，较2018年册数增加18.65%；缩微平片和胶卷2514种2709片/卷，较2018年种数减少34.21%；补订海外中国学文献780种，较2018年种数增加1.30%。

2. 东文文献

订到日文图书 18074 种 18182 册，较 2018 年册数增加 29.46%；补订日文中国学文献 638 种，较 2018 年种数减少 48.12%；订到东文图书 4165 种 4362 册，其中阿拉伯文图书 1937 种 2032 册、韩文图书 974 种 1043 册、越南文图书 365 种 398 册、泰文图书 889 种 889 册，较 2018 年册数减少 6.54%。

3. 俄文文献

订到俄文图书 6485 种 6667 册，较 2018 年册数增加 5.01%。

4. 国际组织与外国政府出版物

订到图书 733 种 741 册、期刊 257 册、缩微平片 13720 种 30201 片、光盘 7 种 44 盘，较 2018 年册数增加 56.2%。

5. 出版物交换

交换到各类型文献 11030 种 26875 册 / 件，其中图书 4652 种 4666 册、期刊 783 种 4709 册、平片 4415 种 10497 张、随书刊光盘 27 种 27 盘、电子出版物 41 件、音像资料 1153 种 6935 件，较 2018 年册 / 件数增加 23.48%。

6. 外文报刊

订到外文期刊 44799 册，较 2018 年减少 2.92%；外文报纸 20628 份，较 2018 减少 7.59%。

7. 外文实体音像和电子资源

订到西文实体音像和电子资源 7855 种 10734 盘，较 2018 年种数增加 20.02%。

8. 外文数字资源建设

发布资源列表数据库变更信息 6 个、数据库正式开通信息 1 个、数据库试用信息 8 个；提交文献资源建设委员会资源建设调整方案于 2019 年底至 2020 年陆续停订数据库 8 个；完成 PQDT 学位论文的采选工作，订购 1800 篇。截至 2019 年 12 月底，外文数据库总量达 124 个，较 2018 年减少 2 个；开通远程访问的外文数据库总量 54 个，较 2018 年减少 1 个。

（三）古籍特藏文献

1. 古籍及特藏文献采访

2019 年，继续加大采访力度，通过各种途径入藏所缺文献，不断丰富馆藏。全年采访古籍及特藏文献 6952 种 13666 册 / 件。其中：善本 3 种 4 册，手稿 45 种 59 册 / 件，新善本 49 种 73 册 / 件，精装精印 35 种 39 册 / 件，普通古籍 432 种 1097 册，金石拓片 3876 种 4466 张，敦煌吐鲁番文献书刊 460 种 997 册，地方文献 977 种 4392 册，外文善本 42 种 45 册，中文地图 817 种 1485 件，外文地图 158 种 173 册，年画 20 种 26 件，老照片 38 种 810 件。

2. 古籍数字资源建设

积极开展馆藏文献数字化工作。契约文书数字化完成扫描 10937 拍；启动 2 万拍手稿、2 万拍革命文献的数字化项目；IDP（国际敦煌项目）上传图像 9601 幅，累计上传图像 191373

幅；普通古籍数字化三期扫描 51.4 万拍；少数民族文字古籍数字化扫描 330891 拍，图像处理 20 万拍；永青文库捐赠文献数字化项目在完成一期扫描 26 万拍的基础上开展二期工作，扫描 5 万拍。

（四）缩微文献

全国图书馆文献缩微复制中心各成员馆全年共拍摄民国图书 127476 拍，民国期刊 311117 拍，善本古籍 142298 拍，中华人民共和国成立初期中文报纸 247024 拍，现报 369951 拍，共计 1197866 拍。其中：国家图书馆完成拍摄民国图书 80634 拍，民国期刊 311117 拍，善本古籍 100117 拍，中华人民共和国成立初期中文报纸 247024 拍，现报 171547 拍，共计 910439 拍。完成珍贵文献数字资源转换缩微胶片 1198854 拍，其中国家图书馆馆藏家谱数字资源转换黑白胶片 996977 拍。完成母片拷底 9097 卷，拷贝 3568 卷。

（五）数字资源

截至 2019 年底，国家图书馆数字资源总量达 2158.83TB，较 2018 年增加 197.92TB（参见“国家数字图书馆建设与服务”之“数字资源建设与发布”）。

（六）其他资源建设

1. 移动服务资源建设

完成“掌上国图”资源数字化工作。完成 250 场视频数据的手机格式转制；完成新增学位论文摘要数据的整理与发布；完成移动端“异乡・吾乡”“人无再少书可重读”“年华易老，技忆永存”“家庭阅读汇”等 4 个“M・地铁图书馆”阅读专题；制作及发布“有朋自远方来　不亦乐乎——从邦交文化看中华经典”等 9 个手机门户专题；制作并发布 60 个抖音作品。完成外购万方数据股份有限公司的文化帮扶视频、党建视频（高清、标清）各 2474 场，共 2705 个视频文件以及 185 种电子期刊的验收工作；完成 187 场首都图书馆自建地方特色视频资源的验收工作。

2. 网络信息采集

在充分考虑网络资源保存工作的延续性、发展性以及网络信息技术发展动态的基础上，制订 2019 年网络资源保存工作方案。加强业界前沿技术的调研，梳理移动互联网内容和音视频内容的主题范围和技术特征，创新技术模式，研发原型系统。重点研究网络资源的增量采集和有效管理技术，提高资源采集和保存效率。同时，研究移动端和音视频资源的采集与保存技术，扩展网络采集范围。推进网络资源采集与保存工作持续发展，截至 2019 年底，累计采集专题 298 个，国内网站（包括人大网站）3393 个，国外网站 5581 个，数据总量达到 221.87TB。

在网络资源采集与保存的业务推广方面，通过推广工程网络资源保存与服务系统实现工作流程的整合与规范管理，完成浙江图书馆的系统部署和与国家图书馆业务系统的连接，系统运行平稳，网络资源采集与保存业务开展顺利。

利用网络资源采集技术，实施公共图书馆文化播报整合与服务项目，对全国地市级以上公共图书馆有关讲座、培训、展览、活动等信息进行广泛自动批量抓取和汇总，并对采集到的文化信息进行知识化拓展和整合。全年累计采集和发布文化信息 14852 条，结合社会和文化热点制作文化播报专题 12 期并发布。在网站的功能完善和易用性等方面进行研发，拓展实现信息检索、热点推荐、信息排序等功能，为用户提供线上线下、知识丰富、渠道多样的综合性文化信息服务。

3. 文津图书奖数字化工作

完成第十四届文津图书奖参评图书数字化加工、数据发布、数据管理、网站建设等工作。设计并制作全新的文津图书奖专题网站，完成第十四届文津图书奖获奖图书和推荐图书的发布工作，同时整合历届（共 13 届）获奖图书和推荐图书，形成完整的数字资源专题导读。完成获奖及推荐图书数字化加工工作，包括数据前期整理、查重，从 ALEPH 系统提取加工图书书目数据，对获奖及推荐图书进行扫描，加工制作获奖及推荐图书 PDF 单页文件，获奖及推荐图书全文转换加工，ACCESS 数据库制作等。共完成 83 册图书 83 条元数据 3433 条目次数据的制作，25750 页 PDF 数据的扫描、全文识别及 EPUB 数据制作。

4. 记忆资源

中国记忆项目自建口述史料、影音资料等活态记忆资源约 804.5 小时。

二、文献信息组织

（一）中文文献

1. 中文图书

制作中文图书书目数据 267118 种，较 2018 年种数增加 8.91%。其中：普通图书书目数据 205967 种，较 2018 年种数减少 2.73%；少儿图书书目数据 60733 种，较 2018 年种数增加 81.49%；民国图书编目 418 种。新建中文标准篇名数据 1311 条，维护中文标准篇名数据 2009 条。完成中文图书加工 982228 册（含光盘），较 2018 年册数增加 4.30%。新建名称规范数据 53343 条，完成规范数据与书目数据的同步挂接。

2. 学位论文

学位论文编目加工 188144 种，较 2018 年减少 3.59%。其中：博士论文 47414 种，博士后报告 10730 种，硕士论文 130000 种。

3. 台港澳文献

图书编目加工 18836 种 18836 册，较 2018 年种数减少 1.79%，册数减少 1.83%；制作图书书目数据 18920 条，较 2018 年减少 2.84%；期刊编目 4 种。

4. 中文期刊报纸

新编期刊书目数据154条，报纸书目数据16条。完成中文期刊加工525135册，中文报纸加工522844期。

5. 音像制品和电子出版物

登记加工10601种20026盘，较2018年种数增加10.74%，盘数减少2.25%；编目入库（含少儿音像制品等，不含复本、附件）9527种16393盘，较2018年种数增加18.95%；制作书目数据9768条，较2018年增加20.73%。

6. 缩微文献

制作缩微品母片书目数据1941条，制作缩微品拷底片书目数据8756条，制作缩微品拷贝片书目数据2834条，维护书目数据20000条。

（二）外文文献

1. 西文文献

编目加工西文图书47856种50420册，较2018年种数增加5.10%；缩微平片2513种，较2018年种数减少39.63%。

2. 东文文献

编目加工日文图书16340种16577册，较2018年种数增加19.30%；东文图书4165种4362册，其中阿拉伯文图书1937种2032册、韩文图书974种1043册、越南文图书365种398册、泰文图书889种889册，较2018年种数减少4.84%。

3. 俄文文献

编目加工图书6945种7055册，较2018年种数增加0.59%；音像资料55种90件。

4. 国际组织与外国政府出版物

编目加工图书520种778册，期刊1种95册，缩微平片9750种24830片，光盘60种114盘。各类文献编目加工较2018年册数增加63.6%。

5. 外文报刊

新编目外文期刊152种，外文报纸6种。新编外文连续出版物书目数量较2018年增加67种。

6. 外文实体音像和电子资源

编目加工西文实体音像和电子资源7547种15990盘，较2018年种数减少1.28%。

7. 书目数据回溯

外文实体音像电子资源书目数据回溯641种，较2018年种数减少57.75%。

（三）古籍文献

2019年新编各类古籍书目数据9003条。其中：善本4条，新善本54条，精装精印35条，手稿45条，外文善本42条，中文舆图569条，西文舆图79条，年画20条，少数民族语文新书

5827条，普通古籍385条，线装家谱391条，平精装家谱357条，排印方志7条，石刻拓片1188条。回溯编目各类书目数据35060条。其中：善本4804条，外文善本1531条，中文舆图17243条，少数民族语文新书255条，少数民族语文古籍1000条，契约文书8227条，金石拓片2000条。另合并删除线装家谱数据24条。

（四）数字资源

1. 元数据仓储

2019年，整合中文外购数据库41个，元数据数量约11420万条；整合外文外购数据库3个，元数据数量93.6万条；整合自建及征集资源46批，元数据数量约14.4万条；制定9个外购中文数据库的映射规则。数据库核查完毕后全部提交给文津搜索系统进行整合发布。

2. 意识形态管理

完善意识形态筛查的处理流程和处理规范，在此规范下指导实际工作。另一方面，提升意识形态的重视度和自觉性，完成对以往建设的所有自有媒体资源进行审核，及时发现在线服务的问题课程16场，其中2场下架，14场修改后重新发布。另一方面，加强资源内容审核，对科组负责建设和管理的所有资源进行敏感信息筛查，共对12条中国政府公开信息、11条网络资源采集数据、70条自建数据资源元数据进行标注并做屏蔽处理。2019年接收相关部门的敏感数据处理通知后均及时在元数据仓储中进行屏蔽操作，全年共接收17次，涉及67719条数据。

3. 数字资源门户系统（Metalib）和开放链接系统（SFX）管理

2019年数字资源门户中新增正式资源库8个，修改正式资源库38次，停用正式资源库11个；开通试用资源库20个。SFX期刊数据库新增刊数65个，修改刊数1487次。

三、文献信息保存与保护

（一）数字信息保存与保护

1. 自建数字资源入藏

2019年，自建数字资源典藏库房入藏光盘59965盘，包括中文现代文献9652盘、民国文献2722盘、善本古籍46309盘、音视频资源1184盘、其他资源98盘。光盘总入藏量较2018年增加168.65%，其中中文现代文献光盘入藏量增加25.32%，民国文献增加130.29%，善本古籍增加297.16%，音视频资源减少27.14%，其他资源减少35.53%。

定期开展自建数字资源典藏库房巡检，完成自建数字资源入库清点核查、质检、备份、维护工作，年内共修复维护10530张光盘、11块硬盘介质。完成数字资源库房管理系统的管理和数据维护，系统更新15821条。

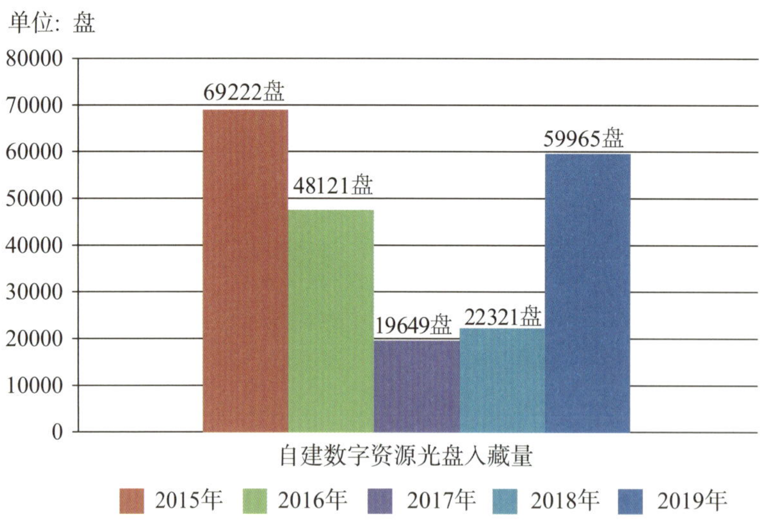

国家图书馆 2015—2019 年自建数字资源光盘入藏量对比

2. 数字资源长期保存

2019 年，完成网络资源长期保存 30.87TB。其中：触摸屏电子报纸资源备份 0.38TB，中文采编征缴电子报纸数据备份 0.46TB，网络信息采集资源长期保存 30.03TB。完成中文图书、博士论文、数字善本、数字家谱、敦煌 IDP 数据、年画、甲骨、宋人文集、藏书票、世界图书馆、样式雷图档、舆图、征集资源、触屏报纸、民国文献、民国报纸、民国图书、法律法规、版权信息、盲人图书馆、多媒体动画、公开课、新媒体资源、网页采集、馆藏音像电子出版物、新媒体资源、古籍共计 27 大类、172TB 的数字资源的长期保存。截至 2019 年底，国家图书馆长期保存数字资源总量达到 1812TB。

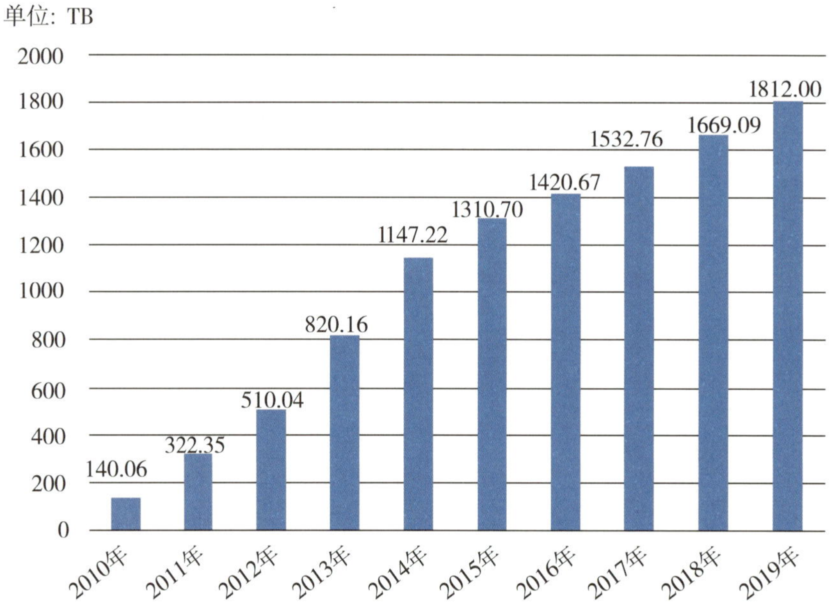

国家图书馆长期保存数字资源总量历年增长情况

灾备中心磁带库完成增量数据备份198TB，灾备中心磁带库数据总量达到1939TB。开展对国家图书馆主中心及灾备中心磁带库长期保存数据安全性检查，全年共完成1885盘次检查，发现并剔除问题磁带1块，完成问题数据恢复，保证两地数据的完整性和一致性。

（二）文献修复与保护

1. 文献修复

履行国家级古籍修复中心职责，承担外单位文献修复，修复鲁迅博物馆文献12册、清华大学图书馆地契450张、电影资料馆电影海报120张、赤峰学院家谱8件。以竞标的方式承担海南省民族博物馆、中国佛教协会所藏文献的修复。

加强馆藏文献修复工作，修复“天禄琳琅”藏书74册、西夏文献20件、善本34册、年画33幅、舆图2幅，拓片古籍修复16册/件、拓片镶衬18张，西域文书木简清理238件，修复捐赠祖先像7件。配合永青文库捐赠文献数字化项目进行折角处理、拆订线92册。配合国家需要，修复《茶花女遗事》，并连夜赶制函套。

编纂出版《国家图书馆藏三件早期佛经修复》；推进文献修复工作桌面式及头戴式影像记录系统预研；结合“天禄琳琅”修复，继续开展传统粉蜡笺纸和洒金笺纸制备工艺研究与试制；立项开展磁青纸染色复原项目；结合技艺传承工作需要，对古籍修复技艺相关传统技术开展技术攻关并取得突破，如以《广政石经》书帙为样本，开展传统书帙制作工艺攻关。

为清华大学图书馆、首都图书馆随班培训修复人员3人；与中国社会科学院研究生院联合培养专业硕士100余课时，学员6人；多人次参与名人手稿修复人才培养项目、重庆档案馆古籍保护技术培训班、厦门大学古籍修复教学课程、中国古籍保护协会民间古籍收藏与保护培训班、首都联合职工大学国家图书馆分校“文物鉴定与修复专业”、文化和旅游部老年大学培训班、国家图书馆社会教育部古籍修复基础培训班等的授课。7月9日—9月4日，举办“法帖修复技艺传习专项研修班”，培训各传习所骨干。

注重修复技艺的宣传，参加中央电视台三套“回声嘹亮”五一特别节目、“国家记忆”栏目的拍摄，参与中央电视台、山东卫视、中国新闻周刊、《中国日报》、《北京日报》、《北京晚报》、《北京》周刊、《藏书报》、《中国妇女报》等媒体的采访。文献修复组荣获中央和国家机关团工委颁发的2017—2018年度“青年文明号”称号。

2. 文献保护

做好库房温湿度等监测工作，每月提交温湿度、虫害监测报告；继续开展全馆库房温湿度自动监测系统维护，系统稳定性越来越好；每季度赴承德开展战略储备库温湿度与环境监测，6月上交承德临时库房保存条件评估报告。

针对中国合格评定国家认可委员会（CNAS）认证需要的质量体系文件进一步修改完善，参加纸张白度和冷抽提pH的能力验证；文献脱酸方面主要对脱酸溶液进行改进，并重新制作焊接设备封口；继续开展标准制定和修改，如修改行业标准《古籍虫霉防治指南》和《民国时期文献库房建设要求》，同时继续追踪国内外相关标准研究进展，递交国家标准《文献脱酸有效性评价》

申请书；持续开展低温保存技术研究、字迹研究、装具研究、纸张老化研究等科研项目；参加2019年第十五届中国（深圳）国际文化产业博览交易会，宣传脱酸成果；科技周期间组织一次主题为我国古代四大发明（除火药）的实践活动。继续进行纸张、装具等检测，检测样品148个。

加强与业界的交流，接待中国第一历史档案馆、南京博物院、北京科技大学、故宫博物院、重庆红岩革命博物馆、中山大学、英国国家图书馆、中国文化遗产研究院、曲阜教师博物馆等参观、交流20余次，到民族民间文艺发展中心实验室等参观，参加博物馆环境科学会议，参观档案保护技术展览。

完善国家缩微母片库房保存保护机制，继续开展国家缩微母片库房醋酸片核查项目，对缩微母片中的醋酸片基与涤纶片基胶片进行区分，并对醋酸胶片有针对性地采取保护措施。继续开展古籍缩微胶片修复，通过对胶片的筛查分类、接片处理、拷底制作、质量验收等流程，加强古籍缩微文献的保存保护。配合国家文献战略储备库项目，开展成员馆善本缩微胶片数字化异质保存相关工作。积极开展敏感文献回溯筛查，通过对内部库民国书数据与在架民国书缩微胶片数据进行比对，形成相关书目列表，加强文献管理。采用文献数字化扫描—数转模长期保存的全流程设计，开展数字缩微一体化工作调研；继续开展缩微胶片冲洗废水净化处理研究，通过反渗透法、离子交换树脂法、化学沉淀法等不同技术方法，研究符合当前处理缩微冲洗废水的技术路线。开展文献缩微工作标准体系建设研究，完善国家图书馆文献标准化体系。

年度掠影

【继续宣传《中华人民共和国公共图书馆法》 推进交存工作】

2019年是《中华人民共和国公共图书馆法》颁布实施的第二年，原国家图书馆国内出版物呈缴办公室（对内称“国内出版物呈缴组”）更名为国家图书馆出版物交存管理办公室（对内称“出版物交存管理组”），继续通过外出催交、电话、邮件等各种途径宣讲《中华人民共和国公共图书馆法》，图书交存率达到79.6%，较2018年上升1.4%。

【为中国文化中心图书馆提供采编服务】

2019年继续承接中国文化中心图书馆藏书建设，完成中国驻以色列、马来西亚、拉脱维亚、丹麦、坦桑尼亚、罗马尼亚中国文化中心图书馆图书配置、编目加工配送等外包监管工作。同时完成驻德国中国文化中心图书馆所需文献目录的遴选工作。

【国内出版中文期刊报纸调整入藏复本数量】

2019年，依据国家图书馆“中文求全，外文求精；国内出版物求全，国外出版物求精；多品种，少复本”的文献采选总原则，按照国家图书馆文献信息资源总库建设的总体要求，结合文献资源采购经费、文献资源结构与利用、库房空间等实际情况，通过对中文期刊报纸数据的筛查分析，并结合实体期刊报纸与电子期刊报纸馆藏的对应关系、数量情况、阅览室近年服务需求等情况，确定国内出版的中文期刊长期保存1个复本——保存本，取消基藏本，原基藏本的功能由电子期刊和保存本依次分担；保持现有中文报纸入藏种数不变，全部品种只长期保存1个保存本。

【配合国务院教育督导委员会、学位委员会学科评议组抽检、提取博士学位论文】

国家图书馆学位论文收藏中心是国务院学位委员会指定的全国唯一负责全面收藏和整理我国学位论文的专门机构，其博士学位论文收藏数量以及学科专业覆盖面在国内首屈一指，是国家博士学位论文最终保障基地。根据《教育督导条例》（国务院令第624号）和《博士硕士学位论文抽检办法》（学位〔2014〕5号）有关要求，为保证博士生培养质量，国务院教育督导委员会办公室决定2019年度抽检的博士学位论文继续从国家图书馆调用。按照国务院教育督导办函件要求，国家图书馆学位论文收藏中心对分散在采访、编目、加工、外包及保密等多环节工作流程中的博士学位论文逐一筛查，共提取博士论文6412种，经数字资源部进行数字化扫描制作成电子文档，按照要求提交国务院教育督导办，圆满完成相关工作。

为了进一步提高全国中医药博士研究生培养质量，展示全国优秀中医药博士研究生的科研能力及创新研究成果，国务院学位委员会第七届中医学、中西医结合、中药学学科评议组决定面向全国中医药学位授予单位开展“全国中医药优秀博士学位论文”评选工作。为了保证评审工作公正公开，该学科评议组联合中国中医科学院研究生院，商请国家图书馆协助调取推荐参加评审的学位论文。接到相关函件后，国家图书馆学位论文收藏中心协助提取参评中医药优秀博士论文78篇，经数字资源部进行数字化扫描制作成电子文档，按照要求提交评选工作办公室。

【加大中文商业数据库元数据收集力度】

中文商业数据库的元数据是图书馆开展资源整合的基础数据之一，元数据收集工作为国家图书馆的资源建设、数据整合与读者服务提供有力的数据保障。截至2019年底，共获取43批次中文商业数据库元数据，共计114478206条，总量较2018年减少22.5%。共收集元数据的数据库85个，占中文商业数据库总量的66.9%，较2018年增加2.4%。其中：全文型数据库50个，索引文摘型数据库1个，数值事实型数据库20个，多媒体型数据库13个，复合型数据库1个。

【开拓“驻馆培训”新模式　继续推进RDA的宣传推广】

2018年，国家图书馆外文资源编目正式启用RDA新标准，随之引发业界关注，培训需求也更为具体和多样。2019年，为了更好地满足各类不同的需求，更有力地推动RDA在我国的普及和推广，国家图书馆在总结近年举办RDA培训的基础上开拓思路，改变原有普通培训班的教学模式，推出以定制服务为特色的“驻馆培训”新模式，即各书目机构可随时提出培训申请，包括培训时间和培训内容，部门根据需求制订个性化培训方案，学员可在真实的编目环境中实践RDA规则，通过一对一的教学模式提供培训。

新模式培训推出后，业界积极响应，全年完成6批“驻馆培训”，培训学员来自业界各级各类图书馆，包括公共图书馆（省级馆和市级馆）、高校图书馆、中学图书馆等。培训内容更为丰富和灵活，包括不同文种、不同类型资源的编目，以及编目理论、业务流程等各方面，学员可自由选择。在培训过程中，学员不仅详细了解国家图书馆外文资源编目应用RDA的本地规则及操作方法，还充分交流工作经验，解决各馆不少实践中的业务问题，同时也充分发挥国家图书馆在业界的引领和示范作用。

【与伊朗德黑兰大学图书馆等4家外国图书馆建立出版物交换关系】

出版物交换工作是中国国家图书馆行使对外文化交流职能的窗口。2019年，中国国家图书馆分别与伊朗德黑兰大学图书馆、缅甸国家图书馆、土耳其总统府图书馆、塞舌尔国家图书馆等4家外国图书馆建立出版物交换关系。双方就各自所需的政府出版物、哲学社会科学领域的重要学术成果，以及中国学、对象国研究文献展开重点交换。伊朗、缅甸、土耳其、塞舌尔4国是“一带一路”建设的重要组成部分，上述国家在能源、林业、种植业科技水平发达，双边政治经济文化领域合作密切。此次与4馆交换关系的确立有利于中国国家图书馆“一带一路”专题文献及非通用语种文献的资源建设。至此，中国国家图书馆已同117个国家和地区的556家图书情报机构建立出版物交换关系，使世界各国和各地区及时了解我国的文明成果以及社会主义现代化建设所取得的成就。此举推动我国出版物在“一带一路”地区的传播。

【完成图书馆研究资料室外文过刊的回溯工作】

2019 年 1 月，外文采编部根据研字〔2018〕79 号报文《研究院关于申请处理图书馆研究资料室中外文过刊复本的请示》接收原图书馆研究资料室待剔除的外文过刊。接收该部分文献后，立即开展文献的语种分类、排序、查重、编目、挂接与剔除工作。最终，该批文献共有 155 种 1012 册合订本被纳入馆藏，其中西文期刊 89 种 471 册（含新编书目 44 种）、日文期刊 12 种 57 册（含新编书目 2 种）、俄文期刊 15 种 40 册（含新编书目 3 种）、韩文期刊 39 种 444 册（含新编书目 10 种），637 册合订本复本被剔除。此外，因部分文献与国际组织与外国政府出版物、西文图书相关，故另有 146 册文献转交相关科组。该批外文过刊虽然年代较为久远，但均是世界各地图书馆学情报学相关的重要学术期刊资源，部分期刊的品种与期次经过查重后与现有外文期刊馆藏合流。

【开展近 5 年外文文献服务与利用情况调研项目】

馆藏文献的服务和利用情况一直是衡量图书馆事业是否取得成功的核心绩效指标，为了客观准确评估国家图书馆馆藏外文文献资源的建设和利用情况，专注于如何为馆藏利用赋能，更好地服务社会，根据业务管理处 2019 年 9 月 2 日《业务专项协调会纪要》的要求，由外文采编部牵头与业务管理处、典藏阅览部、参考咨询部、信息网络部、立法决策部进行多次沟通和讨论后，形成调研提取方案，开展近 5 年外文文献服务与利用情况的调研项目。

此项统计调研的时间跨度为 2014 年 1 月 1 日到 2019 年 9 月 1 日。调研内容不仅包括由信息技术部提取的 5 年外文外借、外文阅览和馆际互借的流通数据共计 301844 条，还包括外文第一阅览室、第二阅览室、第三阅览室、法律参考阅览室、海外中国问题研究资料中心（中国学阅览室）、国际组织和外国政府出版物阅览室等的读者人数统计、文献复制数量、其他有关开架外文图书流通的统计数据等。外文采编部在收到各部门提供的开架流通数据和闭架流通数据之后，对全部数据进行汇总、清洗、统计和分析，并按照业务管理处要求撰写调研报告，报告内容将在国家图书馆“十四五”建设的新时期，成为助力外文文献资源建设的有力依据，为外文馆藏服务和利用赋能。

【国家图书馆接收西安音乐学院教授刘畅标亲属捐赠音乐文献】

11 月 1 日，国家图书馆外文采编部于已故著名钢琴教育家刘畅标教授（2019 年 10 月去世，享年 90 岁）居所，接收其遗孀冯忠蕙女士捐赠给国家图书馆的刘教授毕生收藏、研究、使用的外文乐谱和外文原版 CD、中文图书及中文原版 CD 等所赠资料共计 22 箱，上千余件 / 册。接收到的外文钢琴乐谱和原版外文 CD 由外文采编部加工，中文图书和原版中文 CD 交由中文采编部进行整理、加工。

【全国图书馆文献缩微复制中心全面开展民国图书缩微拍摄、补藏工作】

全国图书馆文献缩微复制中心于 2000 年前后组织全国 23 家成员馆开展民国时期图书馆藏情况调研，采集各馆民国图书馆藏数据共计 691287 条，其中国家图书馆提交数据 172470 条，剔除重复数据后预估可投入拍摄的民国图书总量约15万种。2001—2019年，国家图书馆已基本完成馆藏民国图书拍摄，共计拍摄普通民国图书94086种10167886拍、内部库民国图书3166种291096拍，完成民国图书缩微胶片数字化75431种14502542页，完成民国图书母片数据13703种/条、拷底片数据94757种/条、拷贝片数据93953种/条。

在开展民国图书拍摄的同时，依托全国图书馆文献缩微复制中心职能，通过文献普查、组织拍摄、文献揭示、馆藏补缺、统一标准等工作，带领20余家省级公共图书馆同步开展民国图书抢救工作，总计拍摄民国图书128673种14483009拍，不仅为各馆民国图书资源共建共享、数据揭示、文献保护、馆藏补缺提供坚实基础，也为国家图书馆全面开展民国图书对外服务、保障革命文献与民国时期文献保护计划顺利运行提供全面支持。

【全国图书馆文献缩微复制中心组织成员馆开展善本缩微胶片数字化异质保存工作】

随着国家对文化资源安全的重视程度日益提高，纸本文献、缩微胶片和数字资源并存的多载体异质备份工作逐渐成为确保文献资源安全的主流保存方式。为进一步保障国家文化资源安全，实现我国古籍文献资源的长期保存和异质防灾备份，推进国家文献战略储备库建设，2019年，全国图书馆文献缩微复制中心受国家古籍保护中心办公室委托，根据国家母片库存藏情况，面向各成员馆开展善本缩微胶片数字化异质保存工作。这项工作的具体内容主要是对缩微中心成员馆拍摄的善本缩微胶片进行数字化扫描，工作完成后向国家文献战略储备库和善本缩微胶片拍摄馆各提供一套对应的数字化产品，以实现缩微胶片数字化异质保存并同时完成国家古籍保护中心的古籍数字化建设前期准备工作。

全国图书馆文献缩微复制中心根据文献类型及特点制定文献数字化异质保存加工标准，遵循“总体规划、统一标准、集中转换、合作存藏”的原则。坚持缩微中心的统筹规划，实施统一的数字化技术标准，在国家文献战略储备库和各成员馆实施异地防灾备份。在中华古籍保护计划被纳入国家“十三五”规划100个重大项目的大背景下，按照“进一步丰富文献存藏形式，努力提高文献存藏安全”的战略目标，以加强善本古籍文献存藏安全为出发点，以国家母片库所存藏善本缩微胶片为对象，推动善本缩微胶片数字化异质保存及传承工作的开展。

【开展部门标准规范和文献缩微工作标准体系建设工作】

2019年，发布《缩微文献部标准规范管理办法》，办法明确部门内部管理标准规范和业务工作标准规范制定修订、审核审批、备案发布、评价更新的具体操作办法与程序标准，进一步规范缩微文献资源的建设、保存和利用，提升部门整体运行效率和管理水平，有序安排统筹部门内部管理和业务工作相关标准规范。

缩微文献部对部门标准规范的研制进行充分调研、科学论证、整体统筹，成立不同的标准规范制定小组，严格研制和审核程序。遵守《缩微文献部意识形态工作业务规范》，落实意识形态工作责任制。在此基础上，制订、完善《缩微文献部宣传工作管理办法》《全国图书馆文献缩微复制中心胶片销毁工作规范》《国家图书馆内部文献缩微复制工作规范》《中文数字文献转换缩微胶片摄制规范》《全国图书馆文献缩微复制中心数转模摄制规范及操作指南》等部门标准规范。

同时开展文献缩微工作标准体系建设工作，标准体系内容包括产品标准、保障标准、岗位标准等，并设计保证各部分标准配合、运作合理有效的方式。依托国家图书馆科研项目平台，经过统计、调研、设计、试验、展示、试运行等阶段，2019 年初步实现文献缩微标准体系创制。文献缩微标准体系包括 3—4 层子体系结构，涉及文献缩微工作的国家标准、行业标准、工作规范等 100 余种标准化文件，围绕产品标准逐项关联运转，以国家标准居于顶层、体系末端输出工作手册的方式给予文献缩微工作实践指导。

【国家图书馆举办“缩微开放日”活动】

12 月 24 日，国家图书馆首次举办“缩微开放日”活动。此次活动主题为“一拍一世界——走近缩微，传承古今”，旨在让社会大众走进全国图书馆文献缩微复制中心，了解文献缩微工作、关注文献缩微事业，共计 50 位读者通过预约报名方式参加活动。在全国图书馆文献缩微复制中心工作人员对缩微技术和缩微工作进行简单介绍并观看缩微工作纪实影片后，读者走进“中华传统文化典籍保护传承大展”第三展厅参观展览，回望缩微工作的发展历程和成就。工作人员带领读者共同参观缩微工作车间及缩微阅览室，近距离接触缩微技术，了解缩微拍摄、胶片拷贝冲洗、胶片数字化以及数转模等缩微生产和使用流程。此次活动介绍缩微技术及其在文献保护中的意义，展现缩微工作者的精神风貌和缩微事业的发展前景，每位参与读者都获赠精美缩微文化创意礼品。根据读者的不同需求，全国图书馆文献缩微复制中心为读者提供拍摄缩微胶片的服务，免费为其拍摄 35mm 黑白缩微胶片，留作纪念。

【中国记忆项目继续开展口述史料、影音资料等活态记忆资源建设工作】

中国记忆项目中心采集哲学家陈鼓应口述史料

2019 年，以《中华传统文化百部经典》顾问专家为重点，开展当代重要学者及艺术家专题延续性资源建设，采集哲学家陈鼓应、历史学家刘家和、纪录片专家司徒兆敦、计算机软件专家王永民、古琴家陈长林、考古学家白荣金、城市规划专家王世仁、建筑师费麟等专家学者口述史料约 584 小时。根据国家功勋模范人物活动需求，对人民科学家顾方舟口述史料（时长约 15 小时）进行编辑加工。开展中国图书馆界重要人物延续性资源共建工作，接收中国盲文图书馆共建申报，首都图书馆、湖南省图书馆、北京大学信息管理系等合作单位已完成口述史资源采集和整理，获得口述史料约 15 小时。截至 2019 年底，全国共有 26 家公共图书馆、高校图书馆、高校相关院系等单位参与该项目资源共建，对 44 位在我国图书馆事业建设中做出重要贡献的图书馆界重要人物进行口述史访问，为我国当代图书馆史积累重要的一手资料。开展东北抗联、瓦良格号航母收购等重大事件类专题延续性资源建设，采集口述史料、影像资料约 119 小时。开展人口较少民族口头传统典藏、医学专家与机构口述史延续性资源建设，采集内科专家孙燕口述史料约 6 小时。开展梦想主题个体记忆资源征集，收到个体记忆文本 3000 余篇。

【萧大忠先生捐赠萧军、萧红手稿】

萧军、萧红手稿捐赠仪式

11 月 27 日，萧军、萧红手稿捐赠仪式在国家图书馆举行，萧军长孙萧大忠先生向国家图书馆捐赠萧军《鲁迅给萧军萧红信简注释录》手稿、萧红致萧军的 3 封书信手稿共计 4 种 5 册 / 件。国家图书馆馆长饶权接受捐赠并向萧大忠先生颁发捐赠证书。

鲁迅是萧军、萧红文学道路上的重要导师，鲁迅晚年与二萧来往密切，给萧军、萧红书信有 50 余封，萧军晚年整理完成《鲁迅给萧军萧红信简注释录》，详细注释存世的鲁迅致二萧书信，既记录历史事实，又表达对鲁迅晚年的文学思想和其他文学史现象的见解；既是对往事的疏证，又是一位历经波折的文学老人在当代语境下直抒胸臆的新尝试。萧红一生漂泊，存世手稿数量非常稀少，本次捐赠的 3 种萧红手稿，是 1936 年萧红旅居日本时写给萧军的信，细致描摹了作者独在异乡的生活与精神世界、对收信人的复杂情感、对鲁迅先生的怀念、鲁迅逝世后对许广平的同情爱怜等，既是一位现代优秀作家的私人通信，也可视为美丽的文学作品。本次捐赠的二萧手稿，有着同样真诚的内涵、珍贵的历史文献价值，是作者心血的凝结，更是国家民族宝贵的文化遗产。

【杨晦先生手稿等珍贵文献入藏国家图书馆】

12 月 3 日，杨晦先生手稿等珍贵文献捐赠仪式在国家图书馆举行，杨晦先生子女向国家图书馆捐赠杨晦译著及其师友书信手稿等珍贵文献 93 种 3330 册 / 件。国家图书馆馆长饶权接受捐赠并向捐赠者颁发捐赠证书。

杨晦（1899—1983），原名兴栋，号慧修，辽宁辽阳人，现代著名作家、翻译家、文艺评论家，新中国文艺理论学科的奠基人。杨晦先生与20世纪同龄，“五四”时期积极参加学生运动；20世纪20—30年代创办《沉钟》杂志，组织文学社团沉钟社，被鲁迅称为“中国的最坚韧，最诚实，挣扎得最久的团体”；抗日战争时期，以马克思主义为指导，从事文学评论和文艺理论研究，是民主爱国的文艺战士和眼光独到的批评家；1949年以后任教于北京大学中文系，长期担任系主任并兼任文艺理论教研室主任，直接促成北京大学古代文论学科的创立和发展，培养了大批学术人才。

杨晦手稿捐赠仪式

此次捐赠文献主要有杨晦先生20世纪20—40年代的重要翻译作品《悲多汶传》《当代英雄》《雅典人台满》和文学评论《曹禺论》的手稿，在北京大学授课时编写的《中国文艺思想史课程提纲》手稿及抄录的大量资料，1949年由香港返回北京筹办第一次文代会时期的日记，1940年参加“作家战地考察团”赴粤北前线考察的记录和收集的各种资料。另外还有杨晦先生师友沈尹默、周作人、顾随、废名等人的书信，臧克家庆贺杨晦五十大寿的诗稿等。这批珍贵文献反映了杨晦先生文艺思想和实践的发展历程，也反映了20世纪20—30年代京派文人的交往细节与群体面貌，更反映了中国现代知识分子浓厚的家国情怀与强烈的社会责任感，兼具史料价值与文献价值。

【陈邦福先生金石手稿文献捐赠国家图书馆】

12月13日，陈邦福先生哲嗣陈治华先生及家人一行5人特地从苏州赶到北京，分2个批次向国家图书馆捐赠陈邦福《碑版研究法》稿本及来往学者信札、拓本等共计134种231件。古籍馆副馆长谢冬荣代表国家图书馆接受捐赠并颁发捐赠证书。

陈邦福（1893—1977），字墨移，江苏丹徒人，著名金石学家、甲骨学家。曾任苏南文管会委员、苏州市古迹委员会委员、江苏省文史研究馆馆员等。著有《殷墟薶契考》《殷契说存》《碑版研究法》《亿年堂金石记》《古器物丛话》等。

陈邦福手稿捐赠仪式

此次捐赠的文献包括陈邦福先生旧著《碑版研究法》初稿本、誊清稿本两部，叶恭绰、吕凤子、顾颉刚、容庚、于省吾、陈梦家、胡厚宣等著名学者过往信札近 90 通，以及《甲骨文字演讲录》手稿、零散拓本、器铭摹本、江苏省文史馆馆员聘书、老照片等珍贵文献资料。《碑版研究法》专以碑版为研究对象，很有独创性，为同类书少见。全书体系完备，有重要的参考价值和学术史价值。稿本以小楷写成，书法精美，具有艺术价值。该书 1971 年完稿，但因未及时出版，多年来为学界所不知。近 90 通当代学者信札具有重要的学术史料价值，尤其是著名甲骨学者的手札墨迹都在其中，如早期甲骨收藏家和学者王襄，以及容庚、于省吾、商承祚、陈梦家、胡厚宣、郭若愚，内容多涉甲骨之事，是甲骨学史上不可多得的珍贵资料。

陈治华先生虽已年高，但秉承学术公器信念，近年发奋整理陈邦福先生手稿文献，先是编成《陈邦福金石著述汇编》，于 2019 年 4 月在国家图书馆出版社影印出版，此次又将原件及部分书中未收文献捐赠国家图书馆，体现了大公无私的奉献精神和对国家图书馆的信任。国家图书馆将尽快对此批文献整理编目以供学界查阅。

【“幽兰香远——国家图书馆建馆 110 周年艺术名家手稿展”开展】

读者参观“幽兰香远——国家图书馆建馆 110 周年艺术名家手稿展”

为庆祝国家图书馆建馆 110 周年，9 月 10 日，“幽兰香远——国家图书馆建馆 110 周年艺术名家手稿展”在国图艺术中心开展。展期 1 个月。

展览展出国家级非物质文化遗产（古琴艺术）代表性传承人陈长林、姚公白，国家级非物质文化遗产（北京评书）代表性传承人田连元，国家级非物质文化遗产（昆曲艺术）代表性传承人侯少奎、蔡正仁、梁谷音、张静娴，著名词曲作家吕远，著名词作家邬大为、胡宏伟，著名剧作家邹忆青等 11 位艺术名家 17 件 / 部手稿、手迹，涵盖古琴、评书、昆曲、歌曲、影视剧等方面文献。此次活动是艺术名家首次将手稿集中展示给广大读者，从不同侧面展示新中国艺术经典的创作原貌，具有文献价值、艺术价值和学术价值。

展览采用全新的展示方式，全部展品均有艺术家本人录制讲解视频，观众可以通过扫描二维码、观看视频等方式理解经典艺术作品创作背后的故事。此次展览是国图艺术中心开展视听阅览服务、艺术类讲座的延伸，为国家图书馆开展艺术文献收藏迈出坚实的一步。手稿展结束后，姚公白、张静娴、蔡正仁、邬大为、梁谷音、侯少奎、胡宏伟几位名家将 10 部手稿无偿捐献给国家图书馆。

服务工作

- 立法决策服务
- 重点教育科研和生产单位的信息服务
- 社会公众服务
- 业界服务
- 年度掠影

服务工作

一、立法决策服务

（一）基础业务建设

1. 专藏文献

法律参考阅览室全年共接收中文图书648种648册，中文期刊236册，外文图书3636种3642册，外文期刊2074册，光盘11张。截至2019年12月31日，室藏文献总量为32064种68361册，其中中文图书4883种10709册，中文期刊264种10221册，外文图书26349种38449册，外文期刊351种8765册。全年文献流通4625册次，其中中文图书1816册次，中文期刊158册次，外文图书2200册次，外文期刊451册次；全年接待读者3454人5869次。

海外中国问题研究资料中心（中国学阅览室）全年共接收中文图书289种296册，外文图书1409种1628册，外文期刊166册，光盘18张。截至2019年12月31日，室藏文献总量为44759种50816册，其中中文图书2893种2935册，外文图书41699种44020册，外文期刊167种3861册。全年文献流通4665册次，其中中文图书436册次，外文图书4039册次，外文期刊190册次；全年接待读者2533人3350次。

2. 专题数字资源

完成国家图书馆立法决策服务平台、国家图书馆部委分馆内网平台、国家图书馆人民法院分馆平台、国家图书馆立法舆情监控平台、部级领导干部历史文化讲座视频网站、中华人民共和国法律法规信息服务系统、海外中国问题研究资料中心网站、全国省级公共图书馆决策咨询服务协作平台等专题数字平台的维护与更新建设。

完成省情概况数据库、新书推荐、部级领导干部历史文化讲座视频库、海外智库报告专题数据库、军事专题数据库、海洋专题数据库、中国边疆文献总库等专题库的维护与更新建设。

3. 基础业务应用系统

继续推动立法决策服务机构知识库建设，根据业务需求，对机构知识库的运行服务情况进行追踪调研，维护系统的正常运行。

（二）重点服务项目

1. 立法与决策咨询服务

2019年，继续为党和国家领导人、党中央各部门及所属单位、国务院各部门及所属单位、全国人大相关部门、全国政协相关部门、中央军事委员会相关部门提供立法与决策咨询服务。全年累计完成各类咨询1684件，编制政治、经济、文化、社会、民政、外交、国防等领域的各类专报共计12种853期。其中，为中共中央办公厅相关部门提供的专题咨询、信息直报、新书推荐、数字化平台等资料保障服务更为全面多元，编纂的资料多次被用户采纳，《探寻粤港澳大湾区协调发展之路》被选用为优秀稿件；为全国人大专门委员会提供深海法、国际公约、南极立法等深度报告，这些翔实、综合的资料为法律的出台及修订提供了必要准备；与全国政协相关部门合作，围绕2019年政协委员调研计划提供相关参阅资料；为农业农村部完成《唐宋农诗》收集、整理、分类、校对工作，共计收集整理农诗3126首；与战略支援部队长期合作，继续推出《国图决策参考》《军事摘译》系列产品。

2. “两会”服务

2019年“两会”期间，编制大会审议专题和热点专题资料，形成含27个专题、1492篇文章的大会资料集。开展舆情监测服务，编制《境外媒体舆情专报》29期，报送460条信息；编制《新媒体舆情跟踪》29期，报送324条信息。编制《国家图书馆“两会”专题文献信息专报》5期，并通过国家图书馆人大代表服务平台和政协委员服务平台发布。

发放政协委员阅览卡共计242张，累计发放1484张，办卡率达68.55%；在全国政协机关设立办卡处，为政协工作人员办理读者卡52张。

国家图书馆“两会”咨询服务处共接到电话咨询18人次，办理代表贵宾卡1人次，接待到馆人大代表1人次，接待到馆政协委员1人次，承接专题咨询11单。

维护“两会”服务平台。在充分调研代表、委员信息需求的基础上，为其量身打造“国家图书馆人大代表服务平台”和“国家图书馆政协委员服务平台”，并在2019年“两会”期间保障平

2019年国家图书馆人大代表服务平台首页

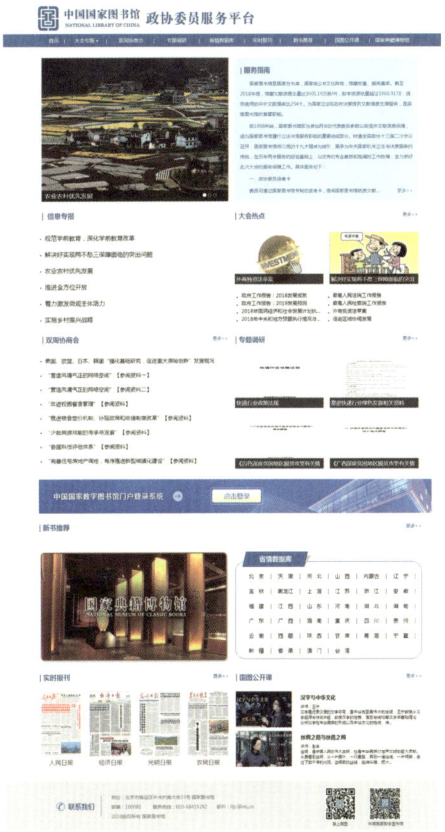

2019年国家图书馆政协委员服务平台首页

台的正常运行，做好平台运行值班监测及使用答疑等工作。“两会”期间，人大代表服务平台点击量为1551次，政协委员服务平台点击量为1279次。

3. 专项重点工作

维护中办数字图书服务平台项目。2019年度根据用户要求，继续组织实施并升级改造中办数字图书服务平台项目。完成原有图书平台的整理和重新分类标引；在原有图书的基础上根据平台栏目架构进行重新调整，遴选并购买新增图书，2019年平台图书量达到8300余册；按期更新《每月新书目》，截至2019年底，共报送书目信息2378条；围绕马列、哲学宗教、政治、法律、军事、经济、历史、地理、文化、文学、艺术、传记、科技、生活等领域跟踪并遴选每月出版新书，制作《新书推荐》12期，推介480种图书；根据用户需求，完成个性化书目定制30余种；与对方建立日常沟通机制，进一步细化图书数据加工标准，保证工作的有序开展。

完善国家法律法规库项目。与全国人大相关部门合作，启动行政法规、部门规章加工计划，对《中华人民共和国国务院公报》《中华人民共和国全国人民代表大会常务委员会公报》进行扫描，数据扫描共计3660条。编制入库元数据规范，后台数据分类加工实现自我管理功能。

开展海外中国问题研究资料中心工作。海外中国问题研究资料中心为及时传达国外研究中国的最新动态、理论和成果，借助专题阅览室的窗口，制作《海外中国问题研究资料中心》系列产品；继续收集、整理和维护智库报告专题数据库，年内为7家单位所使用；不断丰富完善海外中国学网站数据建设，打造中国学文献一站式文献检索平台，同时该网站也担负着“中法文化门户网站”建设的重要职能；签署中法两国国家图书馆合作协议，推动中法文化交流，10月20—24日，在副馆长汪东波的带领下，赴法国巴黎签署《中国国家图书馆与法国国家图书馆合作协议（2019—2021）》，该协议是中法高级别人文交流机制第五次会议的重要成果之一。

4. 部级领导干部历史文化讲座

复旦大学教授李晓杰主讲“中国行政区划的历史变迁及其历史规律”

2019年，共举办讲座12场，参加人数达1940人次，讲座累计举办279场。为2018年出席讲座达6次以上的172名领导同志颁发勤学奖。10月19日，组织“中华传统文化典籍保护传承大展”部级领导干部专场活动，特邀参加讲座的100余位部级领导及陪同人员参观展览。丰富讲座的内涵与形式，受到领导同志的欢迎。另外，讲座视频录像带数字化项目及讲座场地改造等工作正在有条不紊地进行。

5. 部委分馆建设

开展部委分馆调研与建设。全年对 17 家部委分馆开展调研活动，并提交《国家图书馆部委分馆调研报告》。通过走访调研，深入了解用户的信息服务需求，向用户宣传立法决策服务部最新工作成果，增进与用户的相互了解，激发新的合作潜力，从而达到拓宽立法决策服务的深度与广度、提高服务质量与水平的目的。同时，积极进行新用户拓展，已与军事科学院军事科学信息研究中心达成建设国家图书馆军事科学院分馆的合作协议。截至 2019 年底，国家图书馆部委分馆已达 18 家。

赴国家图书馆农业农村部分馆调研

打造文旅阅读空间。立法决策服务部作为国家图书馆牵头方，协调馆内外相关单位共同承担文化和旅游部阅读空间建设专项任务。通过开发移动图书管理系统，利用部机关公共空间设立图书阅览区、漂流书架和智能书柜，面向部机关干部职工提供优质丰富的图书资源和便捷高效的借阅服务，截至 2019 年底，已上架图书 3274 册，注册用户 340 余人。该项目体现较高的实用性、灵活性和可复制性，在创新国家图书馆部委服务模式新思路、打造文旅特色文献资源库、搭建立体化学习交流平台、打通部委与国图基藏借还通道等四个方面实现突破。

6. 立法决策服务平台建设

升级完善立法决策服务平台。通过与用户沟通，完成民政部、中央团校 2 个平台的升级改造工作并上线运行。平台升级后，资源更为丰富、界面更为友好，使平台服务更具个性化、针对性，能够更好满足用户需求。

二、重点教育科研和生产单位的信息服务

2019 年，完成社科类一般性咨询 240 件，同比减少 51.2%；完成代检索课题 115 件，同比减少 12.9%；完成馆藏复制证明和专题检索证明 1813 件，同比减少 29.7%。完成科技咨询辅导性咨询 1547 件，同比增加 73.43%；完成科技查新 281 件，同比增加 22.17%；专题类咨询 101 件，同比增加 34.66%；完成论文收引查证业务 4683 件，同比增加 12.57%。

完成竞争情报类咨询 1721 件次。其中中央国家机关 757 件次，重点生产、科研教育单位

960 件次，一般读者 4 件次。全年合作用户数量 22 个，其中中央国家机关 3 个，重点科研教育生产单位用户 19 个。编制二、三次文献咨询件次占全年咨询件次总量的 71%，全年撰写《每日舆情摘报》《国家图书馆舆情专报》《国家博物馆媒体传播效果评估报告》《工作研判参考资料》等综述报告 390 件次，字数达 72 余万字。配合文化和旅游部深入推进"两学一做"学习教育常态化、制度化，编辑完成《习近平关于文化和旅游工作重要论述摘编》（2019 年版），持续开展文化和旅游领域的热点舆情分析、工作研判参考资料汇编、行业发展研究报告等深层次咨询服务。

馆际互借与文献传递系统共接收文献传递、馆际互借、国际互借（含借进、借出）请求 44725 件，同比增长 3.75%；接收 BALIS 文献传递请求 1644 件，同比减少 22.42%；接收 BALIS 馆际互借请求 8801 件，同比增长 15.42%。满足 OCLC 借进请求 0 件，同比减少 100%；满足 OCLC 借出请求 0 件，同比减少 100%。原因为自 2018 年 11 月起 OCLC 系统不能正常使用。接受党政军等特殊专题委托服务 1 件。

三、社会公众服务

（一）到馆读者服务

2019 年全年共接待到馆读者 5770626 人次，较 2018 年增长 5.72%。全馆流通书刊 24633584 册次，较 2018 年减少 3.40%。各类咨询 87.08 万件，较 2018 年减少 22.64%。其中一般咨询 85.84 万件，较 2018 年减少 23.01%。访问国家图书馆网站 81445.4 万次，较 2018 年增加 3.70%，月平均访问量为 6787.12 万次，日平均访问量为 223.14 万次。

（二）参考咨询服务

1. 证卡办理

办证处总馆南区、北区服务台及古籍馆办证处共接待读者 298084 人次，较 2018 年减少 5.99%。人工服务台办理读者卡 26790 个，较 2018 年减少 13.01%；办理加功能业务 3950 件，较 2018 年减少 38.67%；办理减功能业务 13792 件，较 2018 年减少 13.21%。自助办证充值机受理读者自助办理新卡 145988 个，较 2018 年减少 3.52%。

2. 日常咨询服务

各服务点累计口头咨询 243086 人次，较 2018 年增长 7.13%。OPAC 机检 67575 人次，较 2018 年增长 1.23%；现场代查 12594 人次，较 2018 年增长 15.65%。呼叫中心接待读者 21111 人次，较 2018 年减少 23.30%。处理有效邮件 1027 封，较 2018 年减少 15%，其中 370 封有效邮件直接回复作答，657 封有效邮件转发相关部门进行处理。虚拟咨询接收表单咨询 946 人次，较 2018 年减少 45.32%；接收实时咨询 1730 人次，较 2018 年减少 33.99%。

3. 统一用户管理系统

截至 2019 年底，统一用户管理系统总注册人数为 6294842 人，其中实体卡注册读者 2817892

人，网络实名注册读者 1745235 人，非实名注册读者 1731715 人。继续做好读者权限管理工作，进一步梳理业务流程，规范资源管理模式。截至 2019 年底，实体卡注册读者远程可访问资源 170 个，网络实名注册读者远程可访问资源 73 个，非实名注册读者可访问资源 50 个。

（三）文献阅览服务

2019 年，各阅览服务点累计接待阅览读者 3474472 人次，外借读者 347969 人次，复制读者 44746 人次。与 2018 年相比，阅览读者减少 5.14%，外借读者减少 6.35%，复制读者减少 6.01%。

1. 中文图书阅览区

截至 2019 年底，中文图书阅览区室藏文献总量为 372016 册 / 件，其中中文图书 356891 册、经典图书 1839 册、盲文图书 5393 册、光盘 7892 册 / 件。全年接待读者 2103797 人次，较 2018 年减少 6.5 %；解答读者咨询 592065 次；流通图书 16062579 册次。全年接收新书 173078 种 175800 册，较 2018 年减少 3.2 %；剔除图书 160933 册。

2. 中文图书外借区

截至 2019 年底，中文图书外借区室藏文献总量为 383965 册 / 件，其中图书 368148 册、光盘 15817 册 / 件。全年接待读者 277767 人次，较 2018 年减少 7%；图书流通 466008 册、光盘流通 4113 册 / 件。2 台 24 小时室外还书机更新后文献室外归还量成倍增长，全年共办理归还图书 35345 册、光盘 165 册 / 件。全年接收文献 99925 种 102105 册 / 件，剔除文献 118940 种 118940 册 / 件。此外，中文图书借阅区继续承担首都图书馆联盟还书业务，全年共接收通还文献 1384 册 / 件，较 2018 年有所减少。

3. 数字共享空间

截至 2019 年底，数字共享空间接待读者 252674 人次，解答各类读者咨询 105872 条，答复读者信件及馆长信箱信件 6 封，为读者提供打印 21195 页。进行服务宣传展示，接待各界参观来访与承担业务讲解 53 次，较 2018 年增长 10.42%。开展弱势群体阅读指导与辅助上机服务，辅助残障读者上机 2574 次。

4. 中文报刊阅览区和学位论文阅览区

截至 2019 年底，中文报刊阅览区室藏总量为 333581 册，其中中文期刊 8890 种 328774 册、中文报纸 231 种 4807 册。全年接收文献总量为 89150 册，其中接收中文期刊 8890 种 85255 册、中文报纸 231 种 1452 册，接收现报累计达 50007 期次。全年接待读者 245110 人次，其中中文期刊阅览室 117642 人次、中文报纸阅览室 78424 人次、学位论文阅览室 49044 人次。全年文献流通总量为 3438806 册次，其中期刊开架流通 2781600 册次、闭架流通 14962 册次；报纸开架流通 618130 册次、闭架流通 8782 册次；学位论文流通 15332 册次。

5. 台港澳文献阅览室

截至 2019 年底，台港澳文献阅览室室藏文献总量为 51399 册 / 件，其中图书 31843 册、期刊 14955 册、光盘 2580 册 / 件，另有最近 2 年的台港澳报纸 100 种。全年接待读者 23701 人次。全年文献流通量稳中有升，总计 24287 册 / 件，其中图书流通 22559 册、期刊流通 1049

册、报纸流通627册、光盘流通52册/件。在做好读者服务的基础上，顺利完成室藏文献接收与下架工作。全年共接收文献20012种30665册/件，其中图书19459册、期刊8612册、报纸2007册/件、光盘587册/件。全年文献退库20091种41190册/件，其中图书19171册、期刊17796册、报纸3303册/件、光盘920册/件。此外，全年制作台港澳新书刊网页推介及阅览室展板12期。

6. 年鉴新方志阅览室

截至2019年底，年鉴新方志阅览室室藏文献总量为52336册/件，其中年鉴34145册、地方志18191册、光盘4548册/件。全年接待读者16783人次。提供开闭架文献量均有增加，其中开架文献借阅量为20730册，闭架文献借阅量为7324册，较2018年分别增长1.65%及310.54%，闭架文献借阅量增幅较大的主要原因是由于本年度将阅览室内闭架年鉴及方志的借阅量纳入闭架文献流通量范围统计。全年接收上架新文献1784种5748册，下架剔除文献3021种5226册。

7. 缩微文献阅览室

截至2019年底，缩微文献阅览室室藏文献总量为600483册/件，其中中文期刊6811册/件、中文报纸14788册/件、中文资料1912册/件、特藏文献576972册/件。全年读者量增幅达9.03%，共接待读者8671人次。全年文献流通量增长1.37%，共流通文献23915册/件。全年上架文献11400种11450卷/件。由于缩微文献阅览室文献只更换不剔除，故文献总量逐年增加，读者量及文献流通量也随之逐年递增，通过持续地库房管理与调整，缩微文献库存与流通情况得以保证。同时做好涉密文献保管工作。

8. 综合阅览室

截至2019年底，综合阅览室室藏文献总量为49138册/件，其中中文工具书19600册、外文工具书29222册、工具书光盘316册/件。综合阅览室提供保存本图书、基藏本图书的闭架阅览和工具书的开架阅览，全年共接待读者218758人次，图书流通147360册次，一般性咨询166473件次。馆际互借出纳台全年接待读者56674人次，图书流通170055册次。与2018年相比，接待读者人数增加7%，文献流通量增加6%。全年共接收中外文工具书653种1074册。

9. 外文文献阅览室

截至2019年底，外文文献第一阅览室室藏文献总量46281册/件，其中西文社科图书45562册、西文工具书609册、光盘110册/件；外文文献第二阅览室室藏文献总量173064册/件，其中西文科技图书22998册、西文期刊149588册、光盘478册/件；外文文献第三阅览室（国际赠书阅览室/日本出版物文库阅览室）室藏文献总量174983册/件，其中日俄文及东文小语种图书31190册、日俄文及小语种期刊120754册、光盘1366册/件、国际赠书5385册、日本出版物文库图书16288册。

外文文献阅览室所辖外文文献第一阅览室、外文文献第二阅览室、外文文献第三阅览室（国际赠书阅览室/日本出版物文库阅览室）及基藏外文图书外借出纳台4个服务点全年共接待读者125080人次。读者开架阅览各语种文献91882册次，闭架阅览45517册次，出室复制18462册次。基藏外文图书外借出纳台外借7643人次14423册次、还书5885人次11551册次。全年接待读者咨询 27883 件次。

全年接收外文图书共计 55142 册（其中西文社科图书 23229 册、西文科技图书 10903 册、日文自采图书 5888 册、俄文图书 4711 册、小语种图书 2503 册、日贩图书 6332 册、国际赠书 1576 册）；退库外文图书共计 56176 册。接收外文期刊共计 44396 册（其中日俄文期刊 16219 册、小语种期刊 33 册、西文期刊 28112 册、西文检索刊 32 册）；退库装订外文期刊共计 33285 册。接收各类文献的附带光盘 199 张。

10. 视听服务空间

截至 2019 年底，视听服务空间室藏文献总量为 585179 件，其中视听文献（含录音带、录像带、激光唱片、立体声唱片、MP3、LD/VCD/VHD/DVD 视盘等）469024 件，电子文献（CD-ROM 等）116155 件。全年共接收并上架文献 15970 种 37234 册 / 件，其中中文黑胶唱片 240 种 268 张、西文黑胶唱片 6159 种 7813 张、磁带 332 种 669 盒、CD 光盘 2797 种 10624 张、VCD 光盘 171 种 1771 张、DVD 光盘 3256 种 8238 张、MP3 光盘 322 种 391 张、EOD 光盘 2631 种 7167 张、中文期刊 29 种 201 册、外文期刊 32 种 92 册。

全年共接待读者 103000 人次，开架阅览图书、期刊流通 7300 册次；为读者提供光盘、黑胶的闭架阅览服务 4914 张，含 CD 光盘 271 张、VCD 光盘 621 张、DVD 光盘 3606 张、MP3 光盘 26 张、EOD 光盘 334 张、黑胶唱片 56 张；提供专架文献阅览 2342 张；提供数字资源用机 1075 人次；接待领导及各界人士参观访问 61 次。在读者服务中，注重征询读者建议，不断优化服务流程，提升服务质量。

11. 善本特藏阅览室

截至 2019 年底，善本特藏阅览室全年共接待读者 3127 人次，提归各类藏品 36662 册 / 件次，为 396 人次读者提供胶卷还原 23959 拍、扫描 9861 页。

12. 普通古籍阅览室

截至 2019 年底，普通古籍阅览室全年共接待读者 10271 人次，提供开架阅览中文图书 375 册次，闭架阅览普通古籍、家谱、方志、胶卷、外文善本等类文献 56585 册 / 件次，为 884 人次读者提供扫描 40449 拍、复印 754 页。

13. 中国少数民族语文文献阅览室

截至 2019 年底，中国少数民族语文文献阅览室全年开架流通图书、期刊、报纸等类文献 17077 册 / 件次，接待读者 7590 人次。

14. 敦煌吐鲁番资料阅览室

截至 2019 年底，敦煌吐鲁番资料阅览室全年开架流通各类文献 24454 册 / 件次，接待读者 3979 人次。

15. 家谱旧方志阅览室

截至 2019 年底，家谱旧方志阅览室全年闭架流通家谱、影印方志 14373 册 / 件次，接待读者 4928 人次。

（四）新媒体服务

1. 国家图书馆网站建设

2019 年，国家图书馆官方网站中英文主站共更新 2661 次，发布数据 8459 条、页面 36326 个；针对馆内重大活动，设计制作各类专题网页 17 个开展重点宣传。对国家图书馆官网布局进行调整，新增“每日课堂”，改版“讲座预告”“文津经典诵读”等栏目；针对馆庆、新年等节日对网站进行节庆特色展示；打通各类宣传渠道，上线“国家勋章和国家荣誉称号知多少”读者答题、“我爱阅读”答题游戏等互动页面，开展网站、微信、微博多渠道联动宣传。

全力做好国家图书馆网站数据库访问服务工作。2019 年对典藏阅览部 30 台镜像服务器、108 个数据库进行管理维护。配合数据库商远程维护、更新数据库 132 次，下机房 72 次。更换故障硬盘 4 块，更换服务器电源 3 个；对其中 8 个数据库镜像数据进行更新，合计 36.2TB；完成民国数据库、博看数据库等 4 个数据库新平台部署、数据拷贝和相关配置工作；完成对 2017—2019 年度接收中外文数据库数据光盘备份盘的登记，待装箱入库。按月度提交外购数据库建设统计单 10 份；做好数据库的故障反馈，解决馆内访问故障 83 次、馆外使用故障 45 次，全年数字资源服务总体运行平稳；完成对数据资源变更工作单的接收和通报共计 54 次；每周定期对数据库服务情况进行检测排查与故障反馈，全年共计 40 次。

“国家典籍博物馆”微信公众号的语音导览功能

2. 国家图书馆微博、微信服务

截至 2019 年底，国家图书馆官方微博用户总数达到 44 万余人，年新增用户 15 万人；官方微信订阅号用户总数达到 43 万余人，年新增用户 14 万人。微博发布博文 3045 条，较 2018 年增长 46.7%；微博回复数 921 条，较 2018 年增长 45.7%。微信订阅号发布信息 419 条，较 2018 年增长 35.6%；回复读者咨询 3654 条，较 2018 年增长 8.2%。针对春节馆长拜年、世界读书日、首家互联网信息战略保存基地落户新浪、国家图书馆 110 周年馆庆等馆内重大活动开展宣传，策划“经典伴我回家路”读者互动活动，采用明星推广、微博问答、微博投票、故事挑战赛、H5 互动游戏、话题运维、视频推广等多种互动形式，保证微博活跃度及曝光率，“全民读书季”“2000 亿条微博被国家图书馆保存”“国家数字记忆”“我的图书馆故事”“国家图书馆 110 周年”“行囊中的那本书”6 条新建话题的阅读量达 15 亿次、讨论 180 万次，并多次登上微博热搜总榜，引起社会广泛关注。

2019 年，国家图书馆官方微信订阅号获评第四届“大众喜爱的 50 个阅读微信公众号”，国家图书馆官方微博获评

“微博十年特别贡献·创新”奖项。

各业务部门运营微博、微信也取得丰硕成果。“国图艺术中心”官方微信号截至2019年底用户数达45701人，发稿1223篇，累计阅读828683次。展览部完成所负责运营的微信公众号从旧号“典籍博物馆”到新号“国家典籍博物馆”的用户和文章迁移工作。“国家典籍博物馆”微信公众号进一步丰富菜单栏目，新增语音导览、活动预约等版块，得到读者的喜爱和支持；全年发布信息160条，新增用户14993人，用户累计达到39313人，较2018年增长61.6%；全年上传169件展品图片、4.6万余字展品讲解文字和录音，让更多读者方便快捷地享受到语音导览服务；积极探索短视频领域的宣传推广，结合展览完成“一眼千年　探秘展厅”“展品故事之经历坎坷的《玄奘传》”“这部国宝字大如钱，曾被许多大咖珍藏”等短视频制作，投放在国家图书馆官方抖音号和官方微博，取得较好的效果。

3. 移动服务

国家图书馆手机门户以中国各个传统节日为入手点，设计并更换首页界面24版。2019年发布新闻59条，公告51条，讲座预告196条，热点书刊330本；完成移动端馆藏资源导读推荐以及9个专题的资源建设和发布。国家数字图书馆APP全年在苹果商店和安卓商店更新版本3次，实现滞纳金支付功能；与手机门户同步更新新闻、公告、讲座预告。移动阅读平台制作图书专题28期；全年完成新增分站的信息整理、分站建设及账号下发工作。加入平台建设的公共图书馆达417家。全年通过短彩信系统发送短信2200699条，比2018年增加7.23%，其中发送“文津经典诵读”短信1490123条。充分利用社交平台优势，开通国家图书馆微信服务号和官方抖音号。国家图书馆微信服务号于1月31号上线并首发图文消息，全年共推出39期推文，累计157篇图文消息；馆庆前制作完成馆庆微信海报小程序，以大众喜闻乐见的方式展示馆藏精品和馆舍美景，在社交平台广受欢迎。国家图书馆官方抖音号于4月16日正式上线，通过抖音平台把国家图书馆的馆藏资源、文化讲座、大型活动、精彩展览、文创作品、馆舍美景等制作成精彩有趣的短视频跟读者分享，上线8天访问量超过百万次。截至2019年底，国家图书馆官方抖音号上线8个月共发布60个作品，用户3.1万人；累计访问235万次，访问量超过10万次的作品9个。

读者服务方面，全年通过电话、邮件等方式，回复并解决移动端各平台资源和服务相关读者问题2329次。

加大与社会力量合作的力度，全面提升移动服务效果。2019年继续与喜马拉雅平台合作，做好“文旅之声”的资源发布工作，完成“每天一首古诗词”“如果典籍会说话·散文篇”“如果典籍会说话·史学篇”“国图大师课”4个音频专辑的更新服务以及“4·23一起来读书”听单专辑服务。全年累计发布9张专辑、2个听单、2530条声音，用户数量3.1万人，收听总量1758万次。与京港地铁合作，继续推进“M·地铁图书馆”项目，以移动阅读平台为载体完成“异乡·吾乡”“人无再少·书可重读”“年华易老　技忆永存”“家庭阅读汇”4期阅读专题，将国家图书馆移动阅读服务推送到地铁车厢的每一位乘客身边。

中国记忆项目通过国家数字图书馆应用程序设立“记忆”版块，发布首批公众记忆资源征集成果。该资源通过“我们都是追梦人——当代追梦故事征集计划”面向社会征集，共计70个追梦故事入围。这些故事以图文形式呈现，讲述来自不同领域、不同社会阶层人物的真实故事，反映时代背景下多样的精神追求和社会体验。

4.CIBN 互联网电视服务

通过中国国际广播电台的 CIBN 互联网电视平台，以“国图公开课”专区的形式向海内外广大用户提供深度文化资源服务，涉及历史、艺术、传统文化多个学科门类，为海内外读者提供更加便捷、优质、高效的公共服务。发布公开课视频资源 225 场，服务国内 26 个省市的 1.6 亿个用户，海外覆盖 190 个国家地区的 600 万个用户，海内外用户总量达 1.66 亿个。

5. 国家数字图书馆体验区

2019 年，继续开展国家数字图书馆体验区（以下简称“体验区”）主题活动。围绕“宣传数字图书馆在实现中华优秀传统文化传承中的重要作用”的工作目标，体验区在春节、世界读书日、馆庆日等重大节日，配合馆内举办不同主题的丰富多彩的读者活动，并进行活动推广宣传。春节期间，完成“金猪纳福 VR 贺新春”的读者体验活动；在“4・23”世界读书日期间，策划举办“印象数字：带你畅游数字图书馆”读书日线下活动；在国家图书馆建馆 110 周年馆庆期间，策划举办“聚力文化惠民　共建数字中国”公共数字文化展主题活动。

推进数字图书馆相关新技术的沟通交流。对一些业界领先的科技公司的产品与解决方案进行调研和技术讨论，并到一些科技公司现场参观学习，完成对新技术展示手段，如语音检索技术、智能机器人技术、大屏联动技术等多方面的调研。在建馆 110 周年馆庆期间，邀请具有代表性的科技公司在体验区进行新技术应用展示，为到馆公众提供多种新技术体验。

完成读者参观接待服务。体验区日均接待读者 2816 人次，最高日接待 9648 人次。全年接待上级领导、图书馆业界及社会公众团体参观 75 次、1381 人，接待人数是 2018 年的 2.3 倍。

6. 触摸屏服务

国家图书馆触摸屏集成电子期刊、电子报纸、电子图书、图文、动画、视频等多媒体资源，为读者提供集成电子阅读、电子借阅、馆区导引一站式服务。截至 2019 年底，共完成电子图书、电子期刊、电子报纸、文津图书奖等 15 个栏目的资源整合与揭示服务，配合国家图书馆“中华人民共和国大事记馆藏报纸展”，实现在触摸屏端的展示服务，为读者提供方便的阅读服务。全年维护触摸屏设备 6 台次，接收博看触摸屏 5 台。

7. 海外中国文化中心资源遴选与发布

以讲好中国故事、传播好中国声音，提高国家文化软实力和中华文化影响力为指导原则，建设融知识性、趣味性、艺术性于一体的视频类资源。视频资源的内容包括中国珍贵古籍以及古代著名书法、绘画作品的介绍与鉴赏。在海外中国文化中心二期建设中，针对海外中国文化中心定位和信息服务需求，遴选反映中国历史、文化、发展和当代社会生活的数字资源，全面弘扬民族文化，树立国家形象。同时，为满足海外用户需求，特别建设多语种视频资源。为精选的反映中国传统文化精粹的公开课视频资源，增加英文、法文、西班牙文和阿拉伯文 4 种语种字幕，通过专题课程、典籍鉴赏、名著品读等内容，为海外中国文化中心的用户提供丰富的视频盛宴。截至 2019 年底，已经建设发布中文公开课资源 200 种，英文公开课资源 123 种，法文、西班牙文、阿拉伯文公开课资源各63种。发布的内容通俗易懂，具有普适性，为各国民众了解中国国情、品读中国文化提供了丰富多彩、多元融合的资源。

8. 自有版权多媒体资源多渠道服务

利用自媒体平台进行公开课资源推送，通过国家图书馆微信公众号“馆藏品鉴”栏目和国家图书馆微博头条推送公开课“典籍鉴赏”栏目的内容，扩大对馆藏资源和传统文化的宣传与普及。为提升宣传效果，2019年7月对“馆藏品鉴”栏目进行改版，重新撰写编辑文稿，以视频内容为基础，另辟视角介绍视频中典籍的历史、文化以及相关背景，力求既保持专业的学术水准，又尽可能深入浅出，引导、吸引广大读者通过阅读推文，产生观看视频的兴趣，并进一步了解典籍文化。截至2019年12月已完成21场馆藏品鉴的发布，较好地提升微信内容的点击频次及转发率。同时也开展多渠道传播服务，为“学习强国”平台提供3批共计15场资源。

探索馆藏文献精品化、视频化、综合化服务的新手段，在“4·23”世界读书日期间，以“传承经典”为主题，宣传馆藏典籍文献，为读者架起走近典籍的桥梁，创立“邂逅典籍”“大师微讲堂”2个新栏目。精选馆藏典籍，以图文并茂的文字解说配合视频介绍，为公众提供普及性的馆藏文献品读；深度发掘全国图书馆的大师讲座资源，结合“好书共读”经典书目遴选出20位大师的精彩讲座，通过短视频、精彩片段、公开课讲座、在线阅读等不同模式为读者提供多方位的解读。

（五）少儿服务

1. 国家图书馆少年儿童馆

2019年，国家图书馆少年儿童馆共接收新到室文献40322册/件，接待到馆读者348063人次，文献提供量为2725199册次，文献下架量为30540册；接待集体参观45场1786人，接待个人参观398人。暑期期间（7月15日—8月31日）调整工作安排，延时开馆服务至晚19点，累计延长服务70小时，受到馆读者的普遍关注与好评。全年开展丰富的儿童阅读推广活动，其中：举办文津少儿讲坛8场，参与活动读者830人次；举办各类故事会79场，讲读故事160余个，参与活动读者2600余人次；举办儿童读物与影展活动9场，观影读者达470余人次；开展“阅读推广进校园”活动，年内走进4所校园，开展主题阅读讲座5场，参与活动师生450人。全年举办大型童书展览6场，分别为“最美中国年——中华民族春节民俗文化展”“同读·同乐——国际儿童阅读日海报展”“约绘神笔——国际马良绘本全展”“家国情怀，赤子之心——新中国科学家故事展”“致敬祖国——连环画里的新中国70年”及“致敬经典——《哪吒闹海》历年出版物回顾暨原创立体书编创历程展”，这些展览以儿童喜闻乐见的文学样式，反映出作者对传统文化的深切体悟，为到馆读者送出一份文化盛宴。

2. 国家典籍博物馆青少年服务

国家典籍博物馆作为重要的青少年教育基地和传统文化传播基地，持续开展丰富多彩的青少年教育活动。策划举办的“典籍课堂寒假班”“我是小小讲解员春季班”“典籍课堂春季班”“经典

经典典籍读书班夏令营

典籍读书班夏令营”“我是小小讲解员中英文夏令营班”“秋季经典典籍读书班”“经典典籍读书班冬令营”等均是国家典籍博物馆的经典特色课程。

不断策划与各单位和机构的定制活动，比如国家信息中心的“我和我的祖国”全年爱国主义教育活动，中国银行大客户亲子活动，以及中小学校、家委会和旅行社组织的研学活动等。

继续拓展深化研学活动。完成2018年度申请的教育部研学基地项目，包括项目课程设计36课时、开展“在阅读中成长”专题活动6场。完成2019年北京市中小学生社会大课堂资源单位申报与评选工作，为面向中小学开展活动提供更大的发展空间。与教育部认定的北京地区唯一研学营地签订战略协议，承接大量的学生研学活动。全年共接待研学团体24次，研学活动830场（学时），服务16100人次，包括来自辽宁、甘肃、安徽、山西、新疆、河南、湖南等地学校团体的到馆参观学习。策划并举办北京理工大学附属小学、板厂小学、北京外国语大学附属中学、北京大学附属中学朝阳分校、北京中科科普促进中心、北京世纪明德教育科技有限公司等学校和教育机构的研学活动。

3. 其他部门开展的少儿服务

社会教育部与紫竹院学区管理中心进行深入合作，为学区内的7所小学和8所中学提供阅读指导并举办持续全年的阅读推广活动。2019年共提供阅读包2个（包括推荐书目、书籍简介、阅读笔记等），举办少儿阅读活动5场（包括学生讲座、家长课堂、小学生口述史等）。

国图艺术中心与天坛神乐署雅乐中心在天坛公园神乐署联合举办“书香筑梦·礼乐天坛——‘我和我的祖国’六一儿童节主题公益活动”，这是国图艺术中心服务少年儿童，向外拓展公益活动的一次有益尝试。国图艺术中心各培训班的学生们集中展示学习成果，家长和小朋友们集体观看来自天坛神乐署的老师们带来的“神乐之旅”主题演出，演出后还特别安排孩子们参观天坛公园内的北京市爱国主义教育基地——侵华日军细菌部队遗址和天坛非物质文化遗产——中和韶乐展览。此次活动既为国图艺术中心培训班学生展示学习成果提供全新的平台，也让更多人了解到中和韶乐的历史与内涵以及中国非物质文化遗产的多样性。

（六）弱势群体服务

1. 残障人士服务

2019年，继续做好面向残障人士的数字图书馆服务工作。完成中国盲人数字图书馆的内容建设及数据发布工作，发布电子图书300册；完成下一年度电子图书资源筛选工作，遴选图书350册。

数字共享空间是中国盲人数字图书馆、中国残疾人信息无障碍技术支撑体系的示范应用基地。为优化到馆残障读者数字阅览服务，2019年不断完善残障读者上机制度，规范残障读者服务标准，全年指导并辅助残障读者上机2574人次。

2. 老年读者服务

2019年，数字共享空间以“关爱夕阳”老年课堂微信群为依托，全年开展线上直播课程12次，每日回复读者咨询10余条，并定期为老年读者提供咨询答疑，为老年读者享受图书馆服务提供便利。在常规培训之余，策划“做自己的急救医生”等系列活动，极大地提高老年读者自救和互救的能力。为弘扬中华传统美德，倡导尊老爱老的优良传统，在重阳节策划举办国家图书馆“温馨重阳　献礼国庆”双节共庆活动，让老年读者度过一个有意义的重阳节。

数字共享空间通过线上直播课堂、线下培训和丰富多彩的活动等多种形式提升老年读者服务质量，丰富老年读者的体验，通过馆内通讯平台和《中国文化报》的报道，在“文化养老”与提升老年文化服务方面得到了社会的广泛关注。

（七）全民阅读推广活动

1. 文津经典诵读

2019年，文津经典诵读项目完成资源制作与线上线下推广工作。每日发布一条诗词和格言以及对应音频。通过多平台推送，受众范围和社会影响力进一步扩大。国图微博“每日经典诵读”话题累计阅读量1.8亿次，讨论量超过8万次。喜马拉雅平台“文旅之声”账号“每天一首古诗词”阅读量累计近80万次。完成“文津经典诵读微课堂”视频的策划制作和发布，拓展项目的资源形式。项目推广方式多元创新。全年举办“文津经典诵读”系列讲座8场。策划举办“四季读诗”系列诗词文化活动，共含春夏秋冬4个单元8场活动，包括“当诗词遇见春天·春季诗词诵读会”“当诗词遇见春光·紫竹院诗词文化展”“当诗词遇见你·紫竹院春季诗词游园会”“端午诗词音乐会”“诗词创作课”“围炉诗话”等，社会反响热烈，仅“紫竹院诗词文化展”参与人数就超过40万人次。

2.“M地铁·图书馆”项目

与京港地铁合作的“M地铁·图书馆”项目2019年共完成4个专题的资源挖掘与推送工作，于春节期间推出“异乡·吾乡”专题；于世界读书日期间推出“人无再少·书可重读”专题；于文化与自然遗产日前后推出“年华易老　技忆永存”专题；于国家图书馆读书周期间推出“家庭

“M地铁·图书馆”之“家庭朗读大赛”启动仪式

阅读汇”专题。共推荐电子书资源34种、电子音频资源22个，举办线下活动3场，活动举办期间在地铁车厢和站台内张贴宣传海报，并推出与公众互动的线上活动。

在“家庭阅读汇”专题推出之际，“M地铁·图书馆”联合社会力量共促全民阅读，携手上海喜马拉雅科技有限公司开展线上“家庭朗读大赛”；同时在喜马拉雅平台设立同名账号，为读者提供更多的视听资源，用户登录即可收听。

3. 非物质文化遗产纪录片展映月活动

在第二届国家级非物质文化遗产代表性传承人记录工作展映月优秀成果推介会上，国家级非遗代表性传承人记录工作成果验收专家委员会委员为部分优秀成果实施单位代表颁发证书

在完成2016年支持的国家级非物质文化遗产代表性传承人记录工作验收的基础上，6月8日至7月7日，举办“年华易老　技忆永存——第二届国家级非物质文化遗产代表性传承人记录工作成果展映月”系列活动，包括每周末在国家图书馆北区学津堂面向公众免费放映优秀成果影片，向现场观众讲解影片所记录的传承人和非遗项目情况。举行第二批优秀成果推介会，推荐部分影片参加在浙江象山举办的文化和自然遗产日非遗影像展。“展映月”活动期间，共展映国家级非遗传承人记录成果综述片31部，累计观影人数逾2200人次。同时，在国家级非物质文化遗产代表性传承人记录工作成果在线展映专题网站（域名：ich.nlc.cn）增补展映第二批优秀成果。

4. 第六个“非物质文化遗产保护讲座月”

策划推出2019年“非物质文化遗产保护讲座月”活动，包含“端午诗词音乐会”“第三届老北京非遗趴——了不起的曲艺”2场特别活动和4场专题讲演。“第三届老北京非遗趴”在前两届的成功经验上又有新突破，得到业界、媒体和公众的高度肯定，共有26家媒体对此进行报道，直播平台累计点击量超过130万人次。完成110场讲座视频的拍摄制作。讲座后期产品开发传播取得新进展。精选讲座音频在喜马拉雅“文旅之声”“国图大师课”栏目发布，全年点击量达到70余万人次，仅马伯庸《〈三国演义〉与中国地理》讲座音频点击量就超过20万人次。与北京人民广播电台继续开展讲座音频传播合作，播出“古今经典小说”系列讲座。讲座文稿《匠意营造：中国传统建筑》已由商务印书馆出版，并获“2019年商务印书馆人文社科10大好书”。

5. 展览实景解密游戏

依托“中华传统文化典籍保护传承大展”，打造全国首个博物馆“线上H5+线下真人NPC”展览实景解密游戏——“古籍保卫局”之“山海社的宝藏”。游戏甄选大展最具代表性的展品作为谜题题眼，创作了跌宕起伏的剧情，将有关古籍善本等传统典籍知识重新解析组合。观众把卡片道具、手机平台和现场实景相结合，通过环环相扣的推理分析，寻找通关答案。这种以玩代学、思维沉浸的新观展方式一经推出就引发参与者的极大热情，活动名额一席难求。《中国文物报》、中国新闻网等媒体及平台主动对活动进行大量深度报道，“学习强国”平台予以转载，大众点评等平台中对国家典籍博物馆及游戏的口碑点评增多。游戏活动共向公众免费开放6个周末，合计56场次，参与人数逾2000人次。参与者几乎覆盖能够进入博物馆的所有年龄层，其中18—24岁的人员占比为33%，24—30岁占比为30%，填补博物馆互动领域针对中青年群体社会教育的空白。

展览实景解密游戏活动参与者在展厅各处寻找游戏线索

6. 其他互动活动

7月21日，“《我们都是追梦人——当代追梦故事征集计划纪念册》成册典礼”在国家图书馆举办，向公众发布中国记忆项目首次通过互联网平台征集的梦想主题公众记忆资源。6位追梦故事主人公亲临现场，以演讲和访谈形式向现场观众及在线直播观众讲述自己的追梦历程，鼓励每一位平凡人勇敢追寻自己的梦想。“我们都是追梦人——当代追梦故事征集计划”于6月启动，收集到数千个真实、感人的追梦故事，最终甄选出70个故事汇编成册，汇编成《我们都是追梦人——当代追梦故事征集计划纪念册》。入册的70个追梦人，上至百岁老人，下至六岁孩童，横跨全国23个省、自治区、直辖市，覆盖各行各业。该纪念册在国家图书馆北区读者大厅进行为期1个月的展示，供读者阅览。

《我们都是追梦人——当代追梦故事征集计划纪念册》成册典礼

国图艺术中心与北京市海淀区教委合作，在海淀区文化和旅游局的大力支持下，于2019年暑期针对青少年学生推出“在艺术中品味阅读”系列活动，包括“诗经中的古乐器”和“音乐点亮人生”系列讲座，以及“京剧电影工程”系列展映，并邀请学生参观国家典籍博物馆“从《诗经》到《红楼梦》”“名家手稿展”等专题展览，与国家图书馆少儿馆联合举办“走进国家图书馆”“文津少儿讲坛”活动，丰富学生们的暑假生活。“阅读＋讲座＋实践＋展览＋展映”的全新推广模式有效推进了全民阅读，吸引近千名学生和家长参加系列活动，北京电视台、光明网等主要媒体都对活动予以报道。

国家典籍博物馆结合春节、世界读书日、文化和自然遗产日、国家图书馆建馆110周年馆庆等重要节点，策划举办“名家带你写春联”“剪出一片春色满人间”活动，与紫竹院公园合办“读诗赏竹”活动，端午节期间举办“见人见物见生活”主题活动，以及“悦读之旅”“新疆贫困儿童六一活动”“专家带您看大展”等18场主题活动，参与人数3000余人次。

（八）讲座、培训、展览、演出

培训、讲座、参观、展览、演出等各项社会教育活动全年共接待读者182.33万人次，与2018年相比增加40.36%。其中：举办展览23场，接待读者130.16万人次；举办讲座295场，接待读者7.55万人次；举办培训1350场，接待读者15.90万人次；接待参观3733批，8.31万人次；举办公益演出95场，5.72万人次；播放电影及租场1451场，14.69万人次。

1. 讲座

（1）文津讲坛

全年举办讲座50场，讲座主讲人以国内知名高校、科研机构、学术团体等学识渊博、德艺双馨的学者为主，讲座内容侧重文史哲，讲座形式有系列专题和单个主题讲座，在继续开展中国古代物质文化、蒙元史、丝绸之路等系列讲座的同时，策划开展琅嬛书话系列讲座7讲、中国书画艺术系列讲座5讲、清代文化系列讲座3讲，开始古今文学经典系列讲座；做好文津讲坛第1000期讲座，举办纪念展览，编辑《文津流觞》专辑。全年接待读者14605人次，比2018年增加24%。

（2）国图讲坛

全年举办讲座105场，接待读者38000余人次。配合三八国际妇女节、科技活动周、六一国际儿童节、端午节等大型专题活动及节假日举办相关活动，策划推出“科技的力量”“中华传统文化百部经典”“镜子的另一面：女性文学研究”等多个有影响力的讲座系列。继续举办“院士讲科普”“东西方古代文明比较研究”“健康中国”“外交官亲历”等深受好评的讲座系列。

（3）国图公开课

截至2019年底，国图公开课共发布226期，累计时长150小时，参与现场录制累计近5500人次。国图公开课网站全年访问量超过7500万次。国图公开课上线至今，已发布课程16个专题1742场4916小节，总时长1688小时。

继续开展“传统艺术公开课”系列课程，完成“心连广宇　志在苍穹——人类太空探索与中国航天之路”“美在民间——中国民间美术十讲”“诗词格律十二讲”3门课的全部课程录制工作；继续推进“世界古代史（上古部分）”“舞蹈与生命的交响”“丹青传世美”“话说曲艺”“音乐里的中国”5门课的录制工作。全年共录制完成各类专题课程45讲，网站发布75期节目。拍摄制作业界公开课“世界图书馆馆长访谈”8期，网站发布2期。拍摄制作“我的世界观”等读书推荐节目12期，网站发布6期。上线“读经典 学新知——链接美好生活4·23世界读书日特别活动”及“天才的时代：纪念司马光诞辰一千周年——千年回望司马光”2次特别活动。与福建省图书馆、河北省图书馆等10家地方图书馆合作，共同策划并录制“千古绝唱——解密世遗福建南音”“遇见——河北梆子”等反映地方传统艺术源流、历史发展和艺术特点的“地方传统艺术公开课”课程，网站发布13期，这批精品课程扩大了国图公开课在图书馆界的影响力，发挥了国图公开课的文化引领作用。

国图公开课读书推荐栏目采访《宋代消费史》作者何辉

3月，“丝绸之路与丝路之绸”课程在中国教育电视台综合教育频道“国史演义”栏目播出，这是国图公开课在电视媒体上的首次亮相，也是继公开课系列课程在北京人民广播电台、共产党员网、人民网和“学习强国”平台发布之后，国图公开课资源在优质平台的又一次展示。

（4）国家典籍博物馆讲座

围绕馆藏资源及2019年举办展览，举办国家典籍博物馆系列讲座17场，主题涉及传统文化、古籍保护、非遗传承等多个方面。为进一步合理规划讲座主题，提升社会关注度，设计发放调查问卷，根据观众文化诉求合理调整内容规划。注重专业性、通俗性、大众性，例如结合2019年的核心展览“中华传统文化典籍保护传承大展”策划系列讲座，邀请知名专家详细解读孔子、孟子、庄子等先贤及其代表性思想，让观众体会中华传统文化的博大精深。进一步创新讲座形式，将“典籍陈列的形式设计——以大展为例”和“书香人淡自庄严：周叔弢先生与自庄严堪藏书”2场讲座放在展厅进行讲解，将讲座内容与展厅体验进行深度结合，使观众接受知识洗礼的同时享受视觉盛宴。

（5）国图艺术中心公益讲座

全年举办公益讲座39场。为迎接新中国成立70周年及建馆110周年，策划“致敬经典·那些年我们追过的艺术”系列讲座，并为配合讲座举办邮票展、北区四层视听阅览服务专架展示等。该系列讲座分别邀请著名导演王扶林、《长江之歌》与《中国共产主义青年团团歌》的词作者胡宏伟、著名话剧表演艺术家蓝天野、著名表演艺术家六小龄童及央视版电视剧《西游记》主创团队、

著名导演王扶林主讲“致敬经典·那些年我们追过的艺术”系列讲座之“光影中的名著——拍摄电视剧《红楼梦》和《三国演义》的那些事”

《在那桃花盛开的地方》的词作者邬大为、著名男高音歌唱家李光羲、著名京剧表演艺术家尚长荣、著名播音艺术家葛兰主讲。新设置的“我与大咖相聚国图”主题环节，给予观众亲近艺术、与主讲人互动的机会，邀请合唱团演唱经典曲目、邀请热心的读者到台上演绎经典片段，主讲人现场点评指导，令在场听众受益匪浅。同时，国图艺术中心以视听阅览为抓手，普及艺术教育，提升市民艺术素养，举办“音乐点亮人生”系列讲座，分别邀请全国政协文化文史和学习委员会副主任叶小文、上海大学原副校长叶志明、国家一级导演陈燕民等主讲。在6月文化和自然遗产日活动期间，推出纪念梅兰芳、周信芳诞辰125周年系列讲座和展映活动，邀请京剧大师周信芳先生的亲传弟子萧润增和原文化部艺术局副巡视员林瑞康讲述麒派艺术特色，邀请梅兰芳先生亲传弟子李玉芙主讲“梅派艺术的传承和发展”，同时展映《梅兰芳的舞台艺术》《周信芳的舞台艺术》《穆桂英挂帅》《萧何月下追韩信》4部京剧艺术电影。邀请天坛公园神乐署雅乐中心主任王玲主讲6场“雅乐”系列讲座，带领读者感受古人们为乐器所赋予的内涵及其在传统文化传承和发展中的作用。与库客音乐合作，每月推出1场库客音乐沙龙，以导赏的形式推广普及古典音乐知识。此外，还邀请国家级非物质文化遗产（古琴项目）艺术传承人、著名古琴家姚公白，举办名家讲坛“琴曲钩沉：姚丙炎及其学琴学乐”。

（6）中国典籍与文化系列讲座

全年举办中国典籍与文化系列讲座12场，听众1776人次，场均人数较2018年增加3%。当前，讲座“保存我国优秀古代典籍，培养中华文化传人”的使命获得社会各界更广泛地认同与支持，基于讲座内容整理的图书按计划交付出版社出版。

2. 培训

（1）国家图书馆培训中心

全年举办馆内员工继续教育培训7场，培训员工594人次；举办面向全国图书馆界业务辅导培训18场，比2018年增加38%，培训学员1308人，比2018年增加64%；举办面向社会公众的培训10场，培训学员187人次，比2018年增加33%。全年承担文化和旅游部老年大学西区分校的教学教务管理工作，服务文化和旅游部系统离退休人员200余人。

（2）数字共享空间网络课堂

数字共享空间深入贯彻落实《中华人民共和国公共图书馆法》中关于“创造条件，为老年人等弱势群体提供均等服务”的精神，依托精准的老年读者培训需求调研，打造系列品牌课程。始终坚持线上培训与线下培训相结合、馆内师资与馆外师资相结合、新媒体培训与传统文化培训相结合的“三结合原则”，开设多元化多层次的培训课程，创新培训活动，打造全新的网络课堂。全年共设计 5 个专题、12 个系列、24 讲课程，内容丰富，实用性强，累计培训读者 3000 余人次。同时，着眼于到馆读者的需求，根据馆藏资源和服务特点，从数字资源检索与利用、兴趣技能提升、数字图书馆特色服务 3 个方面开展综合性培训课程 10 讲。

（3）国图艺术中心公众艺术教育

作为视听阅览服务的重要阵地之一，国图艺术中心 2019 年推出优秀纪录片公益展映 51 场。世界读书日期间，策划实施“光影中的名著”系列展映活动，展映《智取威虎山》《人生》《野山》《悲惨世界》《村戏》5 部影片；文化和自然遗产日期间，推出“京剧电影工程”系列影片公益展映，弘扬中华民族优秀传统文化。

为提升公众的艺术修养、普及经典音乐，6—8 月，国图艺术中心与来自中央音乐学院的音乐组合“琥珀四重奏”联合推出“沉淀青春　听读经典——琥珀四重奏讲演音乐会”系列活动，该活动是北京市海淀区文化和旅游局 2019 年中关村国际青年艺术季支持项目，开创了具有引领性的中国室内乐发展模式。

此外，持续开展古琴、国画、古筝、洞箫、舞蹈、排箫等的公益实践课，为推广普及民族优秀传统文化、提升市民文化艺术素养做出积极努力。

3. 展览

（1）国家典籍博物馆展览

全年共举办各类型展览 17 场，展览质量和社会影响力显著提升。全年接待观展读者 1175889 人次；提供讲解服务 4291 场，服务 78286 人次。其中：定场公益讲解 1635 场次，服务 50936 人次；接待中央领导，文化和旅游部、中国共产党中央纪律检查委员会、中国共产党中央委员会办公厅领导，亚洲国家图书馆馆长，“一带一路”国家驻华外交官等重要参观 1036 场，服务 4863 人次；接待读者参观 921 场次，服务 22487 人次。“旷世宏编　文献大成——国家图书馆藏《永乐大典》文献展”荣获“第十六届（2018 年度）全国博物馆十大陈列展览精品推介”优胜奖；改陈后的“甲骨文记忆展”入选由中国博物馆协会和中国人民军事博物馆主办的“博苑掇英——2009—2019 年度全国博物馆陈列艺术成果交流展”。

“甲骨文记忆展”入选“博苑掇英——2009—2019 年度全国博物馆陈列艺术成果交流展”

自办展览4场，包括“激活经典　熔古铸今——《中华传统文化百部经典》专题展览”、“中华传统文化典籍保护传承大展”、“甲骨文记忆展”展览改陈、“悠然得佳趣——古代经典诗词与当代书法创作展”。

联合馆外优秀展览资源，与各类文化机构和平台加强引进与合作，促进互利共赢，全年共合办展览7场，包括“迎春送福——武强年画专题展”“文明匠心——亚洲非遗大展”“汉文文书——东波塔档案中的澳门故事”“安东尼·布朗的幸福博物馆”“‘两弹一星’功勋人物肖像画展”“文献名邦　书香绍兴——越地历史文脉展”“妙法天成——细川护熙书法展”。

引进优秀展览6场，包括“枘凿万端——中国榫卯活性传承艺术研究展全国巡展·北京站”“中国妇女儿童博物馆藏北方剪纸展”“建安风骨　承古启新——三国文化典籍特展”“当代国际藏书票巡展（北京站）”“山·水·人——‘东方诗意·黄山影像’主题摄影展”“中国—朝鲜建交70周年纪念展”。合办展览和引进展览进一步丰富国家典籍博物馆的展览资源，也取得良好的社会反响。

“百年童书展”在新疆图书馆巡展

展览资源推广交流方面，坚持“两条腿走路”原则，加强与地方图书馆、博物馆联动合作，并利用各种中介平台优势，快速提升国家典籍博物馆知名度，实现展览资源的共建共享。全年举办“年俗文化展”武汉图书馆巡展，“甲骨文记忆展”温岭市博物馆巡展，“百年童书展”上海南汇博物馆巡展，“百年童书展”新疆图书馆巡展，“甲骨文记忆展”武汉盘龙城遗址博物院巡展，“国家图书馆藏《永乐大典》文献展”深圳南山博物馆巡展。

（2）其他展览

国家图书馆（国家国家保护中心）承办由文化和旅游部、国家文物局主办的“凡是国宝都要争取——郑振铎等抢救流散香港文物往来信札入藏纪念展”（参见“特别记载”之“重大展览”）。

展览部发挥自身专长，与馆内其他部门联合举办展览4场，包括联合典藏阅览部举办“‘共和国不会忘记——新中国成立70周年国家勋章和国家荣誉称号获得者’馆藏文献展”，联合立法决策部举办“国家图书馆‘两会’服务20年成果展”，联合数字资源部举办“‘聚力文化惠民　共建数字中国’公共数字文化展”，联合社会教育部举办“第十四届文津图书奖获奖图书展”。

为庆祝国家图书馆建馆110周年，国图艺术中心策划举办“幽兰香远——国家图书馆建馆110周年艺术名家手稿展”（参见“基础业务工作”之“年度掠影”）。

社会教育部中国记忆项目中心与中国民族博物馆合作，举办“中国民族志纪录片学术展·非遗影像单元”展映活动，放映非遗题材纪录片11部，参与人数逾800人次。

古籍馆在配合国家典籍博物馆开展版画展、亚洲文明联展、永乐大典展、越地历史文脉展等工作的同时，承担“庆祝新中国成立七十周年暨澳门回归二十周年文献特展”的策展、筹备、保险、运输报关、讲解全部流程。此外，还配合国家博物馆，以及天津、辽宁、常熟、苏州等地博物馆的借展联络报批、运输、布展、撤展等。

4. 公益演出

国图艺术中心全年举办各类商业艺术演出285场，围绕春节、读书周、科技周、馆庆、国庆等时间节点举办大型公益演出14场。

（1）书香筑梦系列演出

举办“书香筑梦　金猪送福——国家图书馆2019年迎春晚会”，此次活动是国家图书馆2019年春节活动的重要内容之一。通过舞台演出，带领观众一同回顾国家图书馆建馆110周年的历史。

科技周期间，与北京发明协会联合主办“书香筑梦　科技兴国——2019创新中国发明音乐会”。通过舞台艺术的形式展现创新成果，艺术化地展现科技对文化艺术和生活的推动作用，推动立体阅读；并以此为契机，让观众有机会了解到国家图书馆在国家科技发展进程中所起的作用。

书香筑梦　科技兴国——2019创新中国发明音乐会

（2）“音乐点亮人生——我和我的祖国”满天星业余交响乐团系列演出

世界读书日期间，与满天星业余交响乐团联合举办“音乐点亮人生——我和我的祖国”世界读书日满天星业余交响乐团国家图书馆专场音乐会。音乐会特邀著名歌唱家阎维文、陈思曼和著名小提琴演奏家刘云志登台演出。

10 月 8 日，与满天星业余交响乐团联合举办“音乐点亮人生——我和我的祖国”庆祝中华人民共和国成立 70 周年满天星业余交响乐团专场音乐沙龙，表达人们对伟大祖国的爱。

（3）“传承文明 · 与时代同行”国家图书馆建馆 110 周年音乐会

9 月 9 日晚，由国家图书馆、中国煤矿文工团联合主办的“传承文明 · 与时代同行”国家图书馆建馆 110 周年音乐会在国图艺术中心音乐厅奏响华美乐章，演绎当代中国的优秀民族音乐。

（4）与中国音乐学院研究生院联合举办公益主题音乐会，为艺术院校师生提供展示技艺的舞台，传播中国民族艺术经典，歌颂伟大祖国的发展历程。全年举办“国韵”中国音乐学院研究生院中国声乐、器乐作品专场音乐会，中国音乐学院研究生中国歌剧经典片段专场音乐会，“不忘初心，牢记使命”中国音乐学院师生主题音乐会等。

（九）文创产品开发

2019 年 5 月，国家图书馆重组全资企业——北京国图创新文化服务有限公司（以下简称“国图创新”），授权其全面负责国家图书馆文化创意产品研发、经营等业务，树立包括文创艺术品开发、国家图书馆品牌及资源授权、展览展示、研学培训、创意空间等为一体的文创业务体系。

秉承国家图书馆“传承文明　服务社会”的理念，依托于国家图书馆宏富馆藏资源与独特职能定位，国图创新在自主开发产品的同时，引进社会力量，加大联合开发、委托授权的合作力度，重点围绕国家图书馆建馆 110 周年等主题，开发馆庆系列、传世经典系列、《永乐大典》系列、《四库全书》系列、书香典藏系列、《芥子园》《百花诗笺谱》花开盛世系列、敦煌莲花包、趣读系列、庆赏昇平新春礼系列等特色文化创意产品 138 种，共计 166 个 SKU（Stock keeping Unit，产品）。依托全国图书馆文化创意产品开发联盟（以下简称“联盟”）平台，为河南省图书馆、江西省图书馆、开封市图书馆、巴彦淖尔图书馆等开发设计相关文创产品百余种。

依托国家图书馆宏富的展览与馆藏资源，国图创新与古籍馆、展览部等部门通力合作，面向市场加大以“典籍”为核心的优秀展览推广力度，以巡展、交流展等方式，推动国家图书馆“典籍展览 + 非遗技艺 + 研学旅游 + 文创衍生品”的立体式文化推广项目，“安东尼 · 布朗的幸福博物馆”展览期间，国图创新承担门票销售、核检，文创产品研发、销售等业务，展览期间共研发产品 50 个 SKU；与玉渊潭公园就文创及展览建立深度合作关系，承接该园中秋节、重阳节、2020 年春节等展览设计、制作、施工任务，并为其开发数款文创产品。

打造馆区内集文创产品展销、图书阅读、创意饮品、特色研学等于一体的文化创意空间，培育新型文化场景式消费业态；根据新时期公众消费特点，引进盲盒、纪念章等自助售卖设备近 20 台；积极拓展特色书店、金融、邮政、通讯等跨界渠道资源，新增建立合作客户 55 家。借助文创区复合业态的空间，以及国家图书馆丰富的馆藏资源，与社会力量广泛开展合作，打造多个研学旅游精品课程及路线，为中小学生等提供多类型定制服务。先后承接 2019 年第二届北京国际游学大会境外合作伙伴国图参观体验活动、“国图书咖”周末亲子活动、玉渊潭公园节庆活动等。

四、业界服务

（一）业界业务指导与合作

1. 全国图书馆联合编目中心

全国图书馆联合编目中心坚持公益性原则，为全国各级图书馆免费提供书目数据服务。2019年新增成员馆268家，成员馆总数达到3100家，累计数据用户3782家。全年增加书目数据63.2万余条，增加馆藏数据84万余条，增加规范数据4.98万条。全国图书馆联合编目中心充分发挥书目数据核心的地位，全年为用户提供下载数据1084万余条，较2018年增长11.1%。月最高下载量出现在11月，超过137万条。

（1）召开全国图书馆联合编目中心2019年工作会议

9月4—5日，全国图书馆联合编目中心2019年工作会议在贵州贵阳召开，共有来自38个单位的50名代表参加此次会议。国家图书馆副馆长汪东波，贵州省图书馆馆长刘宇松、副馆长张少华，天津市少儿图书馆馆长马忠庚，河北省图书馆副馆长丁若虹等出席大会开幕式。会上，汪东波针对中心的未来发展提出指导性意见。一是坚持公益化定位，以需求为导向，提升联编中心的服务水平；二是筹建全国联编中心采访数据库，助力各成员馆开展采购业务；三是加强专业人才队伍建设，推动联编工作的高质量可持续发展。全国图书馆联合编目中心主任王洋做大会报告，总结2019年度中心在意识形态引领、书目数据免费下载服务、少数民族语言数据的拓展、名称规范推广等工作中取得的成果，汇总各个分中心的重点工作，对下一年度采访库建设、编目数据校验需求的完善、上传资格在线考试等具体任务进行部署。会议表彰表现突出的分中心、成员馆和个人。

全国图书馆联合编目中心2019年工作会议上为“年度优秀分中心”颁奖

（2）举办全国图书馆联合编目中心业务培训

4月23—26日，全国图书馆联合编目中心2019年上传资格培训班在浙江杭州举办。来自全国各省、市、区、县的公共图书馆、高校图书馆及相关单位的百余人参加此次培训。2019年全国图书馆联合编目中心接受上传书目数据超过11.3万条，各成员馆质量监控员参与审校数据7.7万余条。培训为期4天，内容包含全国图书馆联合编目中心数据制作细则及数据上传的要求及操作方法、名称规范数据制作规则及实例分析。参与培训人员都通过测试，其中有2人获得资深数据

全国图书馆联合编目中心2019年度业务培训

编目员资格，这些学员成为全国图书馆联合编目中心数据质量监控员的后备力量。

10月14—15日，全国图书馆联合编目中心在福建省福州市举办以“推动公共数字文化工程发展，提高图书馆元数据品质”为主题的2019年度业务培训，来自全国52个单位的106名学员参加此次培训。国家图书馆数字资源部主任曹宁解读《公共数字文化融合创新发展实施方案》；上海图书馆许磊，全国图书馆联合编目中心刘小玲、索晶分别介绍关联数据的理论与图书馆现阶段的具体实践思路和方法；吉林省图书馆李博昭、天津图书馆张元芸、沈阳市图书馆邱轶、广东省立中山图书馆肖燕分享书目数据审校和质量管理方面的业务实践。全国图书馆联合编目中心总审校王艳萍对年度审校工作进行总结，并就工作中出现的问题进行交流。

2. ISSN中国国家中心

2019年，ISSN中国国家中心完成国内外电子邮件咨询189件、电话咨询1785件。完成审核ISSN申请材料251份；办理ISSN144个；办理ISSN证书191个。核对刊物3种；新建和更新CNMARC数据374条；新建和更新罗马化数据372条。按月度向国际中心报送新数据全年共计372条，借助国家图书馆网站ISSN中心网页，按季度发布ISSN分配数据。

3. 全国公共图书馆讲座联盟

完成全国公共图书馆讲座联盟常设机构的相关工作，为地方图书馆提供主讲嘉宾推荐等工作支持，推动成员馆之间的交流互助，联盟成员馆数量已达219家。开办国图流动讲坛，与福建省图书馆、辽宁省图书馆等合作举办讲座。通过联盟平台组织全国109家图书馆参与第十四届文津图书奖的联合评审和获奖图书全国巡展。

4. 参考咨询协作网和决策咨询服务平台

（1）全国图书馆参考咨询协作网

3月20日，在广西壮族自治区图书馆举办2019年全国省级及副省级市公共图书馆参考咨询工作培训。来自全国31家省馆及14家副省级市馆的80余名学员参加培训。广西壮族自治区图书馆党委书记黄艳出席开幕式并致辞。清华大学知识产权信息服务中心主任范爱红、苏州独墅湖图书馆馆长李春梅分别围绕高校知识产权信息服务发展和图书馆面向企业信息服务进行主题报告。与会代表分别围绕参考咨询年度工作要点、面向决策和科研用户的参考咨询服务及产品设计、公共图书馆参考咨询业务协作的意见建议等内容进行讨论，介绍各馆的参考咨询业务现状做，并对参考咨询未来的方向及协作网未来的工作重点达成共识。广西壮族自治区图书馆信息服务部主任冼育华、天津图书馆参考咨询部主任张为江、宁波市图书馆阅览部主任汪岚分享各自在参考咨询领域的服务经验。

（2）全国省级公共图书馆决策咨询服务协作平台

全国省级公共图书馆决策咨询服务协作平台（以下简称协作平台）2019年继续完善协作平台管理制度，继续进行协作平台建设及运维工作，维护系统正常运行；建立省级公共图书馆决策咨询服务微信群，促进各馆之间的日常交流与沟通；为省级公共图书馆提供全年大会热点清单，为地方“两会”服务参考；面向全国公共图书馆咨询馆员开展业务培训，4月，在国家图书馆“文化援疆——新疆图书馆业务培训班”上开展题为“面向立法与决策机构的图书馆信息服务”的培训。

5. 全国图书馆文献缩微复制中心

2019年，全国图书馆文献缩微复制中心围绕年度工作要点及文献缩微工作“十三五”规划，通过深入调研、积极谋划，提高文化典籍保存保护水平，合作共建，充分发挥行业引领作用，强化服务效能，加强文献抢救成果再生性应用，深化国家母片库建设，增强缩微文献资源保障能力，建立健全业务规章制度，推进全国缩微工作稳步发展。

（1）召开2019年全国公共图书馆技术部主任会议

2019年全国公共图书馆技术部主任会议

5月15日，由全国图书馆文献缩微复制中心主办、山东省图书馆承办的2019年全国公共图书馆技术部主任会议在山东济南召开。国家图书馆副馆长、国家古籍保护中心副主任张志清出席会议并讲话，山东省图书馆馆长刘显世、副馆长周玉山等20余家省、市、自治区公共图书馆的近40位缩微工作负责人参加会议。张志清高度评价全国图书馆文献缩微复制中心在标准化、规范化建设中取得的成绩，他指出，进入新的历史时期，图书馆工作者要充分认识缩微工作在国家文化安全中的作用，为国家文献战略保障做好前期规划与储备；全国图书馆文献缩微复制中心要充分利用缩微技术的优势，在中华优秀传统文化、革命文化、社会主义先进文化方面积极探索，逐步形成多方位齐头并进的格局；要继续发挥引领作用，围绕中心，抓住机遇、开拓创新，推动缩微事业再创辉煌。全国图书馆文献缩微复制中心主任李晓明总结2018年全国缩微工作并对2019年重点工作做部署；全国图书馆文献缩微复制中心樊亚宁、宋晶晶、陈月婷、宁波等分别对2018年国家图书馆传统拍摄、数字缩微、缩微胶片库房管理及各馆缩微设备运行情况进行汇报。与会代表分别介绍各馆2018年缩微工作情况及2019年缩微工作计划，并围绕如何将各馆古籍文献、民国文献保护与缩微工作紧密结合，如何推进数字与缩微技术深度融合进行深入探讨。会议还对2018年度缩微建设产量及质量名列前茅的缩微工作先进集体、优秀管理者和先进个人给予表彰。

（2）举办2019年全国公共图书馆缩微技术培训班

10月15—18日，由全国图书馆文献缩微复制中心主办、中国文献影像技术协会承办的2019年全国公共图书馆缩微技术培训班在西安举办。全国图书馆文献缩微复制中心副主任王浩在开班仪式致辞，来自全国20余家成员馆的40名缩微业务骨干参加培训。王浩以“数转模”项目为例，强调当前缩微工作重心正由单一的文献抢救方式转型为缩微拍摄与“数转模”两条技术路线并存，工作内容也由文献抢救转型为抢救与利用并重，缩微工作若要取得进一步发展，必须将文献的服务与利用重视起来。培训内容聚焦数字缩微、标准规范与质量检查，以顺应缩微事业可持续发展理念，培养高水平缩微技术人才，从缩微工作的标准、操作、存藏、利用及发展等多方面多层次进行探讨。全国图书馆文献缩微复制中心的7位专家围绕国内外缩微工作发展现状、缩微工作标准化体系建设、“数转模”拍摄的加工标准及操作、库房标准化管理、常用设备维护维修以及母片质检等业务工作做汇报。辽宁省图书馆邢军、福建省图书馆巫晓萍、甘肃省图书馆金龙以及贵州省图书馆冯晨等4位专家分别就本馆“数转模”、民国图书及报纸的拍摄、缩微文献的存藏与服务等方面进行交流。

6. 全国图书馆文化创意产品开发联盟

（1）启动全国图书馆文化创意产品开发联盟品牌发展计划

1月8日，全国图书馆文化创意产品开发联盟（以下简称“联盟”）品牌发展计划启动仪式在国家图书馆（国家典籍博物馆）举行。国家图书馆馆长、国家典籍博物馆馆长饶权，文化和旅游部资源开发司副司长徐海军等出席启动仪式。饶权在致辞中指出，依托文化文物单位馆藏资源，开发各类文化创意产品，是丰富人民群众精神文化生活，满足多样化消费需求的重要手段，可以增强文化文物单位服务能力、提升服务水平、丰富服务内容，成功的文创开发可为图书馆的特殊藏品类型树立“可看”“可玩”“可用”的创新形象，开辟新时代图书馆的“时尚”之路，推动中华优秀传统文化创造性转化与创新性发展。品牌发展计划旨在进一步推动联盟品牌形象建立，扩大联盟成员规模，引入社会力量深度参与图书馆资源创意性开发。该计划由“三百目标”即百位联盟成员、百家合作伙伴、百家实体销售店，“两个平台”即全国图书馆文化创意产品开发一体化平台及全国图书馆文化创意产品开发联盟天猫旗舰店销售平台，以及“一场大赛”即全国图书馆“典籍杯”优秀文创产品设计方案征集活动3个部分组成，预计3年完成。其中，全国图书馆“典籍杯”优秀文创产品设计方案征集活动已联合联盟内100余家图书馆于5月启动，共征集各类文化创意作品2000余件。

（2）全国图书馆文化创意产品开发联盟项目入选双创周主题展示项目

6月，联盟项目入选2019年国务院“全国大众创业万众创新活动周”成果展示。作为文化和旅游部仅有的2个入选项目之一，该项目集中展示联盟自成立以来在整合全国各省市图书馆馆藏资源、开展文创产品开发、指导成员馆文创建设、打造一体化平台、引导社会力量介入等方面取得的诸多成果，获得广泛社会关注。

（3）举办公共图书馆系统文化创意产品开发培训班

9月21—25日，在文化和旅游部公共服务司的支持下，联盟在国家图书馆及中央文化和旅游管理干部学院举办公共图书馆系统文化创意产品开发培训班，参训学员100余人。通过专题教学、现场教学、观摩参观、交流研讨等多种形式，从政策、设计、企业对接、线上销售等多个维度，对成员馆相关文创负责人进行指导，以期更快推动公共图书馆文化创意产品开发工作。

公共图书馆系统文化创意产品开发培训班

（4）举办全国图书馆文化创意产品开发专题培训班

11月18—24日，在中共中央宣传部支持下，文化和旅游部人事司联合国家图书馆在上海举办全国图书馆文化创意产品开发专题培训班，邀请文化和旅游部人事司负责人、上海市委党校教授、原文化部副部长等从政策角度结合文创工作予以解读；邀请故宫博物院副院长、上海博物馆副馆长等从文创工作实际出发，在如何发挥资源优势、打造品牌等方面开展培训。共有来自全国各地的120位图书馆文化创意产品开发骨干参加此次培训，就图书馆的文创开发展开研讨交流，共同探寻一条适合图书馆的、能够实现图书馆特色资源创造性转化和创新性发展的文创开发之路。此次培训班是纳入“2019—2020年全国文艺骨干培训计划”的重要培训，旨在深入贯彻落实习近平新时代中国特色社会主义思想以及党的十九大和十九届二中、三中、四中全会精神，落实习近平总书记关于文化和旅游工作的系列重要讲话精神，进一步增强各级公共图书馆文化创意产品开发业务骨干的初心使命意识，进一步练好文创开发必需的脚力、眼力、脑力和笔力，以更多富有创意的高质量文创产品，让珍贵典籍里的文字“活”起来，推动中华优秀传统文化的创造性转化与创新性发展。

7. 其他工作

（1）更新、编制少儿图书书目及举办巡展

①更新《全国少年儿童图书馆（室）基本藏书目录》书目

2019 年，国家图书馆少年儿童馆对《全国少年儿童图书馆（室）基本藏书目录》进行修订和更新。项目组通过馆藏数据、新书项目推荐数据、出版机构、社会大众及图书馆推荐书目数据、少儿类基本奖项和网络排行榜榜单等途径搜集初始数据 1 万余条，并根据全国各地少年儿童图书馆、儿童阅读机构以及家长等的使用情况对目录进行删减。经过数据筛查和标准化处理，共增补 2018 年出版优秀少年儿童读物 1341 册，其中核心书目 770 册、扩展书目 571 册；替换旧版图书 17 册。撰写优秀图书导赏 40 余篇。12 月，国家图书馆少年儿童馆邀请林红宣、王蕾、吴翠红、孙慧阳、袁泉和赵艺超等 7 名图书馆界、教育界等领域专家进行书目的函审工作。专家们一致认为《全国少年儿童图书馆（室）基本藏书目录（2018 年出版）》总体质量较好，严谨精准、全面丰富，突显书目的权威性和科学性，基本囊括 2018 年出版的大部分优秀儿童出版物。读本与读者年龄对应也比较准确，具有引领作用和导读作用，有效提升书目的可读性，是一个既有利于全国少年儿童图书馆基本藏书和儿童阅读推广，又可检阅我国童书出版成果的好书目。少年儿童馆根据专家提出的意见和建议对书目进行修改，圆满完成修订和更新工作。

②编制《假期分级阅读推荐书目》

6 月，国家图书馆少年儿童馆联合中国图书馆学会阅读指导与研究专业委员会、首都图书馆、北京市西城区第一图书馆、上海市少年儿童图书馆、大连市少年儿童图书馆、重庆图书馆和甘肃省图书馆少年儿童馆，完成“暑期分级阅读推荐书目”的编制工作，精选我国大陆地区近 5 年出版的 90 种优秀童书，分为 1 至 2 年级、3 至 4 年级、5 至 6 年级 3 个适读年龄区段，向到馆读者及小学教师、家长进行推荐。该书目具备良好的平衡性、时效性及区分度，于 7 月正式发布，为未来进一步开展阅读推广活动、教育教学工作提供坚实基础。

③“同读・同乐——国际儿童阅读日海报展”

5 月 22 日，国家图书馆与国际儿童读物联盟（IBBY）、中国少年儿童出版社合作，在安徽滁州举办“同读・同乐——国际儿童阅读日海报展”全国巡展启动仪式。国际儿童读物联盟主席张明舟、安徽省滁州市文化和旅游局党组书记郝庆孝参加巡展启动仪式。此次展览集合 1969—2019 年间的海报作为展览素材，展示世界童书发展的历史风貌；同时，对国际儿童读物联盟、国际儿童图书节（ICBD）乃至 IBBY 与中国的互动关系等进行全面介绍，20 余家地方图书馆参与本次巡展。

（2）强化基础业务培训工作

2019 年，国家图书馆培训中心共举办面向全国图书馆界的各类型业务培训班 18 期，较 2018 年增加 38%；培训学员 1308 人次，较 2018 年增加 64%。2019 年度的业界培训工作继续加强基础业务培训，努力拓宽培训途径、拓展培训范围，力争以丰富的学习形式和学习内容不断增强培训实效、提升学员的培训体验。

（二）行业组织引领

1. 中国图书馆学会秘书处

（1）“同城共读　万卷共知——2019 年 4·23 世界读书日全民阅读活动”

4 月 23 日世界读书日期间，中国图书馆学会和国家图书馆联合 3039 家图书馆及阅读推广机构，共同开展以“读经典　学新知　链接美好生活”为主题的全民阅读活动，涵盖公共、高校、党校、科研院所、高职、中小学、医院等各级各类图书馆。其中，联合发布《服务全民阅读　共创美好生活——中国图书馆界 4·23 全民阅读活动倡议书》，共同向社会发出图书馆人对于服务全民阅读、推进学习型社会建设的倡议。搭建“读经典　学新知　链接美好生活”活动平台，集中展示全国各图书馆阅读推广活动风采，并发布图书、音频、视频等数字资源供社会公众免费获取和学习。组织专家研制中华优秀传统经典推荐书目，开展“同城共读　万卷共知”阅读知识竞答活动。据统计，共有 91000 余人访问平台完成注册、参与学习，其中 73000 余人参加线上答题，并于 2019 年中国图书馆年会期间举办决赛。

（2）革命文献与民国时期文献保护计划宣传推广活动

为了面向社会公众普及革命文献与民国时期文献保存及保护的理念，展示相关工作取得的成果，加强全国革命文献与民国时期文献保护专业人才队伍建设，国家图书馆和中国图书馆学会分别于 5 月 15—16 日、9 月 4—5 日和 11 月 13—14 日在甘肃兰州、湖南长沙和山东青岛举办革命文献与民国时期文献保护计划宣传推广活动——甘肃站、湖南站和山东站系列活动。活动包括革命文献与民国时期文献保护计划系列展览和专题培训班两大板块。系列展览主要介绍革命文献与民国时期文献保护计划目前的进展及取得的成果，其中以视频方式展示远东国际军事法庭庭审记录，还原历史真相。专题培训班主要面向全国各级各类图书馆负责民国时期文献保护工作的主管领导、业务骨干、专业人员开展，共计培训专业人员 409 人。

（3）全国图书馆未成年人服务提升计划

为发展与繁荣我国图书馆事业，更好地发挥图书馆引导未成年人阅读的独特作用，宣传图书馆未成年人服务新理念，介绍图书馆未成年人服务工作新方法，启迪新思维，开阔图书馆服务未成年人实际工作者的新视野，提高图书馆未成年人工作者专业理论水平和业务工作能力，在文化和旅游部公共服务司指导下，中国图书馆学会在 2019 年以“面向省级区域”和“面向全国，以省为基地”两种模式，分别在四川成都和山东临沂举办全国图书馆未成年人服务提升计划巡讲活动，共培训未成年人图书馆工作者 452 人。

（4）全国数字图书馆建设与服务联席会议第二十次会议

12 月 5 日，全国数字图书馆建设与服务联席会议第二十次会议在北京召开，主题为“图书馆转型发展与未来规划”。本次会议由中国科学院文献情报中心承办，来自国家图书馆、文化和旅游部全国公共文化发展中心、上海图书馆、中国科学院文献情报中心、CALIS 管理中心、CADAL

项目管理中心、中共中央党校（国家行政学院）图书和文化馆、国防大学图书馆、中国社会科学院图书馆等联席会议成员单位及中国图书馆学会的30余位代表参加会议。会上，国家图书馆副馆长汪东波以“新时代国家图书馆转型发展的实践与思考”、上海图书馆副馆长刘炜以“第三代图书馆系统与数字图书馆未来发展”、中国科学院文献情报中心主任助理赵艳以“国家科技知识服务体系发展思考”、CALIS管理中心副主任姚晓霞以“CALIS在新时期的转型与发展思考”、CADAL项目管理中心技术总监徐建刚以“浙大图书馆智库服务探索”、中共中央党校（国家行政学院）图书和文化馆副馆长李爽以“党校系统图书馆转型发展与未来规划”、国防大学图书馆负责人李思以“国防大学图书馆转型发展遇到的矛盾问题与对策思考”、文化和旅游部全国公共文化发展中心副主任罗云川以“公共数字文化融合背景下公共图书馆创新服务的探索实践”为主题，分别做专题发言。与会代表结合专题发言进行深入交流，讨论通过由中国科学院文献情报中心起草并根据各单位反馈意见修改的《数字图书馆资源管理指南》。

全国数字图书馆建设与服务联席会议第二十次会议

（5）“共读中华经典　同度传统新年”春节主题活动

2019年春节前夕，国家图书馆与中国图书馆学会联合全国各级各类图书馆及有关单位共同开展“共读中华经典　同度传统新年”春节主题活动。活动旨在加强文化传承和社会服务，使国家图书馆优质资源可以惠及全国图书馆和读者，发挥我国图书馆在文化惠民工作上的重要作用，营造新春佳节欢乐祥和的节日气氛，让全国人民、海外华人共享文化盛宴，共贺新春。活动期间，集中推送新春文化“大礼包”，包括“品书香　赏年俗”年俗文化展和年俗专题资源等。各省级图书馆学会和各级各类图书馆积极参与，据不完全统计，全国共有1200余家图书馆及有关单位承办活动，覆盖全国绝大部分省（自治区、直辖市），惠及公众超过500万人次，受到社会公众的普遍欢迎和新闻媒体的广泛关注。

2. 全国图书馆标准化技术委员会秘书处

2019年，全国图书馆标准化技术委员会秘书处（以下简称“秘书处”）在2018年度加强标准项目工作进度和编制质量的过程管理基础上，顺应文化与旅游融合发展的新要求，在加强组织建设的同时，重点强化对标准项目申报立项论证阶段的管理和文化旅游融合背景下标准化工作的研究。

（1）组织建设工作

全国图书馆标准化技术委员会（以下简称“图标委”）根据部分委员任职的变化及个人与所在单位意见，年内先后2次启动委员调整工作，以便委员更好履职。委员调整申请均由秘书处提交图标委现任全体委员投票，并获得全票通过。截至年底已完成3位委员的调整工作，另有1位委员调整正在主管部门审批中。

（2）2019年度标准化工作项目征集与立项工作

2月和9月，秘书处先后2次正式发布通知，围绕国家公共文化服务体系建设和我国图书馆事业发展需求，重点围绕图书馆服务体系建设、公共数字文化建设、特殊群体服务、阅读推广、图书馆绩效评价、文献保存与保护、人才队伍建设7个方面，公开征集2019年度图书馆领域国家标准制修订计划项目、文化和旅游行业标准制修订计划项目及文化和旅游行业标准化研究项目。经统计，本年度共收到业界提交各类建议项目19项。根据文化和旅游部科技教育司文件要求，秘书处分别于4月和10月2次在国家图书馆召开标准化工作项目立项论证会。经业界专家讨论、征求相关技术委员会意见、全体委员投票、主任委员审批，最终向文化和旅游部科技教育司申报12个标准化建议项目，其中国家标准制定计划项目2项，文化和旅游行业标准制定计划项目6项，文化和旅游行业标准化研究项目4项。经各级标准化工作主管部门审查，图标委全年获批立项各类标准化工作项目共计9项，其中推荐性国家标准制定计划项目1项，文化和旅游行业标准制定计划项目6项，文化和旅游行业标准化研究项目2项。

截至2019年底，图标委共归口管理国家标准项目32项，文化和旅游行业标准项目56项，文化和旅游行业标准化研究项目23项。

（3）标准项目管理

①标准制修订项目管理

图标委归口在研推荐性国家标准计划项目共16项，其中7项已报批至主管部门，5项完成审查，4项处于起草过程中。起草阶段项目有2018年立项的《公共图书馆业务规范》系列标准（第1—3部分）和2019年立项的《图书馆古籍书页耐久年限的测评方法》项目；审查阶段项目5项，分别是:《图书馆机读规范》《公共图书馆聋人服务指南》《公共图书馆读写障碍人士服务规范》《信息与文献　图书馆RFID第3部分：基于ISO/IEC 15962带分区存储器的RFID标签数据编码方案》和《中小学图书馆评估指标》。这些项目均已于2019年上半年前先后完成标准征求意见及征求意见稿的修改工作。为有效落实中央关于精简会议数量精神，秘书处与标准化工作主管部门沟通后，通过多个项目集中审查等方式推进本年度标准审查工作。11月27—28日，秘书处在图标委2019年度工作会议暨标准集中审查会期间完成对本年度5个国家标准的会议审查，并于会后根据审查会专家意见，就其中3个标准的名称提出编辑性修改申请后报送主管部门审批。

图标委归口在研行业标准项目共21项，其中已有4项报批至主管部门，6项通过审查，2项完成征求意见，6项在起草中，1项因对应国家标准发布撤项，另有2项因特殊原因待调整。起草阶段项目有《公共图书馆年度报告编制指南》《公共图书馆读者个人信息规范》《公共数字文化绩效评估指标》《公共数字文化资源移动终端元数据规范》系列，均为本年度新立项行业标准制定计划项目，其中《公共图书馆年度报告编制指南》是《中华人民共和国公共图书馆法》的配套制度建设成果之一；征求意见阶段项目有《图书馆民国文献特藏书库基本要求》和《网络资源元数据规范应用指南：政府信息》，2个项目均于8—9月完成公开征求意见工作。审查阶段项目有《公共图书馆业务规范》系列、《公共图书馆总分馆业务规范》等，在11月27—28日图标委2019年度工作会议暨标准集中审查会上，组织并完成对这些文化和旅游行业标准的审查，除1项文化行业标准计划项目《汉文古籍文本数据规范》需做较大调整而暂未通过审查，其余6项行业标准计划项目均通过专家会议审查。

②标准化研究项目工作

2019年，秘书处在对归口在研的各项标准化研究项目进行管理的同时，还新承担多项主管部门交办或委托的标准化研究项目工作。包括：承担并完成中国工程院重大咨询研究项目“中国标准化2035”课题二“支撑高质量发展标准化体系战略研究”中“公共文化服务”部分相关内容的撰写工作；承担文化和旅游部科技教育司交办的委托课题“文化和旅游标准化工作‘十三五’总结和‘十四五’发展趋势研究”项目工作，完成对2016—2018年文化和旅游标准化工作现状的梳理；6月起，承担国家市场监督管理总局研究项目《面向文化和旅游融合发展的公共文化服务标准化研究》，完成对北京、天津、江苏、浙江等4省9市的45个文旅融合发展实践案例进行实地走访调研，在整理完成调研报告7万字的基础上撰写研究报告8万字，该项目于12月通过项目主管单位组织的专家验收。

③在研项目过程管理

6月，秘书处按照惯例对在研标准化工作项目开展中期检查。对照各项目工作协议书，秘书处共对16项在研未结项项目进度现状开展检查。其中，对11项在研未超期工作项目发出中期检查通知，对5项在研超期的工作项目发出限期清理通知。

④标准化工作宣贯及标准文本出版

秘书处对负责的图标委网站信息更新10余次，标准制定工作阶段进展及相关成果在图标委网上得以及时更新，为公开标准制定工作信息、最大程度上听取业界对标准化工作的意见和建议提供平台。

秘书处策划并参与编写的2部图书馆标准化工作用书正式出版发行。其中:《图书馆业务工作相关标准规范概览》于4月正式出版。该书由秘书处组织编写，收录1978年—2018年期间我国正式发布的图书馆业务相关标准共 185 项，并对标准主要规范对象和标准主要内容做简要介绍，是总结展示我国图书馆标准化工作成果的一部著作。《中国图书馆事业发展报告：图书馆标准化卷》于 11 月正式出版，该书由国家图书馆牵头，联合图书馆和标准化研究及实践领域的专家学者共同编纂，图标委主任委员饶权主编，秘书处参与编写。该书较为全面地梳理总结我国图书馆标准化工作发展历程，较为客观地分析其中存在的问题，结合当前图书馆事业发展面临的新环境、新形势，研究提出未来图书馆标准化工作的发展目标、发展思路及实施策略。

此外，编发图标委《工作简报》1 期；与中国质检出版社合作，完成《信息与文献　公共图书馆影响力评估的方法和流程》、《中国古今地名数据规范》、《公共图书馆业务规范》系列等 5 项行业标准的出版工作。

（4）组织召开图标委工作年会

11 月 27—28 日，图标委 2019 年度工作会议暨标准集中审查会在国家图书馆召开。图标委主任委员、国家图书馆馆长饶权以及 31 位来自全国各级各类图书馆的图标委委员参加此次会议。会议还邀请 10 余位图书馆业界专家参与各专业标准的审查工作。委员分组审议并通过秘书处提交的图标委 2019 年度工作总结和 2020 年重点工作计划，完成对 5 项国家标准和 7 项文化行业标准送审稿及相关文件的审查。除 1 项文化行业标准因需较大调整未通过审查，其余项目均通过审查，专家对各标准提出较为细致的修改意见和建议，为进一步完善标准文本技术内容提供丰富的、可供借鉴的智力支持。

（5）经费使用情况

秘书处全年收到由图标委归口管理各类标准化工作项目补助经费共计 42 万元。其中：国家标准项目补助经费 6 万元，文化和旅游行业标准制定项目和文化和旅游行业标准化研究项目补助经费 36 万元。截至 2019 年底，所有项目经费均已拨付到项目牵头承担单位。

3. 中国文献影像技术协会与全国文献影像技术标准化技术委员会

（1）中国文献影像技术协会、全国文献影像技术标准化技术委员会 2018 年年会

2019 年 4 月 2 日，中国文献影像技术协会、全国文献影像技术标准化技术委员会 2018 年年会在国家图书馆召开。全国文献影像技术标准化技术委员会主任委员、国家图书馆副馆长张志清出席会议并做技术委员会年度工作报告，中国文献影像技术协会副理事长杨成斌在会上做协会年度工作报告，秘书长李晓明主持会议。来自全国各地的理事、会员单位代表，委员、分会委员共计

中国文献影像技术协会、全国文献影像技术标准化技术委员会 2018 年年会

50余人参加本次会议。

中国文献影像技术协会年会上，杨成斌对2018年工作进行总结。李晓明通报中国文献影像技术协会收支、年检完成情况；副秘书长张阳通报中国文献影像技术协会换届筹备具体进程；秘书处杨晓微就2018年海峡两岸学术交流活动开展情况向大会做汇报。中国文献影像技术协会理事会表决通过协会理事长魏大威卸任理事长及法人职务，副理事长杨成斌接替其任协会法人的决议。

全国文献影像技术标准化技术委员会年会上，张志清在工作报告中总结2018年技术委员会在标准制修订、标准宣贯与培训、国际标准化工作等方面的具体工作，对2019年的工作开展做出部署。秘书处常慧慧向与会代表传达2019年全国标准化工作会议的有关精神；四分会委员李进作为ISO/TC171 2018年年会的中方代表向大会做参会报告。年会开设标准化知识培训课程，就标准制修订的政策依据、程序阶段、步骤方法等常见问题向参会委员进行讲授。

（2）全国文献影像技术标准化技术委员会参加ISO/TC171第32次年会

5月13—17日，国际标准化组织第171技术委员会（ISO/TC 171）第32次年会在加拿大多伦多召开。来自美国、英国、中国、法国、德国、加拿大、澳大利亚、日本、韩国等国家的40余名专家代表参加此次会议，国家图书馆缩微文献部副主任王浩、馆员马玉峰作为中方代表参加此次年会。会议内容紧跟技术热点，侧重于研讨标准建设中的问题与措施。此次中方代表除参加全体人员总结大会之外，主要参与第一、第二分委员会的会议和相关标准的讨论，对技术标准的起草、勘定、修订提出建议，参与标准投票表决10余项，参与各机构组织人事任命投票表决10余次。

（3）2019年海峡两岸档案暨缩微学术交流会

7月8—9日，由中国文献影像技术协会、中国档案学会主办的2019年海峡两岸档案暨缩微学术交流会在宁夏银川召开。国家档案局、宁夏回族自治区档案馆、中国文献影像技术协会、中国档案学会、中华档案暨资讯微缩管理学会等领导出席开幕式并致辞。两岸三会近120位专家学者参加会议。本次交流会会议主题为“社会记忆与文化传承”，共交流论文17篇。中国文献影像技术协会副秘书长张阳担任第五、六两场交流会及闭幕式主持人。

中国文献影像技术协会第六次全国会员大会暨2019年年会

（4）中国文献影像技术协会第六次全国会员大会暨2019年年会

9月3日，中国文献影像技术协会第六次全国会员大会暨2019年年会在北京召开，来自全国各地档案馆、图书馆、高等院校、企事业单位的会员、会员单位代表共82人参加会议。经第五届常务理事会推荐，会议确认组成由杨成斌副理事长为主席的大会主席团，主席团委托副秘书长张阳主持会员大会。大会听取《第五届理事会工作报告》《第五届理事会财务工作报告》《关于章程修改的报告》，并表决通过第五届理事会工作报告及财务工作报告和《中国文献影像技术协会章程》修订草案。同时，对第五届理事会期间做出突出成绩的先进集体和先进个人予以表彰。大会采用无记名投票方式选举产生第六届理事会理事 53 人、监事 3 人。会后，第六届理事会召开第一次全体会议，无记名投票选举产生第六届理事会常务理事 17 人及第六届理事会理事长、副理事长、秘书长人选；会议一致同意监事会推荐监事长、副监事长人选，新一届工作委员会的调整方案并宣布聘任主任委员的决定，同时授予 12 名同志“荣誉会员”称号。

4.《中国图书馆分类法》编委会

2019 年，《中国图书馆分类法》（以下简称《中图法》）第八届编委会继续进行《中图法》第五版电子版和基于互联网环境的《中图法》与《中国分类主题词表》（以下简称“《中分表》”）修订维护系统的研发与测试工作。组织开展《中分表》新增主题词与入口词的工作。负责《中分表》《中图法》Web 版数据的维护更新，整理并经试用后发布《中图法》第五版（含 Web 版）修订信息（第 9 期）、《中分表》第三版（含 Web 2.1 版）修订信息（第 13 期）、《中图法・简本》（第五版）修订信息（第 1 期）、《中图法・期刊表》（第三版）修订信息（第 1 期），涉及 150 个主题词款目、12 个分类款目和 19 处分类主题对应的修改，以及 35 处简本数据和 9 处期刊表数据的修改。

《中图法》编委会 2019 年工作会议

11 月 6—7 日，《中图法》编委会 2019 年工作会议在湖南岳阳召开，来自全国各地的编委会委员、顾问 30 余人参加会议，国家图书馆副馆长、《中图法》编委会副主任委员兼主编汪东波出席会议。会议分别就《中图法》A 大类双表方案、基于互联网环境下《中分表》维护系统研发及新增词修订项目、《中分表》SKOS 数据发布项目进行审议和部署，对《中图法》智能化应用及未来发展方向展开较充分的交流，对《中分表》关联数据的发布与战略性应用提出建设性意见。会议还讨论启动《中图法》第五版修订相关事宜。

12 月 12—14 日，与中国科学技术信息研究所等单位在北京共同举办 2019 年全国知识组织与知识链接学术交流会暨大数据环境下情报检索语言学术研讨会。

5. 中国古籍保护协会

中国古籍保护协会已连续 5 年组织开展“中华古籍普查文化志愿服务行动”。2019 年开展活动的有山西、上海、安徽、福建、江西、山东、四川、云南、西藏、甘肃等10个省（自治区、直辖市）以及中国科学院自然史科学研究所、中国文化遗产研究院图书馆、中央民族大学、南开大学图书馆等4个地处北京和天津的中央单位与高等院校。在文化和旅游部公共服务司支持下，江西、云南、西藏3个边疆省区的志愿服务，第三次列入“春雨工程——文化志愿者边疆行”重点需求项目。来自全国42所高校的227名大学生文化志愿者经过培训，与近百名公共图书馆业务骨干一起，分赴58个基层受援单位，在1个多月的暑期里，帮助整理、编目古籍约21万册/件（含少量民国时期编印古籍），审校整合一批编目数据。5年以来，累计有19个省（自治区、直辖市）参与古籍普查志愿服务活动，志愿者近千名，受援单位216个，普查古籍146万册/件，有力地推进全国古籍普查工作进程。10月16日，协会在重庆图书馆召开总结座谈会，来自全国各省级图书馆（古籍保护中心）的馆长、副馆长和古籍保护中心主任、古籍保护专家、志愿者代表、爱心企业代表等出席会议。

2019年古籍普查文化志愿服务有着明显特征。首先，跨界普查覆盖面大幅扩展。受援单位和开展古籍普查文化志愿服务活动中，高等院校、研究所、文博单位、党校、寺院等非图书馆古籍收藏单位约占总数的44.8%，较之以往大幅增加。其次，民族地区古籍普查工作进展喜人。西藏自治区志愿服务普查速度加快，普查藏文古籍1100余函，是2018年活动完成量的6倍。云南省古籍保护中心首次开展民族古籍普查，着力整理编目贝叶经。再次，勇于创新、实干担当，引入社会力量参与公共文化建设，各界联手开展志愿服务。

通过“中华古籍普查文化志愿服务活动”，志愿者深入基层参与古籍普查，加深对中华古籍的热爱，古籍保护事业得以储备新生力量。随着活动的顺利实施，普查成效日益显著，参与活动的各省图书馆在强化顶层设计、改善存藏环境、实现跨界普查、探索“藏用并举”等方面取得积极进展。此外，京东方科技集团和中国志愿服务基金会、浙江财通证券股份有限公司等持续为古籍普查志愿服务项目提供公益资助，中国古籍保护协会引入社会力量参与公共文化建设扎实推进。

志愿者在西藏日喀则市扎什伦布寺进行古籍登记

年度掠影

【文化和旅游部阅读空间试运行】

7月1日，伴随着首批2280册图书的上架，文化和旅游部阅读空间（以下简称“文旅阅读空间”）进入试运行阶段。该项工作是文化和旅游部增强“四力”教育实践工作的重点内容，也是国家图书馆结合工作实际开展“不忘初心、牢记使命”主题教育工作的一项具体落地。

文化和旅游部阅读空间

文旅阅读空间由立法决策服务部作为国家图书馆牵头方协调馆内外相关单位共同建设，体现较高的实用性、灵活性和可复制性，具有空间利用灵活、文献体系按需定制、线上线下交流联动、自我服务开放共享等特点。立法决策服务部为此联合国图书店等单位成立党员干部带头的“空间建设施工队”，精心规划、精心设计、精心选书，提供从调研需求、方案设计到协调实施的全方位专业化图书馆服务。一是创新国家图书馆部委服务模式的新思路。文旅阅读空间的建立回归图书馆服务的最根本内容——图书，同时打通部委与国图基藏的外借通道，实现资源的流动共享，并充分利用移动互联网技术培育读者自助服务，从服务内容、方式再到手段全面拓展以往多为单件单向委托的部委服务模式。二是打造具有文旅特色的文献资源库。着重遴选文化旅游、城市规划、文博考古、政治、历史等方面的图书，绝大部分为近3年新出版图书，旨在建设“导向正确、特色鲜明、针对性强、质量上乘”的文献资源体系，并兼顾对文旅工作的实践指导性和易读性。该文献资源的逐步积累也为立法决策服务部未来针对特定对象基于文献内容开展精准服务打下基础。三是搭建线上线下联动的立体化学习交流平台。文旅阅读空间主要由实体阅览区、国图基藏外借区和图书漂流区3部分组成，通过“文旅阅读空间”APP实现一体联动。APP设有评论中心和图书分享功能，结合部机关读书小组的日常活动和荐书通道，可形成线上线下联动、图书资源供需双向推荐的立体化学习交流平台。四是打通部委与国图基藏的借还通道。用户可通过APP填写国图外借申请，国图定期进行图书配送，真正做到“把国图带回家”。这一通道的打通为国家图书馆部委分馆文献提供服务确立一个新的范式，将为后续其他分馆服务积累宝贵经验。文旅阅读空间的建设，是国家图书馆立法决策服务模式的重要创新和拓展，同时也是国家图书馆继“发改书吧”后利用信息化服务手段，扩展服务空间、为中央国家机关服务的又一个示范，将吸引更多部委投入到实体与数字化相结合的学习型机关建设中来。

【举办喜迎新春佳节系列读者活动】

2019年春节期间，中文图书阅览区开展“灯谜过大年”活动。从1月1日起，拓展服务小组的成员即开始撰写活动策划方案，查阅民俗文化、文学历史等相关书籍，采买礼品，制作节日宣传展，拍照宣传，用灯笼、窗花装点阅览区，至1月15日完成前期准备工作。此次活动从300道备选题目中经过2轮筛选最终确定题目160道，内容囊括传统灯谜、民俗文化、文学常识、历史知识、馆史馆情五类。活动于2月5—7日和2月19日（正月初一至初三和正月十五）举办，每天40道题，读者随机抽取号码球进行答题，答对后即可兑换精美礼品。此外，在正月初一还增设“福气带回家”临摹活动，读者现场临摹福字。活动期间，读者踊跃参加，开展过程井然有序，阅览室内呈现一片欢乐祥和的气氛。

中文图书借阅区也在正月初一至初三和正月十五4天时间里组织开展“灯谜过大年”活动。精心准备涉及中国传统文化知识、民俗常识、时事政治以及国家图书馆馆史馆情、外借服务政策等内容的灯谜180道。活动共吸引约230名读者参与答题并获得小礼物，约占4天间到馆读者总数的20%。通过与馆员一起欢度春节，不仅增加读者与馆员的互动，更借此机会宣传外借续借、预约等服务政策，指导读者更好地利用馆藏资源，让读者在参与精彩活动的同时也有所收获。

“品书香　贺新春”专题展台

外文文献第一阅览室在2月4—10日（除夕至初六）举办“书香新春·共享经典”春节系列活动。设立“中国经典名著外文译本阅读推广”展区，推荐读者预约、阅读。活动选取馆藏中国四大名著多语种的外文译本向读者推荐阅读，同时在国家图书馆的官方微博平台上进行同步推介，每日为读者推荐一部中文经典名著的外文译本。活动期间，每日到室的前3名读者均可获得科组为读者准备的春节礼物。此外，首次开展英文灯谜活动。在初一至初三和正月十五当天，阅览室内悬挂灯谜灯笼，灯笼内设置英文灯谜与读者互动，猜对的读者当场发放春节活动纪念品，得到读者积极参与和好评。

综合阅览室以“品书香　贺新春”为主题设置专题展台，展示馆藏文献资源中与传统节日民俗相关的有代表性的中文图书40余册，吸引许多读者于展台前阅读图书，品味新春年味。大年三十至初二，还举办图书馆趣味知识问答活动，活动采取到馆抽取题目与预约图书参与答题多种活动方式，问答题目既有涵盖闭架文献借阅小常识及国家图书馆馆藏和服务的相关内容的题目，还有民俗、文化常识等趣味性题目。活动内容丰富、形式轻松，不仅有效地宣传图书馆的文献资源与服务政策，也拉近馆员与读者之间的距离。累计约60名读者参加活动。

数字共享空间围绕“传统经典走入现代生活”主题，在春节期间策划实施“数字·宝藏之贺岁篇”迎新春视频展播、“诗词佳句迎新春，金猪抱福送吉祥”诗歌竞猜活动。通过视频展播、有奖竞猜等多元活动形式，深度挖掘并广泛推介丰富的馆藏数据库资源，宣传中华民族悠久历史与优秀传统，提升文化自信。通过两周时间的播放、千余人次的观看，增强对资源与服务的揭示，有助于读者更多了解、更好利用馆藏数字资源。

【开展“少年馆员培养计划”社会实践活动】

2019年寒、暑假期间，为给少年读者提供更多深入了解图书馆的机会，同时全面推动公共机构工作提质增效，国家图书馆少年儿童馆面向10—15周岁的少年读者开展“少年馆员培养计划”社会实践活动。通过选拔，共计230位小朋友参加此次活动。在指导老师的帮助下，少年馆员们完成前台读者的接待工作，帮助馆内读者开展阅读，参与杂志书籍的日常管理，直观地认识并熟悉图书馆的排架方式，了解馆内书籍维护的工作流程，充分体验图书馆工作人员的日常工作，全方面地了解图书馆的管理及运行方式。活动期间，每位少年馆员都饱含热情，尽职尽责，工作态度认真严谨，服务水平不断提升，使读者获得满意的服务。通过课程培训、岗位实习、考核奖励这一系列环节，有效锻炼少年馆员的组织能力、沟通能力和协调能力，培养其责任感，增强对图书馆员的角色认知。此次活动得到少年读者及其家长的广泛认可，是国家图书馆少年儿童馆阅读延伸工作的特色举措。

【举办4·23世界读书日系列活动】

4月23日世界读书日期间，中文图书阅览区开展“文津阅读分享”活动。此次活动分为专题图书展示和阅读分享两部分。在专架展示区，集中展示第十四届文津图书奖获奖图书。在阅读分享环节，工作人员将制作的阅读分享单集中在阅览区内发放，活动得到广大读者的积极参与。此次参与活动的读者年龄和职业范围覆盖广泛，囊括学生、教师、心理医生、科研技术人员、公司职员等。活动结束后，6名幸运读者获得第十四届文津图书奖获奖图书。

综合阅览室通过文津图书奖专题图书展示、读者推荐图书等方式开展世界读书日阅读推广活动。活动期间，布置文津图书奖专题图书展示区，遴选历年文津图书奖获奖作品供读者取阅。同

“赠爱读书的你”书签传递活动

时在综合阅览室专题展台准备专门的抄写本及钢笔，由读者填写经典图书推荐书单（可在阅览室内提供的经典书单中选择，也可自行推荐），经工作人员审核后的读者推荐书单在综合阅览室的展板上进行展示。所有参与推荐的读者均有机会获得纪念奖品1份。

视听服务空间举办“赠爱读书的你”书签传递活动。邀请读者在新书签的空白处写一段话（对某一本书的感悟、与读书日有关的心情寄语、想推荐给别人的书及理由等），随后赠予读者1张写有其他读者留言的书签。书签作为阅读纸质文献的协助物品，已经成为纸质文献的标志之一。本次活动旨在唤起读者阅读纸质文献的情怀，提高阅读丰富度。

【开展图书馆服务宣传周活动】

5月27日—6月1日图书馆服务宣传周期间，中文图书阅览区开展读者满意度调查。根据前期开展的读者调查相关研究成果，结合读者实际阅览情况，编制“2019年读者服务满意度调查问卷”，通过调查探究读者对国家图书馆服务工作的满意程度，了解读者阅读行为，通过科学的方式对读者服务工作开展评价，明确工作改进方向，提升图书馆的服务效能。活动期间，在阅览区二层南区设立问卷发放处，由专人负责宣传并解答读者疑问。现场共发放问卷660份，回收有效问卷505份，有效回收率76.5%。同时，此次调查问卷利用“问卷星”网络平台发布，共计49人参与并抽取活动奖品。服务宣传周结束之后，对问卷进行整理总结，吸收读者建议，不断改进工作中的不足，为读者提供更多便利。

为更好提升国家图书馆数字资源的服务效能，数字共享空间与喜马拉雅在服务宣传周期间合作打造“数字·宝藏——畅听经典”有声图书馆阅读体验专区。体验专区搭建以文津图书奖获奖书目推荐为核心的微型展区，并设计、定制“文学名著”“有声润夏”等六大主题栏目，遴选超百本有声经典图书集中亮相，读者可通过扫描二维码随时随地听书；同时配备耳机等听书设备和桌椅，为读者提供温馨的听书服务。截至活动结束，《4·23一起来读书》专辑收听量增加5万次，有效地增强了以文津图书奖为代表的国家图书馆文化品牌影响力。此次活动采用自制的H5场景进行宣传，将有声图书馆的相关文字、图片、视频、音频融为一体，与读者开展直观的互动，链接获得超过500次的点击。

【举办馆藏“中俄互评人文交流领域十大杰出人物”著作文献展】

2019年是中俄建交70周年。6月5日，在中国国家主席习近平对俄罗斯进行国事访问之际，由光明日报社与俄罗斯塔斯社共同举办的“中俄互评人文交流领域十大杰出人物”活动揭晓仪式在莫斯科大剧院举行。8 月 19 日—10 月 31 日，国家图书馆在外文文献第三阅览室（国际赠书阅览室）举办馆藏“中俄互评人文交流领域十大杰出人物”著作文献展。此次展览在展柜内摆放馆藏 9 位中方杰出人物和 5 位俄方杰出人物的代表著作，为到馆读者展示中俄人文交流领域中的优秀成果，以此推动中俄人文交流，促进民心相通，夯实世代友好。

【举办“温馨重阳　献礼国庆”重阳国庆双节共庆活动】

10 月 9 日，国家图书馆举办“温馨重阳　献礼国庆”重阳国庆双节共庆活动。活动分为“我为祖国献礼”短视频展播、“我和我的祖国”诗歌朗诵以及“心底夕阳红”老年读者座谈 3 个部分。共邀请 12 位老年读者参与，卢树堂老先生将自己撰写的诗词作品献礼国庆 70 周年和国家图书馆建馆 110 周年，并将其诗词书法作品捐赠给国家图书馆。在座谈会阶段，每位老年读者均发表自己的意见和建议，希望“关爱夕阳”老年课堂越办越好。此次活动受到《中国文化报》的关注，并在“文旅中国”公众号上进行相关报道。

“温馨重阳　献礼国庆”重阳国庆双节共庆活动现场合影

【举办国家图书馆读书周系列活动】

在中华人民共和国成立 70 周年之际，国家主席习近平签署主席令授予 42 人国家勋章和国家荣誉称号。为促进社会公众对 42 位国家勋章和国家荣誉称号获得者的认识和了解，宣传他们的先进事迹，经充分发掘馆藏文献资源，在 12 月 23—29 日国家图书馆读书周期间，中文图书阅览区特别设置“国家勋章和国家荣誉称号获奖者”文献专架，对其杰出贡献和卓越成就进行专题文献展示。此次展出文献以前期整理的“国家勋章和国家荣誉称号”获得者馆藏文献目录为依托，组织相关纸质文献进行展出。此次展出的书籍主题鲜明、可读性高，馆员与读者可以共同学习，通过阅读他们的事迹，增强民族自豪感，增强自身的责任感与使命感。

“国家勋章和国家荣誉称号获奖者”文献专架

综合阅览室采用专题图书展示、经典图书推荐等方式开展馆藏文献资源与服务宣传推介活动。活动期间，以“读经典　学新知　链接美好生活”为主题布置“经典永流传”图书展示区域，遴选众多经典著作放置于展区的书架之上，供读者取阅。在专题展示区域，为读者准备专门的抄写卡片及钢笔，读者可推荐自己阅读过的经典图书，做简要介绍，并将推荐卡挂于阅览室准备的“阅读树”上，与其他读者分享自己的阅读感受。

外文文献第三阅览室（国际赠书阅览室）举办馆藏“2019 年度诺贝尔奖得主”文献著作展。展览内容包括部分 2019 年诺贝尔奖获奖者的基本信息及其部分馆藏著作，展示威廉・凯林等 12 位获奖者的馆藏著作或论文 30 余册，使读者对国家图书馆馆藏外文精品图书有进一步了解，引导读者领略当代文化与文明。

【举办“光影音阅汇”阅读推广活动】

2019 年，国家图书馆视听服务空间举办多场“光影音阅汇”阅读推广活动。4 月 7 日，举办“中国人的健康智慧”阅读分享会，以馆藏资源片段结合专家讲解的形式，引导读者从更专业、更系统的角度理解馆藏。此次活动由线上检测、馆藏观赏、嘉宾解析、现场互动、福利抽奖等环节构成，邀请中国中医科学研究院实验中心、“北京科技新星”汪南玥博士作为主讲嘉宾，带读者一起赏析馆藏资源片段，领略历代中国人在追求健康道路上的智慧。馆员从馆藏资源《红楼梦》《神医扁鹊》《神医喜来乐》中精心选取 3 个片段，透过片段中呈现的内容延伸到“九型体质”“辨证论治”“传统医学的传承与发展”等话题。专家现场教大家如何辨别自己的体质、如何找到自己的穴位、如何养成适合自己的生活习惯等，真正让阅读得到分享。整场活动场面生动，气氛活跃，是视听服务空间在提高读者服务新维度方面的又一次有益尝试。

5 月 25 日，举办“我的海洋故事”之“探秘深蓝色的科技”主题沙龙活动。时值全国科技活动周，邀请国际专业潜水教练协会（PADI）水下摄影师周杞楠与中国科学院空天信息研究院博士、海洋遥感专家王晓晨，共同与读者分享科技在海洋资源勘探与海洋环境保护中的运用。两位专家结合馆藏资源片段，分别从微观和宏观的角度向观众讲述如何通过科技手段呈现海洋的魅力。

6 月 1 日，举办“爱书说”系列读者沙龙活动——“我的音乐故事”之“交响的中西对话”读书沙龙活动。时值图书馆服务宣传周，特邀国家图书馆忠实读者以及乐团专业表演家，通过馆藏资源专架展览、馆藏片段欣赏、脱口秀讲述、现场器乐表演、观众提问互动等多种环节，为观众带来不可多得的视听体验。“爱书说”栏目以“爱读书的人，说读书的事儿”为出发点，旨在通过“馆员为读者找书，书为读者提供知识，读者为更多读者分享”这一服务过程，更好地实现图书馆的社会教育职能，为读者提供展示分享的舞台，从而让更多的读者也能一起收获知识与快乐。为突出“音乐”主题的特点，相较之前的活动，此次活动增大了音视频欣赏的比例：通过专业的音响设备将《丝绸之路》《又见国乐》《玄奘西行》《拉德斯基进行曲》等中西方经典曲目向读者完整呈现。

9 月 8 日，举办“念念不忘 · 必有回响——《诗经》与音乐的邂逅”读者沙龙活动，邀请中华孔子学会儒家乐教研究委员会副会长杨青和国家一级演员于文华分享他们多年来与《诗经》相关的音乐故事。活动中，典藏阅览部主任王志庚与广州优谷信息技术有限公司总经理吕全分别致辞并共同为国家图书馆定制版朗读亭剪彩。杨青讲述自己挖掘《诗经》的音乐元素以及打谱等创作过程。于文华分享创作《诗经》相关音乐作品近 10 年来的心路历程，带领大家共同赏析《小雅 · 鹤鸣》《隰有苌楚》等作品，并现场教唱《秦风 · 蒹葭》，这也是“光影音阅汇”首次采用现场教唱形式进行读者互动。适逢孔子诞辰 2570 年，2 位老师现场合作作品《击鼓》，再现孔子风范，将现场气氛推向高潮。

“古韵情深　经典传唱——王苏芬和她的古典诗词歌曲演唱”阅读推广活动

12 月 29 日，举办“古韵情深　经典传唱——王苏芬和她的古典诗词歌曲演唱”阅读推广活动。此次活动作为国家图书馆建馆 110 周年馆庆“我的国图故事”系列活动的特别篇，紧扣“我”与“它”与“国图”之间渊源故事的主题，在弘扬中华民族优秀传统文化的同时，为广大读者提供 1 个“读经典，学新知”的共享平台。同时作为国家图书馆读书周的重要活动之一，视听服务空间首次策划此次读者沙龙活动的预习环节，在活动招募讯息中提前为读者提供相关馆藏书目信息、在线资源链接及歌曲曲谱供读者预习。主讲嘉宾王苏芬教授是中国古典诗词歌曲的演唱与普及专家，此次活动以王苏芬“我的国图故事”专访作为开场视频，典藏阅览部副主任陈慧娜与活动赞助方广州优谷信息技术有限公司总经理吕全分别致辞。活动中，王苏芬为读者讲解经典古曲作品的视频片段，并与她的学生现场演唱；还对预习环节中发布的曲谱曲目进行现场教唱互动，引导读者进入古诗词歌曲的世界。王苏芬专著及音像资料同时入藏国家图书馆；其经典作品资源同时收录到优谷朗读亭数据库中，为广大读者提供更多维度、更细化的阅读体验。此次活动还在现场循环播放“我的国图故事”系列短片，为读者展示该活动的阶段性成果。

【开展志愿服务活动】

志愿者开展志愿服务

2019年，中文图书借阅区延续往年活动形式，全年在“志愿北京”平台共招募青年志愿者537人。其中招募周末志愿者474人，到馆服务594人次；招募假期志愿者63人，到馆服务93人次。科组为每位志愿者准备视频培训资料供他们进行岗前学习，到馆后志愿者还接受包括读者到馆须知、图书借阅规则、文献检索和图书借还等实地培训，保证志愿者的服务质量。服务期间，志愿者们尽自己所能辅导读者使用自助借还机，细致耐心地帮助读者查书、找书。志愿者积极主动的服务态度得到广大读者，尤其是老年读者的一致认可。这项活动不仅缓解中文图书借阅区的读者服务压力，也提高志愿者的责任感与服务能力。今后，中文图书借阅区还将加强志愿者服务工作的反馈和激励机制，使之成为一项持久开展的读者活动。

【开展“遇荐国图E世界”品牌系列视频展播】

2019年，为更好利用短视频的方式推广馆藏数字资源，提升读者传播和推广度，进一步提升资源的使用价值和效能，国家图书馆以“遇荐国图E世界”品牌系列视频展播的方式进行馆藏数据库的推荐工作。该品牌系列视频设计“常用宝藏”“古籍文化”“视听荟萃”“热点聚焦”“馆藏经典”等多个栏目，采用3—5分钟小视频的形式，展示馆藏数字资源，并对数据库进行介绍和使用说明。目前已经完成“中国知网期刊全文数据库”“人民日报”“中国理论网”“申报”等4期数据库短视频推荐工作，主要通过数字共享空间大电视进行展播，受到现场读者的一致好评。

【馆藏音像资源专架服务】

2019年，为了让读者对馆藏资源有更直观的了解，同时更省时便捷地进行阅览，在馆藏视听文献闭架阅览服务的基础上，视听服务空间配合重点事件、馆内活动，总结2018年服务经验，继续推出馆藏音像资源专架服务。全年累计策划推出专架服务15次，内容包括“猪年春节”“养生”“海洋”“音乐”“胡宏伟”“蓝天野”“王扶林”“邬大为”“李光曦”“尚长荣”“葛兰”“国家荣誉称号获得者——秦怡、郭兰英”等，展出馆藏实体光盘180余册/件。在保持稳定的更新频率基础上，又有进一步的突破和创新。除音乐与影视主题外，增加健康、科普类主题，为馆藏内容的展示以及读者兴趣的培养都起到很好作用。相较2018年，专架借阅量不断攀升，特别是暑假期间，涨幅明显。同时专架服务在形式上也有所突破，自4月健康养生专架开始，首次将专架光盘内容植入活动环节，由专家进行讲解分析；此外，专架服务开始做细做深，添加馆员推荐标识牌，针对每个文献内容进行精炼说明，为读者选择提供重要参考。

馆藏音像资源专架展出馆藏实体光盘

【举办“回味童年——感动大人的图画书”全国巡展】

2019年，中国图书馆学会和国家图书馆典藏阅览部联合举办“回味童年——感动大人的图画书”全国巡展，旨在推广成人读者群的图画书阅读行为，拓展并加深全社会对于童书的了解和认识，从而带动创作更优质的童书及开展儿童阅读指导活动，促进书香社会的立体化建设。项目工作组从大陆地区原创及引进出版的上千本图画书中精选100种经典作品，从中提取能够吸引成人读者的六大主题，包括亲情、人际关系、理解世界、人与自然、生命意义、创伤修复等内容，并为其中的代表性作品撰写专业导读，以展现图画书独特的呈现方式在成人心理成长与疗愈方面的积极作用。7月18日，此次展览配合第十四期中国图书馆学会“阅读推广人”培育行动在长春市图书馆进行首展。

【机构用户服务】

2019年，国家图书馆继续做好机构用户服务工作。为武警部队数字图书馆更新党章资源，排查并下架部分意识形态有问题的图书，不定期提供现场和电话技术支持，确保系统的稳定运行；继续做好中央军委后勤保障部数字图书馆、中央政法委数字图书馆、最高人民法院分馆的运行维护和资源更新工作，提供技术支持，保证系统稳定运行。完成2019年度国家图书馆分馆技术服务合同的签订。

【塔里木油田数字图书馆服务】

完成塔里木油田数字图书馆2018—2019年信息化服务。为塔里木油田数字图书馆门户网站系统、单点登录系统、资源镜像系统、图书管理系统、电子报系统及触摸屏系统进行维护，完成触摸屏等新增设备的部署和数字资源加载，完成网站版面的设计更新、特色资源发布，完成文津图书奖图书的购买及资源数字化，监控油田数字图书馆各系统及远程资源日常运行情况，及时解决油田数字图书馆系统运行中出现的各种故障和问题。同时，基于塔里木油田在文化建设方面的实际需求，为其提供移动数字图书馆建设方案，并建立测试分站进行测试，设计多版服务页面。

【中央和国家机关工作委员会数字图书馆建设】

2019年，国家图书馆开展中央和国家机关工作委员会数字图书馆建设，首批提供2600余册图书、500余种古籍、50余种公开课资源，包括党建学习、文津图书奖等优秀的数字资源，通过国家机关工委内网平台为其提供专题网站的资源检索、在线阅读等服务。

【文化和旅游部国际交流与合作局对外文化和旅游调研信息库建设】

2019年，国家图书馆开展文化和旅游部国际交流与合作局对外文化和旅游调研信息库建设，完成529条对外文化和旅游大事记以及4326条对外文化和旅游调研文章等资源的数字化加工工作，并将上述数字化资源进行整合，提供基于多字段以及全文的资源检索和在线阅读服务。

【中国文化中心数字图书馆信息技术服务和运行管理工作】

2019年，国家图书馆继续做好中国文化中心数字图书馆的信息技术服务和运行管理工作。与16家海外中国文化中心取得联系，承担各中心图书管理软件部署实施和数据加工工作。逐一确认各中心需求，确认硬件清单，拟定合同内容，协助各中心解答和解决存在的问题，并沟通相关事宜，已有2家中心正在进行签署合同的流程；加强对中国文化中心数字图书馆系统的数据管理、系统管理、安全管理等，做好操作文档的管理、应用系统的备份，解决系统使用过程中出现的问题，保证系统稳定运行；及时解答各海外中国文化中心咨询的问题。

【“学习强国”平台建设及上线】

2019年，完成“学习强国”平台国家图书馆强国版系统的建设工作并上线服务，发布古籍、图片、图书、展览等10余类资源，并与中宣部“学习强国”平台APP实现用户登录的对接。定期更新平台中的公开课资源，弘扬中华传统优秀文化。

【国图讲坛举办“科技的力量”系列讲座】

2019年是中华人民共和国成立70周年。70年来，中国科技取得举世瞩目的成就。国图讲坛特别策划举办“科技的力量”系列讲座，回顾中华人民共和国成立以来取得重大进展的人物与成果，让大众能够全方位多层次地了解中国科技发展，传播科学精神。该系列首场讲座由清华大学人文学院科技与社会研究所副所长李正风主讲“当代科学发展与中国自主创新战略”。随后，国家纳米科学中心主任赵宇亮主讲“纳米科技与智能社会”，中国科学技术协会信息通信科学传播专家团队首席专家张新生主讲“除了速度，5G 还能带来哪些改变”，清华大学计算机系教授孙增圻主讲“走进机器人世界”，中国气象科学研究院灾害天气国家重点实验室主任梁旭东主讲“科技的力量：理解天气预报　认知和谐自然”，中国疾控中心传染病处呼吸道传染病室主任冯录召主讲“认识流感病毒　探索生命奥秘”，中国工程院院士杜祥琬主讲“打造‘无废城市’，让废物变资源”，北京大学王选计算机研究所副研究员丛中笑主讲“王选的世界——当代毕昇的心路历程”，武汉大学教授耿涛主讲“从区域走向全球——揭秘北斗系统背后的故事”。该系列讲座为广大公众提供与科学家们面对面交流沟通的平台，受到读者一致好评。

【国图讲坛举办“镜子的另一面：女性文学研读”系列讲座】

为了让公众更好地认识女性和女性文学，尊重并认同女性意识的觉醒，国图讲坛于 2019 年“三八国际妇女节”到来之际，特别策划推出“镜子的另一面：女性文学研读”系列讲座。该系列讲座首场由北京大学中文系教授贺桂梅开讲，题目为“丁玲与女性主义的原点问题”，以丁玲于 1942 发表的杂文《“三八节”有感》为核心，讨论丁玲在文学实践中提出的女性主义原点问题及其在 20 世纪中国与世界的影响。随后，作家苏泓月主讲“只余古木记宣华——花蕊夫人宫词与唐五代艺术”，北京大学人文特聘教授戴锦华主讲“漂移与重构：变迁中的婚姻、家庭与性别”，北京语言大学人文学院教授李玲主讲“冰心创作中的母性之爱”，北京外国语大学教授金莉主讲“斯托夫人的‘红与黑’：评《汤姆叔叔的小屋》”，北京语言大学教授陈戎女主讲“古希腊文学中的女性”。该系列讲座围绕文艺界中的杰出女性或历史上的女性人物，剖析女性心理和社会现象。每场讲座结束后，主讲人都会从学者的角度对读者所提的与女性相关的话题进行探讨分析，让读者受益匪浅。

北京大学人文特聘教授戴锦华主讲“漂移与重构：变迁中的婚姻、家庭与性别”

【国图讲坛举办“东西方古代文明比较研究”系列讲座】

为了让公众在全球化的语境中更全面深刻地理解东西方古代文明的特点与历史价值，国图讲坛 2019 年举办“东西方古代文明比较研究”系列讲座 6 场。中国社会科学院世界历史研究所研究员郭子林、商务印书馆总经理于殿利、首都博物馆原馆长郭小凌、北京师范大学历史学院院长杨共乐、北京师范大学历史学院教授蒋重跃、中国人民大学国学院教授黄朴民等多位知名历史学者，

首都博物馆原馆长郭小凌主讲“同中有异与异中有同：古希腊文明与华夏文明”

分别主讲“从金字塔到大神庙：古埃及文明的表征与内里”“文明的摇篮——古代美索不达米亚”“同中有异与异中有同：古希腊文明与华夏文明”“罗马历史的启示”“17—18世纪亚洲三大国文化认同比较研究”“东西方军事学著作书写范式的异与同——以《孙子兵法》《战争论》为例”等。该系列讲座系统梳理世界文明的发展历史，分析东西方古代文明的同与异，用比较视野来认识世界历史和世界文明。

【国图讲坛举办《中华传统文化百部经典》系列讲座】

围绕《中华传统文化百部经典》编纂项目取得的阶段性成果，国图讲坛于2019年7月起举办《中华传统文化百部经典》系列讲座，邀请多位经典解读人激活经典，转化创新，梳理传统文化经典传承发展脉络，以当代眼光和时代价值汲取古人智慧和历史经验。该系列共举办讲座6场，邀请北京大学哲学系教授王中江、中国人民大学国学院教授梁涛、首都师范大学文学院教授张燕瑾、清华大学历史系教授廖名春、中国科学院自然科学史研究所研究员郭书春和北京大学中文系教授张双棣，就“《老子》的洞见和智慧”“如何读《孟子》”“为什么《西厢记》天下夺魁？”“荀子人性论辨析”“《九章算术》和刘徽”“吕不韦和《吕氏春秋》”等主题进行讲述。该系列讲座现场互动热烈，兼具学术性和普及性，得到学界专家与读者的广泛好评。

【2019年“非物质文化遗产保护讲座月”】

国图讲坛自2014年起推出非遗专题系列活动——“非物质文化遗产保护讲座月”（以下简称“非遗讲座月”），通过连年举办一系列内容丰富、形式多样的非遗主题活动，已经成为我国定期宣传非遗知识、弘扬传统文化的公众学习品牌，在业界及公众视野中颇受关注，并于2018年获文化和旅游部非物质文化遗产司全国通报表扬。2019年“非遗讲座月”围绕文化和自然遗产日年度主题“非遗保护　中国实践”，在6月6日—7月19日期间推出6场高品质读者活动。其中首场活动“端午诗词音乐会”于6月6日端午节前夕推出，活动内容雅致、活泼又应景，将“端午”“非遗”“诗词”等多种元素，通过琵琶、古琴、箫等乐器演奏以及民谣吟唱等多种方式予以呈现，现场反响热烈。随后，巴莫曲布嫫、梁力生、杭侃、杨金荣4位主讲人先后登台，围绕“中国非遗保护实践与可持续发展”“传统民间舞蹈与现代社会”“文化遗产的传承与创新”“‘精细木作技艺’与红木文化艺术”等主题做4场专题讲座。收官活动“第三届老北京非遗趴——了不起的曲艺”，延续前两届深受读者欢迎的热闹有趣、沉浸式体验、面对面互动的风格，邀请知名曲艺表演艺术家、非遗传承人、学者等 20 多位嘉宾亲临现场，实现老中青少四代非遗传承人同台献艺（其中最大年龄 90 岁，最小年龄 6 岁），共同展现单弦、快板、京韵大鼓、梅花大鼓、北京琴书、北京评书等 10 多门传统曲艺的魅力。此外，现场还精心设计了富有传统曲艺特色的沉浸式展厅，读者可与非遗传承人面对面地交流互动，全方位了解曲艺知识。央广网、中国青年网、今日头条等多家平台对活动进行同步直播，累计观看人数达 132.7 万人次。

单弦表演艺术家赵玉明在“第三届老北京非遗趴——了不起的曲艺”活动现场与青少年传承人一起表演单弦经典曲目《北京小吃赞》

【文津经典诵读首推“四季读诗 · 品味生活”系列诗词文化活动】

2019 年，为庆祝中华人民共和国成立 70 周年和国家图书馆建馆 110 周年，同时作为文津经典诵读项目创办 7 周年的献礼，国家图书馆联合北京市海淀区文化和旅游局、北京国图书店有限责任公司，策划并首次推出“四季读诗 · 品味生活”系列诗词文化活动，按照春、夏、秋、冬 4 个单元，以诵读会、诗词展、游园会、音乐会、赏析课、诗词沙龙等多种形式陆续开展 8 场应时应景的主题活动。其中，春季单元与紫竹院公园进行合作，在“五一”假期前后举办 3 次活动，分别为“当诗词遇见春天 · 春季诗词诵读会”“当诗词遇见春光 · 紫竹院春季诗词文化展”“当诗词遇见你 · 紫竹院春季诗词游园会”，这些活动不仅让国家图书馆文津经典诵读品牌首次以诗词为媒介走进公园，也让公众在户外踏青之时感受到传统文化之美，充分发挥国家图书馆的文化服务效能，赢得极好的社会反响，多家媒体对此进行深度报道。夏季单元活动结合“非遗”主题，策划推出“端午诗词音乐会”。秋季单元主题设置为“诗词鉴赏和朗诵”，先后邀请褚宝增、刘纪宏、胡淼3位老师，带领读者从不同角度举办3场经典诗词的赏析和朗诵课。冬季单元活动以富有诗意的“围炉诗会：玄冬话诗情”为主题，与会专家通过赏析经典咏雪诗词名篇，交流研究诗词的感受，讴歌祖国大好河山，凸显诗人的家国情怀。“四季读诗·品味生活”系列活动共历时7个月，累计服务公众逾40万人次。

“当诗词遇见春天·春季诗词诵读会”

【国家艺术基金支持项目“地方传统艺术公开课”完成录制】

为了向全国公众介绍地方传统艺术，传播地方优秀传统文化，国图公开课项目受国家艺术基金支持，于9—12月期间陆续策划并完成录制“地方传统艺术公开课”11讲。由于全国传统艺术门类众多，本次课程在主题遴选上着重选取分布在我国东南西北中各地区的具有代表性且流行范围较广、影响力较大、艺术成就较高的艺术门类，具体包括：三晋地域文化和传统戏曲、明清雕漆和掐丝珐琅、河北梆子戏、山东三大秧歌、福建南音、中国木偶戏与皮影戏、徽派建筑、中国剪纸、中国民歌音乐等内容，刘文峰、张荣、彭蕙蘅、刘晓真、陈恩慧、魏力群、陈继腾、周青青等学者受邀担任课程主讲人。

【国图公开课专题课程《诗词格律十二讲》上线】

2019年，为弘扬中华优秀传统文化，提升大众的审美情趣和文化素养，国家图书馆联合中宣部文艺局策划推出《诗词格律十二讲》公开课专题课程。课程以诗词基础知识普及和创作为目的，分为诗词概说、诗骚的赏析、古体诗的鉴赏与创作、律诗的鉴赏与创作、绝句的鉴赏与创作、词的鉴赏与创作等6个部分，邀请诗词领域权威专家陶文鹏、过常宝、钱志熙、钟振振，以现场授课和网络传播这种线上线下相结合的方式，带领读者赏读古典诗词名作，了解掌握古典诗词格律常识和进行格律诗词创作。8月30日，中国社会科学院研究员陶文鹏作为首场授课嘉宾正式开启课程，12月完成十二讲全部课程录制工作并在国图公开课平台陆续上线。

【国图公开课与外部机构合作开设定制课程】

2019年10月，在中组部党员教育中心的主办下，国图公开课与共产党员网、延安儿女联谊会合作，共同策划“不忘初心——父辈的长征”系列党建课程。该系列邀请广东省长征文化促进会副会长、红军后代授课团成员刘蒨等8位红军将士的后代担任主讲嘉宾，围绕其父辈留下的珍贵历史文献资料，开设8门讲授其父辈长征故事的课程：“长征先锋中的先锋——我的父亲刘忠将军”“独脚将军的革命之路——记我的爸爸谢良”“用信仰激励人生　用鲜血染红党旗——讲述父亲王耀南长征中的故事”“不忘初心　行程万里——记我的父亲钟元辉将军”“不忘初心　铭记历史——记我的爸爸贺炳炎将军”“从少共国际师走出的模范政治委员”“军之良才——开国上将朱良才”“红色簿记第一人——记我的父亲赵镕”。课程资料翔实，内容生动，授课富有感染力。为保证课程相关史实的准确性，国图公开课特别邀请中央党史和文献研究院的王新生、武国友2位老师对课程内容和史料使用进行审校。该系列课程已在共产党员网全部上线。

【国图公开课特别活动“天才的时代：纪念司马光诞辰一千周年——千年回望司马光”】

2019年11月17日，恰逢我国著名史学家、政治家司马光诞辰一千周年，国图公开课特别活动“天才的时代：纪念司马光诞辰一千周年——千年回望司马光”在国家图书馆举行。本次特别活动将知识与艺术相结合，通过专题演讲、儿童剧表演、诗文朗诵等丰富多彩的形式，带领读者了解司马光的一生及他的历史贡献。北京师范大学历史学院教授游彪结合相关史料对司马光的一生进行客观评述，并着重就《资治通鉴》所记载的1362年间历代盛衰得失的评价、“资于治道”的治国理政思想、《资治通鉴》在传统文化方面以及史学研究方面的价值进行深入分析，为读者勾勒出这位北宋文人一生光明正直的形象；国家图书馆研究馆员赵前就国家图书馆藏《资治通鉴》残稿，这份稀世珍品的形制、内容、书法、递藏关系、历史文献价值等方面，对这份手稿进行深入解读；来自北京大峪中学分校附属小学的孩子们，生动地演绎了“少年司马光破瓮救儿”这一家喻户晓的故事；来自北京人民艺术剧院的表演艺术家孙星以及国家级非物质文化遗产古琴项目代表性传承人林晨，为观众带来司马光所著诗作的配乐朗诵。司马光第二十五代孙、洛阳司马光研究会会长司马扩军，深情诵读北宋文豪苏轼撰写的司马光祭文。活动在新浪网、新浪微博、凤凰网、快手等平台进行同步直播，共计224万人次在线观看，国家图书馆官方微博推出“天才的时代”互动话题阅读量达674万次。

【新中国70年纪录片百部精品入藏国家图书馆】

12月13日，由国家图书馆与中国电视艺术家协会、中共中央党史和文献研究院第七研究部、中共西安市委、西安市人民政府联合主办的新中国70年纪录片盛典在西安举行，百部精品纪录片入藏国家图书馆。国家图书馆馆长饶权在致辞中表示，国家图书馆是国家文献资源总库和国家记忆资源总库，保存着中华民族各个历史时期最精华的文明成果和时代记忆。希望百部纪录片的版权方和创作者共同参与到纪录片典藏计划中来，让这些珍贵资源得到永久保存，让我们后世永远铭记，永续流传。

新中国70年纪录片百部推荐典藏作品由国家图书馆永久收藏

开幕式上，中国文联副主席、中国视协主席胡占凡，国家图书馆馆长饶权，中共中央党史和文献研究院第七研究部主任王均伟，中共西安市委常委、宣传部长张琳等为新中国70年纪录片百部推荐典藏作品的主创代表颁发奖杯和证书。与会嘉宾及业界专家学者围绕“纪录片与国家记忆”的主题做主旨发言。在“理想照耀中国”新中国70年纪录片盛典晚会上，正式启动新中国70年纪录片百部推荐典藏作品收藏仪式，中国视协电视纪录片学术委员会名誉主席刘效礼和中国视协电视纪录片学术委员会主任高峰代表纪录片人将典藏作品送交饶权和王均伟。新中国70年纪录片百部推荐典藏作品正式由国家图书馆及中共中央党史和文献研究院第七研究部永久收藏。

此次纪录片典藏计划由中国电视艺术家协会和国家图书馆联合实施，旨在建立丰富、广泛的纪录片收藏体系，为国家典藏历史、保留民族记忆；同时依托全国各级各类公共、学校图书馆等文化教育服务资源，面向广大公众特别是青少年开展优秀纪录片的发布、影展、影评、学术交流等公益活动，为纪录片的传播与推广提供场所、搭建平台，充分发挥纪录片的文化传播与社会教育作用，进一步扩大纪录片的社会认知度和影响力。

【举办国家级非物质文化遗产代表性传承人记录工作培训班】

7月7—11日，国家级非物质文化遗产代表性传承人记录工作培训班在国家图书馆举办。培训班邀请参加国家级非遗代表性传承人记录工作第二批成果验收的专家和知名纪录片导演，对该项记录工作全国各省实施单位及执行团队的162名项目负责人和一线工作人员进行针对性培训，并于培训期间举办观摩交流。其中，参加验收的专家从此次验收所发现的问题出发，结合传承人及其传承的非遗项目所属类别特点，以案例教学方法有针对性地剖析记录工作实践中应着重注意的问题。纪录片《寻羌》《君紫檀》的导演高屯子、张以庆分别在影片放映后与参训人员进行深入交流，重点就其人物记录及纪录片创作等方面的经验和见解进行阐释。

12 月 1—7 日，国家图书馆中国记忆项目中心与湖北省非物质文化遗产保护中心、华中师范大学非物质文化遗产研究中心共同在湖北武汉举办国家级非物质文化遗产代表性传承人记录工作执行团队培训班，全国各省非遗保护中心及传承人记录团队工作人员共 140 余人参加培训。此次培训班采取实例分析与田野观察相结合的方式，在课堂教学基础上，选取湖北省具有代表性的传承人进行实地拍摄，对记录工作中影像记录、口述史访谈与文献收集等实操内容进行有针对性的培训。培训班邀请多位专家授课，学员在分组完成田野观察与实践后，形成田野实践报告并进行成果汇报，由专家进行点评。

【制作“世界图书馆馆长访谈”节目】

2019 年 9 月，在国家图书馆建馆 110 周年之际举办了“图书馆·与时代同行”国际学术研讨会，邀请国内外多位图书馆馆长、专家共襄盛会。借此难得机遇，国家图书馆培训中心策划制作“世界图书馆馆长访谈”节目。该项目是国图公开课的子栏目，通过采访世界各国图书馆馆长或图书馆国际组织负责人，了解业界前沿动态。9 月 9—10 日，国家图书馆培训中心共计完成对国际图联秘书长等 8 场 9 位图书馆国际组织负责人或图书馆馆长的访谈拍摄工作。在翻译、字幕校对、视频剪辑等一系列后期制作工作完成后，于 12 月底在“国图公开课”网站上线 2 场访谈节目，剩余 6 场访谈的后期制作正在有序开展。此次有来自埃及、加拿大、卡塔尔、南非、新加坡、新西兰、英国等 7 国图书馆的馆长及国际图联秘书长接受采访，极大地丰富了“世界图书馆馆长访谈”栏目的资源库，同时有利于向社会公众和业界同人展示全球图书馆最新发展趋势。

国际图联秘书长杰拉德·莱特纳接受采访

【国家图书馆培训中心承担文化和旅游部老年大学西区分校教学教务管理工作】

2019 年，由文化和旅游部主办，国家图书馆承办，国家图书馆离退休干部处和社会教育部联合实施的文化和旅游部老年大学西区分校在国家图书馆继续进行教学工作，国家图书馆培训中心负责教学场地的落实、教学计划的执行、教学设备设施的补充、教务管理和教学活动组织以及安全保障对接工作。根据文化和旅游部离退休干部局安排，文化和旅游部老年大学西区分校开设书法、二胡、手机应用、摄影、舞蹈、合唱、国画等 7 门共 7 个班次的课程，每周服务文化和旅游部系统离退休学员 200 余人。任课教师队伍由文化和旅游部离退休干部局指派教师组成，国家图书馆培训中心工作人员在保证常规业务工作的同时，安排专人负责老年大学教学教务管理工作。文化和旅游部老年大学西区分校的运行，为图书馆老龄群体的公共文化服务开辟新的发展空间。

【国图艺术中心举办“书香筑梦　金猪送福”迎春晚会】

著名评书表演艺术家田连元在晚会上表演经典评书小段

2月1日，“书香筑梦　金猪送福”迎春晚会在国图艺术中心举办。晚会以“传承经典”为主题，是2019年国家图书馆春节活动的重要内容之一。晚会以舞狮屏幕秀开场，大屏幕播出国家图书馆建馆110年来的馆舍变迁短片，让观众感受到国家图书馆百年沧桑后展现出来的欣欣向荣的景象。晚会融入歌唱、京剧、魔术、器乐演奏、舞蹈等多种形式。古筝箜篌连奏、相声表演、京剧选段以及滑稽表演、传统魔术等节目让现场观众在欢笑中体验民族传统艺术的独特魅力。电子大、小提琴的演奏则展现新式乐器与传统曲目的有机结合，令人耳目一新。近90岁高龄的著名男高音歌唱家李光羲登台演唱《祝酒歌》《革命人永远是年轻》，著名评书表演艺术家田连元表演经典评书小段，共同为国家图书馆110周年华诞献礼。

【国图艺术中心举办“致敬经典·那些年我们追过的艺术”系列公益讲座】

2019年，国图艺术中心策划并举办“致敬经典·那些年我们追过的艺术”系列公益讲座。4月21日，邀请著名导演王扶林主讲“光影中的名著——拍摄电视剧《红楼梦》和《三国演义》的那些事”，该系列公益活动由此启动，这也是国家图书馆2019年世界读书日系列活动之一。

著名话剧表演艺术家、导演蓝天野主讲“演戏和看戏”

5月18日，邀请《长江之歌》与《中国共产主义青年团团歌》的作词者、国家一级编剧胡宏伟主讲“歌词创作的心路历程”，分享他创作歌词背后的故事。

6月20日，邀请著名话剧表演艺术家、导演蓝天野主讲“演戏和看戏”，讲述两者之间的关系，还在互动环节为观众现场教学。在此次讲座上，国家图书馆副馆长陈樱代表国家图书馆接受蓝天野先生的 3 本赠书：《烟雨平生蓝天野》《蓝天野的艺术与生活》《天野石趣》。

8 月 3 日，国图艺术中心举办该系列讲座之名家讲坛——2019 年第四场“国粹与名著”公益讲座。活动邀请著名表演艺术家、央视 86 版《西游记》孙悟空扮演者六小龄童，唐僧扮演者汪粤，《西游记》副导演荀皓，《西游记续集》沙僧扮演者刘大刚，以对话形式分享《西游记》的拍摄经历，并针对如何诠释传统经典名著、塑造艺术人物、再现艺术经典等艺术创作问题做深入剖析，阐释国粹艺术对电视剧《西游记》创作的重要作用。此外，活动还为 2018 年国图艺术中心举办的“我与四大名著的故事”主题征文活动获奖者分别颁发个人佳作奖、个人优秀奖和团队优秀组织奖。

8 月 31 日，邀请电影《闪闪的红星》主题歌《红星歌》和《在那桃花盛开的地方》的词作者、著名词作家邬大为主讲“音乐与人生”，分享对音乐作品、音乐形象、音乐价值的研究理念，分享 65 年创作生涯的体会及创作背后鲜为人知的趣事。讲座开始前，邬大为向国家图书馆捐赠其手写的《红星歌》《在那桃花盛开的地方》两幅书法作品，国家图书馆副馆长陈樱代表国家图书馆接受捐赠并为其颁发捐赠证书。

11 月 9 日，邀请《祝酒歌》《鼓浪屿之波》的演唱者、著名男高音歌唱家李光羲主讲“李光羲的艺术道路和人生感悟”，回忆并分享自己的人生经历，从事文艺工作的过程，从歌唱谈到艺术，从艺术谈到文化。本场讲座还面向广大读者招募 3 组合唱团现场互动，演唱李光羲先生的代表作品《祝酒歌》与《革命人永远是年轻》等歌曲，李光羲给予点评与现场指导。

11 月 30 日，邀请著名京剧表演艺术家、首批国家级非物质文化遗产（京剧）项目代表性传承人尚长荣先生主讲“激活传统　融入时代——畅谈京剧艺术之魅”，通过讲述戏曲的历史，京剧形成、发展与传播等内容，结合自己多年创演《曹操与杨修》《贞观盛世》《廉吏于成龙》的经历、体会和人生感悟来阐述京剧艺术的独特魅力，分享关于如何让更多的观众尤其是年轻朋友对京剧艺术产生兴趣，热爱传统戏曲文化，如何激活传统、融入时代的理解和思考。

12 月 8 日，邀请著名播音艺术家、新中国第一代女播音员葛兰主讲“不忘初心　薪火传承——葛兰谈播音与朗诵的艺术”，分享其近 60 年播音与主持的工作历程，讲述朗诵艺术、经典诵读及创作道路，令现场读者对播音与诵读有更深层次的理解。

【国图艺术中心举办“沉淀青春　听读经典——琥珀四重奏讲演音乐会”】

自 2019 年 6 月起，国图艺术中心与来自中央音乐学院的音乐组合——琥珀四重奏共同推出“沉淀青春　听读经典——琥珀四重奏讲演音乐会”系列活动。音乐会以讲演结合的形式，推广普及音乐艺术，借助弦乐四重奏的音乐语言，展现古典音乐近 400 年发展历史中的璀璨时刻。该系列讲演音乐会也是北京市海淀区文化和旅游局 2019 年中关村国际青年艺术季支持项目。音乐会由 4 个专题组成：“穿越 300 年——弦乐四重奏版极简古典音乐史”“在好听之外——中西近代音乐之对话”“情感的科学——古典音乐中的科学精神”“终极问题——弦乐四重奏与生命的意义”。琥珀四重奏的成员，用 4 把总计超过 1200 岁的意大利古琴，为现场观众演绎约翰·帕赫贝尔的《卡农》、海顿《日出》第一乐章、贝多芬第八弦乐四重奏、门德尔松 F 小调第六弦乐四重奏等经典作品。

【国图艺术中心举办纪念梅兰芳、周信芳诞辰125周年系列公益活动】

6月7日，国图艺术中心邀请京剧大师周信芳先生的亲传弟子、国家一级演员萧润增，以及原文化部艺术局副巡视员林瑞康，为读者做题为“麒派艺术特色”的公益讲座。该讲座是国图艺术中心特别策划的纪念梅兰芳、周信芳诞辰125周年系列讲座、展映活动之一，旨在让更多人了解京剧这一集“百戏之长、融地方特色”的戏曲剧种，体会其中蕴含的历史文化和中华民族传统的美学思想。萧润增分享他作为中国戏曲学校第一批学生，在不分流派的环境下如何学戏，以及周信芳先生如何栽培他的难忘经历。作为麒派京剧的代表人物，萧润增带领在座的读者赏析麒派经典作品《徐策跑城》与《坐楼杀惜》的片段，用直观的方式展现麒派京剧的表演特点与艺术特色。

在“文化和自然遗产日”活动期间，国图艺术中心于6月9日邀请京剧四大名旦之一梅兰芳先生的亲传弟子李玉芙主讲“梅派艺术的继承和发展”，讲述京剧梅派艺术，让读者从多角度认识京剧这一国粹。活动期间，艺术中心还公益展映了《梅兰芳的舞台艺术》《周信芳的舞台艺术》《穆桂英挂帅》《萧何月下追韩信》4部电影，展示梅兰芳与周信芳两位京剧大师的艺术魅力，体现京剧欣赏和传承的独特价值。

【国图艺术中心举办“在艺术中品味阅读”暑期系列活动】

7月13日，由北京市海淀区教育委员会和国图艺术中心联合主办的“在艺术中品味阅读”暑期系列活动在国家图书馆启动。该系列活动是北京市海淀区文化和旅游局支持项目，也是2019年海淀区全民阅读系列活动之一。针对不同年龄段学生的理解力和兴趣特点，为小学、初中、高中3个阶段的学生设计不同的教学方式和活动主题；通过讲座、参观、实践、放映相结合的延伸化阅读形式，让中小学生走进传统文化、了解经典名著，提高文化素养、培养阅读兴趣。其丰富的内容和特色吸引许多学生及家长报名参与。该系列活动共计23场，包括小学组“进国图·看绘本·爱阅读”5场，初中组“读经典·识文字·知乐器”8场，高中组“赏京剧·圆梦想·创未来”10场。活动现场气氛活跃、热烈，达到向青少年普及中国传统文化知识、带动中小学生学习课外知识的目的，发挥了国家图书馆公益职能。

【举办“音乐点亮人生——我和我的祖国”庆祝中华人民共和国成立70周年满天星业余交响乐团专场音乐沙龙】

10月8日，国图艺术中心和满天星业余交响乐团联合举办“音乐点亮人生——我和我的祖国”庆祝中华人民共和国成立70周年满天星业余交响乐团专场音乐沙龙。特别挑选《红旗颂》《今天是你的生日》《我爱你祖国》《唱支山歌给党听》《山丹丹开花红艳艳》《明月三章》《鸿雁》《歌唱祖国》等大家耳熟能详的经典作品来演出。此次演出以讲演结合的方式，乐团的成员们用风趣幽默的语言与现场观众分享爱国情怀，交流读书体会，向观众介绍音乐给自己带来人生的感悟、受到的激励和取得的成功，在普及高雅艺术的同时，以“音乐点亮人生”的动人故事，引发广大观众与读者的热烈共鸣。

“音乐点亮人生——我和我的祖国”庆祝中华人民共和国成立70周年满天星业余交响乐团专场音乐沙龙

【中国古籍保护协会继续实施分支机构建设】

2018年11月，经中国古籍保护协会一届十二次常务理事会确认通过，“中国古籍保护协会古籍鉴定专业委员会”“中国古籍保护协会古籍修复技艺专业委员会”具备筹备成立条件。2019年1月、3月，上述2个分支机构陆续成立，分别挂靠国家图书馆（协会会长单位）、天津图书馆（协会常务理事单位）。截至2019年底，协会已成立7个分支机构。未来将继续分支机构建设，发挥分支机构整合行业资源、实现分类管理、推动科学发展的积极作用，为协助实施中华古籍保护计划和创造性转化、创新性发展中华优秀传统文化而切实努力。

中国古籍保护协会古籍鉴定专业委员会成立

国家数字图书馆建设与服务

- 基础设施建设
- 数字资源建设与发布
- 应用系统和平台建设
- 数字图书馆服务
- 信息安全建设
- 年度掠影

国家数字图书馆建设与服务

一、基础设施建设

（一）机房

国家图书馆机房设置有总馆南区机房、总馆北区机房、古籍馆灾备机房三处，总面积2350平方米，UPS系统总容量为1940KVA，共安置服务器1200余台。

（二）网络

国家图书馆网络覆盖28万平方米馆区，分布在国家图书馆总馆南区、总馆北区及古籍馆。截至2019年底，已形成拥有1万多个信息点、600多台网络及安全设备的超大规模网络，为1000多台服务器、4000多台终端提供网络通信、资源共享、信息交换和数据传输，与互联网、教育网、科技网、国家数字图书馆专网、虚拟网等多条单位专线相连。互联网带宽2G，实现无线全覆盖，无线接入点400余个。

（三）存储系统建设与服务

2019年存储系统平稳运行，通过定期巡检和后台监控，实时关注存储数据安全，及时解决软硬件故障，保障全馆业务系统的数据安全。全年共为10个业务系统实施了集中存储管理工作。截至2019年底，国家图书馆存储系统共为65个业务系统提供存储服务，涉及服务器95台。在线/近线存储总容量2652TB，离线存储总容量3581TB，国家图书馆存储系统总容量达到6233TB。

二、数字资源建设与发布

（一）数字资源建设

截至2019年底，国家图书馆数字资源总量达2158.83TB,较2018年增加197.92TB，主要包括馆藏特色数字化资源1638.77TB（含征集资源162.44TB和交存报纸6.74TB）、外购数据库244.7TB、网络采集资源275.36TB。资源内容主要包括：电子图书2078165种2557882册；电子期刊56882种，电子报纸2924种，学位论文8472795篇，会议论文7575528篇，音频资料1880861首，视频资料191513小时。

1. 馆藏特色数字化资源

截至2019年底，国家图书馆特色数字化资源全文超过3亿页，资源存储量共计1469.59TB。其中，现代文献包括：电子图书689607种695892册220398266页，博士论文284048种39417094页，音频资料11185种658822首，视频资料27207种56289小时，视频资料(讲座、公开课)3863场5401小时。民国时期文献包括：民国时期图书缩微胶片98644种1891万页，民国时期期刊缩微胶片5393种545万页，民国时期报纸缩微胶片203种80万页，民国时期法律11118件37199页，地方征集和补藏民国时期文献501.6万页，海外回归民国时期文献3.8万种30.6万页。古籍文献包括：甲骨实物5800片，甲骨拓片12800片，石刻拓片约23000件，敦煌写卷5214卷，样式雷图档10006种，木版年画5135种，老照片3000张，契约文书10015件，善本缩微胶卷23305种，普通古籍3988册，少数民族语文古籍7183册/件，旧方志6868种3340000拍，线装家谱2392种2570000拍，日本永青文库4303册，名家手稿611种3054册/件，地方志全文文本3181种2031400叶，西夏文献124种4909页，西夏论著1202种9793页，新善本101种6987页，大藏经202种48000拍，永乐大典38种14930页，宋人文集513种162237页，舆图62种332拍，海外中华古籍数字化回归资源13918种1440282页，中国古代典籍1084种约1亿字。

国家图书馆征集数字资源存储量共计162.44TB，主要包括地方志、民国时期文献、老照片、家谱、专题视频和馆藏特色资源等。

国家图书馆接受电子报纸交存144种，存储量6.74TB。

2019年，馆藏数字化建设资源46005种，对应存储量93883GB，数字化资源内容包括现代文献、民国时期文献、善本特藏、音像资料、原生视频等多类。从资源种数上看，现代文献和民国时期文献种数位居前两位，占比分别为43.7%和27.8%，善本特藏和音视频资源也占有一定比例，参见图1。从资源存储量分布看，善本特藏体量最大，存储量约占总体资源存储量的50%以上，现代文献和音视频资源分列其后，占比分别为26.4%和15.4%，参见图2。

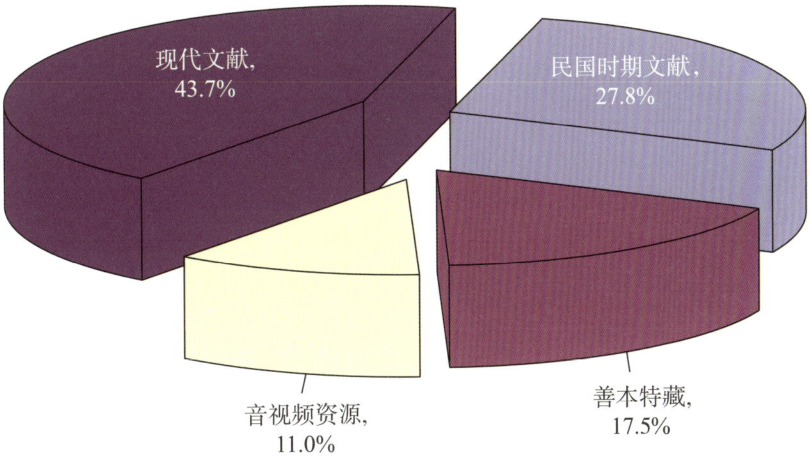

图1 国家图书馆2019年数字化资源文献类型分布情况（种数）

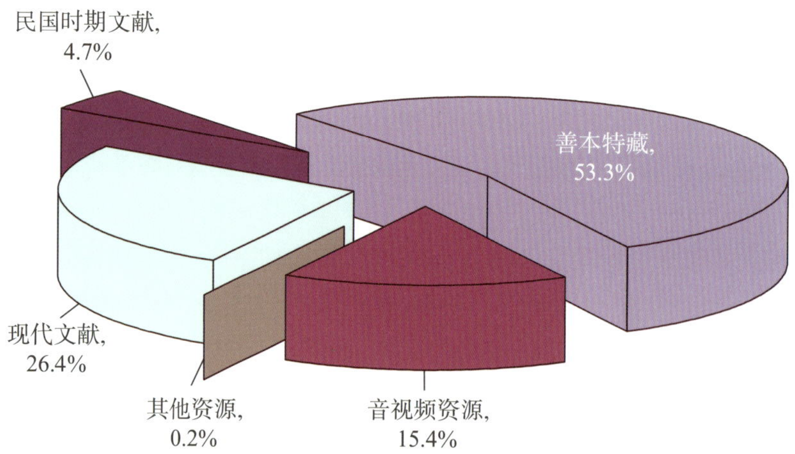

图 2　国家图书馆 2019 年数字化资源建设分布情况（存储量）

相较 2018 年同期，资源种数下降 4.5%，存储量下降 63.4%。现代文献资源增量明显，种数和存储量同比增加 104.4% 和 80.5%。善本特藏在 2018 年完成天津图书馆普通古籍数字化资源入藏后下降明显，资源种数和存储量同比下降 59% 和 77.6%。民国时期文献种数变化不大，存储量增加 69.7%，增量主要由“海外民国时期文献数字化项目”贡献。音视频资源来源于音像资料数字化和原生视频创建，种数和存储量同比略有下降，下降幅度均在 10% 左右。各类型数字化资源建设情况对比参见表 1。

表 1　国家图书馆数字化资源建设情况两年对比（2018—2019 年）

资源类型	2018年资源建设情况		2019年资源建设情况		资源建设情况变化百分比	
	种数	存储量	种数	存储量	种数	存储量
现代文献	9838种	13690GB	20105种	24715GB	104.4%	80.5%
民国时期文献	12727种	2617GB	12785种	4442GB	0.5%	69.7%
善本特藏	19702种	223480GB	8074种	50032GB	-59.0%	-77.6%
音视频资源	5896种	16145GB	5041种	14488GB	-14.5%	-10.3%
其他资源	—	577GB	—	206GB	—	-64.3%
建设量合计	48163种	256509GB	46005种	93883GB	-4.5%	-63.4%

注：2018 年外购资源与善本特藏资源建设量合并计算。

各类资源建设情况详述如下：

现代文献：中文现代文献资源建设量总计 20105 种 24715GB，数字化方式主要包括遴选馆藏普通中文图书和学位论文数字化、支持少年儿童和残障人士等特殊群体的资源建设以及完成版权征集的公益性资源建设；其中包括中文图书数字化 2955 种 86.5 万页，博士学位论文数字化 7138

种 108.8 万页，少儿图书数字化 4108 种 65 万页，盲人数字图书馆中文图书全文识别 631 种 19 万页，“第十四届文津图书奖”获奖图书扫描及文字识别 79 种 2.5 万页，电子图书公益阅读图书 4613 种 146 万页，致敬国家勋章和国家荣誉称号获得者专题在线阅读图书 36 种，推广工程资源联建图书数字化 662 册 23.9 万页，世界各国文化政策资料库建设图书 15 种 3885 页。

民国时期文献：民国时期文献资源建设量总计 12785 种 4442GB，包括馆藏缩微胶片数字化转换和海外回归档案文献开发两个方面；其中民国时期图书缩微胶卷数字化转换 9156 种 200 万页，民国时期报纸缩微胶卷数字化转换 89 种 27171 期 10.2 万版，海外民国时期文献数字化回归 398 种 2.5 万页，西南太平洋战区日本战争嫌犯讯问档案数字化 1490 种 1.2 万页，抗战图片资料库图片资源 1652 种。

善本特藏：善本特藏资源建设量总计 8074 种 50032GB，内容涉及敦煌文献、甲骨拓片、石刻拓片、善本古籍、家谱、样式雷图档等多类文献，既有国家图书馆特藏，也有外馆的珍贵古籍资源；其中馆藏敦煌写卷全文影像扫描 249 卷 3.8 万拍，馆藏甲骨拓片影像资源制作 1000 种 1096 拍，馆藏善本缩微胶卷数字化 1190 种 50.7 万页，馆藏清代样式雷图档数字化 2000 种 2331 拍，馆藏家谱谱系整理 99 种，家谱图书数字化 2 种，家谱姓氏数据制作 2007 条，出版项目影像数据加工 425 种 9.6 万页，王阳明馆藏文献典籍普查复制 166 种 5.8 万页，哈佛燕京图书馆古籍数字化 209 种 12.8 万页，云南省图书馆古籍数字资源 139 种 10 万页，河南省石刻拓片数字资源 2595 种 3037 拍。

音视频资源：音视频资源建设量总计 5041 种 14488GB，其中音像资源数字化 3864 种 11986GB，原生创建视频资源 1177 场 2502GB。音视频资源具体包括：馆藏音像资料数字化音频 2604 种 2680 小时，视频 569 种 810 小时；中国记忆项目影音资料数字化音频 12 种 12.2 小时，视频 679 种 357 小时；学术讲座摄像编辑制作 100 场 163 小时；馆内重大活动摄像编辑制作 35 场 36 小时；讲座资源格式转换制作 150 场 249 小时；中国记忆项目视频制作 306 场 146 小时；新媒体自有版权内容制作 150 场 13 小时；新媒体讲坛视频、多语种字幕建设 227 场 154 小时；海外中国文化中心讲坛视频、多语种字幕建设 77 场 53 小时；春雨工程少数民族语言视频建设 30 场 10 小时；国图公开课之《中华传统文化百部经典》系列 2 场 3 小时；国图微讲座视频开发 100 场 6 小时。

其他资源：资源建设量总计 206GB。包括“掌上国图”资源建设视频讲座 250 场、学位论文摘要 6239 种；中国政府公开信息整合服务采集 7 万条；微服务提升多媒体资源制作动画 4 种、网页 4 种。

2. 外购数据库

截至 2019 年底，国家图书馆外购数据库共计 251 个，包括中文数据库 127 个、外文数据库 124 个。其中，已完成本地镜像数据库 108 个（包含子库），占用本地存储约 244.7TB。中文数据库包含的文献主要有：中文图书 757216 种 1237960 册，中文期刊 2.2 万种，中文报纸 1352 种，中文学位论文 740.22 万篇，中文会议论文 716.23 万篇，国家标准 64149 条、行业标准 31695 条，工具书 14871 册（未查重），年鉴 35870 册 / 卷（未查重），实物影像 4000 幅，语言 52039 集，音乐 1170000 首，专题节目 24800 小时，学术性报告 87082 场，多媒体课程 16954 学时，少儿教学课件 58673 个，舞台艺术 1300 部 3500 小时。外文数据库包含的文献主要有：图书 512367 种，英文期刊 30304 种，英文报纸 881 种、俄文报纸 2 种，学位论文拥有 25920 篇、访问 760627 篇，会议论文 413228 篇，报告 19146 篇，标准 3669 项，档案 665.47 万页，行政法规 9656 条，案例 207817 件，手稿 11100 件，工具书 767 种（未查重）。外购数据库相关数据参见表 2。

表 2　外购数据库所含主要内容单元

文献类型	中文数量	外文数量	合计
电子图书	757216种 1237960册	512367种 512367册	1269583种 1750327册
电子期刊	22000种	30304种	52304种
电子报纸	1325种	883种	2208种
学位论文	7402200篇	786547篇	8188747篇
会议论文	7162300篇	413228篇	7575528篇
音频资料	1222039首	0首	1222039首
视频资料	132336小时	0小时	132336小时

为配合国家图书馆移动服务工作的开展，2013 年启动移动服务外购数据库的采购工作。截至 2019 年底，主要采购 7 个整库数据库，以及有声资源和电子图书两类裸数据资源。由于移动服务的特殊性，资源内容与常规 PC 端中文数据库内容会存在交叉和重合，因此资源量未纳入外购数据库整体统计数据中。

3. 网络采集资源

国家图书馆网络导航资源主要包括国内外图书馆导航、电子报刊导航、新农村建设专题导航、农林导航等，总计 18644 项。网络采集资源已保存我国 5 万余个各级政府网站、732 个各级人大网站、2661 个其他国内网站、5581 个国外网站，315 种中文电子报纸以及中国学、开放存取、奥运会、航空航天等 298 个专题信息。网络采集资源存储量共计 275.36TB。

4. “掌上国图”资源建设

2019 年，国家图书馆移动服务继续加大“掌上国图”资源建设量，丰富资源服务形式。完成 250 场视频数据的手机格式转制；完成新增学位论文摘要数据的整理与发布；完成“异乡・吾乡”“人无再少・书可重读”“年华易老　技忆永存”“家庭阅读汇”共 4 个“M・地铁图书馆”移动端资源导读的建设和发布；配合国家图书馆重大宣传活动，结合活动主题，以图文及其他多媒体形式，全年在手机门户网站、国家数字图书馆 APP 以及移动端相关其他渠道推出“书香暖春意　新年话年俗”“有朋自远方来　不亦乐乎——从邦交文化看中华经典”“读经典　学新知　链接美好生活”“科技强国　科普惠民”“激活经典　熔古铸——《中华传统文化百部经典》”线上专题、“国家图书馆建馆 110 周年”“致敬国家勋章和国家荣誉称号获得者”“从《诗经》到《红楼梦》——那些年我们读过的经典”“甲骨文记忆”共9个线上专题，并同步开展丰富的线下宣传活动，进行多渠道的宣传推广。其中，“国家图书馆建馆110周年”专题内“中华传统文化典籍保护传承大展”和“国家图书馆公共数字文化展”两部分，均以独立专题形式编排、设计和展现，为国家图书馆建馆110周年纪念增添丰富的线上看点；以国家图书馆优质的馆藏资源、文化讲座、大型活动、精彩展览、文创作品、馆舍美景等为内容素材，制作并发布55个精彩有趣的短视频抖音作品。

外购资源方面，购入“文化帮扶”视频、“党建”视频（高清、标清）各2474场，共2705个视频文件以及185种电子期刊；完成187场首都图书馆自建地方特色视频资源的验收。

“掌上国图”自建与外购相结合的资源建设模式，丰富国家图书馆移动端资源种类和数量，满足了读者的阅读需求。

5. 公共数字文化工程新媒体资源建设讲坛精品化资源制作

为继续满足公共数字文化工程新媒体资源建设和服务需求，基于国家图书馆学术讲座和公共数字文化工程数字资源联合建设项目中的图书馆公开课建设成果，围绕“传统文化”“全民阅读”和“传统艺术”三大讲座主题内容，2019年完成100场（200集）视频讲座的精品化改造和加工。精品化讲座资源依托国图公开课和多终端平台进行发布，面向公众提供公共数字文化服务。

6. 国家图书馆微讲座资源建设

为了更好地适应新媒体时代用户的阅读需求，提升视频服务效果，2019年选取近年国家图书馆讲座以及7个地方馆讲座资源共计100场，涉及传统文化、国图荐书、家庭教育、百部经典4个主题，以此为基础，针对每场讲座制作1套微讲座资源（包括1个时长约为30秒的片花、1个2—3分钟的短视频，以及适合在多终端发布的新媒体宣传文稿）。制作完成的微讲座资源已通过国家图书馆网站、“学习强国”平台发布并提供在线服务。

7. 自有版权资源新媒体制作

为更好地宣传国家图书馆的优质古籍藏品，2019年通过自有版权资源新媒体制作项目，遴选35种馆藏精品文献（包括善本古籍、金石拓片），图文并茂讲述古籍资源的内涵故事，并拍摄制作成专题片视频。制作完成的专题片视频通过国图公开课平台发布并提供在线服务。

8. 公共数字文化工程“图书馆公开课视频整合”

为提升公共数字文化工程中图书馆公开课视频的知识化程度，提高资源服务效能，2019年开展“图书馆公开课视频整合”建设。针对公共数字文化工程中各个图书馆建设的公开课视频资源进行针对性的整合加工，严把质量关，进行公开课视频的内容精简和纠错；对视频内容进行提炼与总结，实现关键词标引以及关键节点标引，进而为未来视频关键词检索、主题分类以及标签化管理提供数据准备；基于公共数字文化工程图书馆公开课建设标准，完善视频资源规范化程度。2019年共完成259场1200小节公开课视频的整合，第一批24场108小节公开课视频已在国图公开课平台发布，面向读者提供服务，进而让广大读者切实感受到公共数字文化工程的资源建设成果。

9. 触摸屏资源建设

触摸屏作为数字资源展示的终端介质，始终从满足读者需求、展示国家图书馆特色资源的角度进行资源建设。2019年更新200种电子报纸、100种电子期刊、50种少儿期刊；完成第十三届文津图书奖程序设计部署、1200册电子图书、50张年画、50场学术讲坛视频、2册民国书刊的设计和更新；新增15种百部经典图书、25场图书鉴赏视频2个栏目的资源建设和展示。此外，还将国家图书馆“中华人民共和国大事记馆藏报纸展”在触摸屏上进行服务集成。

10. 中华人民共和国大事记馆藏报纸在线展览

为更好地讲好中国故事、坚定文化自信、促进文化繁荣，在中华人民共和国成立70周年之际，基于国家图书馆馆藏报纸文献创办馆藏报纸在线展览。在线展览以中央党史和文献研究院刊发的《中华人民共和国大事记（1949年10月—2019年9月）》为基础整合馆藏文献，通过“原版原貌”的形式揭示事件，辅以图书、讲座等丰富、多元的馆藏资源组合展览。在展览页面中，以事件发生时间为脉络，逐年进行报纸展。在提供“原版原貌”的报纸在线阅读服务的同时，也提供该篇报道的全文，以便读者深入阅读；此外还将与事件相关的馆藏图书、讲座视频等资源进行组合展览，增强读者体验。该展览于2019年12月通过国家图书馆网站、移动服务端与触摸屏终端同步上线服务，并持续进行内容更新。

11. 数字资源征集工作

2019年，国家图书馆开展多维度的数字资源版权征集工作调研，完成电子图书公益阅读、“好书共读”“向农村地区提供电子图书服务”等工作和中国文化中心数字图书馆的外宣图书资源征集。

推进全民阅读，重点开展国家图书馆电子图书公益阅读工作。完成2018年首批面向5家出版单位的电子图书版权及资源征集工作验收结项，包括1118份版权材料审查、4613种（4645册）图书的1460106页资源加工整理（数据量917.79GB），并提交长期保存，建成电子图书公益阅读栏目。该栏目累计提供图书阅览服务近43万页、点击量近2万次，月均点击量1次/种，服务效果良好；提交1980种EPUB格式电子图书至国家数字图书馆APP客户端。编制《电子图书公益阅读工作FAQ》《版权审查FAQ》《国家图书馆电子图书公益阅读栏目征集意向书》《2014—2019年我馆公开课及讲座主讲人、推荐书目和代表作品》、商务合同模板等文档，实现业务流程化、规范化管理。编制《135家出版社横评表》，与14家行业头部出版社达成合作意向，从5万余种图书中遴选第二批4308种，内容涵盖党和国家重要文献、人文社会科学、科技、财经、外交、艺术、体育等，继续开展电子图书版权及资源征集工作。

响应世界读书日，着力建设“好书共读”栏目。围绕习近平总书记推荐的作品及作者，结合文津图书奖获奖及推荐图书，以传统文化、现当代文化、外国文化为主题，精选并发布102种古今中外佳作，面向15家权利所有人征集47种电子图书版权，并编写1000道配套答题及解析，此次活动的阅读量与答题数总计超过1.55万次。为中国图书馆学会“同城共读·万卷共知”世界读书日主题活动、“邂逅经典”“大师微讲堂”栏目、移动端分别提供26种、21种、29种图书的互联网公开访问服务。

坚持文化扶贫，持续开展“国家图书馆向农村地区提供电子图书服务”项目，完成500册图书数字化加工，修订《权利人问题清单》，完善工作流程，遴选法律普及、防病治病等10类图书3101册，提交公共数字文化工程使用。宣传时代楷模，为“致敬国家勋章和国家荣誉称号获得者”活动征集41种电子图书版权，含捐赠19种。讲好中国故事，推进中国文化中心数字图书馆建设，征集80种外宣图书版权及资源。

12. 公有领域版权筛查和甄别工作

2019年，国家图书馆继续开展“公有领域图书版权筛查和甄别”项目，利用版权清晰资源，探索公有领域图书非营利服务模式。遴选1980年及之后出版的用于文献数字化的公有领域图书2905种，梳理1980年之前出版的公有领域书目数据13万余条。为4·23世界读书日“读经典　学新知　链接美好生活”好书共读栏目、中国图书馆学会“同城共读，万卷共知”全民阅读活动提供可供互联网公开访问的公有领域经典图书47种。积极探索公有领域电影、歌曲等音视频资源甄别办法，整理1905—1976年电影及以电影形式摄制的其他资源2606条，拓宽公有领域资源类型。

（二）数字资源发布

截至2019年底，国家图书馆已发布数字资源的内容单元主要包括：电子图书（含民国图书）1953062种，发布率93.9%；电子期刊（含民国期刊）56659种，发布率99.6%；电子报纸（含民国报纸）2212种，发布率75.6%；学位论文8465629篇，发布率99.9%；会议论文7575528篇，发布率100%；音频资料1373924首，发布率73.1%；视频资料138401小时，发布率72.3%；古籍类资源90704种，发布率75.6%。

1. 馆藏特色数字化资源

国家图书馆已发布馆藏特色数字化资源中，现代文献主要实现局域网发布，发布率60.7%；民国时期文献基本实现互联网发布，发布率57.6%；古籍文献基本实现互联网发布，发布率75.6%。

征集数字资源已发布资源的存量约为162TB，占全部征集资源存储量的99.9%，全部实现互联网发布。

国家图书馆接受交存的电子报纸144种，因与外购资源内容重复，资源未发布，主要用于备份保存。

2. 外购数据库

251个外购数据库均已在馆域网发布。其中，118个数据库授权许可馆域网和互联网远程访问，占全部外购数据库的47.01%；133个数据库仅授权许可馆域网服务，占全部外购数据库的52.99%。

3. 网络采集资源

网络导航数据采取“建设即发布”的方式，并保持定期更新维护，全部实现互联网服务。网络采集资源发布资源的存储量为129.74TB，占全部网络资源采集存储量的47.12%，实现局域网发布。

4. 数据发布情况

2019 年，完成 16 批自建数字资源的发布工作，包括哈佛大学哈佛燕京图书馆善本特藏资源 1769 册，甲骨拓片 1000 种，民国图书更新 1 册，电子图书公益阅读图书 4618 种（分 3 个批次），致敬国家勋章和国家荣誉称号获得者专题在线图书 36 种（分 4 个批次），云南省图书馆善本古籍 726 册，少儿图书 2051 册，善本古籍 699 种，海外捐赠汉籍资源 17 种，河南省石刻拓片 2595 种，芷兰斋数据 8 种，博士论文 6239 种。自建数字资源发布的对象数据共占空间约为 1.25TB。其中公益图书库为新建专题库，此库的中文图书内容丰富多样，题材涉猎广泛，可全方位满足读者的阅读需求。

全年共回复与本系统相关的邮件 217 封，转发给统一用户系统邮件 351 封，转发给其他部门的邮件 185 封。共计处理邮件数 753 封，有效保证了服务质量。

根据业务管理处要求，完成数字资源、意识形态筛查工作，筛查各类馆藏自建数字资源、地方征集资源元数据及对象数据 3606 条，处理问题数据 46 条。

按照自建资源的发布要求，完成国家图书馆数字资源唯一标识注册 10155 条，其中包括博士论文 6866 条、甲骨拓片 3289 条。实现国家图书馆自建数字资源的统一编号和规范管理。

5. 政府公开信息整合服务平台国图分站资源建设与发布

2019 年，完成 70542 条政府公开信息采集、审核和发布服务。内容包括：国务院、民政部、水利部、国家发改委、生态环境部、科技部、文化和旅游部、农业农村部、交通运输部、住房与城乡建设部、自然资源部、外交部等机构数据 69202 条；国务院公报、农业农村部公报、财政部文告、教育部公报、水利部公报、兽医公报、国家外汇管理局文告等 1340 条，共计 60.2GB。新增政府公报 1340 条，包括国务院公报 803 条、农业农村部公报 16 期、财政部文告 173 条、教育部公报 117 条、水利部公报 5 期、兽医公报 9 条、国家外汇管理局文告 2 期、国防科工局文告 14 条、国家卫生健康委公报 11 条、生态环境部公报 135 条、民政部文告 55 条。结合 2018—2019 年社会热点，完善“养老服务”“优化营商环境”“减税降费”“医药卫生体制改革”等 4 个热点专题内容。截至 2019 年 12 月，政府公开信息整合服务平台国图分站已发布数据 83.2 万余条。

三、应用系统和平台建设

（一）图书馆业务自动化管理系统——ALEPH 系统的数据处理和各类参数调整工作

2019 年，共完成 ALEPH 系统数据提取、参数调整相关报文及通知 32 个，数据批处理总量高达 54.4 万条；业务处下达的临时数据提取任务 3 次，以往报文补充提取数据 5 次，提取数据总量约 105 万条，为馆内相关业务开展提供了准确的数据支持。完成数据处理批次 36 批次，系统参数调整 4 次，统计调研 3 次。全年共计完成约 141 个 ALEPH 账号的权限配置管理工作；完成中文 ISBN 表增、删、改操作共计 40 余次；修订中文采编部书目数据组错误拼音 10 余次；完成 RDA 项目实施后相关遗留问题的协调工作；处理古籍馆提交的“校验提示指向错误”及小语种编目问题；根据国家图书馆联合编目中心关于实施调整联合编目系统数据库访问方案，完成 ALEPH 相关参数文件修改工作；为其他业务部门提供技术支持与故障解决 10 余次，确保各业务部门工作的正常有序开展。

（二）联机公共目录检索 OPAC 系统精细化管理，稳基础破难点

2019 年，进一步突出 OPAC 系统精细化管理，坚持巩固基础服务与破解重点难点两手抓，两手都要硬。一是建立基础工作分级分类管理。按级别将日常工作分为一般类、重要类。一般类包括用户访问量统计、应用日志备份等。重要类包括安全检查、开关机等。按类别将日常工作划分为操作类、建议类。二是打赢服务保障攻坚战。面对系统安全形势日趋严峻的现状，通过加强技术和管理的方式，保障服务健康稳定运行。通过自动化程序实现定期监控系统负载和服务运行状况。科学合理配置，统筹控制内外网访问。通过优化防火墙设定，限制访问总数及频率。通过增加路由规则及访问列表，限制恶意 IP 访问。在管理方面，建立系统监测值班制度。强化组织保障，明确各方责任，落实监测任务。重点监测期间，做到早发现、早处理，采用清理缓存、重启服务等措施有效保障系统的业务连续性。

（三）统一用户管理系统的运行管理、技术支持与对外服务

2019 年，为保证各类用户安全顺利获取国家图书馆提供的各类在线服务，统一用户管理系统定期监控运行状况，做到故障及时处理，确保系统运行稳定。针对系统所集成的各个外购数据库进行监测，完成数据库资源的新增与变更，及时配合解决业务部门及读者在使用外购数据库中发现的各类问题。

统一用户管理系统与云门户、民国保护网、中华寻根网、体验区四合一系统等国家图书馆多个应用系统和公共数字文化工程相关平台进行功能对接，为馆内业务和读者服务提供技术支持。综合考虑技术革新和读者体验反馈，对系统进行功能优化完善，新增移动互联网等相关功能，进一步打通互联网和移动互联网的用户通道，为国家图书馆增加服务方式，扩大远程资源访问范围，为用户通过多种渠道获取国家图书馆数字资源，提高国家图书馆数字资源的访问量以及阅读量，奠定工作基础。

作为数字图书馆推广工程必配软件之一，继续完成统一用户管理系统地方馆部署工作。截至 2019 年 12 月 31 日共部署 186 家分馆，服务用户 17306970 人，有效支持数字图书馆推广工程相关工作的开展。此外，系统为不同用户群体提供服务，完成“两会”代表读者卡管理、特殊用户 USBKey 服务等工作，获得相关领导的好评。

（四）文津搜索系统版本升级及相关资源整合与揭示

推出文津搜索系统优化版，于 2019 年 9 月正式上线。该系统优化版的推出，不仅实现系统功能的优化升级，还完成包含新数据在内的全量数据的合并处理，实现多来源资源库相同资源的合并展示，保证实体馆藏文献信息揭示的实时性和有效性，提升读者获取资源的便捷性和易用性。

实施文津搜索系统整合与揭示项目，对新增数据库元数据进行梳理、分析、整合，完成5563万余条新数据的入库揭示，进一步丰富系统数据数量。每周进行系统馆藏中外文资源库数据的更新，有效提升实体馆藏文献的揭示效率。

开展国家图书馆已发布数字资源与馆藏实体资源整合揭示项目，完成数据调研和需求上报，分别在ALEPH系统和文津搜索系统中完成博士论文、民国图书、碑帖精华等数字资源和馆藏实体资源的数据整合揭示工作，有效地提升读者统一检索和获取资源的便利性。

（五）办公自动化系统运维管理及升级工作

完成2019年系统服务器的日常运维管理及定期巡检，确保服务器及应用正常运行，及时处理日常出现的各种故障；对员工在使用过程中遇到的问题提供支持和帮助并跟踪解决。配合国家图书馆各部门人事调整，全年调整人员账号160人次。公文处理方面，解答疑问并处理公文、合同等流程方面的问题，全年办理完毕的公文4244份，合同办结1135份。

完成系统升级并平滑切换，2019年3月正式投入使用。系统升级包括产品版本升级、核心流程引擎升级、对系统存在问题的修改。增加和强化必要的功能模块，新增部处主任周报、邮件导出和接收外部邮件以及企业微信等。对原有功能优化，优化公文起草、保存、跟踪、增加PDF转换、公文作废、转阅、关联流程、在线预览等。完善与档案系统接口、与合同系统合并，对合同执行、变更、付款、水印保护等进行整合优化。同时更改页面布局、加强浏览器兼容性和外网访问的安全性。

（六）档案管理系统运维管理工作

完成办公自动化系统中2019年度公文类文件向档案系统的归档和检查工作，共导入6792条档案数据和14000多条相关原文数据，包括办文、发文、收文、领导日报周报、刊物、会议纪要等文件类别。协助缩微文献部完成缩微历史档案上传档案系统和批量挂接工作。全年测试并处理系统出现的故障和功能调整8次。解决用户使用中遇到的各类问题，保证系统平稳运行。

（七）多媒体信息展示系统节目制作与内容发布

多媒体信息展示系统以日常更新和专题制作相结合的方式，定期向读者推送服务指南、服务调整、活动预告、展览讲座、新闻通告等内容，同时配合各项活动进行专题制作，完成春节、清明节、劳动节、端午节、国庆节、读书周等活动宣传展示。2019年全年制作各类节目287批次，相较2018年增长16.9%。更好地宣传国家图书馆的各项读者服务，向读者提供详尽的服务指南，并有效推动各类讲座、活动的开展。

（八）基于大数据思维实施运行管理平台升级优化项目

2019年，继续实施数字图书馆运行管理平台优化升级项目建设并于3月正式上线。升级后的系统与国家图书馆内部统一用户、ALEPH、唯一标识符、门禁等多个应用系统对接，实现对大量业务建设和读者服务数据的收集，同时支持在电脑端、手机端等以图形方式进行展示；平台提供规范的接口体系，向数字图书馆体验区大屏、办公自动化系统、公共数字文化大数据展示与分析平台等动态提供数据。除馆内系统外，通过协调保卫处，与文化和旅游部应急指挥平台沟通视频对接的实施、技术方案拟订、网络环境配置以及对接测试等，实现平台向文化和旅游部应急指挥平台定期提供国家图书馆主要统计数据。此外，平台还收集并展示全国范围内省、市、县公共图书馆有关业务建设、服务效能、基础支撑等共性数据，截至10月底已收集全国2900多家省、市、县级公共图书馆基本运行管理数据。根据公共数字文化工程融合大数据展示与分析平台的建设要求，开发多个系统接口，把相关数据提供给该平台使用，使系统成为公共数字文化工程大数据平台一个重要的数据源。

（九）文津图书奖专题网站建设及服务

配合完成文津图书奖颁奖活动，设计制作颁奖活动所需的全新专题网站，并将颁奖礼的现场活动通过网络向全国直播，将获奖书单同步发布到文津图书奖网站上进行展示。对历届网站进行整合和系统改造，实现网站页面的设计与制作、颁奖活动所需的获奖及推荐图书页面的设计制作、获奖及推荐图书资源数据的整理和网站发布、图书评选所需的读者推荐、出版社推荐、图书馆推荐等前后台功能。文津图书奖专题网站作为颁奖活动和宣传推广获奖图书的重要阵地，在扩大文津图书奖影响力的同时，为传播中华优秀文化、助力全民阅读做出重大贡献。

（十）国家数字图书馆APP功能优化

为提高国家图书馆服务质量，让读者感受高效、便捷的国家图书馆服务，将智能化技术植入国家图书馆的服务中，持续对国家数字图书馆APP进行优化提升。全年更新IOS版和安卓版APP各3次，实现扫码入馆、扫码借书等智能化到馆服务，实现国家数字图书馆APP客户端支付“逾期使用费”等金融功能，与手机门户同步更新新闻、公告、讲座预告。

（十一）数字资源云发布平台建设及数据迁移

完成数字资源云发布系统设计、开发及部署上线工作，系统实现元数据检索、全文检索、目录检索、篇名检索、摘要检索等检索方式，完成基于库、用户、数据、时间等多种维度的权限授权功能，与统一用户管理系统进行连接，为用户提供注册、登录等服务入口，实现资源、访问量统计等功能，完成与唯一标识符系统的自动化对接。系统不仅支持国家图书馆数字资源和公共数字文化工程融合联建资源的数据发布，完成全媒体终端服务所需的资源池和用户行为池建设，也可为各省、市级图书馆自建资源的发布和服务提供平台支撑。

2019年5月，为配合数字资源云发布平台上线运行，同步开展发布系统迁移数据清洗及核查业务项目。截至年底，完成190万余条数据的迁移和发布，涉及图书、期刊、少儿资源、古籍（包含图片、善本、方志）、海外资源、音频、视频、地方馆资源（包含馆藏特色、方志、民国文献、图片等）等。

（十二）国家数字图书馆读者云门户平台建设

完成国家数字图书馆读者云门户平台建设，完成门户网站页面的设计，并不断优化完善；开发资源检索、资源展示、专题库展示、个人中心、资源推荐、访问权限控制、资源管理、统计等功能；完成与统一用户管理系统的单点登录认证、角色与资源库同步等接口的对接，完成与文津搜索系统、OPAC 搜索接口的对接，完成与云发布系统、ALEPH 系统接口的开发。完成中文图书、博士论文、民国资源、少儿资源、古籍资源等 50 余个自建资源库的页面设计开发工作，针对每种类型资源提供相应风格的界面设计；完成 100 余个外购资源库的展示，根据不同的读者权限提供相应的资源访问；完成中华古籍资源库的整合；完成党建教材、公益阅读等新专题建设，针对每个专题设计开发不同风格的界面及资源组织展示方式。

（十三）中华寻根网二期系统建设及上线运营

完成中华寻根网二期系统的上线运行工作。完成系统功能的开发，系统的测试、部署及验收工作，完成系统上线前系统准备和数据核查工作。在寻根网二期平台上发布家谱目录数据 30582 条、家谱影像数据 2389 条、家谱置标数据 1850 条、谱系数据 236 条、家谱全文数据 6 条、姓氏数据 493 条、名人数据 14396 条、著述数据 3318 条、方志数据 6529 条、百科 80 条。

（十四）中国文化中心数字图书馆二期网站上线运营

完成中国文化中心数字图书馆二期网站的升级建设并上线运营，完成图书、图片、视频、公开课、展览等发布及一期系统数据的迁移，新增外文资源，开发中英文网站，接入多家数据库厂商提供的优质数字资源。该网站于一期系统上线三周年之际正式上线，为 40 个海外中国文化中心提供数字图书馆服务。

（十五）机构服务平台建设

为进一步提升国家机关、军队、科研院所及企业等机构的数字图书馆服务，2019 年建设机构服务平台，实现按需定制资源和服务界面，满足不同用户的个性化资源需求。系统提供云服务、本地镜像服务等多种服务方式，满足不同机构的服务要求；系统提供更可靠的资源使用方式，利用数字加密技术保证资源的安全。

（十六）关联数据注册与服务平台功能优化、数据扩充

探索关联数据前沿技术，实现关联数据注册与服务平台的功能优化和数据扩充，完善《中国分类主题词表》数据的个性化展示功能，完成 237762 条全量数据灌装和可视化展示工作，发挥业界引领示范作用。

（十七）文献数字化中心

文献数字化中心稳步运营，组织协调6家外包公司实施驻场加工，开展2019年“馆藏音像资料数字化”“中文图书数字化”“少儿图书数字化”“博士论文数字化”“数字资源质量检查”等自建数字资源项目与《中国大百科全书》资源提供等临时项目共计20余个项目的数字化加工工作，加工的文献载体类型包括图书、期刊、论文、档案、DP50录像带、DB录像带、BS录像带、录音磁带、CD、唱片等。进一步加强运营管理，严格执行安全管理规定，及时处理突发情况和问题故障，做好项目实施、设备维护和空间管理工作，包括：音像加工场地电力增容改造、新驻场企业场地布置与人员建档、全品类扫描设备清点整理与登记造册。全年组织实施扫描设备季节性维护保养4次，完成2台平板扫描仪及1台高速扫描仪的故障检测与维修，完成双A0超大幅面扫描仪霉变滤镜更换保养，建立完备的设备使用及维护保养登记台账。全年共接待12批140余人次参观访问。

（十八）信息化建设项目验收

完成版权管理系统软件升级改造、中华寻根网二期平台、移动阅读应用程序、国家图书馆参考咨询机构知识库、国家图书馆人工智能技术应用、数字图书馆推广工程数字资源云发布系统、国家图书馆民国报纸史料库平台优化、国家图书馆服务号建设、G20国家法院数据库、中国历代判例数据库、运行管理平台优化升级、中央社会主义学院图书馆资源服务平台、国家图书馆会议管理系统、“抗战图片资料库”优化改造、民国时期文献普查平台升级改造、国家数字图书馆读者云门户系统建设、公共数字文化唯一标识符系统17个信息化项目的验收工作。在验收过程中实施规范化管理，严格审核验收材料，并对相关文档进行收集、整理和保存。

四、数字图书馆服务

（一）国图公开课服务

1. 公开课资源发布和访问情况

2019年新发布课程226场，新增小节课485节，新增时长150小时。国图公开课平台课程总拥有量达1742场4916节，累计时长约1688小时，涉及16个专题、1900余GB视频数据、34400多条电子资源。平台全年点击量为7704万人次，累计总点击量超过1.7亿人次。

2. 公开课专题制作

为迎接2019年春节，国图公开课举办“书香暖春意，新年话年俗”专题活动。活动时间为腊月三十日至正月十五日（2月5—19日），选取国图公开课平台以及移动阅读平台中以年俗为话题的资源，向广大互联网用户推送。

3月24日，国家主席习近平在法国尼斯会见法国总统马克龙。会见前，马克龙向习近平赠送1688年法国首部《论语导读》法文版原著。以此为契机，国图公开课开展“有朋自远方来，不亦乐乎——从邦交文化看中华经典”为主题的论语专题，整合国图公开课视频、名家讲堂音频、古籍善本以及中文图书中与“论语”相关的优秀资源33种，向广大互联网用户集中展示。

10月底，国图公开课平台开展“从《诗经》到《红楼梦》——那些年我们读过的经典”专题活动，选取创作于先秦两汉到清代的数十篇优秀作品的部分内容进行展示。活动页面创造性地以画轴的方式展开，既体现传统文化的美感，又给用户以置身中华民族优秀传统文化历史发展进程中的体验感。

（二）新媒体服务

1. 微信公众号服务

“国家图书馆服务号”微信公众号以切实服务读者为宗旨，致力于打造专业化、创新化的移动服务平台。通过自定义菜单的形式，为读者展示国家图书馆通知公告、讲座预告等最新资讯；提供“书目查询”、借阅信息查询、绑定/解绑读者卡及二维码虚拟读者卡功能；链接国家图书馆各个阅读平台及专题阅读资源，并实现绑卡后的一键登录，为读者推出多种阅读资源及模式。2019年，共推出推文39期，累计图文消息约157篇。其中，馆庆期间特别开发的国图海报小程序，以大众喜闻乐见的方式展示馆藏精品和馆舍美景，在社交平台广受欢迎。

2. 短彩信服务

短彩信服务平台是国家图书馆重要的服务支撑系统，协助国家图书馆各部门完成各种活动的短信通知及公众信息推送工作。2019年全年共发送短信2200699条，比2018年增长7.23%，其中向公众发送“文津经典诵读”短信1490123条。

3. “文旅之声”服务

继续做好“文旅之声”在喜马拉雅平台的账号维护及资源发布工作，完成“每天一首古诗词”“如果典籍会说话·散文篇”“如果典籍会说话·史学篇”“国图大师课”4个音频专辑的更新服务以及“4·23一起来读书”听单专辑服务。全年累计发布9张专辑，2个听单，2530条声音，粉丝数量3.1万人，收听总量1758万次。

4. 官方抖音号服务

为丰富移动互联网环境下服务形式和手段，顺应群众信息获取形式转变趋势，国家图书馆官方抖音号2019年4月16日正式上线。把国家图书馆优质的馆藏资源、文化讲座、大型活动、精彩展览、文创作品、馆舍美景等制作成精彩有趣的短视频通过抖音平台跟读者分享。上线8天访问量累计超百万。截至12月31日，8个月共发布60个作品，用户3.1万，累计访问235万次，访问量10万以上的作品9个。

（三）数字图书馆体验区服务

2019年，数字图书馆体验区（以下简称“体验区”）成功入选文化和旅游部科技教育司组织的“2019年文化和旅游装备技术提升优秀案例”。

完成国家图书馆“印象数图”数字图书馆体验区的数字图书馆推广工程展区全新改版上线和验收工作，以弧形屏幕与前方沙盘区域进行联动控制手段，展现公共数字文化工程中全国数字图书馆的建设成果数据。

探索新技术在体验区的创新应用，进一步丰富展厅展示手段和展示内容，增强公众在体验区参观的互动体验感。引入智能机器人，实现了人脸识别、迎宾讲解、智能交互、书籍检索等功能；推出现在和未来知识服务展项，通过系统体验、人脸识别和动画交互，吸引公众体验和感知数字图书馆；打造“魔墙”展项，以独特展示效果让公众现场欣赏公共数字文化资源；完成AR展项全新升级和公共数字文化工程全面改造上线工作。

进行数字图书馆体验区日常管理与运行维护。全年响应并处理各类运行相关问题450余次。加强电子显示屏的访问控制，排查及处理各种风险隐患，保证所有展项的安全正常运行。

举办数字图书馆体验区重大活动，开展读者服务与参观接待服务。本年度完成75次重要团体参观接待服务；日均接待读者2816.3人次，最高日接待量9648人次。

（四）读者意见咨询服务

2019年，针对读者在使用各应用系统和外购数据库中遇到的注册、认证、信息管理等问题，统一用户管理系统安排专人负责读者意见处理与回复，按照首问责任制的要求，通过邮件回复和电话应答的方式及时向读者提供咨询解答。全年共接听读者咨询电话372通，回复邮件422封。读者意见、咨询服务做到有问必答，确保读者能够顺利使用各种应用系统，提升用户的体验。

五、信息安全建设

2019年，面对更加严峻的网络安全形势，国家图书馆通过策略调整、设备购置和多种技术手段，保障整体网络安全。积极开展计算机网络和网络安全检查，对涉及计算机网络与网络安全的信息进行登记，对网络和终端设备安全使用进行重点检查；组织开展2019年全馆计算机网络和网络安全培训，提升全馆系统管理员的网络安全认知能力和处置能力。随着管理的不断加强，进一步提高全馆网络安全意识。完成网络安全及安全设备的监控和管理，及时制定调整策略，防范外来攻击，阻断来自互联网的高风险事件3000余万次，拦截垃圾邮件188万余封，完成全馆服务器漏洞扫描3200台次，及时敦促各部处进行漏洞修复，“两会”、国庆等重点时期实施7×24小时值班，有效保障国家图书馆网络安全，全年未发生网络安全事故。继续开展重点系统等级保护。及时监测外购数据库连接状态，解决数据库远程访问异常。

年度掠影

【数字图书馆体验区入选文化和旅游部“2019 年文化和旅游装备技术提升优秀案例”】

6—9 月，文化和旅游部科技教育司组织开展“2019 年文化和旅游装备技术提升优秀案例”征集活动。该活动的主要目的是为积极落实中央关于文化和旅游融合发展的战略部署，深入了解文化和旅游领域装备业发展现状，聚焦文化和旅游装备业技术提升，鼓励装备技术自主研发，推动文化和旅游装备品牌建设，引导行业创新性、规范化、高质量发展。经过 5 个月的申报、推荐和专家遴选，全国共 29 个案例入选，其中国家图书馆总馆北区二层的“印象数图”数字图书馆体验区成功入选。体验区案例的入选，充分展示国家图书馆在探索图书馆服务与新科技的创新结合、践行优秀传统文化的创造性转化和创新性发展方面的先锋模范性，也体现了数字图书馆在坚定文化自信、讲好中国故事方面的重要作用。

【赴克罗地亚参加 2019 年国际互联网保存联盟年会】

作为国际互联网保存联盟（International Internet Preservation Consortium，简称 IIPC）会员，中国国家图书馆派 2 名工作人员于 6 月 4—8 日赴克罗地亚参加 2019 年国际互联网保存联盟年会（Web Archiving Conference 2019）。参会人员在会上对国家图书馆网络资源采集的发展与技术进行宣讲，宣传中国以及中国国家图书馆在互联网保存方面的工作进展和成效。

【《国家图书馆数字资源保存管理调研分析报告》获评全国文化和旅游系统 2018 年度优秀调研报告】

为进一步做好国家图书馆数字资源保存管理工作，2018 年开展数字资源保存管理调研，并撰写《国家图书馆数字资源保存管理调研分析报告》。该报告在全面梳理和分析国家图书馆数字资源保存现状的基础上，对各类存储介质及技术路线优缺点、国内图书馆界及相关机构数字资源保存情况进行广泛地调研分析，提出对国家图书馆数字资源保存管理工作的相关建议，为全面进一步提高国家图书馆数字资源保存管理的科学性、有效性，确保数字资源安全，并为国家文献战略储备库的建设提供参考。2019 年 9 月，该报告获评全国文化和旅游系统 2018 年度优秀调研报告。

【国家图书馆完成网络优化调整】

2019 年，在前期陆续购买网络设备和网络安全设备、扩大互联网带宽容量至 2Gbps 的条件下，国家图书馆开展整体网络的优化调整工作。主要完成网络拓扑结构优化及设备位置调整、IP 地址和 VLAN 优化、网络设备和策略配置调整、机房线缆整理、文档汇总等，网络状况得到极大地改善。优化前，交换机 ping 拨测丢包率平均在 2% 左右，平均延迟 7 毫秒；优化调整完成后，交换机 ping 拨测丢包率降低到 0%，平均延迟降低到 3.8 毫秒，解决了网络丢包问题，网络延迟对比优化调整前有所改善。同时访问公网的链路也做到了 A、B 路相互冗余，互联网链路做到完全冗余备份，整个网络的性能、可靠性得到显著提升，有效保障全馆网络稳定、畅通和各项网络服务的正常开展。

【网络安全培训效果显著】

2019 年，国家图书馆在全馆范围内开展计算机网络和网络安全培训。各部处及馆属企业的网络安全员、系统管理员和应用系统负责人共 60 余人参加。培训内容包括：当前网络安全形势、威胁分析及网络安全意识建设，2018 年计算机网络和网络安全检查结果，2019 年计算机网络和网络安全检查主要内容和注意事项。通过此次培训，各网络安全员、系统管理员和应用系统负责人提高了对当今网络形势的认识，了解了我国在网络安全方面的相关法律政策，熟悉了网络安全等级保护 2.0 标准下的信息系统定级要求，加强了对网络安全意识的建设，掌握了计算机网络和网络安全方面的工作流程。各部处及馆属企业根据 2018 年检查结果和 2019 年检查要求，认真开展自查工作，加强信息系统漏洞修复，采取必要安全措施，消除网络安全隐患。

【国家数字图书馆 APP 客户端运营团队荣获“百名”网络正能量榜样荣誉称号】

国家数字图书馆 APP 客户端以倡导弘扬中华优秀传统文化、传承文明、服务社会作为建设理念，在内容和平台建设中始终坚持思想文化领域的权威性和服务性，发挥图书馆作为提供精神食粮重要阵地和意识形态重要阵地的作用，是新时期公共数字文化服务的典型代表。客户端利用图书馆强大的文献整合和搜索技术，快速帮助读者查找和定位所需资源；结合人工智能技术提供扫码入馆、扫码借书等智能化应用，实现 PC 端扫码授权登录、扫码读书、逾期费支付等线上便捷服务；降低注册门槛，支持手机号、微信、微博等账号授权一键登录，方便读者阅读客户端图书、期刊、音视频等海量优质资源。自 2017 年 11 月新版客户端上线以来，下载量超过 31 万次，用户年活跃量超过 123 万次，受到读者好评。2019 年，在由国家互联网信息办公室指导，中国互联网发展基金会、中国网络社会组织联合会主办，人民网承办的第四届“五个一百”网络正能量评选活动中，经过初评、网络投票和终评后，国家数字图书馆 APP 客户端运营团队在申报的 2 万多部作品中脱颖而出，荣获“百名”网络正能量榜样荣誉称号。这是对国家数字图书馆 APP 客户端一直以来坚持提供优质资源阅读，坚持引入新技术、新手段提供便捷服务，扩大传播网络正能量的肯定。

【自建数字资源建设项目提质增效】

2019 年，国家图书馆依托文献数字化中心开展 21 项数字化加工项目，全面落实增量建设任务，其中：中文图书、民国报纸、博士论文等类型文献数字化数量大幅增加，音像资源加工解决特殊型号与保存状况较差载体的数据采集问题，民国报纸加工拓展资源功能启动全文 OCR 工作。

加大力度提高数据加工规范的完整性、一致性与协调性，审核全馆42个自建数字资源项目技术规范，基本明确各类型文献加工规范的框架与主要技术参数，保障项目规范化建设和数据质量统一。科学统筹，认真履行典藏管理职能，全年开展70项数据质检工作，项目数量同比增长32%，着重研究复杂结构资源与加工问题突出资源的质量提升方案，开展6项分散建设项目的数据查重工作，配合发布平台数据迁移项目结项完成发布数据梳理核查。及时响应国家图书馆110周年馆庆活动等多项工作需求，查询并提供自建数字资源成品数据约355万个文件，检查和处理约277万个图像文件，确保各项服务与开发活动顺利开展。

【系统管理版权清晰的数字资源，有效提升版权服务支持】

2019年，国家图书馆完成数字资源版权回溯工作，包括合同信息制作8份、授权清单制作199条、授权数据清单系统规范化制作70728条，系统管理版权清晰的数字资源。积极开展版权管理宣传，维护国家图书馆尊重知识产权的良好形象，更新国家图书馆网站数字资源征集网页版权动态信息5条，编发内部刊物《数字版权传真》3期；完成修订《国家图书馆接受数字作品版权捐赠管理办法》，答复版权捐赠咨询10余次，接受2种图书版权捐赠。开展数字资源相关版权政策调研，完成《国内音视频资源建设和利用情况调研报告》《电影著作权相关法条及情况说明》等调研报告。举办公共数字文化工程2019年馆员研修班，为贵州省图书馆、青海省图书馆等10余家图书馆提供数字资源版权管理培训、各类资源建设及服务相关的版权咨询，为中阿数字图书馆、中法图书馆网站、新浪微博服务利用、征集地方民国文献资源等提供版权支持，有效提升数字资源服务中的版权管理水平。

重点文化工程及项目

- 中华古籍保护计划
- 革命文献与民国时期文献保护计划
- 公共数字文化工程
- 《中华传统文化百部经典》编纂项目
- 《鲁迅手稿全集》编辑出版项目
- 国家传统文化典籍整理工程
- 年度掠影

重点文化工程及项目

一、中华古籍保护计划

2019年，国家古籍保护中心以习近平新时代中国特色社会主义思想为指导，全面贯彻党的十九大精神，深入落实习近平总书记给国家图书馆老专家回信精神，按照《“十三五”时期全国古籍保护工作规划》要求，结合全国古籍保护工作实际，有序推进各项工作任务。同时，国家古籍保护中心办公室系统梳理并上报中华古籍保护计划实施过程中有关推动少数民族古籍保护的各项工作，获得国务院颁发的“全国民族团结进步模范集体”称号。

（一）推进“十三五”古籍保护工作规划落实

结合中华古籍保护计划实施进展情况，完成《“十三五”时期国家安全保障能力建设情况报告》《文化发展改革重点任务实施中期评估汇报》《中华优秀传统文化传承发展推进情况报告》等。

开展中华古籍保护计划“十四五”发展规划预调研工作。联合全国各省级古籍保护中心、中央直属古籍收藏单位，组织填报“中华古籍保护计划‘十四五’规划预研调查表”，为“十四五”规划制定提供参考依据，并提交将中华古籍保护计划纳入国家“十四五”发展规划纲要的建议。

配合文化和旅游部做好《中华医藏》、山东大学“全球汉籍合璧工程”、《中华续道藏》等项目的推进和协调等工作。

（二）全国古籍普查登记工作

截至12月底，全国古籍普查累计完成270余万条1.8万函（含部分少数民族古籍数据、个别省份上报数据含民国数据），占预计总量的90%以上。2760家古籍收藏单位完成古籍普查登记工作，占预计总量的92%以上。2019年，“全国古籍普查登记基本数据库”新增发布48家单位古籍普查数据100394条905942册，累计发布217家单位古籍普查数据772861条7447203册；新增出版65家单位的15部15册《全国古籍普查登记目录》，累计完成301家单位的《全国古籍普查登记目录》共计86种129册，收录91万余条款目。“2018—2020年度中华历代古籍书目数据库建设项目”完成第一批数据274414条的验收工作。5月，正式下发《古籍普查登记工作报告编制规范》，要求各省中心编制报告。

继续推进《中华古籍总目》分省卷工作。3 月，国家图书馆（国家古籍保护中心）下发《中华古籍总目编目手册》，向各省古籍保护中心征求意见。6 月，组织专家召开《中华古籍总目编目手册》专家审定会，根据专家意见进行修改。全年分别在河南郑州、广东广州举办第二期、第三期《中华古籍总目》（分省卷）编纂研修班。

开展第六批《国家珍贵古籍名录》和“全国古籍重点保护单位”评审工作（参见“特别记载”之“国家古籍保护中心组织第六批《国家珍贵古籍名录》和‘全国古籍重点保护单位’评审工作”）。

（三）古籍保护人才培养工作

结合“十三五”工作重点开展古籍保护在职培训。全年举办各类培训班 22 期，培训学员 902 人次。累计举办培训班 221 期，培训学员超过 10640 人次。以培训带动古籍修复和普查审校工作，完成一批普查目录审校和一批馆藏珍贵古籍、拓片、少数民族文字古籍的修复工作。

第四期全国古籍保护工作管理人员研修班

推动古籍修复技艺传习工作。增设吉林省图书馆、宁波市天一阁博物馆、厦门大学图书馆、南开大学图书馆为“古籍修复技艺传习所”；增设西安碑林博物馆、山东省石刻艺术博物馆、桂海碑林博物馆（联合广西桂林图书馆）为“传拓技艺传习所”。截至 12 月底，国家级古籍修复技艺传习中心全国附设传习所 32 家，聘请传习导师 21 人，收徒 241 人。

组织全国各省级古籍保护中心、国家级古籍修复中心、国家级古籍修复技艺传习所等单位，开展古籍修复技艺竞赛暨古籍修复成果展示活动，通过技艺竞赛展示中华古籍保护计划实施以来的非遗技艺传承成果，推广和提升古籍修复技艺。

推动古籍保护学科体系建设，联合高校做好古籍保护专业硕士培养工作，2019年全国新招收古籍保护专业硕士38人；开展“古籍保护系列培训教材”编纂工作。在复旦大学中华古籍保护研究院成立5周年之际，支持复旦大学成立文物保护创新研究院，推动古籍保护与文物保护融合发展。

协助中国古籍保护协会举办“中华古籍保护志愿服务行动”，在山西、上海、安徽等10个省（自治区、直辖市）的58个基层受援单位，帮助整理、编目古籍21万册/件。

开展“中华经典传习项目”工作调研、项目设计、方案及章程制定等工作。

（四）古籍数字化建设

继续开展馆藏善本缩微胶片数字化项目，完成数据加工1190种8171册507490拍。启动缩微文献中心成员馆善本缩微胶片异质保存项目，完成服务商招标和签约工作，首批开展任务量为120万拍。

推进馆藏普通古籍、日本永青文库捐赠汉籍数字化、少数民族文字古籍数字化工作。馆藏少数民族文字古籍数字化项目完成水文、西夏文、回鹘文、东巴文等19个文种民族文字古籍，图像扫描33万拍，继续进行项目元数据和数据标引工作。普通古籍数字化项目完成55万拍扫描，并同步进行数据标引工作。日本永青文库捐赠汉籍数字化一期项目完成26.4万拍数据加工，进入数据终验；启动日本永青文库捐赠汉籍二期数字化项目，完成10万拍图像采集加工。完成藏书家韦力先生赠送稿抄校本古籍8部1773页的数据加工。

整合馆外古籍数字资源，继续开展“国家图书馆2018—2020年度古籍再生性保护项目”。完成“云南省图书馆古籍数字资源”质检和加工项目139种726册100947拍。完成“外购古籍数字资源整合服务项目”，整合处理和发布天津图书馆古籍数字资源5834种42221册300万拍。完成所购河南明清碑刻拓片数字资源2595种图像数据、全文数据、标引数据等加工和质检工作，接收捐赠拓片实物3045张。

推动古籍数字资源发布共享工作。11月12日，联合全国19家图书馆共同在线发布古籍数字资源7200余部。包括国家图书馆善本古籍影像699部、日本永青文库捐赠汉籍影像17部、云南省图书馆善本古籍影像139部、芷兰斋藏稿抄校本古籍影像8部、明清碑刻拓片2595种等。“中华古籍资源库”发布古籍总量达到3.3万部，全国资源发布总量超过7.2万部，提前超额完成《“十三五”时期全国古籍保护工作规划》古籍资源发布任务。

设立“新中国古籍影印及数字化书目数据库项目”。

国家图书馆（国家古籍保护中心）联合全国 19 家图书馆在线发布古籍数字资源

（五）古籍影印再造与保护研究工作

推进《国学基本典籍丛刊》编纂出版工作，全年出版 15 种 146 册，累计出版 78 种 459 册。委托研究院继续开展《中国珍贵典籍史话丛书》编纂工作和“《国家珍贵古籍名录》中古籍题跋整理与研究”项目，其中:《中国珍贵典籍史话丛书》全年出版 11 种 9 册（其中 1 册汇集 3 种），累计出版 31 种 29 册；推进《国家珍贵古籍题跋汇编》出版工作。有序开展《书志》编辑出版工作。推进《孔子博物馆藏孔府档案汇编》编撰出版工作。

（六）海外中华古籍调查与合作保护工作

继续推进海外中华古籍书目数据库建设，开展“2018—2020 年度海外中华古籍书目数据库建设项目”，完成第一批数据 268688 条的验收工作。继续推进“日本藏中国古籍总目”“韩国藏中国古籍总目”项目。继续开展海外藏《永乐大典》等珍贵文献数字化出版工作，出版日本国立国会图书馆藏《永乐大典》。

继续开展《海外中华古籍珍本丛刊》《海外中华古籍书目书志丛刊》项目，出版《书卷为媒 友谊长青——日本永青文库捐赠汉籍入藏中国国家图书馆特展图录》、《哈佛燕京图书馆藏二齐旧藏珍稀文献丛刊》（全 96 册）等。

（七）少数民族文字古籍保护工作

贯彻落实中央领导批示精神及文化和旅游部等部委文件的要求，召开藏文古籍保护工作座谈会，完成相关文件的起草。继续推进和指导西藏、新疆、云南、贵州等少数民族地区开展古籍普查、修复、数字化工作。分别在云南、广西举办第十期、第十一期全国少数民族文字古籍修复培训班，在西藏举办1期古籍数字化培训班，在云南、甘肃各举办1期《全国古籍普查登记目录》审校人员培训班，培养少数民族文字古籍保护人才。

9月，国家古籍保护中心派专家前往甘肃省甘南藏族自治州图书馆，实地调查藏文古籍文献的现存状况和保存措施，对苯教藏文古籍破损、粘连等现状提出解决办法，并讲解藏文古籍数字化工作中标准和技术的应用。12月16日，国家图书馆（国家古籍保护中心）与北京苹果慈善基金会共同签署藏文古籍保护合作协议。根据协议，双方将在西藏自治区的古籍保存、保护、修复、出版、数字化和宣传推广等方面开展通力合作，共同促进藏文古籍的保护与利用。

国家图书馆（国家古籍保护中心）与北京苹果慈善基金会签署藏文古籍保护合作协议

9月17日，为落实文化和旅游部领导要求，国家古籍保护中心委派专家赴内蒙古自治区图书馆实地考察，讨论落实该馆古籍修复室建设、古籍修复技艺传习和人才培养等工作。

（八）古籍保护法律法规和标准规范建设工作

在《中华人民共和国公共图书馆法》框架下，继续配合文化和旅游部做好《古籍保护条例》的立法调研、资料收集等工作。加强古籍保护相关制度建设，继续修订完善国家珍贵古籍、全国古籍重点保护单位、国家级古籍修复中心等管理办法。与国家文物局沟通古籍定级标准制定问题，配合全国图书馆标准化技术委员会开展《汉文古籍特藏藏品定级》审批、修订工作。

（九）古籍修复和原生性保护工作

继续推进“天禄琳琅”专项修复项目，累计完成修复260册。同时，启动“天禄琳琅”专项修复档案制作图像采集工作，完成8000拍图像采集。

完成“古籍保护系列教材”之《水与纸质藏品的清洁修护》的编纂出版工作。

支持古籍馆古籍保护科技文化和旅游部重点实验室建设，完成2019年度相关设备和耗材的配置工作。继续为馆藏古籍配置各类装具2万余个。

（十）古籍保护宣传推广工作

“走近四库全书”甘肃站系列宣传活动上，小朋友体验抄写书页

全年举办展览3场。9月，由文化和旅游部、国家文物局主办，国家图书馆（国家古籍保护中心）承办，全国高等院校古籍整理委员会及各古籍收藏单位协办的“中华传统文化典籍保护传承大展”在国家典籍博物馆开展。该展览以国家图书馆建馆110周年为契机，分为“国宝吉光”“百代芸香”“汲古润今”“交流互鉴”4个展厅，展出来自20个省40余家单位和30余位个人的330余件展品，展品数量规模之大、品种类型之多、文物价值之高，在同类展览中均属鲜见，受到广泛好评，截至12月底，接待参观56余万人次（参见“特别记载”之“重大展览”）。9月、12月，分别在黑龙江省图书馆、大连图书馆举办“册府千华”系列展览。

与北京大学中文系合作举办13场“风雅·风骨·风趣——中国古代文学名家名作讲座”。讲座主题鲜明，紧扣时代需求，深受大众欢迎。出版《国图名家讲座集》系列丛书《孔子·儒学·儒藏：儒家思想与经典》《风雅·风骨·风趣：中国古代文学名家名篇》，《稽古·贯通·启新：中国古代史》《格致·考工·源流：中国古代技术发明》即将出版。

多种形式弘扬传统文化。2019年春节期间，响应中宣部、文化和旅游部号召，赴湖南辰溪、凤凰两县开展“书香盈岁月　新桃换旧符——文化文艺小分队下基层活动”；12月底，又组派文化文艺小分队赴云南大理、怒江两州开展“‘我们的中国梦——文化进万家’国家图书馆文化文艺小分队下基层活动”。“文化和自然遗产日”期间，号召全国组织开展近50场“古籍保护，你我同行——古籍修复技艺进校园”活动；在孔子博物馆举办“中华传统晒书大会”，号召全国开展“中华传统晒书”活动，各地图书馆开展馆长晒国宝、传承人晒技艺等活动，累计收到晒书视频50余个；举办“思想启蒙　致敬经典——中华传统晒书活动暨中国古代思想家邮票主题产品发行”活动；配合《四库全书》申报世界记忆遗产，在甘肃、青海等地举办“走近四库全书”系列活动。

加大中华优秀传统文化的阐发力度，整理出版《永青文库》(四种)、《从〈诗经〉到〈红楼梦〉——那些年我们读过的经典》等。

在国家图书馆总馆设立古籍保护传承宣传长廊，展示敦煌遗书、《赵城金藏》、《永乐大典》、《四库全书》国家图书馆四大镇馆之宝，展示《中华典籍长河》和《国图百十年典籍传承记》。

依托传统媒体和新媒体平台，建立古籍保护宣传阵地。全年与《藏书报》合作刊发《古籍保护专刊》25期共100版，“工匠筑梦”项目为12位修复师拍摄专题视频；与《图书馆报》合作刊发《文献保护专刊》100版，央视网、光明网推出专题晒书视频;《人民日报》《光明日报》《中国文化报》等传统媒体多次刊发专版报道。“国家古籍保护中心”微信公众号累计刊发图文消息近900条；新增关注用户5000余人，比2018年增长27.8%，累计关注用户近23000人。

二、革命文献与民国时期文献保护计划

2019年，民国时期文献保护工作坚持党建工作和业务工作“两手抓、两促进、两加强”，严格落实意识形态工作责任制，从严把好意识形态关口。认真贯彻“保护为主、抢救第一、合理利用、加强管理”的文献保护基本方针，切实履行民国时期文献保护工作职责，各项工作任务有序落实完成。

(一)科学决策统筹规划

按照《中华人民共和国国民经济和社会发展第十三个五年规划纲要》《国家“十三五”时期文化发展改革规划纲要》《文化部“十三五”时期文化发展改革规划》《国家图书馆“十三五”规划纲要》有关部署，广泛征求各有关单位和部门意见，制订《2019年民国时期文献保护工作方案》与年度预算执行计划。经过不懈努力，各项工作如期完成，预算执行工作也同步完成。

(二)深入开展文献普查

加强与国内各级各类文献收藏机构合作，全面开展文献普查工作。2019年，新建平装书普查书目数据9062条。完成与安徽省图书馆、湖南图书馆、长春市图书馆和成都图书馆4家普查成员馆合作协议签署和书目数据联机上载培训工作。启动民国时期连续出版物普查试点单位数据收集工作，与重庆图书馆签订连续出版物普查协议，组织专家前往山东省图书馆现场指导数据制作。完成馆藏民国时期报纸4000余条书目和馆藏数据的整理和质检验收。开展民国时期线装书摸底调研，向各省、自治区、直辖市古籍保护中心等单位发放《民国时期线装书普查登记工作调查表》，共收到28个省、自治区、直辖市621家收藏单位反馈，为扎实稳妥推进普查工作打好基础。完成

民国时期文献普查平台升级改造，新增革命文献、连续出版物普查数据的发布与展示，提升资源整合揭示能力。截至2019年底，“民国时期文献联合目录”系统已收录国家图书馆及31家民国时期文献普查成员馆的民国时期书目数据30余万条、馆藏数据70余万条以及2万余种民国时期图书的书影目次。

（三）推进《民国时期图书总目》编纂

及时将民国时期图书普查工作的阶段性成果提供各界使用，继续推动《民国时期图书总目》编纂出版工作扎实有序进行，按标准化、规范化实施。民国时期文献保护工作办公室多次组织召开工作研讨会、业务交流会，在多方调研并充分征求相关部门意见基础上，制定《民国时期图书总目》编纂工作进度表，签订补充协议，明确各分卷完成时间。《民国时期图书总目》共设18个分卷，继《民国时期图书总目・哲学》（2018年5月出版）后，第二卷《民国时期图书总目・社会科学总论》于2019年12月底出版，其他各卷的编纂出版工作也在积极推进。《民国时期图书总目・社会科学总论》所收数据主要来自于国家图书馆、南京图书馆、上海图书馆等46家收藏单位，共著录社会科学方面论著2964种，为相关研究提供了较为翔实的书目信息和参考资料。

（四）积极开展海外文献征集

以强化国家图书馆国家文献战略保障职能、填补国内史料空白为目标，开展海外革命文献与民国时期文献征集工作。组织修订《国家图书馆海外民国时期文献数字化项目数据加工及质检工作规范（2019年）》，确保征集文献符合国家图书馆数字资源长期保存和发布要求。在充分调研基础上，制定2019年度海外民国时期文献征集方案，对已初成规模的对日审判、日本战争罪行、中国抗战、外国政府对华调查等系列文献加大征集力度，不断完善馆藏文献体系建设，助力国内学术研究。启动1.2万余页日本战争罪行和对华调查档案数字化回归项目。完成2.5万页海外所藏中缅印战区抗战历史档案的征集入藏工作，该批文献与中国第二历史档案馆、中国社会科学院相关专藏形成良好互补，合璧后对完整还原历史真相、支撑学术研究具有重要价值。

（五）稳步推进革命文献与民国时期文献整理工作

依据文献类型、濒危状况、珍稀程度和社会需求，有计划、分步骤、成体系地整理革命文献与民国时期文献。在现有基础上，进一步加强文献整理选题策划，重点调研革命历史文献、马克思主义在近代早期传播史料、民国时期教育文献、民国时期社会与经济调查文献、民国时期海关与关税文献、近代日本对华调查文献、地方小报等专题文献的存藏与整理情况。在全国范围内组织2019年文献整理项目的申报工作，召开革命文献与民国时期文献整理项目专家评审会，本着公开、公平、公正的原则，对50家单位申报的91个项目逐一进行评审，遴选出符合要求的优秀申报项目，确定立项56项。2019年共完成整理出版7项，出版图书404册，累计立项256项，完成102项，出版图书6636册。文献整理内容涉及民国时期政治、经济、文化、教育等多个领域，汇集图书、档案、期刊等多种载体文献，在一定程度上满足科研单位、社会公众的史料需求。

革命文献与民国时期文献整理项目专家评审会

（六）开展文献数字化，丰富专题数据库建设

继续开展民国时期图书缩微胶片数字化项目，完成2018—2019年度民国图书数字化数据加工9156种9732册2003268拍，存储量290GB。启动2019—2020年度民国时期图书缩微胶片数字化加工工作。该项目数字化成品全部上传至国家图书馆“民国图书”专题资源库免费向公众开放，助力学术研究，提升文献资源服务效能。

依托文献征集和整理成果，按主题、分步骤对有价值的专题文献进行深度挖掘与揭示，不断丰富和完善特色专题数据库建设。在深入调查研究基础上，参照《国家图书馆元数据应用总则规范汇编》等国家数字图书馆工程标准规范，制定外文数字档案数据制作要求，满足英文档案深度揭示需求，为构建高度开放、高度集成、高度共享的多元信息整合服务平台做好准备。为纪念伯力审判70周年，建成“日本细菌战资源库”，“让历史说话，用史实发言”。完成2018—2019年度“国家图书馆西南太平洋战区日本战争嫌犯讯问档案数字化服务”项目资源加工、整理及验收工作，对1.2万页对象数据进行加工，完成1490条元数据的制作，提取主题词，首次对这批国内独家的珍贵英文档案文献进行文件级标引。启动2019—2020年度“西南太平洋战区日本战争嫌犯讯问档案数字化加工整理”二期工作。完成“抗战图片资料库”二期元数据制作、对象数据加工、主题分类、地理标识等数据整理工作，同时启动“抗战图片资料库”系统优化改造项目，提高资源揭示率，发挥文献史料价值。

（七）加强原生性保护工作

积极发挥国家图书馆在民国时期文献原生性保护工作中的行业引领作用。启动馆藏民国时期图书实验性建档和酸化程度测试工作，为实现文献精细化管理和精准保护提供科学依据。加强对国家图书馆所藏革命文献的保护工作，启动2019年馆藏革命文献特藏数字化项目，制定数据加工规范，开始进行馆藏革命文献图像扫描及元数据制作工作。

（八）做好宣传推广及人才培养

围绕重大历史题材和国家重要纪念日做好文献展陈、宣传工作，充分发挥文献的爱国主义教育作用。牵头组织举办的“不忘初心　砥砺奋进——国家图书馆藏革命历史文献精品展”继续在国家图书馆展出。革命文献与民国时期文献保护计划成果亮相“中华传统文化典籍保护传承大展”，着重展示革命文献与民国时期文献保护计划启动以来，在原生性文献保护、再生性文献保护、人才培养工作等各方面工作取得的阶段性成果，同时精选677册革命文献与民国时期文献保护计划整理出版成果进行现场展示。

做好人才培养和宣传推广，举办业务培训和保护成果展览。2019年，革命文献与民国时期文献保护计划宣传推广活动分别于5月15—16日、9月4—5日、11月13—14日在甘肃兰州、湖南长沙、山东青岛3地举办，共培训来自全国各级各类图书馆民国文献工作的主管领导和业务骨干409人，培训立足于革命文献与民国时期文献的保存与保护业务实践，对文献著录、编目数据的整理、上传、共享等工作规范进行重点解读，统一标准，为各单位摸清文献家底，开展原生性和再生性保护提供帮助。同时举办“革命文献与民国时期文献保护计划”成果展览3场，向读者发放《革命文献与民国时期文献保护计划》手册，进一步扩大“革命文献与民国时期文献保护计划”的社会影响力。

（九）配合完成2018年度项目支出绩效评价

根据文化和旅游部项目支出绩效评价工作要求和国家图书馆相关工作安排，配合完成2018年度革命文献与民国时期文献保护计划项目绩效评价工作。根据评价工作要求，全面收集包括项目决策资料、管理资料、产出和效果资料等在内的所有资料，进行分类整理。经过多次讨论研究，细化项目绩效评价指标体系，确保绩效评价指标能够客观反映目标的实现程度。在此基础上从立项情况、管理情况、绩效情况等方面认真完成项目绩效报告的撰写，保证内容真实、数据准确、逻辑清晰。配合绩效评价专家组，完成对项目绩效情况进行定量、定性分析和综合评价。根据文化和旅游部反馈，2018年度“革命文献与民国时期文献保护计划”绩效评价得分为91.2，评价认为项目立项规范、年度目标设定较合理、过程管理较规范、计划目标完成情况较好、成果质量较好、项目实施效益较显著。

三、公共数字文化工程

4月16日，文化和旅游部办公厅印发《公共数字文化工程融合创新发展实施方案》（以下简称《实施方案》），旨在适应移动互联网等现代科技发展趋势，破解公共数字文化工程（以下简称“工程”）发展中存在的瓶颈问题，推动工程转型升级、深度融合，创新公共数字文化服务业态，提升服务效能。按照文化和旅游部党组对工程融合创新发展的总体部署，在财务司和公共服务司的指导下，国家图书馆与文化和旅游部全国公共文化发展中心（以下简称“发展中心”）积极研讨，坚持“能统则统、宜融尽融”的原则，形成工程融合创新发展思路，在两家单位领导班子的共同领导下，本着“把握导向，严格把关”“统筹规划，融合发展”“创新驱动，突出效能”“开放共享，社会参与”的基本原则，落实《实施方案》，协同开展具体工作。

（一）统筹协调管理，统一称谓标识

为加快推进工程融合工作，国家图书馆党政领导班子与发展中心多次集中商议关于工程融合的具体时间表、路线图，经过广泛调研、协同推进，围绕融合发展的重点目标形成标准规范、平台搭建、资源建设、培训推广、智能服务、数据分析、统筹协调等7个工作组，并建立联席会议制度。各小组分头制订细化工作方案，明确实施步骤及序时进度，做实做细工程融合创新发展工作。

在工程顶层设计层面上，将原“三大工程”（即全国文化信息资源共享工程、数字图书馆推广工程、公共电子阅览室建设计划）对外统一称为“公共数字文化工程”；打造以“文旅e家”命名的工程“两微一端”（微信服务号、微信订阅号，新浪微博，手机客户端）服务品牌；举办“聚力文化惠民，共建数字中国”公共数字文化展览，通过展板、多媒体展示屏、智能机器人等多种方式展示公共数字文化建设成果和发展趋势。2019年，由国家图书馆、发展中心联合报送“公共数字文化工程简报”，汇报工程融合创新发展工作亮点与重要进展。

（二）统一服务界面，实现统一入口

以“国家数字文化网”为统一入口提供普适性服务，以“文旅e家”服务品牌统领“两微一端”智能服务。其中，“文旅e家”微信服务号突出服务功能，提供文化地图导航、文化视频直播、资源阅读、群众自发创作视频观看及个人中心等功能，全年发布图文11期。“文旅e家”微信订阅号重在宣传推广，向用户进行资源推送、文化活动播报，跟踪文化融合动态等，全年发布图文95篇。“文旅e家”手机客户端以文化资源、文化地图、文化活动、文化直播为主线，面向全国用户提供精准化、多元化的文化服务，全年完成77次直播，发布电子图书近5000册，电子期刊近百种，视频1380场以及音频384种。9月，开启“我和我的祖国”——文化新生活全国广场舞展演活动，涵盖30余个省，共有217个广场舞作品参与投票活动，活动PV访问量241万次、UV访问量133万次，日均PV10万余次，投票数量累计1370余万票，日均投票数达57万余

票；12 月，开启“文旅 e 家 送福到家”春节扫码阅读活动，精选群众喜爱的 11 大类、近千种文化精品资源，涵盖图书、音频、视频，以海报形式在全国所有省份、千余家文化机构开展，活动点击量达 7 万余次；12 月，通过开展网络联动开启 2020 全国“乡村春晚”网络联动活动，汇聚整合全国各地“乡村春晚”，访问量达 3271 次。

（三）构建统一平台，推进工程互联、互融、互通

按照互联互通的“一网两馆”（一网即“国家数字文化网”，两馆即“国家数字图书馆”和“国家数字文化馆”）架构思路，搭建统一的公共数字文化基础平台，加强意识形态安全和网络安全。2019 年，完成国家数字文化网站开发及初步功能测试。以国家数字图书馆平台为基础，升级完成用户管理系统和唯一标识符系统，形成用户池和资源池。推动国家公共文化云向“国家数字文化馆”转型，提供多终端的数字文化馆服务，与各地公共文化云、数字文化馆互联互通，实现与 36 家地方云对接，注册机构 989 家。

开展“公共数字文化工程大数据分析与展示平台建设”项目。建设 10 个国家数字图书馆运行管理平台省级分站，收集 200 余个公共图书馆的管理和服务数据。初步建成公共文化大数据分析展示平台，采集分析工程各级平台线上线下服务数据超过 2200 万条，建立公共数字文化大数据仓储，并通过多终端进行动态可视化展示。

（四）整合资源配置，调整工程资源建设与供给体系

梳理原全国文化信息资源共享工程、数字图书馆推广工程已建资源数量、内容、种类、版权、资金投入、使用权限期、验收流程等情况，累计建设数字资源总量约 2.2 万 TB，中央财政支持建设量约 1274TB，实现数字资源 246 万条元数据的统一检索。

调整资源建设思路，整合开发乡村春晚、广场舞、小戏小品、农村非遗、农民画等资源内容，全年采购、定制中华优秀文化、全民阅读、全民艺术普及、新媒体服务、文化扶贫、文旅融合等主题音视频资源 5133 小时，40 万种中文图书、7700 余种中文期刊、17 万首音频音乐、1470 种连环画、1000 集英语口语学习资源等，开发微讲座、改造精品讲座 200 场，扩大已建资源服务授权范围至整个公共数字文化工程。推出多个专题服务目录，供基层挑选并调取使用。完成数字图书馆推广工程“基层图书馆数字资源提升活动”与发展中心“资源服务宝”资源内容整合、LOGO 和服务界面统一，整合总量 5TB 的数字资源，通过省馆向县级馆发放，充实基层馆馆藏。扩大和延伸基层群众服务范围，将“资源服务宝”增补服务到东部地区基层群众，将原推广工程部分优质视频资源补充延伸至乡村文化站。

（五）强化专项培训，协同开展工程融合扶贫

联合举办工程融合创新发展省级文化（群艺）馆、图书馆馆长专题培训班（参见“年度掠影”之“公共数字文化工程融合创新发展专题培训班在国家图书馆举办”）、市级以上图书馆馆长

和文化（群艺）馆馆长培训班［参见“年度掠影”之“全国地市以上图书馆和文化（群艺）馆馆长培训班成功举办”］、数字图书馆创新服务培训班（参见“年度掠影”之“2019年公共数字文化工程数字图书馆创新服务培训班在上海举办”）、面向图书馆、文化（群艺）馆的业务骨干馆员研修班（参见“年度掠影”之“公共数字文化工程2019年馆员研修培训班在北京举办”）、数字文化馆建设、工程意识形态与网络信息安全等专题培训班22场，现场培训公共数字文化建设管理和骨干人才2200余人；面向公共图书馆、文化（群艺）馆业务骨干开展网络培训12期，培训人数超过110万人次；支持各地人才培训工作，全年向各省图书馆、文化（群艺）馆提供授课师资84人次。以“美好生活”为品牌发布公共数字文化服务和活动年度目录，共同策划实施“我们的中国梦——公共数字文化进万家”（参见“年度掠影”之“公共数字文化工程春节阅读活动精彩纷呈”）、“公共数字文化走基层”（参见“年度掠影”之“开展元旦春节期间‘公共数字文化走基层’活动”）、“公共数字文化工程全民阅读活动”、新中国成立70周年主题“全国广场舞展演”等多项推广活动，调动全国近千家图书馆与近百家文化馆积极参与。

公共数字文化工程融合创新发展专题培训班

国家图书馆与发展中心联合举办图书馆、文化馆帮扶工作，在湖南凤凰和辰溪、海南海口、辽宁大连、内蒙古阿尔山，西藏拉萨、山西静乐和娄烦等地以基层调研、资源捐赠、培训讲堂、现场辅导、展览展播等形式，协同开展工程融合扶贫活动。完成“基层数字图书馆”服务平台改版与资源更新，面向帮扶图书馆推送平台和资源，全年基层活动共涉及11个区县，2000余群众直接参与现场活动，服务覆盖人群超过400万人。

（六）立足融合，修订相应标准规范

完成“公共数字文化领域已有标准及其体系建设情况调研”“公共文化机构公共数字文化标准应用现状及需求分析调研”“我国公共数字文化标准规范体系构建及重点领域、优先事项识别”3项调研任务，形成《我国公共数字文化领域标准规范建设情况调研报告》《我国公共数字文化标准规范应用现状及需求分析报告》《我国公共数字文化标准体系构建及其实施对策研究》3份调研报告，为公共数字文化标准体系的构建提供研究支撑。

确定研制核心元数据标准，音频、视频、图像、文本对象数据标准，移动资源标准（含7项系列标准），绩效评估标准和大数据采集标准共14项首批重点领域的亟须标准，2019年完成11项标准的草案，起草核心元数据等5项标准的编制说明，并就标准草案和编制说明的内容征求公共图书馆、文化馆馆长及业内专家意见。面向东、中、西部地区的12家省、市级工程实施单位开展“公共数字文化工程绩效评估标准”试评估工作。4项标准申报2019年文化行业标准项目并获立项通过。开展标准宣传和推广工作，借公共数字文化工程举办培训班契机，在北京、成都、桂林等地向参与培训的工程实施机构成员推广标准成果。

（七）拓展社会化合作，助力工程资源服务与技术应用

以“公共数字文化工程”为主体在“喜马拉雅”平台开通“文旅之声”专栏，截至2019年12月底，“文旅之声”专辑总订阅数达到2.47万，用户2.6万余人，收听总量达1520.5万次。2019年9月9日，通过“学习强国”平台开设“数字文化”强国号，利用“学习强国”学习平台宣传公共数字文化工程建设成果，发布包含图文动态、第十八届群星奖获奖及入围作品、动漫戏曲节目、大师微讲堂、“文化中国”微视频等工程特色内容账号，受到党员群众的广泛关注、订阅。

探索与阿里云、腾讯、华为、抖音的合作对接。借助腾讯各大媒体平台，推广工程优质内容和服务，利用腾讯“企鹅视频”资源，补充工程资源内容；与华为签订全面框架合作协议，推动5G技术在各级文化馆、图书馆落地以及在资源建设与服务推广中的应用，建立公共数字文化服务5G安全通道，促进大数据采集与分析。推动中国文化志愿者服务系统优化升级为中国文化和旅游志愿服务系统，逐步实现各地文化和旅游志愿者工作的集中服务与管理。

（八）开展调研与交流，为工程发展提供学术支撑

组织举办2019中国文化馆年会“公共数字文化融合背景下的数字文化馆建设与发展”主题论坛、2019年中国图书馆年会“融合背景下图书馆的数字文化建设与服务创新”主题论坛，通过专题报告、案例分享、经验交流、专家点评、现场问答、现场展示等形式，探讨公共数字文化工程融合实施框架下，各地文化馆和公共图书馆数字文化建设的实践成果与未来展望。落实推进文化和旅游部2019年重点选题《公共数字文化工程融合创新发展研究》工作，赴东、中、西部实地调研，座谈交流地方实践，听取融合创新发展建议，同时开展线上问卷调查，聚焦融合深化举措，了解基层群众对数字文化服务的新需求。

四、《中华传统文化百部经典》编纂项目

2019年，《中华传统文化百部经典》编纂项目，在中宣部、文化和旅游部的支持指导下，深入贯彻习近平总书记对新时代国家图书馆事业发展方向和重要任务的指示精神，坚守初心使命，始终秉持“激活经典、熔古铸今、立足学术、面向大众”的编纂目标，以严谨认真的态度遴选中华民族最具代表性的经典名著，进一步优化实施方案、完善编纂工作机制、保障书稿质量、加强宣传推广，扎实推进《百部经典》编纂各项工作。

（一）主要工作进展

2019年，《中华传统文化百部经典》编纂项目共召开各类型会议10次，其中编纂委员会会议7次、编纂工作咨询会议1次、书稿审订工作会议2次，参会人数140人次；编报工作简报8期，会议纪要8期。全年完成15种图书的编纂出版工作，出版数量比2018年增加10种。截至2019年底，《中华传统文化百部经典》编纂项目累计编纂出版图书30种。

（二）重要工作会议

1.《中华传统文化百部经典》编纂委员会第二十次会议

3月14日，《中华传统文化百部经典》编纂委员会第二十次会议在国家图书馆召开。《中华传统文化百部经典》编纂委员会主任委员、中央文史研究馆馆长袁行霈，副主任委员、国家图书馆理事会理事长韩永进，部分编委，以及《中华传统文化百部经典》编纂工作办公室工作人员和国家图书馆出版社编辑代表参加会议。

与会专家讨论确定《苏轼集》解读人选和《本草纲目》《聊斋志异》2部书稿审订专家人选。会议责成《中华传统文化百部经典》编纂工作办公室开展《孝经》《新书》《汉书》《曹操集》《三国志》《后汉书》《世说新语》《通典》《范仲淹集》《畴人传》《海国图志》11种典籍解读人调研工作。会议还就元曲类典籍书目遴选原则问题展开讨论。

2.《中华传统文化百部经典》编纂委员会第二十一次会议

4月3日，《中华传统文化百部经典》编纂委员会第二十一次会议在国家图书馆召开。《中华传统文化百部经典》编纂委员会主任委员、中央文史研究馆馆长袁行霈，副主任委员、国家图书馆理事会理事长韩永进，部分编委，以及《中华传统文化百部经典》编纂工作办公室工作人员和国家图书馆出版社编辑代表参加会议。

会上，袁行霈再次明确书目遴选五条原则：一是遴选有助于治国理政的典籍；二是遴选有助于修身立德的典籍；三是遴选能体现中华优秀传统文化精髓或根本精神的典籍；四是遴选能表现中华民族创造力和生命力的典籍；五是遴选在国际上有较大影响力的典籍。基于以上五条原则，编纂委会对2019年春节前征求项目顾问及相关专家有关书目的意见展开讨论，对于具有建设性的意见充分采纳。会议特别讨论《大唐西域记》，认为其在中外交流方面很有意义，特别是有关西域的记载关乎“一带一路”，应当入选。会议还讨论确定4种典籍的解读人选和3种书稿的审订专家人选。

3.《中华传统文化百部经典》编纂委员会第二十二次会议

5 月 24 日，《中华传统文化百部经典》编纂委员会第二十二次会议在国家图书馆召开。《中华传统文化百部经典》编纂委员会主任委员、中央文史研究馆馆长袁行霈，部分编委，以及《中华传统文化百部经典》编纂工作办公室工作人员和国家图书馆出版社编辑代表参加会议。

与会人员讨论确定《国语》《大唐西域记》两部书稿的审订专家人选，讨论确定《孝经》《三国志》《新书》《后汉书》《世说新语》《徐霞客游记》《通典》《范仲淹集》《日知录》《桃花扇》10 种典籍的解读人选。会议还讨论部分书目入选《中华传统文化百部经典》等问题。

4.《中华传统文化百部经典》四大名著编纂工作专家咨询会议

6 月 14 日，《中华传统文化百部经典》四大名著编纂工作专家咨询会议在国家图书馆召开。中华书局编审程毅中，北京师范大学文学院教授张俊、郭英德，中国社会科学院文学研究所研究员石昌渝，首都师范大学文学院教授段启明，中国艺术研究院研究员张庆善、孙玉明，北京大学中文系教授刘勇强、潘建国，北京语言大学人文学部教授段江丽及《中华传统文化百部经典》编纂工作办公室工作人员和出版社代表参加会议。《中华传统文化百部经典》编纂委员会委员、北京大学中文系教授廖可斌主持会议。

与会专家就四大名著节选问题，四大名著版本和原著署名问题，四大名著的导读、校勘、注释、点评、旁批问题，四大名著解读人推荐问题展开讨论，并提出建设性意见和建议。廖可斌表示，会议的召开非常及时和必要。专家的讨论和交流，对四大名著的解读工作提供有益的指导。

5.《聊斋志异》书稿审订工作会议

6 月 19 日，《聊斋志异》书稿审订工作会议在国家图书馆召开。《聊斋志异》解读人、山东大学教授马瑞芳，书籍第一读者、山东大学教授牛运清，书稿审订专家、北京师范大学教授于天池，书稿审订专家、编委、中国艺术研究院研究员王能宪，出版社编辑代表，编纂工作办公室及相关工作人员参加会议。

《聊斋志异》书稿审订工作会议

会上，于天池介绍书稿审订情况，王能宪介绍《中华传统文化百部经典》编纂项目情况，马瑞芳介绍书稿撰写情况。解读人与审订专家就书稿审订意见和修订工作展开深入研讨。

6.《中华传统文化百部经典》编纂委员会第二十三次会议

6 月 21 日，《中华传统文化百部经典》编纂委员会第二十三次会议在国家图书馆召开。《中华传统文化百部经典》编纂委员会主任委员、中央文史研究馆馆长袁行霈，副主任委员、国家图书馆理事会理事长韩永进，部分编委，以及《中华传统文化百部经典》编纂工作办公室工作人员和国家图书馆出版社编辑代表参加会议。

会上，袁行霈表示，书目遴选是《中华传统文化百部经典》编纂工作的基础，关系到整体编纂质量。之前会议已多次讨论书目，并在会下广泛征求顾问、编委及相关专家的意见与建议，目前确定《中华传统文化百部经典》书目的条件基本成熟。他强调此次会议的主题是进一步确定书目，作为《中华传统文化百部经典》编纂工作重要的阶段性成果。与会人员在综合考虑各方意见和建议的基础上，对拟定书目逐一进行深入分析和讨论，初步形成《中华传统文化百部经典》书目。书目上起先秦，下至辛亥革命，涵盖哲学、历史、文学、科技、艺术等领域重要典籍，以充分体现中华优秀传统文化的广泛性和多样性。

7.《中华传统文化百部经典》编纂委员会第二十四次会议

9 月 19 日，《中华传统文化百部经典》编纂委员会第二十四次会议在国家图书馆召开。《中华传统文化百部经典》编纂委员会主任委员、中央文史研究馆馆长袁行霈，副主任委员、国家图书馆理事会理事长韩永进，副主任委员、国家图书馆馆长饶权，部分编委，以及《中华传统文化百部经典》编纂工作办公室工作人员和国家图书馆出版社编辑代表参加会议。

会上，饶权向与会人员介绍国家图书馆建馆 110 周年馆庆活动情况，并传达习近平总书记给国家图书馆老专家回信精神。编委会听取《中华传统文化百部经典》编纂工作办公室主任张洁对 2019 年年底计划出版书稿情况的汇报，并对第二十三次编委会形成的《中华传统文化百部经典》书目进行审议并做出调整。此外，会议讨论确定《柳宗元集》书稿审订专家人选，《商君书》《法言》《曹操集》《嵇康集》《元好问集》《湛然居士文集》《儒林外史》《林则徐集》8 种典籍的解读人选。关于《资治通鉴》《营造法式》两部典籍解读问题，编委会责成编纂工作办公室先与既定解读人进行沟通，如其无法完成解读工作，建议更换解读人选。

《中华传统文化百部经典》编纂委员会第二十四次会议

8.《中华传统文化百部经典》编纂委员会第二十五次会议

11月21日,《中华传统文化百部经典》编纂委员会第二十五次会议在国家图书馆召开。《中华传统文化百部经典》编纂委员会主任委员、中央文史研究馆馆长袁行霈,副主任委员、国家图书馆理事会理事长韩永进,副主任委员、国家图书馆馆长饶权及部分编委,以及《中华传统文化百部经典》编纂工作办公室工作人员和国家图书馆出版社编辑代表参加会议。

饶权首先向大会报告11月13日赴中宣部文艺局参加《百部经典》编纂项目推进会议的情况。张洁汇报近期工作进展:确保实现2019年底前再出版10种图书、累计出满30种的目标;在图书编纂质量为先的基础上,遵循出版规律,计划于2020年出版12—15种图书;力争2021年上半年出满50种,即出版成果达到一半,向中国共产党建党100周年献礼。

与会人员就下一步工作进行研讨并形成建议:一是在《文艺信息专报》刊载《中华传统文化百部经典》相关出版信息,并抄送解读人所在单位主要领导人,进一步激发解读人参与项目的积极性。二是充分利用“学习强国”平台,于2020年春节继续开展“看春晚送图书”活动。借助“学习强国”平台和春晚影响力,推动项目成果深入人心。三是适时召开项目出版座谈会或者推进会。会议由中宣部领导主持,邀请参与项目的专家、科研单位和出版单位等,总结工作经验,部署下一阶段工作,以颁发证书等形式对参与项目人员进行鼓励。四是择机实施配套项目,扩大项目影响力。会议进一步讨论确定《王维集》《文献通考》《周易略例》《通典》《张载集》《窦娥冤》《望江亭》《赵氏孤儿》《孟子字义疏证》《文史通义》《海国图志》《林则徐集》《黄遵宪集》《孙中山集》等典籍的解读人选。

(三)《中华传统文化百部经典》第三批图书编纂出版

2019年6月,《中华传统文化百部经典》第三批图书编纂出版。第三批图书包括《荀子》《楚辞》《论衡》《史通》《贞观政要》5种。解读人分别是清华大学教授廖名春、西北师范大学教授赵逵夫、复旦大学教授邵毅平、扬州大学教授王嘉川和中国社会科学院历史研究所研究员谢保成。

第三批图书跨越先秦汉唐,内容涵盖哲学、文学、史学等领域,与前两批出版图书前后呼应,充分体现中华优秀传统文化的源远流长,一脉相承和丰富多彩。《荀子》是继《论语》《孟子》之后儒家重要经典,通过专家解读,读者可对荀子的“思辨”有更深刻的体悟。《楚辞》与《诗经》并称“风骚”,开创了我国浪漫主义文学先河。解读人在文本和字词注释上颇下功夫,力求给读者提供精审耐读的文本。《论衡》提出了“元气论”,解释世俗之疑、辨析是非之理,闪耀着唯物主义思想的光芒。《史通》论述史籍源流,评价前人修史得失,探讨史书体例及编纂方法。《贞观政要》为政论性史书,反映了贞观时期治国理政大政方针,尤其是谏诤制度的发展变化,通过专家解读,广大读者可以深入领略唐太宗君臣议政的智慧,做到以史为鉴。

为进一步扩大编纂项目社会影响力,在中宣部、文化和旅游部的支持指导下,国家图书馆在图书出版后密集开展媒体宣传。新华社发布“《中华传统文化百部经典》第三批图书出版”新闻通稿,多家新闻媒体转载;中央电视台进行新闻采访,相关新闻视频在中央电视台《新闻联播》《朝闻天下》《文化十分》等栏目播出,宣传效果显著。

（四）《中华传统文化百部经典》第四批图书编纂出版

2019年底，《中华传统文化百部经典》第四批图书编纂出版，包括《战国策》《黄帝内经》《春秋繁露》《九章算术》《齐民要术》《杜甫集》《韩愈集》《王安石集》《西厢记》《聊斋志异》10种。

在第四批图书编纂过程中，继续贯彻“激活经典、熔古铸今、立足学术、面向大众”的编纂原则，严格按照《〈中华传统文化百部经典〉编纂工作手册》《〈中华传统文化百部经典〉审订工作手册》等开展工作，注重解读人遴选、书稿撰写、书稿审订和编辑出版等环节。根据典籍涉及学科领域及国内出版社资质和优势，严选国家图书馆出版社和科学出版社出版第四批图书。其中，科学出版社负责出版发行《黄帝内经》《九章算术》《齐民要术》3种科技类图书。

编纂办公室及时联络、协调两个出版单位，努力做到编校标准统一、图书版式设计一致。向出版社提交的大部分“齐清定”书稿满足了至少预留6个月以上编校时间的基本要求。书稿于元旦前后付印。国家图书馆和编纂委员会的工作得到专家学者及出版单位的好评。

（五）《中华传统文化百部经典》专题展览

“激活经典　熔古铸今——《中华传统文化百部经典》”专题展览

4月23日“世界读书日”当天，“激活经典　熔古铸今——《中华传统文化百部经典》”专题展览在国家典籍博物馆开展。展览介绍《中华传统文化百部经典》编纂项目的实施情况及当前出版成果。实施情况主要包括项目简介及重要意义、顾问和编委情况及编纂体例等内容；出版成果主要介绍《中华传统文化百部经典》首批10种及第二批5种出版图书，包括每部经典的内容简介、精选名句解析等，辅以精选配图。展品精选国家图书馆藏善本和普通古籍等共计30种。其中宋两浙东路茶盐司刻本《尚书正义》、宋刻本《孟子集注》和宋两浙东路茶盐司刻宋元递修本《周易注疏》等3册善本弥足珍贵。

国家图书馆举办此次专题展览以致敬经典，让公众领略读书的魅力和价值。展览现场设有读者留言簿。留言对展览及《中华传统文化百部经典》阶段性成果给予肯定，并对后续图书表示期待。

“世界读书日”当日，国家图书馆、“学习强国”平台联合全国图书馆界共同开展“读经典　学

新知 链接美好生活”世界读书日特别活动。特别活动中“先生的书房”环节，《中华传统文化百部经典》编纂项目顾问，《论语》解读人钱逊为观众带来《世界读书日说“读经典”》的主题演讲。同时，专题网站资源推出“传承经典 好书共读”页面，其中“好书共读”发布《中华传统文化百部经典》已出版15种图书部分在线试读和答题活动。国家图书馆手机门户、数字图书馆移动阅读平台以及国家图书馆微信订阅号、服务号等也同步发布相应内容，读者可以通过电脑、手机等随时参与互动。

（六）“让经典走向大众——《中华传统文化百部经典》推介全国行”活动（第一期）

2019年，《中华传统文化百部经典》编纂项目委托中国图书馆学会阅读推广委员会组织实施“让经典走向大众——《中华传统文化百部经典》推介全国行”活动（第一期）。活动主要通过制作公益宣传片、赠书仪式背景视频、公益展览电子版，组织专家讲师团，用统一、规范的模式，提供给基层图书馆去宣传推广。

1月，中国图书馆学会下发“让经典走向大众——《中华传统文化百部经典》推介全国行”活动文件，开始大规模在全国开展相关工作，活动得到全国各地图书馆的踊跃参与。截至9月，有160余家图书馆申请加入推介活动。截至10月，全国各地共有60个图书馆及时反馈活动开展情况，包括浙江省7个，山西省、广东省各6个，河南省、江苏省、福建省、山东省各4个，湖南省、江西省、河北省各3个，北京市、重庆市、天津市、湖北省、吉林省、广西壮族自治区各2个，安徽省、海南省、黑龙江省、内蒙古自治区各1个。其中，河南省图书馆学会、河南省高等学校图书情报工作委员会专门联合发文《关于在河南省各级各类图书馆做好“让经典走向大众——〈中华传统文化百部经典〉推介全国行”活动工作有关事项的通知》，积极推动该省《中华传统文化百部经典》推介活动的开展。

五、《鲁迅手稿全集》编辑出版项目

（一）项目主要进展

2019年，项目按计划有序开展，成立专家审校组，制订《〈鲁迅手稿全集〉审校工作制度》并获文化和旅游部批准。文稿编、日记编、书信编、译稿编、辑校古籍编、辑校金石编已基本完成编纂工作，陆续进入电子排版、专家审校、专家委员会复审、出版社审校阶段。附录编已基本完成出版目录整理，提交专家讨论，并根据专家意见进一步研究分类和收录内容等具体方案。同时，已完成序言初稿撰写和封面第7稿的设计。全年组织召开编辑委员会会议1次、专家委员会会议3次、编辑委员会办公室工作会议9次。

《鲁迅手稿全集》编辑委员会会议

（二）新版《鲁迅手稿全集》主要特点

新版《鲁迅手稿全集》（简称《全集》）的特点主要体现在“全、精、真、新”四方面。

“全”是指收录内容更全面。新版《全集》较计划出版20000页增至近33000页，收录大量新资料。其中，附录编共计近6500页，均为首次收录出版，主要包括课堂笔记、医学笔记、版税收据、剪报批注、家用账及其他题赠、签题、摹绘、影抄、批校手迹等。辑校金石编共计7347页，较之前出版物增加约4000页，首次收录国家图书馆、北京鲁迅博物馆藏金石手稿127种，约2867页（其中拓片题记约1200余条）。辑校古籍编共计10338页，较之前出版物增加2626页，首次收录《出三藏记集》《易林》《易林丁晏释文》《墨经正文》《丛书目录摘抄》《遂初堂书目》《於越有明三不朽图赞》等抄本，以及早年抄录的《恒训》《镜湖竹枝词一百首》《二树山人写梅歌》。书信编共计2876页，较之前出版物增加752页，首次收录鲁迅写给沈迪民（1904年）、许寿裳（1911年1月2日）、胡绥之（1915年4月13日）、胡适（1921年1月15日）、曹靖华（1934年11月29日）、杨之华（1936年7月17日）等信，给郁达夫、胡风、张影等人的书信，鲁迅和茅盾就英译中国短篇小说集《草鞋脚》写给伊罗生的7封信，增田涉在翻译《中国小说史略》等论著过程中与鲁迅答疑的稿件。文稿编共计2163页，较之前出版物增加178页，首次收录《鹭华》等手稿。译稿编共计1498页，首次收录《文学者的一生》等10种译稿，第一次完整出版鲁迅译稿。日记编共计2212页，页数没有变化。

“精”是指编纂方式更科学。新版《全集》对之前相关出版物在编辑体例上存在的问题加以总结改进，编纂更科学合理。各编编辑以严谨的态度与专家一起对新征集来的手稿，尤其是在拍卖公司拍卖的几件手稿，仔细加以鉴定考证。在编辑说明的撰写过程中，编辑也多次与专家进行沟通，反复修改，以确保内容的严密和准确。手稿尺寸是最为重要的原始信息，为保证手稿尺寸的准确性，编辑反复与各收藏机构进行核对，并在排版过程中，仔细审核，确保著录准确。在此基础上，每件手稿均著录名称、创作年代、尺寸、页数、来源等信息，同时对手稿别次、抄录者情况等做简介，对相关问题做注释。力求著录更专业，便于学者和读者利用。

“真”是指印制更呈现原貌。新版《全集》运用新媒体技术高清扫描，按照原稿影印，不做修版描润，精装精印，封面采用装饰布或特种纸。较之前出版物更能呈现最原始最全面的信息，最大限度地还原鲁迅先生的创作历程和作品原貌。还原本真，有利于对鲁迅及其作品思想的研究和宣传，通过原文的修改笔迹，展示作者在写作过程中的思想活动及文学思考。原稿影印的鲁迅先生的书法，将进一步增添本书的收藏与鉴赏价值。

“新”是指出版形式更新颖。在出版一套能够反映现代精装精印技术的纸质套书的同时，还将编制一套高质量的鲁迅手稿数据库。这是在互联网时代运用新媒体技术，丰富广大研究者和读者使用方式的一项重要尝试。广大研究者和读者无须购买纸质全集，足不出户即可通过手稿名称等关键词检索相应图像，满足查阅需求。该数据库将于日后进一步细化，以满足更高层次的全文检索需求。

六、国家传统文化典籍整理工程

2019 年，继续实施国家传统文化典籍整理工程，充分发挥国家图书馆馆藏资源优势和专业人才文献整理能力，联合全国相关典籍收藏和研究机构，共同开展全国传统文化典籍征集整理与研究工作。

（一）文献征集整理研究工作稳步推进

2019 年，第一批 4 个子项目全面开展相关文献资源的调查、征集、整理、研究工作。

1.“中国海洋珍贵历史文献整理与研究”子项目

在对中国历代海洋文献进行认真整理和版本研究的基础上，完成《中国历代海洋文献丛刊》选目工作，并就书目征求业界专家意见，获得专家充分肯定。汇编《中国历代海洋文献丛刊》，收录馆内外存藏海洋相关古籍 54 种，全文书影图片共计 10747 拍。

2.“辛亥革命武昌起义文献整理与研究”子项目

项目对全国主要图书馆、档案馆、纪念馆、博物馆藏辛亥革命武昌起义文献进行调研，制作并验收完成图书馆、档案馆、纪念馆、博物馆藏目录数据 1.3 万余条，编制《辛亥革命武昌起义文献总目》；与辛亥革命武昌起义纪念馆签订合作协议，获其经费支持，启动《辛亥革命武昌起义报刊资料选编 · 续编》工作，在先期收集整理 19 种报刊资料的基础上，追加整理 12 种报刊中所见武昌起义资料。

3. “中国石刻资料征集、整理与研究”子项目

整理完成《山西石刻目录》征集数据约1万条；完成国家图书馆、北京大学图书馆、重庆图书馆三馆近1400条法帖总目、约3万条子目数据的征集、整理及《容庚藏帖》的编校工作，在此基础上开展《中国历代丛帖总目初编》编纂工作;《山西石刻影像精品图录》完成约400种500幅石刻影像资料的初编工作。

4. “‘一带一路’文献整理与研究”子项目

完成《汉文敦煌遗书题名索引》的资料征集、数据整理工作，收录题名索引数据约6万条。完成60种西域藏文文献的资料整理、文献释读与研究工作，完成专著《中国国家图书馆藏西域文献中藏文文献的整理与研究》。此外，“敦煌遗书书法选集”“宁波海交史籍举要”等资料整理研究工作也在积极推进中，即将完成并提交出版。

（二）文献整理成果陆续推出

在文献征集整理基础上，2019年度《丝绸之路研究论著提要》《丝绸之路研究论文目录》等3部成果正式出版，《中国历代海洋文献丛刊》《中国国家图书馆藏西域文献中藏文文献的整理与研究》《汉文敦煌遗书题名索引》等成果完成编纂，交付出版。

（三）积极策划新选题

2019年新启动“全国图书馆藏新民主主义革命时期中共党史文献整理与研究”项目，着手开展《中共党史文献伪装本叙录》编纂工作。会同馆内相关部门策划新选题，起草子项目实施方案。

年度掠影

【国家图书馆（国家古籍保护中心）文化文艺小分队走进湖南凤凰和辰溪】

1月14—16日，由国家图书馆副馆长、国家古籍保护中心副主任张志清带队，国家图书馆（国家古籍保护中心）工作人员、藏书家、作家、京剧表演艺术家组成的文化文艺小分队先后来到湖南省湘西土家族苗族自治州凤凰县和怀化市辰溪县，面向基层群众开展形式多样、内容丰富的文化志愿惠民活动——“书香盈岁月　新桃换旧符——文化文艺小分队下基层活动”。活动中，国家图书馆（国家古籍保护中心）分别向两县图书馆捐赠图书6000余册，其中包括专门遴选的各类新书5000册，以及《中华传统文化百部经典》《国学基本典籍丛刊》《中国珍贵典籍史话丛书》《书香联萃》《梁启超：永远的少年》等兼具权威性、时代性、普及型的传统文化系列读本1000余册。湖南图书馆向两县图书馆赠送装有春联、红包等的春节吉祥物福袋。著名藏书家韦力、老舍文学奖获得者文珍以及国家古籍保护中心办公室郑小悠现场为读者签赠《书店寻踪》《三四越界》《梁启超：永远的少年》等书籍。

“书香盈岁月　新桃换旧符——文化文艺小分队下基层活动”走进凤凰县图书馆

现场还开展京剧表演、传统拓印技艺表演、现场书写春联、文化沙龙等系列互动，为市民送上节日祝福。其中，国家京剧院京剧表演艺术家刘魁魁、吕耀瑶表演的《赵氏孤儿》《赤桑镇》

《锁麟囊》《红梅赞》等知名京剧唱段赢得现场观众的阵阵喝彩。国家图书馆、湖南图书馆工作人员与其他文艺小分队成员举办的“读书与人生”文化沙龙，通过讲述个人读书、藏书、用书、著书以及教书育人的体会和感悟，与现场观众共同探讨读书与人生的真谛。

【国家图书馆（国家古籍保护中心）举办“风雅·风骨·风趣——中国古代文学名家名作讲座”】

“风雅·风骨·风趣——中国古代文学名家名作讲座”主讲人与现场观众互动

3月16日，国家图书馆（国家古籍保护中心）、北京大学中文系联合主办的“风雅·风骨·风趣——中国古代文学名家名作讲座”开幕式暨首场讲座在国家图书馆举行。国家图书馆副馆长、国家古籍保护中心副主任张志清，北京大学中文系副主任杜晓勤出席活动并致辞。

此次系列讲座共13场，从3月16日起每周在国家图书馆开讲。首场讲座以对谈沙龙的形式，邀请葛晓音、张鸣、刘勇强3位教授，同台共论中国古代诗、词、小说3种文体的赏析之法。随后，于迎春、傅刚、常森、钱志熙、杜晓勤、张剑、李简、李鹏飞、潘建国等学者先后主讲，葛晓音、张鸣、刘勇强3位先生复次登台。系列讲座大体以先秦秦汉、魏晋隋唐、宋元、明清时段为序。或从名著着眼，讲解先秦古诗、史传文学、诸子散文、明清小说中的杰出代表《诗经》《左传》《论语》《庄子》《韩非子》《红楼梦》《西游记》；或从名家切入，介绍陶渊明、元白、李杜、苏轼的人生经历与作品精神；或立足文学史研究，考察唐宋古文运动的深层内涵；或以同题材佳作类比对读，畅谈元杂剧的奇思巧构、文言小说的奇幻世界。讲座期间，拥有200多个座席的国家图书馆文会堂场场爆满，累计到场听众3000余人次。

【国家古籍保护中心助力孔子博物馆碑帖编目与修复】

4—7月，国家古籍保护中心相继在孔子博物馆举办第四期、第五期全国碑帖编目与鉴定研修班和第十期全国古籍修复技术与工作管理研修班，以培训带动工作，完成一批珍贵碑帖拓片的编目和修复项目。

4月10日，第四期全国碑帖编目与鉴定研修班开班，邀请故宫博物院研究员施安昌、国家图书馆研究馆员冀亚平、北京大学图书馆研究馆员胡海帆3位碑帖研究领域的权威专家授课，采取“理论＋实践”的教学模式，以孔子博物馆馆藏的碑帖拓片为教学内容，通过专家讲授和学员实

第五期全国碑帖编目与鉴定研修班课程编目现场

际操作，系统开展碑帖拓片的编目和版本鉴定培训。期间，3位专家通过对孔府档案、馆藏的仔细研究查看，在该馆首次发现国内罕见的《乾隆御定石经》初拓本，兼具重要的文化、史料和研究价值。在此基础上，第五期全国碑帖编目与鉴定研修班于5月8日开班，继续邀请冀亚平和胡海帆2位专家授课，增进学员业务水平。经过两期研修班，累计培训来自全国多个省（市）图书馆、博物馆、高校图书馆的学员60余名，完成编目录入数据5305种24694张，编目工作取得显著成果，为尽快完成孔子博物馆馆藏碑帖的编目与出版工作奠定良好基础。

7月2日，第十期全国古籍修复技术与工作管理研修班开班。该期管理研修班由国家级非物质文化遗产项目古籍修复技艺代表性传承人杜伟生为学员进行理论授课，国家级古籍修复技艺传习中心孔子博物馆传习所导师胡玉清、浙江图书馆副研究馆员汪帆提供具体的修复实践指导，累计培训全国11个省（市）图书馆、博物馆的学员23名，完成104张石刻拓片、80张银票及部分孔府档案的修复。

【国家图书馆（国家古籍保护中心）举办首届中华传统晒书大会】

8月6日，由国家图书馆（国家古籍保护中心）主办，孔子博物馆、山东省古籍保护中心承办，央视网、（全国）教育书画协会少年分会协办的首届中华传统晒书大会启动仪式在曲阜孔子博物馆举办。文化和旅游部、国家图书馆、山东省文化和旅游厅、山东省图书馆、济宁市政府、曲阜市政府、孔子研究院、孔子博物馆等单位有关领导、知名专家及数千名群众参加活动。启动仪式由孔子博物馆馆长孔德平主持，国家图书馆馆长、国家古籍保护中心主任饶权，山东省文化和旅游厅一级巡视员李国琳，大连图书馆原馆长张本义先后致辞，张本义向国家图书馆赠送自己亲笔书写的《国图百十年典籍传承记》墨宝。国家图书馆出版社现场发布《中国古籍珍本丛刊·孔子博物馆卷》、孔子博物馆藏《乾隆御定石经·孝经》和《圣门礼乐志》3种新书，并向孔子博物馆捐赠《中华传统文化百部经典》《国学基本典籍丛刊》等图书30种337册。此外，当天还举办晒书大会和晒书沙龙活动，现场展出孔府珍藏的档案、古籍、拓片等珍贵文物藏品。

在文化和旅游部的指导下，在国家古籍保护中心的倡议下，全国各地从7月8日（阴历六月初六）开始举办各种丰富多彩的晒书活动。古籍收藏单位馆长、人文学者、保护专家、非遗传承人亲自晒国宝、晒经典、晒技艺、晒传统，通过丰富多彩的晒书大会、品书沙龙、系列讲座、珍品展览、交流互动，使公私藏家、广大民众一起分享古籍知识，传播保护方式。期间，共20个省的27家单位参与“晒国宝”活动，提供视频资料42条，晒出珍贵古籍64部；各地举办相关活动、展览、讲座等20余场，参与观众千余人；浙江、安徽、四川、云南4省分别举办5场古籍修复技艺竞赛，参赛人数96人。借助“晒书大会”这种传统形式，把古人晒书的传统和现代网络流行语结合起来，传播爱书护书观念，让古籍里的文字活起来，融入生活，逐渐成为大家喜闻乐见的晒书节日。

首届中华传统晒书大会启动仪式

【国家古籍保护中心办公室荣获“全国民族团结进步模范集体”称号】

团结 进步

단결 진보

Doxgiet Baenaj

荣誉证书

授予：国家图书馆国家古籍保护中心办公室

全国民族团结进步模范集体称号

中华人民共和国国务院

2019年9月

“全国民族团结进步模范集体”证书

2019年9月，国务院印发《关于表彰全国民族团结进步模范集体和模范个人的决定》（国发〔2019〕20号），决定授予665个集体全国民族团结模范集体称号，授予812人全国民族团结进步模范个人称号。国家图书馆国家古籍保护中心办公室获得全国民族团结进步模范集体称号。在全国古籍保护工作部际联席会议成员单位及文化和旅游部的指导下，作为中华古籍保护计划的具体实施部门，国家古籍保护中心办公室全面贯彻党和国家的民族政策，牢固树立“保护民族古籍、增进民族团结、维护祖国统一”的理念，在制度设计、古籍普查、价值挖掘、文脉传承、人才培养等方面，积极推进少数民族文字古籍及民族地区古籍保护工作，取得丰硕成果。

【国家图书馆（国家古籍保护中心）等全国20家单位联合在线发布古籍数字资源】

11月12日，国家图书馆（国家古籍保护中心）与吉林省图书馆、黑龙江省图书馆、南京图书馆、山东省图书馆、湖北省图书馆、云南省图书馆、宁波市天一阁博物馆、广东省社科院图书馆、枣庄市图书馆、重庆市北碚区图书馆、湖州市图书馆、宝鸡市图书馆、佛山市图书馆、惠州慈云图书馆、泸州市图书馆、阆中市图书馆、内江师范学院图书馆、苏州市吴中区图书馆、河南省唐河县图书馆等20家单位，在国家图书馆联合举办古籍数字资源共享发布活动，在线发布古籍数字资源7200余部/件，免费服务大众阅览和学术研究。国家图书馆副馆长、国家古籍保护中心副主任张志清，山东省图书馆副馆长李勇慧以及吉林省图书馆、黑龙江省图书馆、湖北省图书馆、宁波市天一阁博物馆等发布单位代表，北京大学教授荣新江、北京师范大学教授周少川、山东大学教授杜泽逊、中国科学院文献情报中心研究馆员罗琳等专家学者和20余家媒体代表出席活动。此次联合发布活动是国家图书馆（国家古籍保护中心）组织的第四次，也是参加单位最多的一次，不仅有省级馆，更有很多市、区、县公共图书馆，以及博物馆、高等院校、科研机构等系统古籍收藏单位。著名藏书家韦力将所藏8部稿抄校本古籍数字影像无偿赠送国家图书馆进行发布，更是开创了民间收藏古籍以数字资源形式服务社会公众的新模式。《“十三五”时期全国古籍保护工作规划》要求在2016年已发布2.7万部/件古籍资源的基础上，到2020年达到7万部/件，2018年发布总量已达到6.5万部/件，加上此次联合发布7200余部/件，总量已超过7.2万部/件，提前完成古籍资源发布任务。

【国家图书馆（国家古籍保护中心）与北京苹果慈善基金会开展藏文古籍保护合作】

12月16日，国家图书馆、北京苹果慈善基金会藏文古籍保护合作框架协议签约仪式在国家图书馆举行。国家图书馆馆长、国家古籍保护中心主任饶权，北京苹果慈善基金会创始人王秋杨、名誉理事长高西庆出席签约仪式。国家图书馆副馆长、国家古籍保护中心副主任张志清与北京苹果慈善基金会秘书长马帅代表双方签约。国家图书馆相关部门负责人、北京苹果慈善基金会相关负责人等参加签约仪式。饶权在讲话中指出，加强对藏文古籍特别是西藏自治区的古籍保护工作是传承中华民族优秀传统文化、维护民族团结、保障国家文化安全的重要内容。自2007年中华古籍保护计划正式实施以来，国家古籍保护中心一直大力支持并积极推进西藏自治区的古籍保护工作，在古籍普查、名录评审、古籍修复、古籍数字化、人才培养、宣传推广等方面都取得很大进展。近年来，党和政府大力支持并鼓励社会力量投入，建立多元化的投入机制。此次，国家图书馆与北京苹果慈善基金会的合作，正是响应国家号召，吸引社会力量，共同推动藏文古籍保护工作的重要举措。王秋杨表示，北京苹果慈善基金会自2003年成立以来，在西藏阿里地区的教育、医疗、文化和环保等领域持续开展公益慈善项目。国家图书馆是传承和弘扬中华优秀传统文化的重要基地，担负着组织全国古籍保护工作的重任。双方具有共同的文化理想和使命担当，希望双方发挥各自资源优势，共同推动藏文古籍保护工作。

根据协议，双方将在西藏自治区的古籍保存、保护、修复、出版、数字化和宣传推广等方面开展通力合作，共同促进藏文古籍的保护与利用。

【国家图书馆（国家古籍保护中心）文化文艺小分队走进云南大理和怒江】

“‘我们的中国梦——文化进万家’国家图书馆文化文艺小分队下基层活动”启动仪式上，馆长饶权代表国家图书馆向大理图书馆赠书

12月27日，国家图书馆（国家古籍保护中心）举办的“‘我们的中国梦——文化进万家’国家图书馆文化文艺小分队下基层活动”启动仪式在云南大理拉开帷幕。国家图书馆、云南省文化和旅游厅、云南省图书馆以及大理白族自治州、大理市相关负责同志出席活动。仪式结束后，小分队在大理市图书馆和大理州图书馆进行实地调研。12月28—30日，国家图书馆馆长饶权和副馆长张志清分别带队赴怒江州和巍山县、洱源县，深入基层开展“文化进万家”活动并进行调研。

活动期间，国家图书馆（国家古籍保护中心）、中国图书馆学会向大理图书馆、巍山县图书馆、洱源县图书馆、怒江州图书馆、贡山县图书馆、福贡县图书馆捐赠图书27000余册，其中包括专门遴选的少儿、社科、科技类图书馆26000册，以及《中华传统文化百部经典》《中国珍贵典籍史话丛书》《书香联萃》《梁启超：永远的少年》等兼具权威性、时代性、普及性的传统文化系列读本1000余册。国家图书馆、全国公共文化发展中心共同向滇西农村群众推出“文旅e家”助力美好生活App，精选11大类近千种群众喜爱的文化精品资源。此外，小分队面向基层群众开展送书扶智、文化帮扶、非遗展演、沙龙讲座等形式多样、内容丰富的文化志愿惠民活动。其中，国家京剧院京剧表演艺术家杨杨和王珺现场演绎国粹《红灯记》等知名京剧唱段，古籍修复专家展示年画刷版、古籍修复、传拓等传统非遗技艺，著名儿童文学作家黑鹤、余雷在大理第一小学开展的“阅读改变人生”儿童沙龙，深受现场群众喜爱。

【国家图书馆（国家古籍保护中心）举办缪荃孙铜像揭幕仪式暨学术研讨会】

12月22日，中国图书馆事业的拓荒者、国家图书馆首任馆长缪荃孙铜像揭幕仪式在国家图书馆举行。2019年恰逢国家图书馆建馆110周年，也是缪荃孙逝世100周年，江阴市委、市政府代表缪荃孙家乡人民，向国家图书馆（国家古籍保护中心）捐赠缪荃孙半身铜像，以此纪念他对国家图书馆以及中国图书馆事业创新发展的伟大贡献。国家图书馆馆长、国家古籍保护中心主任饶权，国家图书馆副馆长、国家古籍保护中心副主任张志清，中共江阴市委常委计军、程政，江阴市副市长张韶峰，以及来自北京大学、清华大学、国家图书馆、南京图书馆等单位的专家学者，缪荃孙后裔共40余人出席会议。会议由张志清主持。

国家图书馆领导、江阴市领导、缪荃孙后人共同为铜像揭幕

饶权在致辞中表示，今年是国家图书馆建馆110周年，习近平总书记专门给国家图书馆8位老专家回信，对国家图书馆的历史贡献做出高度评价，对图书馆在社会生活中的重要意义给予明确定位，对图书馆事业在新时代的进一步发展提出殷切希望。面对总书记的嘱托，我们抚今追昔，深刻认识到国家图书馆和中国图书馆事业之所以历久弥新，始终担当起保存国粹、传承文明的历史使命，呈现开放流通、服务社会的宏阔气象，与缪荃孙等首倡先贤的办馆思想和躬行实践密不可分。在这样一个重要的时间节点，我们接受江阴市委、市政府代表家乡人民捐赠的缪荃孙铜像，将他安放于国家图书馆馆区内，用以昭示百一十年国家图书馆规划草创之不易，发展壮大之艰辛，这不但是对先贤的追思缅怀，更是对我们的鞭策激励。

仪式过后，多位对缪荃孙生平、学术具有深入研究的专家学者畅所欲言，从各自角度表达对缪荃孙一生学高德范的仰慕与追思。揭幕仪式结束后，铜像将被长期安放在国家图书馆内，供国家图书馆员工与广大读者一起瞻仰缅怀。

【革命文献与民国时期文献整理项目专家评审会在国家图书馆召开】

4月18日，革命文献与民国时期文献整理项目专家评审会在国家图书馆召开。中国社会科学院研究员马大正、近代史研究所所长王建朗、世界历史研究所所长汪朝光、原中央党史研究室秘书长黄小同、经济日报社副总编季正聚、中国第二历史档案馆馆长马振犊、北京大学历史学系教授王晓秋、四川大学历史文化学院教授陈力、中国人民大学历史学院院长黄兴涛、南开大学日本研究院教授宋志勇等10位专家参加评审。国家图书馆副馆长、国家古籍保护中心副主任张志清主持会议。评审会上，国家图书馆民国时期文献保护工作办公室主任马静介绍革命文献与民国时期文献整理项目的整体策划、阶段性成果和各单位申报情况，与会专家本着公开、公平、公正的原则，对各级图书馆、档案馆、出版社、科研院所等51家单位申报的91个项目逐一进行评审，遴选出符合要求的优秀申报项目，并积极建言献策，对民国时期文献的整理工作提出许多建设性意见和建议。

2019 年革命文献与民国时期文献整理项目的申报立项工作，在选题上坚持以习近平新时代中国特色社会主义思想为指导，增强“四个意识”，坚定“四个自信”，做到“两个维护”，严格把好意识形态关。在具体实施上，采取单位申报、专家评审、项目资助机制，内容涵盖民国时期政治、经济、社会、文化、教育、卫生等各个领域。

【革命文献与民国时期文献保护计划宣传推广活动在兰州举办】

5 月 15 日，由文化和旅游部公共服务司指导，国家图书馆、中国图书馆学会主办，甘肃省图书馆、甘肃省图书馆学会承办的“2019 年革命文献与民国时期文献保护计划宣传推广活动——兰州站”系列活动在甘肃省图书馆拉开帷幕。国家图书馆民国时期文献保护工作办公室主任马静，甘肃省文化和旅游厅公共服务处处长张万儒等参加活动启动仪式并致辞，仪式由甘肃省图书馆馆长李素平主持，来自全国各地文献收藏机构的主管领导及文献整理与保护专业人员共 170 余人参加此次活动。此次宣传推广活动由革命文献与民国时期文献保护计划系列展览和专题培训班两个板块组成。系列展览主要介绍革命文献与民国时期文献保护计划目前工作进展及取得的成果，甘肃省馆同时配合展出该馆所藏民国时期重要文献。专题培训班由马静讲授“革命文献与民国时期文献保护计划概况”；兰州大学历史文化学院教授、校史研究室主任张克非讲授“民国的历史与文化”；国家图书馆研究馆员刘小玲、朱芊和副研究馆员延卫平分别讲授“民国图书著录”“民国文献的标引”“民国时期图书联机上载与馆藏编制”。授课结束后，国家图书馆民国时期文献保护工作办公室工作人员与学员就民国时期文献普查等相关业务工作进行交流。

“2019 年革命文献与民国时期文献保护计划宣传推广活动——兰州站”系列活动

【革命文献与民国时期文献保护计划宣传推广活动在长沙举办】

9月4日，由国家图书馆、中国图书馆学会、湖南省文化和旅游厅主办，湖南图书馆、湖南省图书馆学会、长沙市文化旅游广电局、长沙市图书馆、长沙市图书馆学会共同承办的“2019年革命文献与民国时期文献保护计划宣传推广活动——长沙站”系列活动在长沙市图书馆拉开帷幕。湖南省文化和旅游厅副巡视员王鹏、长沙市文化旅游广电局党组书记李文格、国家图书馆民国时期文献保护工作办公室主任马静等参加启动仪式并致辞，湖南图书馆馆长贺美华主持。来自全国各文献收藏机构的主管领导和相关工作人员共170余人参加活动。此次宣传推广活动包括革命文献与民国时期文献保护计划系列展览和专题培训班两个板块。展览包括“革命文献与民国时期文献保护计划成果展”“旧时记忆　湘味长沙——民国时期长沙历史文化展”“书途漫漫　翰墨留香——岳麓书社民国文献及出版物展”和“民国名校里的长沙范——长沙民国教育档案展”等系列展览，内容丰富多彩。专题培训班上，马静讲授“革命文献与民国时期文献保护计划概况”，湖南图书馆文献研究所所长寻霖讲授“民国文献的概况与特征”，国家图书馆副研究馆员杨静、王彦侨和馆员袁春艳分别讲授“民国连续出版物的著录”“民国图书著录”“民国时期文献联机上载与馆藏编制”。

【革命文献与民国时期文献保护计划成果亮相“中华传统文化典籍保护传承大展”】

9月7日，为庆祝中华人民共和国成立70周年，由文化和旅游部、国家文物局主办，国家图书馆（国家古籍保护中心、国家典籍博物馆）承办，全国高等院校古籍整理研究工作委员会及各参展单位协办的“中华传统文化典籍保护传承大展”在国家典籍博物馆开展。其中，革命文献与民国时期文献保护计划相关工作成果在国家典籍博物馆第三展厅开展，着重展示项目启动以来，在各级领导的关心指导下，在各文献收藏单位及专家学者的积极参与支持下，原生性文献保护、再生性文献保护、人才培养工作等各方面工作取得的阶段性成果。同时精选677册革命文献与民国时期文献保护计划整理出版成果进行现场展示。

革命文献与民国时期文献保护计划成果亮相“中华传统文化典籍保护传承大展”

自2013年以来，国家图书馆在全国范围内开展革命文献与民国时期文献整理项目申报立项工作，根据馆藏特色、资料类型、濒危状况、珍稀程度与社会需求等整理原则，有计划、有步骤、成规模陆续编纂出版，并在具体实践中逐步形成革命历史文献资料丛编，民国时期文献资料丛编，抗日战争文献史料丛编，对日战犯审判文献资料丛刊，“满铁”对华调查资料丛编，民国时期珍稀档案、日记、手札文献，目录、图录、索引系列，民国时期小报系列等多个系列。截至 2019 年底，共立项 256 项，已完成 102 项，出版图书 6636 册，语种有中、英、日文等，内容涵盖政治、经济、文化、军事等各个方面，其中《对日战犯审判文献资料丛刊》《抗日战争文献史料丛编》整理出版成果尤为突出，部分核心史料的整理出版在国内尚属首次，填补了空白，在一定程度上满足科研单位、社会公众的史料需求。

【革命文献与民国时期文献保护计划整理出版项目《南开经济研究所民国社会经济期刊汇编》在天津首发】

《南开经济研究所民国社会经济期刊汇编》

9 月 26 日，正值南开大学喜迎百年校庆之际，《南开经济研究所民国社会经济期刊汇编》新书首发式在南开大学图书馆举行。首发式由南开大学图书馆党委书记穆祥望主持，国家图书馆民国时期文献保护工作办公室主任马静、国家图书馆出版社社长魏崇、中国古籍保护协会副秘书长王红蕾作为嘉宾致辞。《南开经济研究所民国社会经济期刊汇编》（全 20 册）是革命文献与民国时期文献保护计划立项支持的整理出版项目。该汇编收录南开大学经济研究所在 20 世纪 20—50 年代所编 3 种期刊。这些期刊是南开经济研究所发布的诸多调查资料和研究成果中极为珍贵的一部分，不仅对研究南开经济研究所机构本身、中国经济社会史学人活动和思想有着重要的历史文献价值，也为民国时期社会经济研究提供了数据支撑。该汇编于 2019 年 7 月由国家图书馆出版社正式出版。

【革命文献与民国时期文献保护计划整理出版项目《开国盛典 1949》正式出版】

《开国盛典 1949》

为隆重庆祝中华人民共和国 70 周年华诞，在国家图书馆革命文献与民国时期文献保护计划立项支持下，中国第二历史档案馆从馆藏中撷取相关档案和照片，编辑《开国盛典 1949：中国第二历史档案馆馆藏开国大典档案》一书作为国庆献礼。此书作为革命文献与民国时期文献保护计划的重要整理项目成果，由国家图书馆出版社出版发行。

中国第二历史档案馆藏“中华人民共和国中央人民政府成立庆祝大会筹委会”（下简称庆祝大会筹委会）档案，从多方面反映开国大典筹备、进行及其善后工作情况，时间跨度为1949年9月20日至10月23日。据此汇编的《开国盛典1949》一书共分为六个篇章，即庆祝大会筹委会成立及工作档案，筹备工作重要档案，筹备工作往来函件、通知，馆藏开国大典照片，庆祝大会财务档案，筹委会善后工作等文件。其中包括聂荣臻为庆祝大会筹委会成立一事致中共中央、华北局、政协秘书处报告稿；庆祝大会筹委会印发的宣传品、大会入场须知；天安门城楼悬挂开国大典灯笼图样；庆祝大会各项预决算等。这些档案真实记录庆祝大会筹委会紧张有序的工作状态，以独特的视角展现开国大典前后许多不为人知的生动场景和细节，综合展现新生人民政权的高效执政能力。《开国盛典1949》一书是开国大典档案的组成部分和有益补充，亦是研究中华人民共和国成立史的珍贵史料，具有重要的文献价值和历史价值。

【革命文献与民国时期文献保护计划宣传推广活动在青岛举办】

11月13日，由国家图书馆、中国图书馆学会主办，山东省图书馆学会、青岛市图书馆、青岛市图书馆学会共同承办的“2019年革命文献与民国时期文献保护计划宣传推广活动——青岛站”系列活动在青岛市图书馆拉开帷幕。青岛市文化和旅游局副巡视员郝红、国家图书馆民国时期文献保护工作办公室主任马静、山东省图书馆学会常务理事、山东省图书馆副馆长周玉山等参加活动启动仪式并致辞，青岛市图书馆馆长于婧主持。来自全国各地160余名文献收藏机构主管领导和相关工作人员参加活动。此次宣传推广活动包括革命文献与民国时期文献保护计划系列展览和专题培训班两个板块。展览主要介绍革命文献与民国时期文献保护计划目前工作进展及取得的成果，并以视频方式展示远东国际军事法庭庭审记录，还原历史真相。专题培训班由马静讲授“革命文献与民国时期文献保护计划概况”，青岛科技大学马克思主义学院中国近现代史教研室主任刘庆讲授“民国时期革命文献概论”，国家图书馆副研究馆员王彦侨、董馥荣和延卫平分别讲授“民国图书著录”“民国时期线装书普查”“民国时期文献联机上载与馆藏编制”。

【国家图书馆民国时期文献建档及酸化程度测试项目启动】

2019年7月，国家图书馆民国时期文献建档及酸化程度测试项目正式启动。项目包括民国图书建档与酸化程度测试两个部分，计划对10万册馆藏民国图书进行建档，对5.6万册进行酸化程度测定。截至12月底，共完成建档图书53488册，酸化测定图书2836册。该项目是由国家图书馆组织开展，以馆藏民国时期文献为研究主体的实验性项目。旨在建立全馆馆藏民国时期文献总台账，为实现文献精细化管理和精准保护打基础，并为后续文献脱酸、装订等原生性保护工作做准备。经过前期工作的开展，项目工作小组制定并完善“民国时期文献建档及酸化程度测试工作流程”，定期组织工作人员梳理各项建档内容，以实现项目的标准化、规范化操作，为民国图书的进一步保护工作提供经验与依据。

【开展元旦春节期间“公共数字文化走基层”活动】

2019 年公共数字文化走基层活动海南站

2019 年 1 月，为落实中宣部《关于组织开展 2019 年元旦春节期间下基层文化文艺小分队的通知》和公共数字文化工程融合创新发展的相关要求，国家图书馆与文化和旅游部全国公共文化发展中心（以下简称“发展中心”）共同策划“公共数字文化走基层”活动，组织 2 支服务小分队分别前往湖南、海南，选取新时代文明实践中心试点和国家级贫困县，开展以公共数字文化资源和服务为特色的惠民服务项目，为基层群众送上丰富多彩的数字文化资源和服务。活动期间，国家图书馆向湖南、海南 5 家基层图书馆累计捐赠图书近 2 万册，包括《中华传统文化百部经典》《国学基本典籍丛刊》《中国珍贵典籍史话丛书》等兼具权威性、时代性、普及性的传统文化系列图书；搭建基层数字图书馆平台，平台整合 2000 册电子图书、200 种电子期刊、3000 集视频等，资源内容覆盖农林牧渔、医药健康、创业就业、法律咨询等领域，资源针对性强，能够满足不同群体的多方面阅读需求；捐赠国家数字图书馆阅读卡 4500 张，读者可以访问国家数字图书馆移动阅读平台 5 万册图书、300 余种期刊，18000 余集听书资源，可以通过读者门户系统获取 100 余个专业资源库。举办多场公共数字文化方面的专题讲座，邀请著名表演艺术家为群众演唱经典曲目，开展“美好生活”数字资源展映、扫码送新春礼等服务活动，为进一步丰富“双节”期间当地群众文化生活发挥重要作用。

【公共数字文化工程春节阅读活动精彩纷呈】

2019 年春节期间，国家图书馆、文化和旅游部全国公共文化发展中心首次共同策划举办“我们的中国梦”——公共数字文化进万家系列活动，全国 753 家图书馆及 88 家文化（群艺）馆参加。活动内容包括“今昔巨变・辉煌见证”新老照片征集、“美好生活”主题活动、“吉语贺岁・好书传情”电子有声贺卡、“书香博闻・欢启归程”在线趣味答题、“听赏群书・喜迎岁除”线下主题展览、国家数字文化网视听空间“地方文化民俗庆新春”主题资源展播和“欢乐祥瑞・金猪纳福”VR 贺新春数字文化虚拟现实体验。线上活动访问总量超过 38 万人次，线下活动超过 316 万人次。

全国各级图书馆在公共数字文化工程的带动下策划一系列丰富多彩的新春活动：广东省立中山图书馆在全省统筹开展“公共数字文化进万家”新春活动，通过馆内电视屏、数字公告板、电梯广告牌和宣传展板等多种方式，引导到馆读者参与活动。佛山、江门、云浮、河源、三水等地还开展了线下展览活动；新疆兵团紧密围绕“公共数字文化进万家”活动策划“民族团结一家亲”的活动主题，旨在“传扬国语文化，诵咏经典诗词”；福建省图书馆举办“八闽书香过大年”迎春系列文化活动，包括年俗文化展、古诗词竞猜、戏曲动漫贺新春等；四川省图书馆工作人员还走出图书馆，深入社区，丰富和增长群众的活动和知识，让大家了解“虚拟现实技术＋图书馆”的精彩神奇。这些精彩活动，既丰富了“公共数字文化进万家”的活动内涵，也让更多公众享受到数字图书馆的优质服务。

【2019 年公共数字文化工程数字图书馆创新服务培训班在上海举办】

4 月 16—19 日，由国家图书馆主办、上海市文旅局人才培训交流中心承办的 2019 年公共数字文化工程数字图书馆创新服务培训班在上海举办。为了进一步提升我国公共图书馆数字化服务能力，充分发挥省馆的核心骨干作用，更好地带动基层数字图书馆创新惠民服务能力，国家图书馆策划举办此次培训班。来自全国 33 家省级公共图书馆 60 余位数字图书馆相关工作人员参加此次培训。培训班邀请中山大学文献与文化遗产管理部主任程焕文和浙江图书馆研究馆员刘晓清等专家就数字图书馆创新服务工作重点与发展趋势等内容进行专题教学，对当前数字图书馆创新服务的思维与方法以及变革创新的具体方向与要求等问题进行系统解读，深化学员对新时期公共图书馆创新服务的认识。同时，培训班邀请国家图书馆、上海图书馆、安徽省图书馆、贵州省图书馆等业界同人分享各馆在数字图书馆与中华优秀传统文化融合服务、社会化合作、智能化服务、品牌化运营等工作理念和实践经验，为数字图书馆界开展更广泛的服务创新提供了有益借鉴。此外，培训班在上海嘉定区图书馆进行实践教学。参训学员就嘉定区图书馆“一区两馆”服务模式以及与文化馆融合服务等各项创新举措与嘉定区图书馆同人进行深入交流。

【公共数字文化工程融合创新发展专题培训班在国家图书馆举办】

5 月 21—24 日，为贯彻落实 2019 年全国文化和旅游厅（局）长会议精神及《公共数字文化工程融合创新发展实施方案》（简称“实施方案”）工作要求，积极统筹推进公共数字文化工程建设，推动工程转型升级和深度融合，在文化和旅游部公共服务司的指导下，国家图书馆联合发展中心在国家图书馆举办公共数字文化工程融合创新发展专题培训班，来自全国各省级图书馆、文化（群艺）馆主要负责同志及业务骨干共 130 名学员参加此次培训。

按照文化和旅游部党组关于融合创新发展公共数字文化工程建设的要求，国家图书馆会同发展中心积极研讨，形成工程融合创新发展思路，联合组成 7 个实施工作组，建立联席会议制度，在国家图书馆和发展中心领导班子的共同带领下落实实施方案，积极开展融合发展的各项具体工作。此次培训班是国家图书馆联合发展中心落实文化和旅游部要求推动工程融合创新发展的积极举措。未来，国家图书馆与发展中心将进一步加强协调、加强研究，与各地图书馆、文（群艺）馆群策群力，更好地发挥工程对现代公共文化服务体系的支撑作用。

【全国地市以上图书馆和文化（群艺）馆馆长培训班成功举办】

6 月 18 日—7 月 5 日，国家图书馆联合发展中心按东、中、西分区域举办 3 期全国地市以上图书馆和文化（群艺）馆馆长培训班。来自全国 33 个省（自治区、直辖市及新疆生产建设兵团）的省级图文两馆业务骨干以及地市级图文两馆馆长约 720 名参加培训。

培训班上，国家图书馆副馆长孙一钢，发展中心副主任陈胜利、罗云川分别在东部、西部和中部的培训班上就《公共数字文化工程融合创新发展实施方案》进行详细解读。报告从我国公共数字文化建设十几年以来取得的重要成绩和面临的发展瓶颈问题入手，分析目前公共数字文化工程面临的新形势、新要求，号召地市级图文各馆提高政治站位，增强“四力”，加强协作、凝聚共识，共创公共数字文化工程融合创新发展新局面。各实施工作组负责同志分别就工程融合的标准规范、平台搭建、资源建设、培训推广、智能服务、数据分析等各项工作的实施要点进行详细解读。为增进了解、加强互动，切实了解各地实施工程融合的成效、难点、意见和建议，培训班还组织开展小组交流讨论。学员踊跃发言，立足本馆现状，直面问题、传递经验，现场讨论高潮迭起。大家纷纷表示，要以培训班为契机，提高认识，正确把握推进工程融合创新发展的基本原则和要求，同心协力抓好落实。

培训班按西部、中部、东部地区分别由文化和旅游部全国基层文化队伍培训基地——四川艺术职业学院、湖南艺术职业学院、浙江艺术职业学院承办。承办地文化和旅游厅对培训班给予高度重视，其主管副厅长均出席开班仪式并就本省公共数字文化建设情况发表讲话；三地省图书馆、文化馆作为协办单位，对培训班的成功举办给予大力支持。

此培训班是国家图书馆和发展中心落实文化和旅游部工作要求，积极推动工程融合创新发展的重要举措之一。今后，国家图书馆与发展中心还将进一步按照文化和旅游部党组相关工作要求，加强协调、加强研究，与各地图书馆、文化（群艺）馆群策群力，将工程融合创新各项工作做实做细，充分挖掘数字文化服务发展潜力，提升工程覆盖面和实效性，更好地发挥工程对现代公共文化服务体系的支撑作用。

【“春雨工程 · 网络书香”数字图书馆阅读推广活动完成】

为响应文旅部、中央文明办开展的“春雨工程”号召，加强对边疆民族地区数字文化服务的援助力度，2019 年下半年，国家图书馆先后在吉林省长白山市、湖北省恩施州以及内蒙古阿尔山地区举办“春雨工程 · 网络书香”数字图书馆阅读推广活动，共有业界同人、社会公众 500 余人参与。为边疆民族地区公众带去了丰富多彩的资源与活动，让当地读者更好地体验数字阅读的便捷和乐趣。国家图书馆共为 3 地基层图书馆捐赠 3 万册图书、期刊，以充实当地图书馆实体馆藏，更好地为当地读者提供服务。依托公共数字文化工程的丰富数字资源，2019 年“春雨工程·网络书香”活动策划布置了“聚力融合发展，创新公共数字文化服务业态”体验区展览，展示在公共数字文化工程融合创新发展背景下，公共数字文化服务的新变化和现有建设成果。志愿者们通过生动活泼的讲解，引导现场公众通过展览直观了解如何使用各类公共数字文化资源。此外，展览现场还设置了中国传统文化主题的互动扫码答题环节，吸引公众广泛参与。培训活动邀请业务专家为当地图书馆数字图书馆从业人员授课，从建设理念与专业技能上切实提高当地图书馆从业人员数字图书馆业务水平，进而提高边疆民族地区基层图书馆的资源和服务能力。

【县级数字图书馆建设培训班在北京举办】

9 月 15—21 日，为贯彻落实《“十三五”时期贫困地区公共文化服务体系建设规划纲要》文件精神、进一步推进基层图书馆公共数字文化工程融合创新发展，提升欠发达地区县级数字图书馆服务能力，充分解决发展不平衡不充分的问题，由国家图书馆策划主办的 2019 年县级数字图书馆建设培训班在北京举办。国家图书馆相关领导出席开班仪式并讲话。来自全国 29 个省（自治区）的 50 余位县级图书馆馆长及相关工作人员参加此次培训。培训班面向参与 2019 年“网络书香基层图书馆帮扶计划”的图书馆馆长或工作人员展开，邀请多位业界资深专家、讲师授课。培训课程包括公共数字文化工程融合创新发展、基层图书馆服务活动策划及平台使用介绍、国家图书馆数字资源服务、公共数字文化工程融合创新两微一端建设、数字资源发布简介与实操、基层公共数字文化服务推广等。在经验分享环节，邀请湖北阳新县图书馆、贵州正安县图书馆、辽宁朝阳县图书馆和江苏淮安市洪泽区图书馆就基层图书馆创新服务经验展开分享。

2019 年县级数字图书馆建设培训班

【2019年公共数字文化工程图文两馆服务推广联络员培训班在合肥举办】

9月23—26日，2019年公共数字文化工程图文两馆服务推广联络员培训班在安徽省合肥市举办。培训班由国家图书馆、文化和旅游部全国公共文化发展中心主办，安徽省图书馆、安徽省文化馆承办，来自全国33个省（自治区、直辖市及新疆生产建设兵团）的省级图书馆、文化馆61人参加培训。此次培训班是工程融合建设以来首期针对服务推广联络员的专门培训班，旨在各图书馆、文化馆原有工作基础上，结合融合创新方案确定的原则、目标、任务，进一步拓展工作思路，提高联络员实际工作技能，充分发挥其“上情下达、下情上传”重要桥梁纽带作用。为此，培训班邀请公共数字文化工程融合工作小组成员、安徽商报社、湖南艺术职业学院、新浪微博等机构的专家分别就公共数字文化工程服务推广工作、文旅e家“两微一端”宣传阵地的建设、新闻策划与宣传素材的挖掘、人才培训的规划与组织、微博的运营与推广等主题开展专题授课，让学员能更好、更深地理解公共数字文化工程融合工作，技能培训内容丰富，贴近实际，具有较强的工作指导性，对于提高学员员宣传推广技能和协调组织能力具有重要意义。在经验交流环节，来自安徽省图书馆、安徽省文化馆、上海图书馆、广东省文化馆、天津群众艺术馆等5家机构代表就本馆在服务推广工作中取得的成果进行分享，学员普遍表示，通过学习借鉴兄弟单位的先进经验和做法，进一步拓宽工作思路，激发新的想法，受益匪浅。此外，为提升培训效果、加强爱国主义教育，培训班还组织学员赴安徽省名人馆和渡江战役纪念馆进行现场教学，亲身体验现代化宣传手段在公共文化服务中的创新应用。

【2019年公共数字文化工程技术支撑平台培训班在西安举办】

10月20—23日，由国家图书馆主办，陕西省图书馆协办的2019年公共数字文化工程技术支撑平台培训班在西安市举办。来自全国43家省级、副省级以上图书馆馆长及业务骨干近80人参加培训。在培训班上，国家图书馆信息技术部相关领导及项目负责人分别就工程融合创新发展、大数据服务、互联网环境下的公共数字文化“两微一端”建设及资源的发布与服务等系统性专业课题，为大家做详细介绍。培训班还特别邀请文化共享工程陕西省分中心副主任秦升，针对陕西省的公共数字文化工程建设情况做进一步的分享，着重向大家介绍“陕西省智能文化云地标”试点市县的投放使用情况，同时华为数字政府业务部文旅行业资深专家就技术时代文化产业数字化转型思考开展专题授课。

【国家图书馆“网络书香基层图书馆帮扶计划”深入基层开展活动】

2019年，国家图书馆依托“网络书香基层图书馆帮扶计划”，共帮扶57家贫困地区县级图书馆，提升其公共数字文化服务和保障能力。整合优质数字资源定向推送，遴选3000册数字图书、200种普及型期刊、2000集各类视频，共约1.5TB数字资源为基层用户提供服务；为其搭建基层数字图书馆服务平台，借助电脑端、移动端面向基层用户提供统一浏览与检索服务。采用线上线下相结合的方式开展阅读推广活动，在内蒙古阿尔山市，山西娄烦县、静乐县三地开展文化

国家图书馆文化帮扶活动阿尔山站

帮扶活动，提高本地群众数字资源使用技能。除了举办展览、开展互动、名师讲座等活动形式外，国家图书馆与当地文化和旅游厅、图书馆和文化旅游体育局等单位的相关负责人开展座谈，深入了解基层馆在数字资源、移动服务、人才培养等方面存在的困难与需求，了解基层公共文化服务开展情况。服务推广活动的举办，一方面促进优质资源与服务在贫困地区的快速推广和普及，另一方面也在当地公众中更新了理念，吸引公众将图书馆作为获取知识和技能的信息来源，也在一定程度上推动当地形成阅读和自我提升的学习氛围，为当地民众的脱贫致富提供知识和智力支持。

【公共数字文化工程 2019 年馆员研修培训班在北京举办】

11 月 10—23 日，为进一步贯彻《公共数字文化工程融合创新发展实施方案》，全面落实新形势下公共数字图书馆各项业务工作，国家图书馆举办公共数字文化工程 2019 年馆员研修培训班。经报名与遴选，共有来自全国 100 余家省市级公共图书馆的 120 位数字图书馆一线馆员参加此次研修。研修班特邀请文化和旅游部全国公共文化发展中心相关专家，为学员解读《公共数字文化工程融合创新发展实施方案》。在专题授课方面，分为数字资源建设与管理和技术平台搭建两个研修方向，根据不同方向设计专门课程。“数字资源建设与管理”方向涵盖图书馆地方文献数字化、图书馆公开课、公共数字文化工程源服务与管理等课程，强化了学员对公共图书馆数字资源建设的系统理解以及对资源服务的综合把握；“技术平台搭建”方向涵盖数字图书馆新媒体服务、系统平台建设与利用等课程，提升学员对数字图书馆技术应用和系统平台的实操能力。此外，研修班还策划了现场教学和项目答疑环节。国家图书馆相关项目负责人与培训学员进行业务交流与经验分享，并针对学员提出的业务问题进行具体指导。

【召开《鲁迅手稿全集》专家委员会会议】

4 月 3 日、8 月 14 日、12 月 6 日，《鲁迅手稿全集》专家委员会会议在国家图书馆召开。专家委员会委员，鲁迅手稿存藏单位代表、编纂团队和出版单位代表等参加会议。3 次会议分别就工作安排、编纂问题、审校问题、装帧设计方案等问题进行讨论。

《鲁迅手稿全集》专家委员会会议（8 月 14 日）

【召开《鲁迅手稿全集》编辑委员会会议】

12 月 26 日下午，《鲁迅手稿全集》编辑委员会会议在国家图书馆召开。文化和旅游部党组书记、部长、编委会主任雒树刚，文化和旅游部党组成员、国家文物局局长、编委会副主任刘玉珠，国家文物局党组成员、副局长、编委会委员关强，国家图书馆馆长、专家委员会主任饶权，中宣部文艺局副局长彭云，鲁迅长孙、鲁迅文化基金会会长兼秘书长周令飞以及文化和旅游部、国家文物局相关司局负责同志出席会议。国家图书馆、北京鲁迅博物馆、上海鲁迅纪念馆等全国鲁迅手稿收藏单位代表，以及《鲁迅手稿全集》编辑委员会委员、编委会办公室成员、编纂人员参加会议。会议就《鲁迅手稿全集》装帧设计、出版时间及下一步编辑计划等问题展开讨论。

文献整理与编辑出版

- 古籍整理出版
- 民国时期文献整理出版
- 文献数字化
- 学术期刊编辑出版
- 年鉴编辑出版
- 专业文献出版
- 年度掠影

文献整理与编辑出版

一、古籍整理出版

（一）善本特藏古籍

2019年，继续加强与各出版机构的联系，开展馆藏文献的整理出版，使众多珍贵文献化身千百，为读者使用提供便利。全年开展近百个文献出版项目。

以地方志为主的地方文献整理与出版是近年来古籍整理出版的重点。2019年开展的项目有《江苏文库》《八闽文库》《全椒古代典籍丛书》《荆楚文库·方志编》《广西历代方志集成》《中国地方志集成续编》等，此外还支持北京方志馆、山西乡宁县档案馆、安徽六安市档案馆开展地方志书的整理与出版。

古旧舆图、金石拓片、民族文字古籍是近年来古籍整理出版的新增长点。2019年，古旧舆图方面的项目有上海书画出版社的《国家图书馆藏山川名胜图汇编》、浙江古籍出版社的《浙西胜览全图》；金石拓片方面的项目有西泠印社的《碑帖善本精华》；民族文字古籍方面的项目有学苑出版社的《国家图书馆藏彝文古籍汇编》。

与国家图书馆出版社合作，开展大型古籍整理出版项目，包括《国家图书馆藏稿抄本传记文献选刊》、《明清唱和诗词集汇》、《明人别集稿本丛书》、《汉魏六朝集部珍本丛刊》、《古本戏曲丛刊》第八和第十集、《近代制度文献集成》、《云南丛书续编》、《清代乡试录》等。每个项目使用的文献，少则数十种，多则数百种。

此外，以原大彩色影印方式，还出版两部重要善本：

1.《河东先生集》（两函十六册）。宋世綵堂刻本《河东先生集》绝世孤罕，存无二帙，仅可在国家图书馆大型古籍展览中偶见踪影。《中华再造善本》曾收录该善本，印章套色影印，但大多被图书馆收藏，如今市面已不易得见。此次将原书高精扫描，四色制版，按原大尺寸，以泾县手工宣纸彩色印制，书签用淡黄丝绢印制托裱，仍装订为两函十六册。

2.《昌黎先生集》（四函三十二册）。国家图书馆藏廖刻《昌黎先生集》为海内外孤本，内容包括正集四十卷、外集十卷、遗文与附录一卷，前有李汉《昌黎先生集序》、《昌黎集叙说》六则、《重校昌黎集凡例》、目录。此本字体隽秀，刀法剔透，版式精良，纸莹墨润，精雅绝伦，历来被誉为宋版书之无上神品。今高精扫描，以泾县手工宣纸原大彩色印制，再现其风貌和神韵。

（二）普通古籍

普通古籍的整理出版涵盖传记文献、史籍史料、书目版本、文学艺术、方志地理、综合文献等方面。

传记文献方面：①《上海图书馆藏珍本年谱丛刊续编》（全 70 册）。上海图书馆藏有历代名人年谱 1000 余种，其中很多为其独有的收藏，至为珍贵。有鉴于年谱文献的学术价值，编者从上海图书馆馆藏文献中精选相关年谱，继《上海图书馆藏珍本年谱丛刊》后汇辑成《上海图书馆藏珍本年谱丛刊续编》付诸影印，共收有年谱 331 种，涉及谱主 320 余位，基本上都是首次揭示。其中稿本 82 种、抄本 86 种，共 168 种，占据半数以上，多为存世孤本，具有非常珍贵的史料研究价值。编排顺序大致依谱主的生年为序。②《清华大学图书馆藏稿抄本日记丛刊》（全 24 册）。此次国家图书馆出版社与清华大学图书馆合作整理馆藏日记，遴选珍稀稿钞本日记 19 种，涉及历代各界名人要员，如元代的郭天锡，晚清接受过新思想的官员如杨宜治、陈琪等。这些日记从不同角度、不同侧面反映当时的时代背景、政治局势、社会生活、友朋往来以及私人生活等，内容极为丰富。

史籍史料方面：①《历代海运文献汇刊》（全 24 册），收录历代海运方面的相关文献，包括《海运漕粮案》《海运全图》《重订江苏海运全案续编》《海运刍言》《海运诗编》等。作者将散落在国家图书馆、浙江图书馆、天津图书馆、北京师范大学图书馆等各地图书馆的零散的海运文献汇集整理到一起，为相关领域的研究学者提供更全面的资料参考。②《孙诒让稿本汇编》（全 25 册），将温州图书馆、瑞安玉海楼、温州博物馆、南京图书馆、上海图书馆和浙江大学图书馆所藏孙诒让稿本汇编出版，共计 35 种，涵盖孙诒让在经学、文字学、诸子学、目录学等领域的重要著作，并为每种著作撰写相应的简明提要，以便学界研究利用。

书目版本方面:《哈佛燕京图书馆藏稀见书目书志丛刊》（全 23 册），收录哈佛燕京图书馆藏公私古籍目录 33 种，均为存世罕见的稿抄本，既有藏书家的私家目录也有一些重要的专题性书目。其价值突出表现在 3 个方面：第一，所选书目保存了非常难得的资料，如《三十有三万卷书堂目录》，孔广镛原藏，为伍冠林根据聂崇一存本手抄校录朱丝栏本。第二，收入多部学者名家的书目，它们各具特色，如《石莲阁藏书目录存》，吴重熹撰;《煨芋馆藏书目》为王善宝的藏书目录，红格精写本;《钱牧斋先生藏书目》为王仁俊乌丝栏抄本等。第三，保存了重要的排架信息，如徐元文《含经堂藏书目》、汪适孙《蚕豆华馆琔笈小录》等，或以柜号箱为序著录，或标注了号柜箱。它们中有的按四部分类排架，有的没有规整的分类，编号方式有千字文、干支、数字等，保存了藏书家的排架等相关信息，均具有较高的研究价值，是研究目录学、藏书史的重要资料。

文学艺术方面：①《梅兰芳藏珍稀戏曲钞本汇刊》（全 50 册），在“梅学”诸多领域中，从戏曲文献和戏曲史角度，学界比较关注的是梅兰芳缀玉轩的戏曲文本文献收藏，这批由梅兰芳收藏的珍贵文本文献向来秘鲜示人，特别是缀玉轩抄本文献，从梅巧玲至梅兰芳，进而到梅兰芳纪念馆，在戏曲文本文献不断被发现、披露和公布的热潮中，这些文本文献依然多年藏在深闺人未识。2017 年梅兰芳纪念馆决定对这批共计 459 种文本文献进行整理，进行影印出版。全书分为昆曲、京剧及其他剧种 3 类。每种戏曲抄本前都有学者撰写的提要，介绍内容、抄本特色等。②《汉魏六朝集部珍本丛刊》（全 100 册），是国家社科基金重大项目“汉魏六朝集部文献集成”的子课题，由中国社科院文学所所长刘跃进先生主编，选录汉魏六朝别集、总集、诗文评 260 多种，均是存世最佳底本，或宋刊孤本，或名家批校，目的是为汉魏六朝集部汇集一套可靠的善本，每种书均撰有提要，便于学界使用和研究。

方志地理方面：《常熟文库》（全100册），收录常熟地区清初之前邑人著述，包括学术著作、诗文集、戏剧、小说、随笔、杂记、印谱、琴谱、书目等著作，酌收与常熟有关的重要文献著述500多种。刻本、抄本、稿本、铅印本均收录，兼顾系统性和稀见性。在版本选择上体现学术性、稀缺性、代表性。同一著述有多种版本的原则上选择善本。

综合文献方面：《中国古籍珍本丛刊・孔子博物馆卷》（全23册），是国家图书馆出版社策划出版的“中国古籍珍本丛刊”系列之一，收录孔子博物馆珍藏的珍贵古籍，涵盖经、史、子、集各方面的文献。此次出版精选27种馆藏善本古籍，其中经部9种，包括《礼仪器制考释》不分卷、《礼服释名》1卷、《春秋三传合纂》12卷等；史部6种，包括《阙里志》24卷、《史大纪》26卷等；子部3种，包括《读书札记》1卷、《二程先生粹言》9卷等；集部9种，包括《铁山园诗集》7卷、《晚学集》8卷等。兼有刻本、稿本、抄本，是研究孔府藏书、刻书的重要文献，也是孔子博物馆在古籍保护与利用上的又一项重要成果。

二、民国时期文献整理出版

2019年，民国时期文献整理工作主要集中在民国文献资料丛编、抗战及对日战犯审判文献等方面。

《民国文献资料丛编》方面：①《民国时期新闻史料四编》（全30册），收入民国新闻史料70余种，分为新闻统计资料、新闻纪念刊、新闻论集及新闻学专著4类。该书的出版为研究民国时期的政治、经济、文化的学者们，特别是研究新闻史的学者们提供宝贵的史料。②《伍连德及东三省防疫资料辑录》（全3册），由哈尔滨市图书馆工作人员收集该馆所藏1949年前有关伍连德博士及东三省防疫活动图书、报纸中资料辑录而成，共分3部分：第一部分为伍连德自传及部分馆藏防疫图书书影；第二部分为有关伍连德及东三省防疫图书的图片；第三部分为从馆藏报纸《滨江时报》《大公报》《民国日报》《民立报》《申报》《盛京时报》《远东报》报纸中辑录的第一次满洲瘟疫（1910—1911）及第二次满洲瘟疫（1920—1921）时期有关防疫信息的报道，共筛选出3000条，收录内容范围仅限于东三省，个别涉及东三省周边地区较重要信息也有收录。

抗战及对日战犯审判文献方面：①《近代日本对华调查档案资料丛刊：第二辑》。近代日本为满足侵略与殖民需要，采取个人踏访、官方扶持、设立机构等各类手段，长期、系统开展对华情报调查，涉及中国的政治、经济、教育、法律、军事、社会、文化、民俗等诸多方面。调查活动一直持续到日本战败，留下卷帙浩繁的见闻录、调查报告、统计资料、研究专著等原始文献，客观上为从事晚清民国政治史、经济史、文化史、社会史、地方史及中日关系史的研究提供了直接或间接的宝贵资料。该丛书计划将近代日本对华的文献资料系统整理，分辑影印出版，第二辑为经济调查，收录农业调查、工业调查、资源调查、劳工调查等相关资料近130种。②《抗战时期画报资料选编》（全 10 册）。抗战时期，以宣传抗日救亡为主题的画报大量涌现，逐渐成为宣传抗战、动员大众、推动抗战教育的重要阵地。其刊载了大量抗战摄影图片和美术作品，蕴含着珍贵的史料价值、学术价值和艺术价值。该书精选抗战题材画报四十余种，内容包括摄影、漫画、艺术等艺术形式，发行地涉及上海、香港、东北、西北、抗战大后方等，对研究抗战宣传和抗战文艺都具有重要的参考价值。

其他方面：《百年大生企业号信：清宣统元年、三年》《百年大生企业号信》对南通市档案馆藏大生企业与大生驻沪事务所往来号信档案进行系统整理。这些档案尘封在南通市档案馆已经半个多世纪，因所记内容琐碎庞杂，且多为毛笔行草，较难辨认，一直以来未被开发利用。这是首次整理出版公开，对研究近代著名企业——大生企业及近代企业的生产经营活动具有重要的史料价值。这些档案也从一个侧面反映近代的经济史、社会史、政治史，为中国近代民族工商业乃至中国近代史研究提供宝贵的第一手资料。该书所刊大生企业号信，包括 1909 年两卷，大生纱厂致驻沪事务所号信（从第元号至第一百八十七号）；1911 年两卷，除大生纱厂致驻沪事务所号信（存第二册，从第一百〇一号至第一百七十九号），另一卷为大生驻沪事务所致纱厂、分销处、复新面粉厂、通州师范学校等单位的信函 30 余件。

三、文献数字化

“珍贵古籍的全面整理与开发”入选 2019 年度中央文化企业国有资本经营预算支出项目；“富连成藏戏曲文献库”入选 2019 年北京典籍与经典老唱片数字化出版项目；“北京三山五园历史建筑图档数据库”入选北京宣传文化引导基金一般项目 2019 年度出版类资助项目。

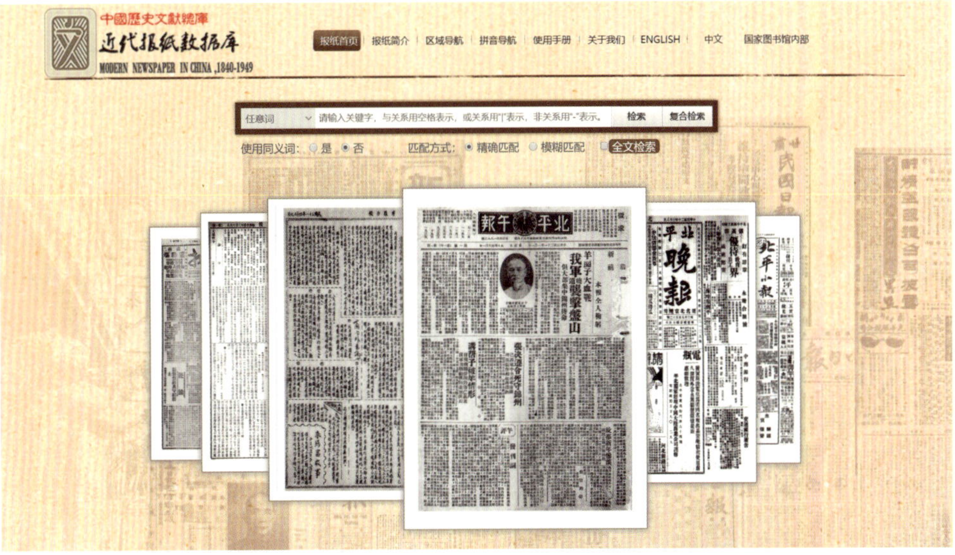

近代报纸数据库

“民国图书数据库”完成第五期2万种图书上线；“近代报纸数据库”完成第三辑100种报纸上线，进行全文识别功能升级，截至2019年底已上线三辑208种报纸，并获得哈佛大学、耶鲁大学、加州大学等海外知名大学订购；新上线“近代期刊数据库”，收录4000余种，其中独家数据1000余种。完成“吉林地方文献数据库”“民国医药数据库”“广东地方文献数据库”建设。

继续推进国家社科基金“抗日战争研究专项工程”（以下简称“专项工程”）有关项目。开展“专项工程”之“日本对华调查档案资料整理和数字化”项目建设，完成其中“东亚同文书院调查资料数据库”建设并已正式上线，包含元数据1822条、子目数据20473条；推进兴亚院、南满洲铁道株式会社对华调查资料的整理工作，已购买全文影像数据14万页。开展“专项工程”之“抗日英烈名录数据库”项目建设，完成数据规范、“抗日战争研究专项工程平台”录入试验等工作；配合退役军人服务部完成课题组成员变更等工作。

中国记忆项目依据国家图书馆数字资源建设相关标准规范，对专题资源建设过程中所收集的，由中共江苏省委党史工作办公室捐赠的党史题材电视专题片素材录像带（内容包括重要党史事件相关当事人口述史访谈资料）进行数字化，完成386种、共计12335分钟录像带的数字化、物理修复及数据整理。

四、学术期刊编辑出版

（一）《中国图书馆学报》

《中国图书馆学报》中文刊创刊于1957年，是中华人民共和国文化和旅游部主管，中国图书馆学会和中国国家图书馆共同主办的图书情报学专业学术期刊。期刊的学术定位是思想性、战略性、前瞻性。2019年全年出版6期，审稿1115篇，发文55篇。

选题方面，2019年主要在图书馆学理论创新研究、中国图书馆学理论国际化、图书馆事业发展、图书馆学教育等方面组织策划选题。其中专题“国家图书馆建馆110周年”和“中国的图书馆学”，以及图书馆转型发展、图书馆与社会认识论、中国图书馆学教育发展、农村公共文化服务建设、青少年阅读、数字人文、数据科学、健康服务、5G与智慧图书馆建设等主题在学界和业界产生较大影响。

审稿方面，严格执行双向匿名审稿制度，严格遵守学术规范和编辑出版规范，认真执行国家有关编校质量的规定。针对学术不端行为，在审稿过程中严格审核，并规范版权授权管理。

出版发行方面，《中国图书馆学报》全年面向国内外正式发行，国内读者主要为全国公共图书馆、大学图书馆、专业图书馆、高校相关院所、信息机构的研究人员、从业人员和高校学生。通过国家图书馆国际交换组，发行至世界300个国家和地区的国家图书馆及相关地区的图书馆。

学术交流方面，全年共举办2次学术研讨会。① 6月28—30日，“图书馆学研究的时代使命”学术研讨会在天津召开。会议由“专家论道”“守正创新”“寄语与展望”3个部分组成，来自北京大学、武汉大学、华东师范大学、南开大学、中国人民大学、中山大学等国内重点高校的专家、青年学者40余人参加会议，主要针对“新时代图书馆学理论研究的任务”“图书馆学理论体系创新和发展中的中国贡献”以及“思想与技术的对话与融合”3个主题进行研讨。会议研究成果陆续在该刊刊登。② 10月23—25日，图书馆学期刊编辑出版研讨会在宁夏银川召开。主题为“合作、开放、共赢：新时代图书馆学期刊的责任和使命”，全国各省市及高校的图书馆学期刊代表70余人参会交流，交流经验，探讨图书馆学期刊未来的发展方向。

《中国图书馆学报》2019年全6期

《中国图书馆学报英文年刊》（辑刊）创刊于2009年，每年一辑。从该刊中文版中挑选代表中国图书馆事业发展和图书馆学研究的学术成果，翻译成英文，结集出版。2019年完成2018年第10卷的编辑出版和发行工作，与中文期刊一起发行至世界300个国家和地区的国家图书馆和重要图书馆。

（二）《国家图书馆学刊》

《国家图书馆学刊》是由中华人民共和国文化和旅游部主管、中国国家图书馆主办，国内外公开发行的图书情报专业学术刊物，主要面向国内外图书馆、高等院校及科研单位的广大图书情报专业工作者。该刊是《中文社会科学引文索引》（CSSCI）来源期刊，《中文核心期刊要目总览》收录期刊，入选《中国人文社会科学核心期刊要览》《“中国人文社会科学综合评价AMI”核心期刊》《复印报刊资料重要转载来源期刊》。

《国家图书馆学刊》2019年全6期

2019年，《国家图书馆学刊》全年来稿量1300多篇，刊发77篇，另刊登“业界动态”17条。主要栏目有“专家视点”“专题研究”“政策与法规研究”“国家图书馆论坛”“管理与服务”“资源建设”“信息组织”“技术应用”“文献保护”“图书馆史研究”等。该刊在国家图书馆建馆110周年之际，推出“国家图书馆建馆110周年纪念专刊”，为国家图书馆以及中国图书馆事业未来发展提供重要借鉴。

（三）《文献》

《文献》2019年全6期

《文献》杂志创刊于1979年，是中华人民共和国文化和旅游部主管、国家图书馆主办的学术刊物。内容以披露国家图书馆的丰富馆藏和其他公私家典藏的、国内外新近发现的、具有重要价值的各种古、近代文献资料及其研究成果为主。着重发表古文献学、训诂学、校勘学、目录学、版本学、辨伪学、辑佚学等选题的研究论文，同时重视报道海外汉学研究进展。2019年，《文献》杂志在新闻出版部门和主管部门的双重领导下，顺利完成全年的编辑出版任务。全年共出版6期，刊发各类稿件100篇，约144万字，发行1万余册。结合国家图书馆建馆110周年，2019年《文献》杂志设立馆庆专栏，刊发不同主题的纪念文章11篇。同时，为纪念杂志创刊40周年，第五期特设纪念专刊，约请相关学科专家撰写文章16篇。第六期设立创刊号回顾与展望专栏，刊发马克思恩格斯相关文献，向编辑部前辈致敬。本年度《文献》杂志继续利用“国家古籍保护中心”“古代小说网”“古文献学微刊”“精一文献”等多个较为成熟的微信公众号刊布各期目录和内容摘要，成效显著，更多学者对已刊发文章给予高度关注。2019年《文献》杂志更换封面版式、纸张以及正文用纸，前期做了很多具体的调研工作，以期更好地展示杂志的出版效果。

五、年鉴编辑出版

（一）《中国图书馆年鉴》

《中国图书馆年鉴2019》全面反映2018年中国图书馆事业的发展状况。正文采用分类编辑法。设立纪事、专文、图书馆事业、学术研究与活动、法律法规与政策性文件、专业文献、统计资料、年度大事记、图书馆活动图辑、综合索引10个栏目。其中“纪事”栏目重点反映《中华人民共和国公共图书馆法》正式施行后全国图书馆界开展学习和宣传活动、举办纪念改革开放40周年活动、公布第四批国家公共文化服务体系示范区（项目）创建资格名单、完成第六次全国县级以上公共图书馆评估定级工作等年度内在全国图书馆界产生较大影响的事件。同时，邀请业内专家撰写 3 篇专文，分别综述改革开放 40 年来在图书馆事业、图书馆学教育和图书馆学基础理论研究领域的发展历程和取得的成就。

2019 卷共收到原始稿件 130 余万字，图片 662 幅；誊清稿约 100 万字于 12 月交付国家图书馆出版社出版。

《中国图书馆年鉴 2019》

（二）《国家图书馆年鉴》

《国家图书馆年鉴 2019》全面记录国家图书馆在 2018 年的工作全貌，系统、准确地反映国家图书馆 2018 年各项事业的发展情况，为读者了解和研究国家图书馆提供基础数据和资料。全书共分为综述、特别记载、基础业务工作、服务工作、国家数字图书馆建设与服务、重点文化工程及项目、文献整理与编辑出版、学术与科研、对外交流与合作、机构与人事管理、设施建设与保卫、党建与群团活动、统计资料、重要文件选编、媒体报道、年度大事记、综合索引 17 个栏目。

《国家图书馆年鉴 2019》于 12 月由国家图书馆出版社出版，全书共计 61.2 万字，图片 151 幅，统计表 29 个。

《国家图书馆年鉴 2019》

六、专业文献出版

2019 年出版图书 327 种，比 2018 年同期减少 8.91%。其中新版书 266 种，比 2018 年同期减少 6.34%；重印书 61 种，比 2018 年同期减少 18.67%。全年销售额收入稳步增长，发货码洋 2.88 亿元，比 2018 年同期增长 26%。

（一）重点图书的出版

2019年，《中华传统文化百部经典》编纂项目出版《楚辞》《论衡》《史通》《贞观政要》《荀子》《春秋繁露》《西厢记》《聊斋志异》《杜甫集》《战国策》10种图书（参见“重点文化工程及项目”之“《中华传统文化百部经典》编纂项目”）；《鲁迅手稿全集》基本完成手稿征集，共计收录33000页，全面进入编纂、排版和审校环节（参见“重点文化工程及项目”之“《鲁迅手稿全集》编辑出版项目”）；中华古籍保护计划之《全国古籍普查登记目录》出版《浙江大学图书馆古籍普查登记目录》等26种35册，《国学基本典籍丛刊》出版《武英殿本四库全书总目》等17种177册，“海外藏《永乐大典》仿真影印回归项目”出版《日本国立国会图书馆藏〈永乐大典〉》《爱尔兰切斯特·比蒂图书馆藏〈永乐大典〉》2种4册，《永青文库》出版4种10册，《中国珍贵典籍史话丛书》出版《唐女郎鱼玄机诗史话》等11种9册（其中1册汇集3种）；革命文献与民国时期文献保护计划出版《民国时期图书总目·社会科学总论》，以及《近代日本对华调查档案资料丛刊》《中华平民教育促进会华西实验区档案史料选录》等15种443册。

完成出版“十一五”国家重点图书出版规划项目《脂砚斋重评石头记甲戌本》；“十二五”国家重点图书出版规划项目《经学辑佚文献汇编》《中国古籍珍本丛刊·孔子博物馆卷》；“十三五”国家重点图书出版规划项目《中华传统文化百部经典》10种；2011—2020年国家古籍整理出版规划项目《明代诗文集珍本丛刊》、《日本国立国会图书馆藏〈永乐大典〉》、《美国芝加哥大学图书馆藏中文古籍善本书志》（2种，集部、丛部）、《古本戏曲丛刊八集》；国家出版基金项目《浙学未刊稿丛编（第一辑）》、《近代日本对华调查档案资料丛刊（第一、二、三辑）》、《国家珍贵古籍题跋丛刊》（参见“特别记载”之“国家图书馆出版社建社四十周年系列活动”）；国家古籍整理出版资助项目《清华大学图书馆藏稿钞本日记丛刊》、《汉魏六朝集部珍本丛刊》、《上海图书馆藏珍本年谱丛刊续编》、《清代诗话珍本丛刊（第一辑）》、《哈佛燕京图书馆藏稀见书目书志丛刊》、《爱尔兰切斯特·比蒂图书馆藏〈永乐大典〉》、《国家图书馆藏样式雷图档》（2种，清西陵卷、香山玉泉山卷）、《清代进士传录》；国家社科基金后期资助项目《互联网时代的影像新闻研究》《传播侵权研究》《颠覆与重构：危机传播新论》《技术进步与版权制度变迁》。

（二）申报项目和参评奖项

1. 申报“十三五”国家重点图书出版规划增补项目

获得批准1项：《古本戏曲丛刊十集》。《东京审判出版工程第四期》出版单位变更为上海交通大学出版社（主承担单位）、国家图书馆出版社。

2. 申报各类重点项目

申报2019年度国家出版基金项目，获得批准3项：《近代日本对华调查档案资料丛刊（第一、二、三辑）》《浙学未刊稿丛编（第一、二辑）》《国家珍贵古籍题跋丛刊》。

《清代诗话珍本丛刊（第一辑）》《古本戏曲丛刊八集》《近代史研究所藏稿钞本日记丛刊》《国家图书馆藏样式雷图档·清西陵卷》《国家图书馆藏样式雷图档·香山玉泉山卷》《爱尔兰切斯特·比蒂图书馆藏〈永乐大典〉》《哈佛燕京图书馆藏稀见书目书志丛刊》7个项目获得2019年度

国家古籍整理出版资助。

《太古遗韵：中国古琴文化大展图录》入选2019年中华民族音乐传承出版工程精品出版项目；《技术进步与版权制度变迁》《“17年”图书馆事业与学术思想史研究》2个项目获2019年国家社科基金后期资助项目出版安排。

3. 优秀图书评奖

《浙学未刊稿丛编·第一辑》《中国书院文献丛刊（第一辑）》《孔子博物馆藏孔府档案汇编：明代卷》《上海图书馆藏稿钞本日记丛刊》4种图书荣获全国古籍出版社年度百佳图书（2018）二等奖；《赣州年鉴（2018）》获第六届全国地方志优秀成果（年鉴类）评比活动一等奖（地市级综合年鉴），《江西年鉴（2018）》获三等奖（省级综合年鉴）；《你看见我的蛋了吗》入选国家新闻出版署《2019年农家书屋重点出版物推荐目录》；《中华传统文化百部经典》系列图书中的《老子》《论语》《孟子》《庄子》《孙子兵法》《诗经》《左传》等7种，《老子绎读》、《国图绘本花园》系列图书中的《袋鼠卡兹的故事》《袋熊威尔的故事》《考拉凯拉的故事》《鸭嘴兽皮克的故事》等4种，以及《小漫画、大历史：从清末到民国》《大国价值》《大国精神》《梁启超：永远的少年》共16种图书入选教育部《2019年全国中小学图书馆（室）推荐书目》；《不能错过的亲子阅读：0—4岁》入选中国家庭教育学会、中国出版协会组织评选的《百部家庭教育指导读物推荐书目》；《小漫画，大历史：从清末到民国》荣获第27届上海市中小学、幼儿园优秀图书评选活动三等奖。

国图公开课第一本出版物《汉字与中华文化十讲》获第十四届文津图书奖以及2018年度“中国好书”、“中版好书”、第三届京东文学奖之“传统文化图书奖”；中国记忆项目对著名病毒学家顾方舟的采访整理而成的《一生一事——顾方舟口述史》被评为2018年度“中国好书”。

4. 其他

《中华再造善本》《古本戏曲丛刊六、七集》《中华传统文化百部经典》《中国图书馆史》等14种重点图书入选北京展览馆举办的“伟大历程 辉煌成就——庆祝中华人民共和国成立70周年大型成就展”；《中华再造善本》《古本戏曲丛刊七集》《全国古籍普查登记目录》《中国国家图书馆碑帖精华》《清文海》《文献为证：钓鱼岛图籍录》6种图书亮相中宣部主办的“书影中的70年·新中国图书版本展”，重点展示国家图书馆出版社出版成就（参见“年度掠影”之“国家图书馆出版社14种图书入选‘伟大历程　辉煌成就——庆祝中华人民共和国成立70周年大型成就展’”及“国家图书馆出版社6种图书入选‘书影中的70年·新中国图书版本展’”）。

年度掠影

【中国记忆项目出版《冯仲云年谱长编》】

《冯仲云年谱长编》

2019年5月，作为“中国记忆丛书”的新成员，《冯仲云年谱长编》由国家图书馆出版社出版。冯仲云（1908—1968），江苏武进人，是东北抗日联军的著名将领。曾任中共北满临时省委书记、松江省人民政府主席、北京图书馆（国家图书馆前身）馆长、水利部副部长等重要职务。该书为国内首部冯仲云先生的年谱长编。全书辑取丰富资料，考证严谨翔实，完整、生动地还原了冯仲云富有传奇色彩的一生。该书注重资料性、学术性、思想性、传记性相统一；以翔实可靠的历史文献为依据，大量使用已经发表过的文献资料；注意汲取近年来的东北抗联史研究的最新研究成果；写作上采用客观陈述的方法，一般不作评论；把握主线，突出重点，尽可能为读者和研究者提供有用的资料。

【《非物质文化遗产的影像记录与呈现——欧洲的经验》出版】

2019年7月，“中国记忆译丛”第一种:《非物质文化遗产的影像记录与呈现——欧洲的经验》由清华大学出版社出版。该书作为“中国—中东欧国家非物质文化遗产保护专家级论坛”的重要成果，由国家图书馆中国记忆项目中心8位成员和中国非物质文化遗产保护中心数字化中心主任邓雪晨共同翻译，并由中国社会科学院文学研究所民间文学研究室主任安德明担任审校。在翻译过程中，译者结合自身对联合国教科文组织《保护非物质文化遗产公约》的了解和在非遗保护工作中的实践经验，力求译文的学术性和准确性。该书的翻译引进着眼于非物质文化遗产保护的国际交流，在非遗影像文献建设与服务领域，着力打造我国与相关国家文化交流的新成果。

【推进民国文献保护项目的出版准备及新项目申报工作】

在2018年收集齐备《新新新闻》底本的基础上，2019年，出版部继续就该项目积极与国家图书馆出版社进行多次沟通，双方就出版方案、底本支付等工作达成一致意见；通过与《新新新闻》主要底本提供单位四川省图书馆、四川大学图书馆沟通，报馆领导批准，确定该报的出版署名问题。

为了从实践中探索出版选题策划和出版资源统筹的经验，2019年1—3月，出版部联合馆内外专家，策划本年度革命文献与民国时期文献保护计划整理出版项目——“民国时期中央国医馆文献汇编”“民国报刊诗话笔记汇编”，并顺利获得立项。目前，“民国报刊诗话笔记汇编”已进入底本收集阶段。

【探索“学术＋图书馆”出版选题策划新模式】

出版部作为国家图书馆的内设机构，自成立以来，即着力于探索如何有效利用、整合图书馆出版资源。2019年，出版部与曲阜师范大学文学院共同策划大型文献整理项目——《〈论语〉文献集成》，并派本部门员工参与该项目的论证立项会，对该项目涉及的整理方式、底本收集方案、出版形式等内容提出建议。目前，该项目已进入底本收集阶段。

【推动《新中国70年总书目》项目策划工作】

《新中国70年总书目》的编纂出版是国家图书馆响应国际图书馆协会与机构联合会要求，履行《中华人民共和国公共图书馆法》义务的重要方式。该项目旨在集中全面地反映新中国成立后的出版成果，揭示新中国文化发展历程，为学术界研究新中国各行各业发展提供学术保障，为出版选题策划提供科学依据。同时，2019年是中华人民共和国成立70周年，通过编纂出版《新中国70年总书目》，向新中国成立70周年献礼。2019年，出版部会同业务管理处、中文采编部和北京国图书店有限责任公司等部门就该项目的初步方案开展多次研讨修订，争取该项目能够正式立项。同时，在馆里征集拟纳入国家“十四五”规划纲要的重大工程项目及拟编制的“十四五”专项规划时，将该项目的具体策划方案提供给研究院，以供参考。

【策划重大数字出版项目】

博士后出站报告是博士后研究人员在博士后流动站或者博士后工作站完成其研究工作后向博士后培养单位所递交的研究报告，是一种具有重要学术价值和社会价值的特殊文献，亟待有效收集并开发利用。2019年，为了深度整合、揭示馆藏文献出版资源，开发新的创收增长点，努力为扩大国图财政收入做出应有贡献，出版部在充分调研基础上，提出《建设“中国博士后出站报告数据库”项目建设方案》。目前，该项目已得到相关馆领导批复，待相关部门开会讨论具体方案后，将进入最后的批复和立项阶段。

【中国图书馆学会 2019 年秘书长联席会议暨《中国图书馆年鉴》编纂工作会议召开】

3 月 14—15 日，中国图书馆学会 2019 年秘书长联席会议暨《中国图书馆年鉴》编纂工作会议在广西壮族自治区钦州市图书馆召开。中共钦州市委、中国图书馆学会、广西壮族自治区文化和旅游厅公共服务处、广西图书馆学会、广西壮族自治区图书馆、国家图书馆出版社、钦州市图书馆等单位领导和嘉宾以及全国各省、自治区、直辖市图书馆学（协）会的秘书长和同人等 100 余人出席会议。会议主题为“新时代图书馆发展——社会组织的责任与使命”，专题研讨图书馆学会在新时代图书馆事业发展中担负的责任与使命，总结和部署中国图书馆学会重点工作及《中国图书馆年鉴》编纂工作。国家图书的出版社社长魏崇重点介绍国家图书馆出版社的职责定位、专业出版团队、专业文献的整理出版情况，以及《中国图书馆年鉴》的出版发行情况。《中国图书馆年鉴》副主编程鹏总结 2018 卷编纂工作情况，公布 2019 卷编纂大纲并布置 2019 卷编纂工作。《中国图书馆年鉴》编辑王旭东解读撰稿体例，对具体撰稿要求做说明。

【《图书馆学概论》（第 4 版）出版】

《图书馆学概论》（第 4 版）

3 月 15 日，吴慰慈和董焱两位教授编著的《图书馆学概论》第 4 版由国家图书馆出版社出版。该书是图书馆学专业必修课教材，全面讲解图书馆学的基本理论和基本知识，介绍国内外图书馆学理论研究进展及图书馆事业宏观发展状况。该书初版于 1985 年，第 4 版是在 2008 年修订二版基础上的又一次修订，吸收国内外图书馆工作实践与理论研究的最新成果，对各章节内容进行修订乃至重写，反映新技术对图书馆转型的影响。该书除用作高校图书馆学专业教材外，还适合作为图书馆员的专业入门读物。

该书是图书馆学专业的经典教材，从第一版起，一直由国家图书馆出版社出版。上一版（2008 年出版的修订二版）已累计印刷 10 次，发行 3 万册。武汉大学、河北大学、苏州大学等高校的图书馆学专业均使用该书作为教材。有些图书馆在人才招聘和继续教育时也使用该书。不仅本科生使用该教材，而且在考研和考博时，很多学校的图书馆学基础课依然指定该教材为考试参考书。此次修订，作者根据时代的发展对每章内容都进行了必要的修订，如把第六章“图书馆微观工作体系”修订为“图书馆业务工作”；删除“复合图书馆”一章，增加智慧图书馆的内容；关于图书馆管理的内容原有两章，此次修订合并为一章；全书融入《中华人民共和国公共图书馆法》等新的法律法规和行业指南内容。

【《中国古代纪年丛考》出版座谈暨史学研究方法学术研讨会召开】

3月31日，《中国古代纪年丛考》出版座谈暨史学研究方法学术研讨会在天津市武清图书馆召开。会议由武清图书馆和国家图书馆出版社联合举办，南开大学历史学院教授乔治忠主持。天津市文化和旅游局公共服务处处长李茁、武清区文化和旅游局局长于永胜、武清区图书馆前馆长穆祥萍、国家图书馆出版社副社长葛艳聪等出席会议。会议邀请北京师范大学历史学院教授陈其泰、中国社会科学院历史研究所研究员杨艳秋、天津市图书馆研究馆员李国庆等来自全国各地的10余位专家学者进行座谈。与会专家一致认为，刘坦作为一位布衣学者，虽身处乡间，但专注考据，他追本溯源，以正千年史籍之讹误为学术研究的目标。遗憾的是，在刘坦逝世后，其人其学逐渐被历史淹没，至今已鲜为人知，可谓沧海遗珠。《中国古代纪年丛考》的出版是首次对刘坦著述手稿的集中发布和系统分类整理，可为中国古代纪年研究和与之相关领域提供丰富翔实的材料。全书收录刘坦遗稿数十种，按体例分为著述、别录、整编和索引四类。著述类是刘坦学术研究的精华，别录类集中体现了刘坦治学的方法和门径，整编类是对专题资料的整理。索引类又称为“引目”或“纂目”，是“别录”治学方法的进一步演变。该书的出版是嘉惠学林之举，不止是对刘坦学术成就的肯定，更在于刘坦的学术思想和研究方法至今处于学术前沿，对文史研究仍有重要的指导意义。会议最后，李茁、于永胜、穆祥萍、乔治忠共同为《中国古代纪年丛考》揭幕。

【松荫轩存藏印谱出版项目全面启动】

香港松荫轩历30年之功，广收古今印谱至今不辍。书斋现藏印谱计约3000种，蔚为大观，具有存藏印谱种类多、数量大、富有特色等诸多特点。松荫轩存藏印谱出版项目（以下简称“松荫轩项目”）是国家图书馆出版社首次独立承接全部出版任务的印学文献类出版项目，意义重大，影响亦将深远。

2018年11月至2019年5月，出版社选派2名员工赴港，完成该项目第一期印谱扫描及记录工作。松荫轩现藏印谱计约3000种（包括若干印谱复本，实际种类在2800至3000种之间，且每年都在不断购入新品）。截至2019年5月，国家图书馆出版社方面已累计扫描印谱种数约占应扫总种数的30%，加之林章松先生已扫描完成的600种左右，全部已扫描印谱种数约占目前松荫轩存藏印谱总种数的50%左右。国家图书馆出版社根据实际情况，制定对项目进行分类分辑出版、立体式出版、多层次开发的总体目标。同时，与香港松荫轩方面达成若干印学文献出版项目的出版计划，如“松荫轩存藏印谱提要”“松荫轩印谱所见印人录”“松荫轩名印经眼录”等。

【历史文献整理暨数字出版专家座谈会召开】

6月28日，由国家图书馆出版社主办的历史文献整理暨数字出版专家座谈会在北京师范大学文学院召开。北京师范大学文学院、历史学院和马克思主义学院的教授马东瑶、向燕南、张越、周良书等10余位专家学者，共同就历史文献数据库的建设展开研讨交流。与会专家围绕“中国历史文献总库”平台建设，结合自身使用数据库的经验及科研需要，主要从数据库与文献整合、数据库与功能设置以及数据库与宣传推广等方面展开讨论。

【国家图书馆出版社14种图书入选“伟大历程　辉煌成就——庆祝中华人民共和国成立70周年大型成就展”】

9月23日，“伟大历程　辉煌成就——庆祝中华人民共和国成立70周年大型成就展”在北京展览馆开幕，国家图书馆出版社14种图书入选大展，全面展示近年来在弘扬和传承中华优秀传统文化，服务学术研究的精品图书。其中，《中华传统文化百部经典》由中宣部等部门指导、国家图书馆组织实施，包括《周易》《尚书》《诗经》《论语》《孟子》《老子》《庄子》《孙子兵法》《管子》《史记》等传统文化读本。该项目是“十三五”国家重点图书出版规划项目，荣获2017年度“全国优秀古籍图书奖”普及读物奖、第十三届文津图书奖。《中国图书馆史》主要论述中国图书馆4000多年的历史变迁，全书由4卷组成，主线是中国图书事业，结合政治、经济、文化发展情况，纵观古今、立体丰富地展现我国图书馆事业的发展过程。该项目是“十三五”国家重点图书出版规划项目、国家社科基金后期资助项目，荣获第一届“中国图书馆史志优秀图书”特等奖。

【《湖北省图书馆藏稀见方志丛刊》新书发布暨专家研讨会召开】

9月24日，《湖北省图书馆藏稀见方志丛刊》新书发布暨专家研讨会在湖北省图书馆召开。《湖北省图书馆藏稀见方志丛刊》精装100册，是国家“十一五”重点图书出版规划项目“著名图书馆藏稀见方志丛刊”的一种，由湖北省图书馆编纂，国家图书馆出版社影印出版。精选馆藏中全国范围收藏单位少于5家的稀见方志94种，范围覆盖河北、山西、辽宁、内蒙古、陕西、新疆、山东、江苏、浙江、安徽、江西、福建、河南、湖北、广东等20省（自治区、直辖市）。其中，郑士蕙《[乾隆]保定府志稿》、杨守敬《[光绪]湖北荆州府志稿》《[光绪]湖北通志稿》、张国淦《[民国]河北通志稿》、傅彦明《[民国]续修汉阳县志列传存稿》等稿本均有较高的文献价值。新书发布会后，中山大学亚太研究院院长滨下武志，南开大学历史学院特聘教授、台湾暨南大学荣誉教授徐泓，哈佛燕京图书馆馆长郑炯文等国内外著名学者就古籍保护、文献的收集整理与研究做学术报告。

【国家图书馆出版社 6 种图书入选“书影中的 70 年・新中国图书版本展”】

10 月 9 日，“书影中的 70 年・新中国图书版本展”在国家博物馆开幕，展出新中国成立 70 年来各时期、各门类、各样式代表性图书版本 1.2 万余册，分区展示领袖著作、社会科学、文学艺术、科学技术、古籍整理、连环画多类图书版本，全面生动反映新中国 70 年版本流变，展现出版业与党和国家各项事业同向同步、繁荣发展，向广大观众奉献一场礼赞新中国、奋斗新时代的文化盛宴。国家图书馆出版社 6 种图书亮相此次大展，包括《中华再造善本》《文献为证：钓鱼岛图籍录》《古本戏曲丛刊》《全国古籍普查登记目录》《中国国家图书馆碑帖精华》《清文海》，均为国家图书馆出版社成立以来的精品力作。其中，《中华再造善本》是国家重点文化工程——“中华再造善本工程”成果，是“十五”国家重点图书出版规划项目，曾获第一届“优秀古籍图书奖”荣誉奖。《文献为证：钓鱼岛图籍录》是系统梳理从古到今有关钓鱼岛资料较为重要的典籍，书中揭示并收录了部分鲜见文献，丰富和补充了既往的研究成果。该书曾获第六届中华优秀出版物奖图书提名奖。《古本戏曲丛刊》系列是由原文化部副部长、原北京大学文学研究所（现中国社会科学院文学研究所）所长郑振铎召集编纂的新中国成立后最大规模的戏曲古籍丛书。《古本戏曲丛刊・七集》在内容上承接《古本戏曲丛刊・六集》，收入的作品体现了乾嘉时期戏曲的一些新的特点，为学者研究清代戏曲提供了平时难得一见的珍稀版本。该项目是 2011—2020 年国家古籍整理出版规划项目、国家古籍整理出版资助项目。《清文海》是 20 世纪 80 年代由南开大学古籍与文化研究所组织开展，对数量庞大的清人文章进行梳理，经 20 余年整理、点校和大量烦琐而艰苦的工作，打造出的古籍精品。该书是“十五”国家重点图书出版规划项目、国家古籍整理出版资助项目，曾获第六届“优秀古籍图书奖”一等奖。

【《子藏》第五批成果发布会暨古籍整理保护学术研讨会举行】

11 月 23 日，国家图书馆出版社和华东师范大学联合举办的《子藏》第五批成果发布会暨古籍整理保护学术研讨会在上海举行。国家图书馆副馆长、国家古籍保护中心副主任张志清，中国古籍保护协会副秘书长王红蕾，台湾“中国文化大学”中文系副教授陈惠美，华东师范大学党委统战部部长、中文系党委书记王庆华，华东师范大学先秦诸子研究中心主任方勇、国家图书馆出版社副社长葛艳聪，以及来自图书馆界、出版界和各高校的 70 余位专家学者出席会议。

方勇主持会议并对《子藏》工程的发展脉络进行介绍，对“《子藏》学”这一创造性新概念进行初步解读。葛艳聪在致辞中表示古代文献典籍蕴含着中华民族特有的精神价值、思维方式、想象力和创造力，是中华文明璀璨之华的历史见证，对促进文化创新、维系民族情感、弘扬民族精神有着积极而重要的作用。国家图书馆出版社承担《子藏》编辑出版工作，做好底本确定工作，努力做到“版本最优”，在图书编辑、印制、用纸等各个环节都加大投入，确保图书质量。

张志清高度肯定《子藏》编纂团队的辛勤工作和十年来所取得的丰硕成果，认为只有通过对古籍的全国性普查，海外存藏、历史信息、外译典籍的充分调查，古籍的数字化、影像化和影印出版，形成图书馆系统的古籍公布、揭示、保护，加以学界的整理研究、出版界的精品出版、哲学社会科学界对思想文化的梳理四维一体的完整古籍保护运用体系，才能让经典古籍在当代社会真正实现其文化传承和价值引领的作用。期待《子藏》这一部大典为古籍再生性保护和学术化的研究利用提供良好示范，在未来的学术研究和文化再构中发挥出其应有的作用。

在分组讨论中，来自不同领域的学者们各抒己见，对这个“新子学”背景下的全新议题提出自己的看法。与会专家表示，盛世修藏，利在千秋，在中国历史上，每一次大型文化典籍的编纂、整理与刊刻工作，都对当时的文化研究、文化建设起到了相应的推动作用，这也是中华文脉千年不绝的重要依托。

《子藏》第五批成果发布会暨古籍整理保护学术研讨会

【《全椒古代典籍丛书》阶段性成果发布暨专家座谈会召开】

11 月 29 日，《全椒古代典籍丛书》阶段性成果发布暨专家座谈会在国家图书馆召开。会议由政协全椒县委员会和国家图书馆出版社联合举办。安徽省全椒县历史悠久，人文荟萃，历代先贤留下大量典籍。政协全椒县委员会以地方历史责任感与文化担当，组织实施《全椒古代典籍丛书》的编纂，2018 年起陆续由国家图书馆出版社出版。截至 2019 年 9 月，已影印出版《薛时雨集》《吴敬梓集》《憨山大师集》《吴烺集》《金兆燕集》5 家 59 种 84 册，计划于 2020 年底出版全椒古籍约 200 种。一县之地而产出如此众多跨代久远的古籍，在全国当为罕见。此次会议正是为展示阶段性成果，推进后续的编纂出版工作。

《全椒古代典籍丛书》阶段性成果发布暨专家座谈会

【中国图书馆学会编译出版委员会2019年工作会议暨国家图书馆出版社图情出版专家座谈会举行】

12月20日，中国图书馆学会编译出版委员会2019年工作会议暨国家图书馆出版社图情出版专家座谈会在国家图书馆出版社举行。会议由中国图书馆学会编译出版委员会主办，该委员会委员、全国多家知名高校图书情报档案专业的负责人与代表、特邀专家及国家图书馆出版社的代表等出席会议。国务院学位委员会图书情报与档案管理学科评议组成员、武汉大学研究生院院长陈传夫致辞。编译出版委员会副主任曹树金介绍《图书情报与档案管理博士文库》项目的情况。编译出版委员会副主任、南开大学商学院信息资源管理系教授徐建华，全国图书情报专业学位研究生教育指导委员会秘书长、武汉大学信息管理学院教授李纲，全国出版专业学位研究生教育指导委员会副主任、南京大学出版研究院常务副院长张志强，图书馆学著作编辑出版专业委员会副主任、武汉大学信息管理学院教授徐丽芳，《中国图书馆学报》常务副主编吴澍时，国家图书馆外文采编部主任顾犇做主旨发言。与会专家围绕编译出版委员会2020年的工作、图书情报档案专业图书的选题与出版等进行了讨论。国家图书馆出版社图书馆学编辑室主任邓咏秋介绍该社图书馆学专业图书的出版情况以及编辑出版工作中的一些问题。与会专家畅所欲言，对国家图书馆出版社在专业图书出版方面的努力、编辑的专业能力等表示赞赏，并从各自的角度，对专业图书选题及出版社的发展提出宝贵的建议。

学术与科研

- 科研项目
- 学术成果
- 博士后科研工作站
- 图书馆事业发展研究与图书馆政策研究

学术与科研

一、科研项目

（一）立项情况

2019年，国家图书馆获准立项国家社科基金项目6项，资助经费共计140万元；获准立项部级项目2项，资助经费共计45万元；馆级课题立项项目34项，资助经费共计70万元（参见“统计资料”之“科研项目”）。

（二）结项情况

2019年共结项17项。其中，馆级项目12项，部级项目1项，国家级项目4项（参见“统计资料”之“科研项目”）。

二、学术成果

2019年，国家图书馆员工正式发表的成果包括著作类（含参与编撰等）33部，论文271篇，行业标准1项。

文津出版基金资助著作3部，资助经费10万元。①朱青青，《中文图书编目理论与实践》，知识产权出版社出版。该书主要从理论及实践层面阐述中文图书编目工作，主要内容有以下几个方面：引言部分介绍文献编目的内涵、标准、原则等基本知识；“著录”部分讲解中文图书题名、责任说明、版本等信息的著录；“标引”部分阐述标引规则及方法，并通过几类典型文献加以解析；“名称规范”部分介绍和阐述中文名称规范工作，并分析FRAD带给名称规范工作的一些启示；“编目相关问题研究”部分探讨实践中的一些常见问题并提出编目的应对之策。②李晶，《杨宪益、戴乃迭英译〈红楼梦〉底本研究》，文化艺术出版社出版。该书针对杨宪益、戴乃迭英译《红楼梦》的底本问题展开探讨。杨译本自1980年出版后便引起关注，但底本问题一直存在戚序、庚辰诸本之辩，众说纷纭。该书通过中文底本与英译本对照细读，考察回目与分回、文字杂糅与存阙、文史典故之歧异等问题，来辨析底本情形与杨译的处理策略。最后对照其他英译本，考察杨译本在《红楼梦》英译史上的价值。杨译据有正本与庚辰本，比霍译据程乙本等底本，在文字质量与契合作者原意等方面都更胜一筹。③向辉，《采采荣木——中国古典书目与现代版本之学》，上海古籍出版社出版。该书从古典书目价值论、古籍版本个案论、版本考订细节论和书籍历史互动论等角度，展开新时期的古籍版本目录学研究，是一部结合古籍保护工作实践的学术研究著作。

三、博士后科研工作站

（一）颁布博士后工作有关文件

2019 年，国家图书馆博士后科研工作站（以下简称“工作站”）围绕工作实践需要，继续对《国家图书馆博士后科研工作站管理办法》等规章制度进行梳理和检查，进一步完善工作站管理制度。

为确保博士后在站研究无学术不端问题，工作站专门申请开通学术不端检测系统，对博士后出站工作报告等在站研究成果进行文本复制检测，并根据不同学科的特点划定文献复制比的“红线”。博士后的出站工作报告通过学术不端系统检测后，方可提交出站鉴定专家进行审核。通过建立系统检测和专家把关的双重审核机制，工作站将博士后在站研究的学术不端风险降到最低，在站内营造风清气正的学术生态。

（二）博士后进出站及日常管理情况

工作站发布 2019 年招生简章，收到 7 份进站申请书，组织进站面试，最后确定招收 1 名 2019 级博士后人员，后因个人原因放弃进站；组织召开出站鉴定会 2 场、开题论证会 2 场和中期考核会 3 场；办理完成 2 名 2016 级博士后出站，1 名 2017 级博士后延期出站，1 名 2017 级博士后因病退站。

2018 级博士后中期考核会

（三）在站博士后人员基本情况

截至 2019 年底，工作站共有合作导师 5 人，主要研究方向包括文献信息组织、数字图书馆、古典文献学研究和善本书志与古籍保护。已出（退）站博士后 27 人，在站博士后 4 人。

在站博士后中：2017 级 1 人，2018 级 3 人；古典文献学研究方向 1 人，图书馆学研究方向 3 人；女生 3 人，男生 1 人。

（四）博士后基金申报与资助情况

2019 年，工作站积极组织在站博士后申报博士后面上资助项目等科研项目，获批面上资助二等项目1项。

（五）博士后科研及学术交流情况

2019年，工作站在站博士后共发表论文10余篇，参加学术研讨会10余人次。

四、图书馆事业发展研究与图书馆政策研究

（一）图书馆事业发展研究

1. 组织编撰事业发展出版物

组织编撰《中国图书馆事业发展报告》（蓝皮书）。其中《中国图书馆事业发展报告·图书馆标准化卷》于11月正式出版，约40万字；《中国图书馆事业发展报告·图书馆建筑卷》完成全国副省级以上公共图书馆新馆改扩建情况调研以及初稿撰写和案例统稿工作。

组织编辑《国家图书馆同人文选·第五辑》，于12月正式出版，共收录2009—2018年发表涉及图书馆管理与事业发展研究、图书馆业务研究、数字图书馆与现代技术研究、文献研究等国家图书馆工作各领域的同人论文151篇。

在文化和旅游部财务司的支持和指导下，继续组织对我国公共图书馆事业发展的年度数据进行汇总整理和分析，编制完成《2018年全国公共图书馆事业发展基础数据概览》，提供全国公共图书馆事业发展主要数据及多维度对比分析，供省级以上政府主管部门领导和副省级以上公共图书馆管理者参阅。

组织编纂《中国图书馆年鉴》和《国家图书馆年鉴》（参见“文献整理与编辑出版”之“年鉴编辑出版”）。编辑出版发行《中国图书馆学报》、《国家图书馆学刊》和《文献》2019年各6期（参见“文献整理与编辑出版”之“学术期刊编辑出版”）。

2. 开展图书馆事业发展战略研究工作

开展国家图书馆发展战略研究，制定下发《国家图书馆发展战略研究工作方案》，部署馆藏发展策略、公共服务策略、数字发展战略等22项研究任务，建立馆领导牵头、相关部处参加、业界专家联动的工作机制。

开展公共图书馆事业发展战略研究，联合中国图书馆学会，制定下发《全国公共图书馆事业发展战略研究工作方案》，联合15家副省级以上图书馆，启动传承弘扬优秀传统文化、基层图书馆发展路径、全民阅读服务、新技术创新应用等13个专题的战略研究。

3. 组织事业发展交流活动

9月9—10日，召开“图书馆·与时代同行”国际学术研讨会，邀请来自11个国家和地区的35位知名专家学者及300余位业界学界代表，交流研讨新时代图书馆事业发展目标与任务，推动国内外学术交流与合作。

11 月 20—21 日，与广州图书馆、广东图书馆学会等联合举办“提升效能、创新发展与图书馆统计”学术研讨会，探讨图书馆统计工作科学化、规范化、国际化，国内外专家学者以及全国各地图书馆代表约 280 人参会。

“提升效能、创新发展与图书馆统计”学术研讨会

4. 组织事业发展调研工作

根据文化和旅游部政策法规司要求，征集上报国家图书馆 2018 年度调研成果 10 项，其中《文化文物单位文创产品开发情况调研报告》获评全国文化和旅游系统 2018 年度十佳调研报告，《国家图书馆数字资源保存管理调研分析报告》《国家法律图书馆建设调研报告》获评全国文化和旅游系统 2018 年度优秀调研报告；上报 2019 年度调研选题 2 项，“公共数字文化标准体系研究”项目被列入文化和旅游部 2019 年度重点调研选题。

（二）图书馆政策研究

1. 开展立法支撑研究

《中华人民共和国公共图书馆法》配套制度研究方面，受文化和旅游部公共服务司委托，与武汉大学共同开展公共图书馆文献处置制度研究，修改《公共图书馆馆藏文献信息处置工作管理办法》，并对文件起草情况及主要思路做说明。受文化和旅游部公共服务司委托，与广州图书馆、中山大学等联合启动公共图书馆年报制度研究，面向县级以上公共图书馆发放调查问卷近 200 份，开展专家访谈，完成《公共图书馆年报编制指南》初稿。

《公共图书馆馆藏文献信息处置工作管理办法》专家研讨会

2. 提供重要政策建议及报告

结合国家图书馆实际，进行法人治理结构改革工作制度设计，修改完善《国家图书馆章程》《国家图书馆理事会议事规则》及起草说明等相关文件。

为深入学习贯彻落实习近平总书记给国家图书馆8位老专家的回信精神，推动国家图书馆事业创新发展，制定下发《关于深入学习贯彻落实习近平总书记给国家图书馆老专家回信精神 推动事业创新发展的实施意见》，围绕深入学习领会习近平总书记回信精神、坚持正确政治方向、弘扬优秀传统文化、创新服务方式、推动全民阅读、增强行业引领能力等六个方面重点任务，研究部署47项专题工作，各项任务均由主管馆领导牵头，制订细化方案，建立工作台账。

配合图书资料专业技术人员职称制度改革，起草《图书资料专业技术人员职称制度改革指导意见》（征求意见稿）。

梳理馆内重大工程项目及专项规划，上报《国家图书馆关于报送“十四五”文化和旅游发展相关材料的函》。

3. 组织研制相关标准规范

开展《公共图书馆业务规范》系列标准研制工作，修改省、市、县三级公共图书馆业务规范标准文本，于11月作为文化行业标准正式发布，并已立项为国家标准项目。

开展《公共图书馆总分馆业务规范》标准研制工作，完成业务规范标准文本，并通过专家审查。

开展《公共图书馆评估指标》系列标准修订工作，完成业务规范标准文本，并通过专家审查。

受国家市场监管总局标准技术司委托，承担“面向文化和旅游融合发展的公共文化服务标准化研究”项目。对北京、天津、江苏、浙江等地的40余个文旅融合发展实践案例进行实地走访，对业界专家和机构负责人等进行访谈，完成近16万字的《面向文化和旅游融合发展的公共文化服务标准化研究》报告。该项目已通过验收。

受文化和旅游部科技教育司和教育部语言文化应用管理司委托，承担“文化场馆语言文字规范化建设研究”项目，在开展我国文化场馆语言文字使用情况调查的基础上，起草《关于加强文化场馆通用语言文字规范化工作的通知》（建议稿）和《文化场馆通用语言文字规范化工作建设标准》（建议稿）。

翻译国际标准《信息与文献　国家图书馆质量评估》（ISO-DIS 12148：2018E）（Information and Documentation—Quality Assessment for National Libraries）文本，启动《国家图书馆质量评价指标》国家标准研制项目申请。

4. 对相关政策文件及行业发展动态进行搜集整理和研究

面向图书馆管理者和政府主管部门领导，跟踪报道国内外图书馆相关政策制度发布政策制度发布情况和图书馆事业发展动态信息，全年组织编发《图书馆决策参考》3期，《图书馆动态》20期。

编辑整理《2018年公共文化相关法律政策选编》、《习近平论历史》（六），共计25万余字。

（三）数字图书馆研究

2019年，继续开展图书馆现代技术及发展的前瞻性研究，并形成研究分析报告。撰写《数字图书馆发展研究》专题报告《云平台与云服务的发展与启示》，调研云平台与云服务的行业现状，对亚马逊云、阿里云、华为云以及云上贵州等主流云服务平台进行剖析，调研分析数字图书馆推广工程、国家公共文化发展中心、浙江科技创新云服务平台等公共文化体系云平台，最终形成专题报告。面向全馆推出14期《数字图书馆发展研究》技术动态，追踪图书馆和IT业界最新政策、技术及资讯热点，对大数据、云计算、人工智能、5G、区块链等新技术进行追踪调研，对文化科技深度融合、网络安全等最新战略政策解析进行追踪调研，对融媒体、文化遗产保护技术、第二届数字中国建设峰会、2019中国国际大数据产业博览会、2019世界人工智能大会、2019中国互联网大会等实时热点进行追踪调研，形成相应专题。

对外交流与合作

- 赴国外及台、港、澳地区交流
- 国外及台、港、澳地区重要来访
- 国外及台、港、澳地区合作项目
- 年度掠影

对外交流与合作

一、赴国外及台、港、澳地区交流

2019 年，国家图书馆出国（境）访问团组共计 27 批 87 人次，主要活动为参加国际及台、港、澳地区会议，业务交流以及签署、执行合作协议。

（一）馆领导出国（境）访问

馆长饶权访问日本永青文库

共计 8 批 43 人次。其中，出国交流包括：2 月 20—27 日，馆长饶权率代表团一行 5 人赴新加坡参加第二十七届亚洲和大洋州地区国家图书馆馆长会议、第二届丝绸之路国际图书馆联盟论坛并访问新西兰；6 月 9—16 日，副馆长孙一钢率代表团一行 5 人赴科威特参加第三届中国与阿拉伯国家图书馆及信息领域专家会议并访问摩洛哥；8 月 24—30 日，副馆长张志清率代表团一行 10 人赴希腊参加第 85 届国际图联大会；9 月 23—30 日，副馆长陈樱率代表团一行 5 人赴丹麦、芬兰进行访问，就馆藏建设、文献保存保护及数字化、公共图书馆文献流通、图书馆公共空间建设等事项进行交流；10 月 20—24 日，副馆长汪东波率代表团一行 5 人访问法国国家图书馆并签署合作协议；10 月 21—25 日，馆长饶权率代表团一行 5 人赴日本永青文库访问，就合作举办细川护熙书法展进行商议；11 月 5—12 日，党委书记、副馆长魏大威率代表团一行 5 人访问日本国立国会图书馆并开展两馆间第 38 次业务交流。

赴台、港、澳地区交流包括：9 月 24—28 日，副馆长张志清率代表团一行 3 人赴台湾参加第六届“玄览论坛”学术研讨会。

（二）业务部门出国（境）访问

共计19批44人次。其中，出国交流包括：3月20—24日，信息技术部主任谢强一行2人赴荷兰参加世界数字图书馆合作伙伴会议；5月14—18日，缩微文献部副主任王浩一行2人赴加拿大参加国际标准化组织第171技术委员会年会；6月4—8日，数字资源部副研究馆员季士妍一行2人赴克罗地亚参加2019年国际互联网保存联盟年会；6月17—9月11日，古籍馆普通古籍组馆员杜萌赴韩国国立中央图书馆进行业务交流；6月24—25日，国际交流处副研究馆员吴凯随文化和旅游部团组赴俄罗斯阿穆尔州布拉戈维申斯克市参加中俄文化合作分委会第十九次会议及第十届中俄文化大集；8月9—13日，中国古籍保护协会秘书处副秘书长王红蕾等2人，9月20—24日，古籍馆副馆长陈红彦等2人，先后分两批次，赴英国举办“梓墨千年——中国印刷术的传承与发展暨十竹斋木版水印艺术作品展”；9月1—5日，社会教育部主任汤更生一行3人赴日本参加国际博物馆协会第25届大会；10月8—12日，参考咨询部副研究馆员赵星一行2人赴捷克参加国际图联第16届馆际互借与文献提供会议；10月14—18日，展览部馆员李周一行2人赴日本进行永青文库细川护熙书法展展品交接、清点等工作；10月27—11月9日，艺术中心主任吕慧军一行2人赴法国参加2019年文化志愿者服务与社区文化建设赴法培训班；10月28—11月1日，出版社社长魏崇一行2人随团赴日本参加东京版权说明会和业务访问；11月4—24日，业务管理处主任科员韩超一行4人赴新加坡国家图书馆管理局进行业务交流；11月22—26日，古籍馆副馆长陈红彦一行2人赴日本参加影印宋本《思溪藏》样书交接仪式及研讨会；12月25—28日，展览部馆员李周一行2人赴日本进行永青文库细川护熙书法展展品交接工作。

赴台、港、澳地区交流包括：4月15—19日，古籍保护协会秘书处副秘书长王红蕾一行2人赴台湾参加第七届古籍保护与流传学术研讨会和第五届海峡两岸古籍保护论坛；5月14—21日，出版社总编辑殷梦霞一行3人赴台湾参加海峡两岸优秀编辑中华优秀传统文化共商共编选题研讨会；10月4—14日，党群工作办公室主任荣杰一行6人赴澳门参加庆祝新中国成立七十周年暨澳门回归二十周年文献特展；10月23—25日，中文采编部名称规范与整合组副组长戴建武一行2人赴台湾参加中文名称规范联合协调委员会第十七次会议。

二、国外及台、港、澳地区重要来访

2019年，国家图书馆接待来访团组共计43批396人次。主要包括：

（一）驻华使节和外国政要来访

接待阿联酋迪拜市政局总干事达乌德·哈吉里，葡萄牙文化部部长格拉萨·丰塞卡，厄瓜多尔文化和遗产部部长劳尔·佩雷斯·托雷斯，阿拉伯国家联盟驻华大使马哈穆德·艾勒艾敏，阿根廷国立图书馆馆长博尔赫斯的遗孀玛利亚·儿玉和阿根廷驻华大使馆文化处负责人豪尔赫·萨托尔，乌拉圭驻华大使费尔南多·卢格里斯，阿联酋驻华大使馆公共外交处主管玛丽亚姆・尚穆希，日本前首相、永青文库理事长细川护熙，伊朗驻华文化参赞阿巴斯阿里・瓦法伊，以及韩国西大门区公务员代表团、韩国永登浦区政府代表团、印度尼西亚高教部官员代表团等外国政要。

（二）国际图联和各国国家图书馆管理层来访

馆长饶权会见国际图联秘书长杰拉德・莱特纳

接待国际图联秘书长杰拉德・莱特纳、英国国家图书馆首席执行官罗利・基廷、加拿大国家图书和档案馆馆长莱斯利・威尔、新西兰国家图书馆馆长比尔・麦克努特、新加坡国家图书馆管理局总裁梁宝珠、卡塔尔国家图书馆馆长索哈尔・瓦斯托等18位图书馆管理人员参加国家图书馆建馆110周年系列纪念活动之“图书馆・与时代同行”国际学术研讨会（参见“特别记载”之“国家图书馆举办建馆110周年系列纪念活动”）；接待韩国国立中央图书馆副馆长金相旭一行5人到馆进行第22次业务交流；接待新加坡国家图书馆、老挝国家图书馆、巴布亚新几内亚国家图书和档案馆等代表团来访交流。

（三）其他国外机构、人员来访

接待日本出版贩卖株式会社组织的第40次日本出版友好访华团、沙特阿拉伯阿卜杜勒・阿齐兹国王公共图书馆代表团、英国国家图书馆交换馆员、美国芝加哥大学图书馆、加拿大多伦多大学图书馆、美国华人图书馆协会、日本书店代表团、蒙古图书馆代表团等图书馆机构代表来访交流；接待葡萄牙无限事件展览公司、日本永青文库、法国文献学院、伊朗库姆大学、印尼伊斯兰大学生联合会等机构代表；积极协助文化和旅游部做好相关接待工作，分别接待吉布提档案管理研修班、约旦文化机构负责人研修班、东南亚馆员研修班、马尔代夫图书管理研修班的学员。

（四）台、港、澳地区人员来访

接待台湾图书馆协会京津图书馆参访团，港澳大学生暑期实践活动人员，香港图书馆协会代表团，台湾汉学研究中心代表团，澳门科技大学图书馆馆长戴龙基，台湾佛光山惠中、如常法师等来访交流。

三、国外及台、港、澳地区合作项目

2019年，国家图书馆坚持服从国家文化外交大局，在对外交流过程中，结合国家图书馆业务特点，积极寻求合作契机，通过主动组织外事交流活动和建立双、多边交流机制，搭建合作桥梁，打造合作品牌。

（一）举办第二届丝绸之路国际图书馆联盟论坛

丝绸之路国际图书馆联盟是由中国国家图书馆倡议成立的开放性的国际图书馆合作平台，于2018年5月28日在成都正式成立并举办第一届论坛。2019年2月21日，由中国国家图书馆和新加坡国家图书馆管理局联合主办的第二届丝绸之路国际图书馆联盟论坛在新加坡召开，来自中国、马来西亚、卡塔尔、新加坡、泰国等10个成员馆的代表参加论坛。

在论坛上，中国国家图书馆馆长饶权做题为“丝绸之路国际图书馆联盟的建设情况和发展展望”的主旨报告，回顾联盟成立9个月以来取得的工作成果，并就联盟的未来发展提出五点设想：一是完善联盟的组织和协调机制；二是确立论坛承办机制；三是优化联盟联络机制；四是探讨加强数字化合作的具体途径，加强在数字图书馆领域的合作；五是开展一系列活动，即组织图书馆员专业培训，推进联盟内各国国家图书馆馆藏资源的联合揭示与共享服务，加强成员馆文化创意产品开发和推广合作，合作举办展览，以及鼓励联盟内各成员馆间开展定期互访。

第二届丝绸之路国际图书馆联盟论坛

参加论坛的各国代表在肯定联盟成立以来取得的工作成果的同时，普遍认为中方对联盟未来发展的设想，具有战略眼光，同时客观而务实，有很强的可操作性。各国代表对联盟未来的发展抱有深深的期待。此外，新加坡国家图书馆管理局资源管理处副处长苏琳丽和卡塔尔国家图书馆执行副馆长汉密尔顿也分别做报告。各成员馆一致通过下届论坛将在印度尼西亚雅加达举办。

（二）召开中阿电子图书馆项目发布一周年专题座谈会

作为中阿图书馆和信息领域合作机制成果的中阿电子图书馆门户项目于 2018 年 7 月正式启动。2019 年 7 月 19 日，中阿电子图书馆项目发布一周年专题座谈会在中国国家图书馆举办，旨在落实 2019 年 6 月 10—11 日在科威特召开的中阿电子图书馆项目联合委员会第四次工作会议和第三届中国与阿拉伯国家图书馆及信息领域专家会议达成的共识，总结回顾中阿电子图书馆项目上线一年来取得的成绩，研究展望下一阶段的发展规划。

中国国家图书馆馆长饶权，文化和旅游部国际交流与合作局副局长朱琦、局领导余建，阿拉伯国家联盟驻华大使马哈穆德・艾勒艾敏，沙特阿卜杜勒・阿齐兹国王公共图书馆执行总监阿卜杜凯里木・载德等出席座谈会。中国国家图书馆副馆长孙一钢主持座谈会。双方就中阿电子图书馆目前为止取得的成果进行回顾，肯定了双方对此项目的投入和配合，并对项目的未来发展充满信心，努力让其成为中阿文明交流互鉴的数字化平台，为促进中阿人民“民心相通”贡献来自图书馆界的力量。

（三）举办“妙法天成——细川护熙书法展”

2018 年 6 月，日本前首相、永青文库理事长细川护熙将永青文库收藏的 36 部 4175 册汉籍无偿赠予中国国家图书馆，在社会上引起强烈的反响。中国国家图书馆根据原文化部针对落实细川护熙对华捐赠后续工作相关文件的精神，经与永青文库多次协商，于 2019 年 11 月 14 日—12 月 15 日举办“妙法天成——细川护熙书法展”，共展出细川护熙先生的书法作品 46 件（参见“特别记载”之“重大展览”）。

年度掠影

【饶权率团访问新加坡、新西兰】

2 月 20—27 日，中国国家图书馆馆长饶权率代表团一行 5 人应新加坡国家图书馆管理局、新西兰国家图书馆邀请，赴新加坡、新西兰进行访问。代表团在访问新加坡期间，参加第二届丝绸之路国际图书馆联盟论坛，饶权在会上做题为“丝绸之路国际图书馆联盟的建设情况和发展展望”的主旨报告。在此之前，代表团还参加了第二十七届亚洲和大洋洲地区国家图书馆馆长会议，业务管理处处长毛雅君在会上做题为“传承与创新——中国国家图书馆的长期发展规划”的报告。此外，代表团还访问了新加坡中国文化中心，饶权与该中心主任肖江华就进一步发挥海外中国文化中心作用进行深入探讨。

代表团在访问新西兰期间，参访新西兰国家图书馆及奥克兰分馆，饶权与新西兰国家图书馆馆长威廉·麦克努特续签《中国国家图书馆与新西兰国家图书馆合作安排》，新西兰内政部副执行官彼得·穆雷、中国驻新西兰使馆教育参赞陈悦、新西兰外交和贸易部北亚处负责人布莱恩·休森等人见证签约仪式。此外，中国驻新西兰大使吴玺会见了代表团，并与饶权就如何开展中新两国文化交流与合作等问题交换意见。

馆长饶权与新西兰国家图书馆馆长威廉•麦克努特续签《中国国家图书馆与新西兰国家图书馆合作安排》

【“汉文文书——东波塔档案中的澳门故事”在国家图书馆开展】

6 月 10 日，为庆祝中葡建交 40 周年、澳门回归 20 周年，由中国国家图书馆，葡萄牙书籍、档案馆及图书馆局（东波塔国家档案馆）共同主办的“汉文文书——东波塔档案中的澳门故事”在中国国家典籍博物馆开展。葡萄牙文化部部长格拉萨·丰塞卡，葡萄牙书籍、档案和图书馆局局长希尔维斯特·拉色达，葡萄牙驻华大使杜傲杰，中国文化和旅游部国际交流与合作局副局长郑浩等出席开幕式。中国国家图书馆副馆长陈樱主持仪式。此次展览从 3600 多份“汉文文书”中精选出 100 余份档案文件进行展出，讲述“汉文文书”的保护和修复，并将档案文件与清代相关图文资料相印证，展示从政治交往到日常生活，从税收管理到经济商业利益的协商，再到两个民族间的冲突解决等发生在澳门却关乎中国、葡萄牙甚至印证世界历史重要进程的故事，重现清代澳门丰富多彩的历史图景。这些“汉文文书”不仅见证1693到1886年间清政府和澳葡议事会之间的官方交流，也展示两国人民之间的交往的历史，是中葡两国乃至整个世界的重要文化遗产。

“汉文文书——东波塔档案中的澳门故事”展览开幕式

【孙一钢率团赴科威特参加第三届中国与阿拉伯国家图书馆及信息领域专家会议并访问摩洛哥】

6月11日，由中国文化和旅游部，科威特文化、艺术与文学委员会支持，中国国家图书馆和阿拉伯国家联盟秘书处共同主办，科威特国家图书馆承办的“第三届中国与阿拉伯国家图书馆及信息领域专家会议”在科威特举行。中国驻科威特大使李名刚，科威特国家图书馆馆长兼科威特文化、艺术与文学委员会秘书长卡米尔・贾利勒，中国文化和旅游部国际交流与合作局局领导余建，阿拉伯国家联盟秘书处信息与文献司司长海勒・贾德，中国国家图书馆副馆长孙一钢，以及来自11个阿拉伯国家及阿盟秘书处、12家中方机构共30余名馆长、官员、专家出席会议。会议主题为“交流与互鉴——面向未来的中阿图书馆信息化”。与会代表就各馆在开展中阿电子图书馆的技术建设、面向公众的文化遗产馆藏、相关领域的高新技术应用、对当地社会建设的贡献等方面的实践与探索展开交流。大家还对在中阿电子图书馆门户网站项目框架下，开展中阿图书馆结对项目提出意见与建议，探讨项目未来阶段的工作。

副馆长孙一钢率团赴科威特参加第三届中国与阿拉伯国家图书馆及信息领域专家会议

6 月 13—16 日，代表团参访摩洛哥王国国家图书馆，孙一钢与该馆代表哈桑 · 阿盖共同签署《中国国家图书馆与摩洛哥王国国家图书馆合作协议》，并与该馆来自文献典藏管理、国家书目中心、馆长顾问办公室、国际交流与合作部等部门的代表进行座谈，重点介绍丝绸之路国际图书馆联盟和中阿电子图书馆门户网站项目的现状与发展规划。座谈后，代表团一行参观了摩洛哥王国国家图书馆的古籍修复实验室、古籍数字化加工空间、古代手稿展示区、普通阅览室、展览展示区域等。

【张志清率团参加第 85 届国际图联大会】

8 月 24—30 日，应国际图联邀请，中国国家图书馆副馆长张志清率代表团一行 5 人参加在希腊雅典举行的第 85 届国际图联大会。此届大会主题为“图书馆 · 通过对话实现变革”，共安排各类会议 278 场，超过 3000 名各国图书馆代表参会。大会共收集论文 200 余篇，共有 500 余名人员参与演讲，132 家参展商参展，召开卫星会议 23 场。会前，中国国家图书馆为来自世界各地的华人代表举办中文代表预备会议，来自文化和旅游部、公共及高校图书馆，台港澳大学图书馆，北美华人图书馆协会，加拿大、新加坡华人代表等共 110 余人参加。代表们就各自图书馆事业发展现状、国际交流以及国际图联的参与现状等内容进行分享。大会期间，张志清参加了大会开幕式、国家图书馆馆长会议、理事会会议以及闭幕式，就中国国家图书馆的发展现状以及国际图联的参与情况与参会代表进行交流与分享。作为国际图联保存保护中心中国中心主任，张志清参加了保

副馆长张志清率团赴希腊参加第85届国际图联大会

存保护中心工作会议并就中国中心的工作做报告。此外，代表团成员还参加了专业编目委员会第一次会议、文献传递与资源共享专业组工作会、亚太地区专业组工作会等共11场会议。会议期间，中国国家图书馆还组织多场双边及多边会谈，包括与新加坡国家图书馆管理局副总裁郑爱清就第三届丝绸之路国际图书馆联盟论坛、2019东南亚图书馆员研修班目前筹备情况进行探讨；与美国约翰斯·霍普金斯大学图书馆负责人温斯顿、奥本大学图书馆馆长张莎丽就第七届中美图书馆合作会议相关细节进行商定；与新西兰国家图书馆馆长麦克努特就其将要参加的“图书馆·与时代同行”国际学术研讨会及两馆业务往来情况进行梳理；与俄罗斯国立外国文学图书馆代表就金砖图书馆联盟项目的进展情况进行探讨。

馆长饶权会见日本出版贩卖株式会社社长平林彰

【饶权会见日本出版友好访华团】

9月19日，中国国家图书馆馆长饶权会见以日本出版贩卖株式会社社长平林彰为团长的第40次日本出版友好访华团一行12人。饶权简要介绍中国国家图书馆的最新发展情况，回顾中国国家图书馆与日本出版贩卖株式会社之间长期合作的历史，对日本出版贩卖株式会社及日本各出版社为促进两国文化交流所做的努力表示赞赏，并希望双方在不断适应时代发展的基础上继续加强合作，通过文化领域的交流带动两国人民的相互了解。平林彰表示愿意继续发挥日本出版贩卖株式会社的作用，继续携手日本各出版社做好这一具有积极意义的文化交流项目。会见结束后，代表团一行参观了日本出版物文库阅览室和典籍博物馆。

【陈樱率团访问丹麦、芬兰】

9 月 23—30 日，中国国家图书馆副馆长陈樱一行 5 人应邀赴丹麦、芬兰进行访问。在丹麦期间，代表团参访丹麦皇家图书馆，与该馆总馆长斯文德・拉森进行会谈，针对馆藏建设、数字化发展等议题进行深入的探讨，并就未来两馆间的交流合作交换意见。中国驻丹麦使馆公使衔文化参赞李鸿参加会谈，并陪同代表团走访使馆文化处和哥本哈根中国文化中心。

在芬兰期间，代表团参访芬兰国家图书馆，会见该馆副馆长莉萨・萨沃莱恩并进行业务交流。我方就中国公共图书馆发展概况、少儿图书馆发展概况进行了报告。芬兰方面介绍了其数字网站建设情况。双方也就文献保存保护、数字化等内容进行了探讨。中国驻芬兰使馆文化参赞游弋参加会见。代表团此行还访问了丹麦哥本哈根中心图书馆、芬兰赫尔辛基大学图书馆、赫尔辛基城市图书馆各分馆等公共图书馆，重点调研两国公共图书馆总分馆结构、文献流通体系、图书馆公共空间建设等内容。

副馆长陈樱率团访问丹麦皇家图书馆

【汪东波率团访问法国并签署合作协议】

10 月 20—24 日，中国国家图书馆副馆长汪东波率代表团一行 5 人赴法国国家图书馆访问并签署合作协议。访法期间，汪东波与劳伦斯・恩格尔馆长进行会谈。双方特别强调中法门户网站建设以来，切实加强了两国文化的交流与互鉴。中法门户网站为中方藏“法国学文献”和法方藏“中国学文献”数据库。中国国家图书馆在海外中国问题研究资料中心网站的中法交流栏目内展示，法国国家图书馆在加里加国家数字图书馆的中法交流栏目内展示。10 月 21 日下午，双方共同签署《中国国家图书馆与法国国家图书馆合作协议（2019—2021）》，协议规定两馆将在合作办展、交换馆员以及文献数字化等领域继续进行全面合作。该协议已被纳入 2019 年中法高级别人文交流机制第五次会议的合作成果。

副馆长汪东波率团访问法国国家图书馆

【魏大威率团访问日本国立国会图书馆】

11 月 5—12 日，中国国家图书馆党委书记、副馆长魏大威一行 5 人赴日本国立国会图书馆，开展两馆间第 38 次业务交流活动。访问期间，魏大威与日本国立国会图书馆馆长羽入佐和子进行会面。交流期间，魏大威与日本国立国会图书馆副馆长坂田和光分别就本馆在图书馆员的职业能力提升及专业人才培养方面的情况做报告。随后双方针对业务调查、读者服务、立法决策服务等方面的人才培养问题进行深入交流与探讨，加深彼此的认识和了解。代表团还参观了日本国立国会图书馆东京总馆、国际儿童图书馆、关西馆，以及东京大学附属图书馆综合图书馆、奈良国立博物馆佛教美术资料研究中心、京都国际漫画博物馆等机构。参观过程中，代表团重点了解数字图书馆发展、自动书库的建设和管理、儿童图书和漫画图书的收集和管理、佛教美术资料的整理和研究等领域的工作情况。

党委书记、副馆长魏大威率团访问日本国立国会图书馆

【举办 2019 年东南亚图书馆员研修班】

11 月 22 日，2019 年东南亚图书馆员研修班开班仪式在中国国家图书馆举办。中国国家图书馆馆长饶权，中央文化和旅游管理干部学院党委书记、副院长王建华出席开班仪式并分别致辞。老挝国家图书馆副馆长西松浦・乔端达、马来西亚国家图书馆副馆长穆罕默德・法扎里、缅甸国家图书馆副馆长郭蒂埃等来自东南亚 10 个国家图书馆的 11 名研修学员参加此次研修班。研修班主题为“数字图书馆的建设与合作”，邀请来自中国国家图书馆、中国科学院文献情报中心、北京大学图书馆等机构的多名专家，针对目前中国数字图书馆发展概况、服务创新以及整体规划等内容进行专题教学，还组织学员赴中国国家图书馆、清华大学图书馆、天津滨海新区图书馆等图书馆参观交流。通过课堂教学和参观交流，全方位介绍中国数字图书馆的发展现状、中方建设数字图书馆的理论基础和实践成果，并共同探讨中国—东南亚数字图书馆未来合作发展的方向。

【举行《星云大师全集》捐赠仪式】

12 月 19 日，由国家图书馆、星云文化教育公益基金会、佛光山文教基金会共同主办的《星云大师全集》捐赠仪式在国家图书馆举行。台湾佛光山佛陀纪念馆馆长如常法师向国家图书馆捐赠《星云大师全集》108 册和《佛光大藏经・般若藏》42 册，国家图书馆馆长饶权接受捐赠并向如常颁发捐赠证书。国家宗教局原副局长蒋坚永，星云文化教育公益基金会理事、光中书院院长王能宪、秘书长张静之，英国国家图书馆董事杨威等出席活动。副馆长张志清主持捐赠仪式。此次佛光山佛陀纪念馆还从星云大师旧作中集出“保护古籍、功德无量”八字并加盖印章后赠送国家图书馆。此外，双方还初步达成意向，计划于2020年在国家典籍博物馆合作举办佛经文献展览，以此为深化两岸融合发展，凝聚两岸文化认同，提供可资借鉴的合作模式。

机构与人事管理

- 机构设置与调整
- 干部管理
- 职称评审
- 职业年金管理
- 国家图书馆内设机构设置图

机构与人事管理

一、机构设置与调整

（一）中文采编部国内出版物呈缴组名称变更

经 2019 年第 20 次馆务会研究决定，中文采编部国内出版物呈缴组更名为出版物交存管理组。

（二）撤销中文采编部中文资料组

经 2019 年第 23 次馆务会研究决定，撤销中文采编部中文资料组。

二、干部管理

（一）严格干部监督管理机制，完善干部管理体系

根据中央组织部、文化和旅游部相关文件精神及要求，进一步加强干部监督工作。

按照《领导干部报告个人有关事项规定》《领导干部个人有关事项报告查核结果处理办法》规定要求完成 2019 年领导干部个人有关事项报告的录入填报、汇总上报。

按照《文化和旅游部因私出国（境）管理暂行办法》要求，做好处级干部因私出国（境）证件管理工作和处级干部因私外出审批工作。

按照《文化和旅游部人事司关于加强涉密人员因私出国（境）管理工作的通知》要求，做好涉密人员登记备案、因私出国（境）证件收缴和集中保管工作。

（二）加强干部队伍建设，做好干部聘任工作

根据文化和旅游部对直属事业单位人事管理的规定和要求，做好相关中层干部聘任调整工作。根据业务需要，开展部分科级干部的聘任调整；完成馆属企业管理岗位人员聘任工作。

加强全馆干部队伍建设，组织全体在编在岗的处级干部、科级干部、国家图书馆出版社内设机构管理岗位人员、馆属企业管理岗位人员填写“个人信息采集表”，组织全体在编在岗员工填写“个人基本情况表”，充实员工档案信息。

三、职称评审

按照文化和旅游部关于职称评审工作的统一部署，组织完成 2019 年度职称评审和推荐工作。本年度共有 141 人申报评审，其中有 7 人晋升正高级专业技术职称资格，60 人晋升或转任副高级专业技术职称资格，17 人晋升或转任中级专业技术职称资格。51 人完成专业技术职称资格初聘。

四、职业年金管理

根据中央国家机关养老保险管理中心统一部署，国家图书馆于 2019 年 1 月实现职业年金当期缴费，完成准备期 1698 人次职业年金缴费数据核准，并于 2019 年 10 月上缴完成准备期职业年金。

党建与群团活动

- 党建工作
- 纪检监察审计及法务工作
- 工会工作
- 共青团工作
- 离退休服务与管理工作
- 年度掠影

党建与群团活动

一、党建工作

2019年，国家图书馆党委在文化和旅游部党组的正确领导和部直属机关党委指导下，认真贯彻落实习近平新时代中国特色社会主义思想和党的十九大，十九届二中、三中、四中全会精神，深入开展“不忘初心、牢记使命”主题教育，学习贯彻习近平总书记给国图老专家回信精神，以政治建设为统领，落实全面从严治党责任，坚持党建和业务“两手抓、两加强、两促进”，充分发挥国图党组织的战斗堡垒作用和党员先锋模范作用，不断激发全馆员工干事创业的积极性、主动性和创造性，为推进国图事业发展提供坚强的政治和组织保障。

（一）深入学习贯彻习近平新时代中国特色社会主义思想，始终坚持正确政治方向

深入推进全员学习贯彻党的十九届四中全会精神，组织正处级以上干部参加部系统专题培训，部署全馆范围深入学习全会精神，教育引导党员立足岗位落实好全会精神，进一步完善国图治理体系，提升治理能力。深入学习贯彻习近平总书记给国图老专家回信精神，印发学习通知，组织各党支部各部处结合实际，深入研讨贯彻落实回信精神的思路举措。研究制定实施意见，设立推动事业创新发展的47个主要项目，以务实举措贯彻落实回信精神。馆党委理论学习中心组制订年度学习计划，全年围绕“不忘初心、牢记使命”“学习贯彻党的十九届四中全会精神”及年内习近平总书记发表的系列重要讲话等主题组织集体学习研讨。“不忘初心、牢记使命”主题教育期间，国图将学习贯彻党的创新理论贯穿始终，组织党员干部研读必读书目，坚持读原著、学原文、悟原理。深入开展增强“四力”教育实践工作，分层分级开展“四力”专题培训。以党支部为单位，建立21个年轻干部理论学习小组，进一步提升青年党员理论水平。创新党员学习方式，充分利用“学习强国”APP等学习平台，提高学习效率。

各党支部推进“两学一做”学习教育常态化制度化建设，依托“三会一课”“主题党日”组织党员学习。有的支部组织党员认真学习党建理论基础知识，制作党员应知应会手册，开展专项测试、知识竞赛等活动，推进党员理论学习；有的支部通过组织党员讲授“微党课”、举办“读书分享会”、开展“推荐一本好书”活动等，结合业务工作，教育引导党员深化对党的创新理论的认识。通过全方位、多层次、深入系统地学习，特别是在习近平总书记回信精神激励和指引下，全馆党员干部员工牢记初心使命，政治站位不断提升，进一步增强“四个意识”，坚定“四个自信”，做到“两个维护”。

处级机构：33 个
科级机构：114 个

国家图书馆内设机构设置图

（2019 年 12 月 31 日）

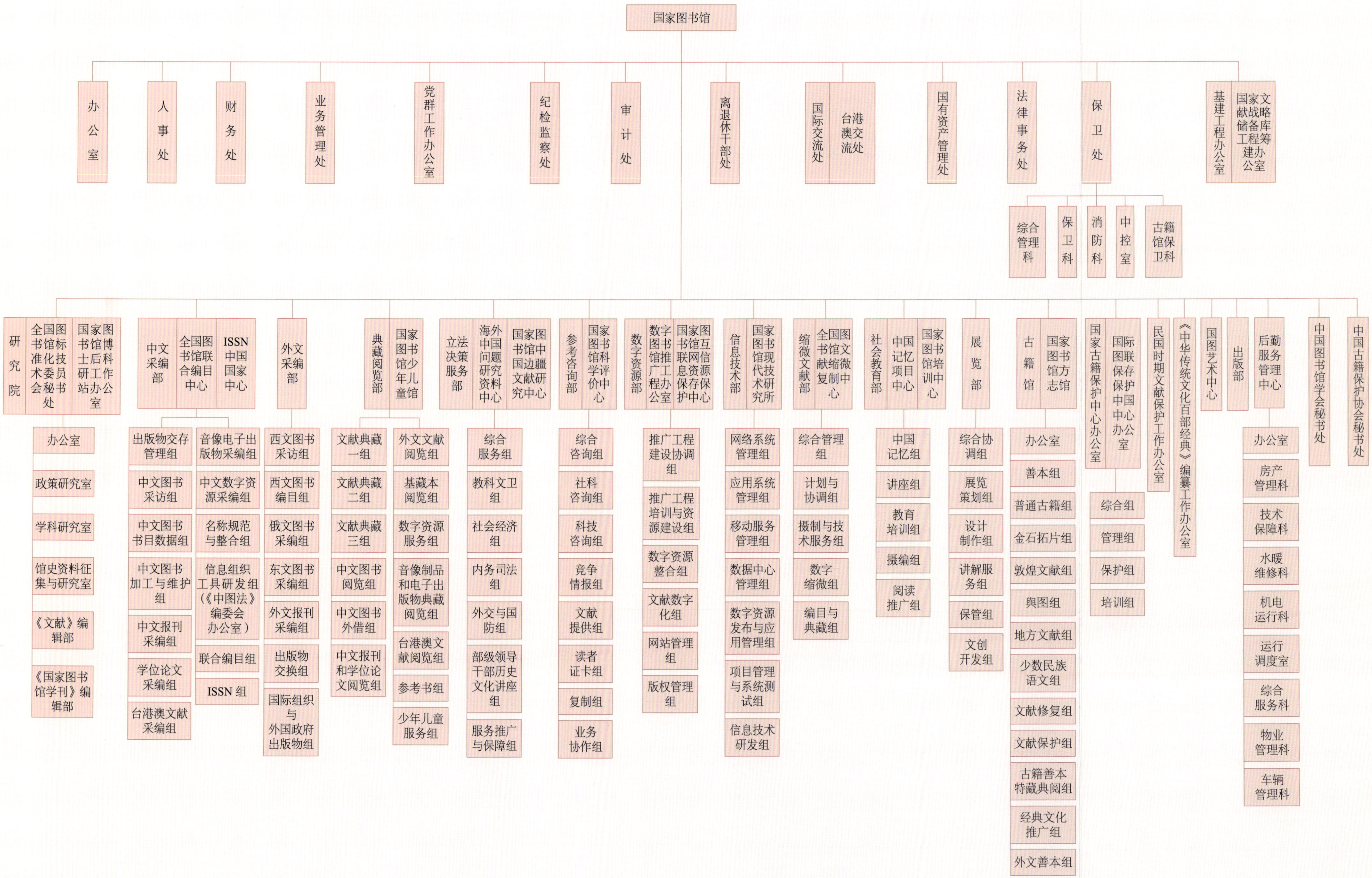

（二）扎实开展“不忘初心，牢记使命”主题教育，统筹推进各项整改工作

深入开展主题教育活动，制定全馆实施方案，组建活动领导小组，确定重点措施、时间表，召开动员部署大会，圆满完成“学习教育、调查研究、检视问题、整改落实”各环节工作。开展集中学习研讨，馆党委理论中心组组织专题学习会和中心组学习（扩大）会，围绕加强党的政治建设等8个主题，开展集中学习研讨。“七一”前后，馆班子成员讲授专题党课，馆党委委员和近三年来入党的党员赴北京新文化运动纪念馆参观学习，举办纪念任继愈先生逝世十周年座谈会，广泛开展革命传统教育、形势政策教育和先进典型教育。各党支部以多种方式，组织党员集中学习研讨，开展主题党日、困难党员慰问和群众帮扶等活动，坚定初心使命。馆班子成员围绕事业发展中的重点、难点问题设立一批调研项目，深入一线开展调研。利用2019年年中中层干部扩大会，针对“推动党建和业务融合发展”等5个题目进行调研讨论。结合实际，研究制定主题教育专项整治方案和整改落实方案。召开对照党章党规找差距专题会议和馆班子专题民主生活会，检视问题，剖析原因，落实整改措施。部署各党支部召开专题组织生活会，结合部门实际，推进工作整改。

统筹推进中央巡视、中央和国家机关工委党的政治建设督查、主题教育以及馆班子民主生活会相关整改工作，不断压实整改责任。以强化党建引领、改进读者服务、拓展新业务增长点、着力提升公共文化服务效能为重点推进整改。针对读者意见及舆情中反映出来问题，强化宗旨意识，研究制定解决方案，全面改进服务质量；以改善少年儿童馆服务为切入点，研究制订“少年儿童服务提升计划”，进一步提升少儿服务水平。圆满举办庆祝建馆110周年系列活动，拓展事业发展空间；以馆庆为契机，改善馆容馆貌、提升硬件保障水平，为人民群众营造更加良好的服务环境。大力推进公共数字文化工程融合发展，顺利完成年度任务，更好地发挥其对现代公共文化服务体系的支撑作用。完成主题教育整改落实情况“回头看”自查。全力配合文化和旅游部党组第一巡视组巡视工作，坚持即知即改，立行立改。

（三）严格落实意识形态工作责任制，完善制度机制，加强监督管理

加强对意识形态工作的领导，馆党政班子2019年两次专题研究意识形态工作，各党支部、各部处定期开展意识形态工作情况自查。修订完成《国家图书馆敏感文献筛查业务规范》《国家图书馆文献意识形态筛查长效机制工作方案》，研究制定《国家图书馆地图分级利用办法》，深入开展文献信息筛查，加强敏感文献利用管控。各党支部、各部处和馆属企业结合实际，制定、修订部处层面意识形态业务规范、管理办法，进一步完善全业务流程意识形态管控，国图各层面意识形态责任制管理制度基本实现全覆盖。严格执行制度，加强阵地管控，在110周年馆庆各项活动特别是外事活动中，注重坚持正确政治导向。强化展品及出版物、阅读推广活动等内容监管，加大对各类讲座、展览、培训、演出、会议和场地租赁等业务的审核力度，坚决守好意识形态阵地。加强意识形态教育培训，邀请专家举办专题讲座，各党支部结合实际举办案例式培训，不断提升关键岗位干部员工意识形态工作本领。

（四）落实全面从严治党责任，推进党支部标准化规范化建设

组织召开国家图书馆2019年党的工作会议、党风廉政建设工作会议，部署2019年工作任务。研究制定《国家图书馆党委关于落实全面从严治党责任实施办法》，从强化政治建设、理论武装、组织建设等方面对国图落实全面从严治党职责、夯实党建责任制做出安排。按照《中国共产党支部工作条例（试行）》要求，完善国图支部党建工作，馆党委申报全国党建研究会课题"加强党支部建设研究"，开展国图党支部建设状况调研，课题成果经部直属机关党委评审，荣获部系统一等奖。加强顶层设计，制定《国家图书馆党委关于推进党支部标准化规范化建设的实施意见（试行）》，从政治建设、理论武装、意识形态责任制落实、支部班子建设、党员队伍建设、组织生活实施、功能作用落实、纪律规矩执行等方面规定支部建设的具体任务，构建党支部建设指标体系和量化标准。完善党建述职评议考核机制，努力做到考实考准，加强考核结果应用，发挥党建考核的指挥棒作用。加强对馆属企业党建工作的指导，企业党建质量不断提升。加强和规范党建工作档案建设和管理，开展党支部档案建设调研核查。

各支部按照馆党委部署，严肃党支部政治生活，进一步落实"三会一课"频次、质量要求，开展谈心谈话，高质量召开组织生活会、民主评议党员，加强标准化规范化建设，稳步提升党支部建设质量。有的支部进一步完善党小组工作机制，加强对党小组工作的指导督促，充分发挥党小组积极作用；有的支部紧扣党建和业务融合发展目标，创新策划切合业务实际的党建活动载体，发挥党支部战斗堡垒作用；有的支部细化工作办法，加强档案建设，推动支部党建档案管理的系统化和规范化。

（五）加强党员教育管理，提高党员队伍建设质量

加强新形势下党员发展和管理工作，按照年度计划，新发展党员10名，预备党员转正9名。选派59名党员干部参加上级单位各类学习培训。严肃党员教育管理，按照相关程序，给予1名员工党籍处理，并责成相关党支部和部处继续开展帮扶教育。开展2019年国家图书馆改革发展和党的建设宣传工作会议，表彰党建信息报送先进集体和个人。完善党费收缴、使用和管理工作，提高使用效益。

认真贯彻落实《中国共产党党员教育管理工作条例》，提升党员教育管理质量和实效。有的支部通过组织"国图精神"教育、"榜样的力量"评选等活动，引导党员立足岗位发挥先锋模范作用；有的支部广泛与服务合作单位党组织开展联学联建，交流先进经验，拓宽党员教育途径；有的支部通过组织参观"新中国成立70周年成就展"，观看《我和我的祖国》《周恩来回延安》等教育影片，开展形式丰富的爱党爱国教育；有的支部通过为党员过政治生日、重温入党誓词、开展困难党员慰问等，增强党员荣誉感归属感。

（六）扎实贯彻中央与文化和旅游部党组文化建设战略部署，稳步推进国图事业发展

馆党政班子以党建引领和保障业务工作健康发展，以党建调动激发全馆员工干事创业的积极性，推动国图业务工作取得新成绩。贯彻落实习近平总书记给国图老专家回信精神，围绕"创新

发展年”的总体要求，顺利完成各项年度任务。完成法人治理结构改革试点阶段性任务，组建第一届理事会，审议通过《国家图书馆章程》和理事会议事规则，召开两次理事会会议，积极探索法人治理结构改革有效路径。加强文献信息资源建设，文献信息资源综合保障能力进一步增强。弘扬中华优秀传统文化、革命文化、社会主义先进文化，中华古籍保护计划、革命文献和民国时期文献保护计划、《中华传统文化百部经典》、《鲁迅手稿全集》等项目取得积极进展。推进国家图书馆国家文献战略储备库建设项目，将近1300万册文献搬迁至承德县周转库房。推进公共数字文化工程在资源、技术、平台、服务、标准等领域的深度融合取得重要进展。启动国家图书馆互联网信息战略保存项目，在新浪建立首个试点基地。深入开展全民阅读服务，联合全国图书馆发布《服务全民阅读　共创美好生活——中国图书馆界4·23全民阅读活动倡议书》，开展高质量的系列阅读推广活动。举办建馆110周年馆庆系列活动，召开“图书馆·与时代同行”国际学术研讨会，承办“中华传统文化典籍保护传承大展”。推进跨界融合发展，与中国银行北京市分行、华为技术有限公司、新华书店总店等开展合作。制订国家图书馆发展战略研究工作方案，启动国家图书馆中长期发展战略研究。召开第十五届省、自治区、直辖市、较大城市图书馆馆长联席会议，共谋图书馆“十四五”发展。举办“妙法天成——细川护熙书法展”，服务外交大局。举办2019年东南亚图书馆员研修班，推进丝绸之路国际图书馆联盟务实合作。

二、纪检监察审计及法务工作

（一）会同馆党委组织召开国家图书馆2019年党的工作会议、党风廉政建设工作会议

为学习贯彻落实文化和旅游部2019年党的工作会议、党风廉政建设工作会议精神，总结和部署国家图书馆党风廉政建设工作，馆纪委会同馆党委于2月15日召开国家图书馆2019年党的工作会议、党风廉政建设工作会议。馆领导班子成员、党委委员、纪委委员、中层干部、各党支部委员共计140余人参加会议。会上，党委书记、副馆长魏大威就进一步推进全馆党风廉政建设和反腐败工作做重要讲话。副馆长、党委副书记、纪委书记陈樱总结2018年国家图书馆党风廉政建设工作，对2019年党风廉政建设工作进行部署。

（二）驰而不息纠治“四风”，巩固拓展落实中央八项规定精神成果

1. 加强宣传教育，做好中央八项规定精神的贯彻落实

严格落实《国家图书馆关于进一步贯彻落实中央八项规定精神实施细则》，巩固拓展落实中央八项规定精神成果。认真传达中央、文化和旅游部关于严明纪律的情况通报。及时向全馆党员干部传达《中央纪委公开曝光八起违反中央八项规定精神问题》《中央纪委公开曝光六起违反中央八项规定精神问题》《关于转发〈中共文化和旅游部直属机关党委关于2起典型违纪问题的通报〉的通知》等有关文件和情况通报精神，要求全体党员领导干部从反面典型中汲取教训，高度警醒、

引以为戒，从严落实中央八项规定精神。

国家图书馆警示教育大会

2. 重点抓好节日关口反“四风”工作

在元旦、春节、劳动节、端午、中秋、国庆各重点节日关口，及时发布通知，明确纪律要求，在重要节日关口由馆党委书记、纪委书记约谈财务、公务接待、公车管理、食堂等管理部门负责人，督促其切实履行监管职责，严格落实中央八项规定精神，认真把好第一道关口，做好节日期间廉洁自律工作。聚焦重点领域、薄弱环节和隐形变异新表现新问题，严明纪律、明确要求。通过加强节前宣传教育、节日期间监督检查，认真做好节日关口反“四风”工作，切实保证中央精神和相关规定不折不扣地得到执行。

（三）认真贯彻落实各级纪检监察机关工作安排及部署

按照文化和旅游部巡视组对国家图书馆巡视工作的有关要求，完成好纪委相关工作的落实；按照中央纪委国家监委驻文化和旅游部纪检监察组工作要求，做好国家图书馆监察对象统计相关工作；结合馆内实际，认真完成文化和旅游部直属机关纪委关于《文化和旅游部系统处级党员干部廉政档案管理暂行办法》征求意见反馈工作；按照文化和旅游部直属机关纪委关于落实安全生产责任制督查工作相关会议要求，及时组织召开会议，部署有关工作；对上级纪委移交的问题线索按有关规定进行处理，并按部直属机关纪委工作要求完成问题线索统计报送等工作；按照部直属机关纪委要求部署，做好节日关口反四风工作；积极参加上级纪委工作会议及业务培训，并做好各项会议精神的贯彻落实工作；配合上级纪检监察机关完成其他相关工作。

（四）做好新任职干部廉政谈话工作

2019年，国家图书馆进行馆属企业管理岗位聘任工作，按照干部任前廉政谈话有关规定，馆纪委书记陈樱对新聘任的9名馆属企业管理岗位人员进行了任前集体廉政谈话，要求其在企业管理岗位上恪尽职守、廉洁自律、勤勉工作。

（五）有效开展监督，保障各项经济活动有序推进

1. 政府采购监督工作

按照国家图书馆有关规定，参与国家图书馆各项政府采购招投标、商务谈判、古籍鉴定等事项的监督工作。全年参与监督工作共计108项，其中，政府采购招投标开标监督38项，数据库采购、设备采购等商务谈判58项，金石藏品、舆图、契约等古籍鉴定12项。此外，按照有关方面要求，加强了对国家古籍保护中心第六批《国家珍贵古籍名录》和"全国古籍重点保护单位"申报评审工作的监督。在各项监督工作中，馆纪检监察部门按照中央纪委"三转"要求，积极探索对主责部门的"再监督"模式，督促主责部门有效发挥主体责任，切实保障国家图书馆各项经济活动顺利有序开展。

2. 审计工作

（1）加强审计工作，有效发挥审计监督的核心职能

①开展馆领导离任经济责任审计及审计发现问题整改工作。对韩永进在担任国家图书馆主要负责人期间的经济责任履行情况进行审计，内容包括资产状况、财务收支执行情况、对外投资情况、管理制度建设情况、国有资产保值增值情况、财经纪律的执行情况以及任期内的经济责任履行情况，审计主体范围包括国家图书馆及下属企业，审计期间自2014年1月至2018年8月。

②开展国家图书馆2019年上半年"三公"经费和会议费的支出标准、范围、审批程序等有关情况的专题审计并形成报告。

③开展国家图书馆出版社及馆属企业《企业财务会计决算报告》相关审计和2018年度财务收支审计工作。对出版社及馆属企业2018年度的经营管理情况开展经营责任书专项审计，出具各企业《2018年度经营责任书审计报告》。开展馆属企业负责人离任经济责任审计工作，审计处对北京国图酒店管理有限公司原总经理邵维卡开展离任经济责任审计，审计期间为其任职期间的2011年11月8日至2019年7月31日。开展馆属企业专项审计工作，其一，核查国图书店公司北京银行外汇账户的设立、收支、管理和销户等有关情况，形成《国图书店北京银行外汇账户核查情况报告》；其二，开展北图文化公司2个拟注销分支机构的审计工作。

④开展国家社会科学基金项目鉴定结项审计工作。根据《国家社会科学基金项目资金管理办法》，对3个国家社会科学基金项目的经费使用和管理情况进行结项审计，检查项目经费是否单独核算、专款专用；检查与项目专项经费支出相关的内部控制制度建设及执行情况；检查项目专项经费支出中国家相关的财政法规的执行情况；检查财务信息真实性、相关性；检查项目预算执行情况等，加强项目的监督管理，促进基金使用的规范化和科学化。

⑤开展审计发现问题整改督查工作并梳理内部审计机构建设和工作开展情况。梳理2016年至

2019年6月30日审计署审计、部直属事业单位审计、经济责任审计、重点项目绩效评价等13次审计和检查发现问题，建立审计问题工作台账，并印发整改通知，将问题分解至各部处、各企业，对照检查整改完成情况。同时梳理2014年至今内部审计机构建设和工作开展情况，分别从内部审计机构建设情况、工作开展情况及成效、存在的困难和问题、下一步工作思路和建议等方面进行总结，并将梳理总结情况和审计发现问题整改督查情况形成报告。

（2）开展财务考评工作，促进财务管理工作水平的提高

开展2018年度国家图书馆财务考评工作。考评内容主要包括预决算管理、资产管理、政府采购、审计与监督检查、财会基础工作、机构与人员、年度间重点工作以及基本建设工作。通过财务考评工作，以考评指标标准对照实际工作，进一步改进和完善财务、资产、政府采购和基建管理相关工作，提升管理水平。

（3）开展预算绩效管理工作，提升绩效意识，增强支出责任

①分解批复项目支出绩效目标。根据《文化和旅游部财务司关于批复2019年预算绩效目标的通知》（财务函〔2019〕97号）要求，审计处将2019年度项目支出绩效目标分解批复至各项目牵头部处，并明确将批复的预算绩效目标作为开展2019年度绩效监控、绩效自评和绩效评价的基础，实行绩效目标实现程度和预算执行进度“双监控”。

②开展重点项目绩效评价工作。牵头各相关部处开展2018年度革命文献与民国时期文献保护计划项目支出的绩效评价工作。

③开展国家图书馆2018年度项目支出绩效自评工作。

④开展国家图书馆所有二级项目2017年1月至7月的支出绩效目标执行监控工作。

（4）全面梳理内控制度，加强内控体系评价

牵头各相关部处全面梳理国家图书馆内部控制流程和制度建立情况，完成《2018年度行政事业单位内部控制报告》的填报和佐证材料的收集工作。

（六）法律事务处理及知识产权保护

1. 案件处理

2019年全年处理新发一审诉讼、仲裁案件6件，2018年在审一审案件13件，在审上诉案件1件，结案28件。其中，知识产权纠纷13件，合同纠纷3件，人事及劳动争议3件，人身损害赔偿纠纷1件。新发案件中，聘请律师代理应诉的3件，自行处理的案件3件。协助处理信访事件2件。

2. 知识产权保护和管理

进一步推进商标的注册保护。主要包括对重要标识进行商标注册以及对已注册商标进行扩展和变更。根据商标注册和变更的行政审查程序，部分商标注册申请已完成初审进行公示51件，被驳回的37件，部分驳回的21件。综合考虑关联度和被再次驳回的概率，以及申请复审核准的可能性，区分不同情况，有选择性地向商标复审委员会申请驳回复审。此外，收回北京北图文化发展中心和北京国图书店有限责任公司自行注册的与国家图书馆有关联的商标8件。

3. 法律咨询与服务

发挥专业优势，与外聘律师密切配合，为全馆提供优质高效的法律咨询服务，咨询范围涵盖资源建设与服务、规章制度的制定修订、科研支撑、自有知识产权的维权保护，有力保障业务依法依规开展。每月底向馆内各部处发布下月律师到馆安排以提高咨询服务效率，对馆聘律师出具的书面法律意见进行备案备查，加强内控管理。

4. 普法工作

根据文化和旅游部政策法规司下发的《关于开展“七五”普法中期表彰工作的函》及相关评选材料要求，梳理和总结“七五”期间全馆开展的相关普法工作并提交申报材料，经文化和旅游部推荐，国家图书馆荣获全国“七五”普法中期先进集体荣誉称号。

5. 外聘律师服务

全年外聘律师共计出具正式法律意见书43份，审核合同1372件次，提出审核意见1699条，回复邮件咨询或到馆咨询若干，切实发挥外聘律师管控全馆法律风险的重要作用。

三、工会工作

2019年，国家图书馆工会在文化和旅游部直属机关工会和馆党委领导下，以习近平新时代中国特色社会主义思想为统领，学习贯彻习近平总书记给国图老专家回信精神，以推进国图民主管理和文化建设为抓手，积极调动员工爱岗敬业的劳动热情和工作积极性，开展了一系列工作，充分发挥了工会组织桥梁纽带作用。

（一）深入学习贯彻习近平新时代中国特色社会主义思想

坚持政治引领，组织引导全馆员工深入学习贯彻习近平新时代中国特色社会主义思想、学习贯彻党的十九大和十九届二中、三中、四中全会精神，不断提升政治站位。深入学习贯彻习近平总书记给国图老专家回信精神，全馆员工按照馆党政班子和馆工会部署，积极参加馆里组织的员工大会、各层面专题座谈会，党支部、部处组织的专题学习研讨，以及工会开展的学习活动，深入领会习近平总书记对新时代国图事业发展方向和重要任务的指示精神，不断增强责任感使命感，自觉将回信精神融入本职工作中。贯彻落实“不忘初心、牢记使命”主题教育、增强“四力”教育实践工作部署，馆工会及分工会（基层工会）积极教育引导员工进一步坚定“传承文明　服务社会”的初心使命，促进政治过硬、本领高强的员工队伍建设。通过着力突出工会工作政治性，广大员工不断增强“四个意识”，坚定“四个自信”，做到“两个维护”。

（二）推动民主管理，促进合力办馆

馆工会积极发挥职工代表大会在推进国图民主管理中的重要作用。召开国家图书馆第二届职工代表大会第九次全体会议，审议并通过《2019年国家图书馆工作要点》《国家图书馆2018年度

财务工作报告》。针对食堂运营情况，馆工会全年两次召集各分工会代表召开伙委会，听取后勤服务管理中心、食堂运营方对全年员工食堂工作情况汇报；各分工会代表在征求员工意见的基础上，就进一步改善员工食堂用餐条件提出意见建议。通过召开伙委会，进一步畅通员工与相关方面的沟通渠道，促进食堂运营管理的良性互动。

（三）广泛开展群众性文化活动和全民健身运动

国家图书馆第十三届员工运动会

馆工会以活跃员工文化生活、促进单位文化建设、凝聚全馆员工力量为着眼点，开展丰富多彩的员工文体活动。举办国家图书馆第十三届员工运动会，以“运动健身，强壮体魄，高效工作”为主题，共设置23项竞赛项目，其中单项团体赛5项，趣味类比赛7项，田径类比赛11项，总计参赛人数达2000余人次。馆工会向分工会（基层工会）核拨专项经费，鼓励各分工会（基层工会）因地制宜地开展群众性健身活动。在2019年部直属机关工会举办的各项选拔赛中，国图114人次参加羽毛球、乒乓球、跳绳等多个比赛项目，其中59人代表文化和旅游部参加中央和国家机关职工运动会，取得良好成绩。馆工会还承办了部直属机关足球和田径选拔赛相关组织工作。馆庆之际，举办“万卷书香、百年图强——国家图书馆110周年馆庆摄影展”，展出110幅作品，多角度展现广大员工爱党爱国爱馆的真挚情感（参见“特别记载”之“国家图书馆举办建馆110周年系列纪念活动”）。

（四）关心群众生活，努力把工会建设成员工之家

根据员工需求，针对员工子女升学、教育等方面的困惑和问题，举办“2019年海淀区幼升小、小升初升学政策解读”等专题讲座。“八一”建军节，馆工会对全馆在职复转军人给予慰问。加强母婴室、健身房等员工活动场所管理，2019年近20位女员工登记使用母婴室，健身房平均每月接待员工500余人次，员工活动室在社团活动、艺术节排练、老年大学教学中发挥积极作用。在广泛征求意见的基础上，馆工会为健身房乒乓球场地更换胶垫，增强安全保障。开展员工慰问和送温暖活动，给予当年罹患重病或生活出现特殊困难的员工切实帮扶，为18名有特殊困难的员工排忧解难，把组织的温暖及时送到困难员工身边。

四、共青团工作

2019年，国家图书馆团委紧紧围绕保持和增强团组织的政治性、先进性、群众性，团结带领全馆广大团员青年围绕中心、服务大局，扎实推进各项工作，为国家图书馆事业发展贡献力量。

（一）强化思想政治建设，深入学习宣传贯彻习近平新时代中国特色社会主义思想

深入学习宣传贯彻习近平新时代中国特色社会主义思想、党的十九大精神和十九届二中、三中、四中全会精神，以理想信念教育为核心，采取集中学习和分散传达相结合的方式，深入学习贯彻习近平总书记系列重要讲话精神、团的十八大精神和文化和旅游部团委文件精神。举办学习宣传贯彻习近平总书记在纪念五四运动100周年大会精神座谈会，专题学习习近平总书记在纪念五四运动100周年大会上的讲话精神、习近平总书记关于文化和旅游工作重要论述精神。发放《习近平谈治国理政》《习近平中国特色社会主义思想三十讲》等论著，强化团员青年政治素质。结合党团纪念日，广泛开展"青春心向党·建功新时代""我与祖国共奋进——国旗下的演讲""重温入团誓词"等主题活动，增强团员青年"四个意识"，坚定"四个自信"，做到"两个维护"。

（二）扎实推进团组织建设，不断增强团组织凝聚力和战斗力

组织代表参加共青团文化和旅游部直属机关第一次代表大会，并协助部团委做好大会组织筹备工作。做好"智慧团建"系统完善工作，推进共青团信息化建设。做好团支部2018年度团费收缴及团员信息统计报送工作，落实"三会两制一课"要求，规范基础团务。指导立法决策服务部团支部、展览部团支部做好支部换届、支委补选等工作。开展团青工作调研活动，深化对国家图书馆团建实际和团建规律性认识。做好共青团中央"两优一先""向上向善青年"等申报工作，古籍馆文献修复组荣获"2017—2018年度中央和国家机关青年文明号"荣誉称号。

（三）坚持围绕中心工作，创新开展富有国图特色的品牌学习活动

举办"转型与变革——技术驱动下图书馆的愿景与未来"第四届青年学术论坛，以论坛主题开展征文活动，共收到投稿103篇，通过专家评审，77篇优秀论文结集出版；组织学术论坛获奖代表赴杭州阿里巴巴西溪园区、中国丝绸博物馆、良渚博物院、西泠印社及晓书馆等地学习交流，进一步开拓团员青年的视野，激发创新意识，激励广大青工立足岗位。组织团员青年参加2019年文化和旅游部"根在基层"青年干部微调研实践活动，共提交调研报告9篇，以支部为单位召开分享交流会8次，进一步加强团员青年社会观察、业务提升能力。鼓励引导各团支部立足部门实际，结合团员青年思想多元、需求多元特点，开展特色鲜明、富有创造性的支部活动。

国家图书馆第四届青年学术论坛

(四)关爱青年工作生活，持续增强青年员工职业归属感、获得感和幸福感

广泛发动团员青年参加中央和国家机关、文化和旅游部举办的“我爱你中国”青年手机摄影大赛，馆团委荣获“优秀组织奖”，青年员工投稿多幅作品获奖。结合“不忘初心、牢记使命”主题教育活动，以建馆110周年为契机，开展纪念任继愈先生逝世10周年缅怀祭扫活动，增强青年员工对图书馆事业以及文化和旅游事业建设的责任感和使命感。组织团员青年赴国家典籍博物馆、国家博物馆、首都博物馆、天坛公园神乐署等地参观，加强青年爱国主义教育的同时，丰富青年精神文化生活。发放第十四届文津图书奖获奖图书，营造浓厚书香氛围。继续组织好离退休干部春秋游志愿服务活动，建立离退休干部与团员青年结对帮带。与国防科工局开展联学联建活动，邀请陶克将军为团员青年讲述雷锋故事，弘扬雷锋精神。与武汉大学团委等单位加强合作交流，开阔工作思路。

五、离退休服务与管理工作

2019年，国家图书馆离退休服务与管理工作坚持“围绕中心，服务大局”，全面做好服务保障，抓住重点统筹兼顾，加强离退休干部党支部建设，丰富老同志精神文化生活，引导老同志凝聚传播正能量，持续推进离退休服务信息化、精准化、规范化建设，维护老干部队伍整体和谐稳定，按照年度计划扎实推进老干部工作。

（一）基础工作

1. 常规服务

国家图书馆离退休干部处为退休员工罗霞祝寿

截至2019年12月底，国家图书馆离退休员工共1148人，其中离休员工36人、退休员工1112人。全年共接收新退休员工36人；为老同志办理就近就医医院和社区卫生服务中心登记备案及变更手续135人次；为年满80、90周岁的老同志上门祝寿20人次，探视慰问生病住院人员、特困人员等224人次；协助过世离退休员工家属办理后事21人次；为退休员工发放独生子女费31人次31000元；发放医药费补助23人次23742元；为离退休员工发放《健康指南》杂志，为离退休女员工发放妇女节纪念品；帮助老同志通过馆“法律咨询日”平台完成法律咨询4人；上报文化和旅游部离退休干部局年度离退休干部信息统计表、离退休干部先进集体及先进个人评选名单；协助人事处统计报送提高部分离休干部医疗待遇人员名单、“庆祝中华人民共和国成立70周年”纪念章发放人员名单；协助党群工作办公室完成老同志政审14人；协助后勤服务管理中心完成馆内司局级离退休干部及离退休员工体检工作；部处工作人员参加文化和旅游部信息统计报送培训、离退休干部工作者培训等。推出《离退休员工服务手册》，涵盖离退休员工退休日常服务及重要事项；起草拟定《国家图书馆离退休人员治丧、慰问及祝寿办法》等文件，规范工作流程；与文化和旅游部离退休干部局开展业务交流，学习先进经验；启动离退休服务管理APP前期调研工作。

2. 党支部建设

截至2019年12月底，离退休干部处支部共有离退休党员454人，占离退休人员总数39.5%。全年共接收12名新退休党员的组织关系。支部按照文化和旅游部党组及馆党委统一部署，深入学习贯彻党的十九大及十九届三中、四中全会和习近平总书记系列重要讲话精神，学习习近平总书记在文艺界社科界联组会上的讲话、在纪念五四运动100周年大会上的讲话、给国家图书馆老专家回信精神等，高度重视意识形态工作，树牢“四个意识”，坚定“四个自信”，坚决做到“两个维护”，自觉在思想上政治上行动上同以习近平同志为核心的党中央保持高度一致；提交支部党建工作述职评议报告、支部专题组织生活会和民主评议党员情况报告、关于开展领导干部利用名贵特产类特殊资源谋取私利问题自查报告、党支部自查自评情况报告、意识形态自查报告，填写党员干部学习教育培训调查问卷等；赴国家京剧院开展党支部建设状况调研，学习支部档案整理归档先进经验，规范党支部“三会一课”制度；鼓励更多老同志老党员注册使用“学习强国”APP，提高老同志利用新科技学习党建知识的能力；组织开展“党员应知应会党建知识一百条专项学习”

活动。开展“七一”困难党员群众慰问活动；为离退休老同志颁发“庆祝中华人民共和国成立70周年”纪念章。深入开展“不忘初心、牢记使命”主题教育活动，举办离退休党支部党小组长及协管工作骨干培训班；组织党员观看《周恩来回延安》《红军故事》《我和我的祖国》等；认真学习贯彻习近平总书记给国家图书馆老专家回信精神，引领老同志坚守“传承文明 服务社会”初心，为建设社会主义文化强国再立新功；开展“听老党员讲故事”活动，由离退休老党员用回忆往事的方式，深入挖掘先进事迹，回顾波澜壮阔的岁月，让党的精神和优良传统代代传承。

离退休党支部党小组长及协管工作骨干培训班

（二）重点工作

1. 春节团拜及节日慰问

2月5日上午，国家图书馆2019年新春团拜会在国图艺术中心举行，700余位离退休员工及统战人士团聚一堂，馆长饶权代表馆领导班子致辞，向与会人员致以新年祝愿，对老同志为国图事业做出的贡献表达诚挚谢意。抽奖活动结束后，与会人员观看了贺岁电影。团拜活动受到老同志热烈欢迎，为新年创造了祥和愉快的氛围。春节前夕，国家图书馆领导班子带头深入离退休老领导、老专家家中，通报国家图书馆事业取得的新成就新进展，倾听他们的意见建议，希望老同志们保重身体，安度晚年，为图书馆事业建设发展发挥余热。离退休干部处从老同志身体状况、家庭收入、离退休金水平、医药费报销额度等出发，为老同志发放困难补助，缓解他们的生活压力。中秋前夕国家图书馆举行离退休员工座谈会，老同志高度评价、充分肯定了新一届馆领导班子上任以来，国家图书馆各项事业发展取得的突出成就，呈现出的新气象、新风貌。中秋重阳双节来临之际，离退休干部处代表馆领导走访慰问老馆长、老专家、离休干部、在敬老院居住的老同志等 60 余位离退休干部，向他们转达馆领导和全馆员工的亲切问候和祝福。

2. 春秋游活动

5 月 8 日、9 日，组织 400 余名离退休员工前往北京爱情海玫瑰文化博览园开展春游踏青；9 月 24 日、25 日，组织 480 余位离退休员工赴北京世界园艺博览会开展秋游活动。国家图书馆副馆长陈樱参加了春游活动。春秋游活动严格贯彻落实馆领导“高度重视安全工作”的指示，离退休干部处研究制定细致周密的活动方案；后勤服务管理中心安排医务人员和应急车辆全程随行；馆团委组织部处青年员工参与志愿服务，为出游活动保驾护航；工作人员热心周到为老同志们服务，遇到上下车或台阶时及时进行提示、搀扶，对于身体状况较弱、行动不便的老同志，安排专人给予照顾服务，确保万无一失。多措并举保障春秋游活动顺利结束。

离退休员工春游爱情海玫瑰文化博览园

（三）文化养老

2019 年，离退休干部处积极发挥社团凝聚服务老同志功能，推动银杏摄影之家、书香舞蹈队、夕阳红合唱团、卓越乒乓球俱乐部开展丰富多彩的文化活动、社会公益、志愿服务等。举办首届离退休社团新春联谊会，展示老同志昂扬向上精神风貌，搭建互动平台。银杏摄影之家举办第四届金色年华摄影展，影展巡展国家图书馆、昌平圣学图书馆，组织开展故宫、凤凰文化中心、东郊公园、韩美林雕塑艺术展、世界园林博览会等采风外拍，举行“花卉特写”“舞台摄影艺术”季赛活动及观片交流会，为国家图书馆建馆 110 周年“图书馆 · 与时代同行”国际学术研讨会及馆第十三届运动会安排专人进行专项拍摄。书香舞蹈队组织成员开展舞蹈课程训练，受邀参加紫竹院社区运动会开幕式、社区“五月的鲜花”文艺展演比赛、文化和旅游部及国家图书馆团拜会演出。夕阳红合唱团依托老年大学声乐班组织成员进行日常学习，组织团员参加中央电视台《追梦》MV 录制、湖南卫视《我和我的祖国》纪录片、《时光的旋律》拍摄等，帮助老同志提升专业合唱技能，增进艺术修养，陶冶情操，焕发夕阳光彩；卓越乒乓球俱乐部坚持每周开展训练，与文化和旅游部老干部乒乓球俱乐部开展联谊活动，引导老同志强身健体，进行相关比赛及俱乐部活动。

首届离退休社团新春联谊会

（四）其他活动

2019 年，为庆祝国家图书馆建馆 110 周年，离退休干部处开展“我的国图故事”主题征文，选编优秀文稿予以刊登出版；协助社会教育部组织老同志参加《口述国图——纪念国家图书馆建馆 110 周年口述史》纪录片录制，参与中国记忆及口述史采访工作；为《国家图书馆建馆 110 周年大事记》征求意见建议，组织老同志代表参加建馆 110 周年“图书馆 · 与时代同行”国际学术研讨会，协助开展馆庆纪念相关活动；组织老同志参加“传承红色基因 · 铸就精神高地”主题宣讲活动，弘扬“两弹一星”先进精神，厚植家国情怀；大力支持老同志依托社团开展捐书、巡展、敬老演出等公益活动。

年度掠影

【召开国家图书馆2019年党的工作会议、党风廉政建设工作会议】

2月15日，召开国家图书馆2019年党的工作会议、党风廉政建设工作会议。党委书记、副馆长魏大威代表馆党委总结2018年国图党建工作，部署2019年党建工作任务。馆长、党委副书记饶权主持会议，副馆长兼党委副书记、纪委书记陈樱代表馆纪委总结2018年国图党风廉政建设工作，部署2019年党风廉政建设工作任务。副馆长张志清、孙一钢、汪东波出席会议，党委委员、纪委委员、中层干部、各党支部委员140余人参加会议。会上，离退休干部处党支部等5个支部负责人结合2018年支部工作情况做汇报发言，交流支部工作经验，报告本年度工作安排。

【学习习近平总书记在纪念五四运动100周年大会上的重要讲话精神】

4月30日，纪念五四运动100周年大会在人民大会堂举行，习近平总书记出席大会并发表重要讲话。国家图书馆党委高度重视，组织全馆党员干部员工收听收看。党委中心组集中观看大会实况直播，学习交流习近平总书记讲话精神，馆领导班子成员、党委委员、党支部书记，团委委员、团支部书记参加。全馆各党支部、各团支部组织党员、团员青年结合工作实际，通过多种方式收听收看大会直播。5月9日，馆团委组织召开团员青年学习交流座谈会，党委书记、副馆长魏大威出席会议，与各团支部书记、团员青年代表座谈交流。

【开展党支部建设状况调研，完成“加强党支部建设研究”课题】

2019年，馆党委申报全国党建研究会课题“加强党支部建设研究”，开展国家图书馆党支部建设状况调研。根据国图实际，制定印发《国家图书馆党支部建设状况调研工作方案》，明确任务，提出要求。结合支部标准化规范化指标体系建设调研工作，采取支部自查和走访摸底相结合方式开展调研。调研过程中，相关部门走访部分支部，开展座谈交流，深入分析支部工作现状、特点和问题不足。课题成果经文化和旅游部直属机关党委评审，荣获部系统一等奖。

【召开纪委扩大会议，专题学习十九届中央纪委三次全会精神】

4月3日，国家图书馆纪委召开扩大会议，专题学习十九届中央纪委三次全会精神，副馆长、党委副书记、纪委书记陈樱主持会议并讲话。馆纪委委员、各党支部纪检委员及纪检监察处全体同志近30人参加会议。会议集中学习习近平同志的重要讲话精神以及中央政治局常委、中央纪委书记赵乐际同志的工作报告要点。会上，陈樱首先介绍十九届中央纪委三次全会的重要意义，本次全会是在新中国成立70周年，全面建成小康社会、实现第一个百年奋斗目标的关键之年

国家图书馆纪委扩大会议

召开的一次十分重要的会议，认真学习贯彻会议精神对全馆2019年党风廉政建设工作具有重要的指导意义。陈樱在讲话中要求，各党支部要把学习贯彻会议精神作为当前的重要政治任务，把思想和行动统一到习近平总书记重要讲话精神上来，持之以恒加强党的政治建设。各级领导干部要牢固树立“四个意识”，坚定“四个自信”，做到“两个维护”，认真落实“一岗双责”，抓好班子带好队伍。今年国家图书馆将迎来建馆110周年，各党支部及各级党员领导干部要按照十九届中央纪委三次全会的部署，求真务实，真抓实干，推动全面从严治党责任层层落地落实，巩固发展反腐败斗争压倒性胜利，推进国家图书馆全面从严治党向纵深发展，为国图事业发展提供坚强的纪律保障。

【召开警示教育大会，引导党员领导干部筑牢拒腐防变思想防线】

为贯彻落实文化和旅游部警示教育大会精神，并结合国家图书馆“不忘初心、牢记使命”主题教育活动安排，馆纪委于8月9日组织召开国家图书馆警示教育大会，通过以案为鉴、警钟长鸣，以身边事教育身边人，推进国家图书馆党风廉政建设各项工作向纵深发展。馆领导班子成员、党委委员、纪委委员、中层干部、各党支部委员、馆属企业主要负责同志共计110余人参加会议。会上，国家图书馆副馆长、党委副书记、纪委书记陈樱传达文化和旅游部警示教育大会典型案例通报。馆长、党委副书记饶权传达雒树刚部长在文化和旅游部警示教育大会上的讲话。党委书记、副馆长魏大威就落实好中央及文化和旅游部有关精神，做好国家图书馆党风廉政建设工作提出具体要求。魏大威强调，全馆各级党员领导干部要不断提高政治站位，将“两个维护”落实到行动上，并以反面典型为戒，不断强化党章党规党纪意识，把纪律和规矩挺在前面。要严格落实中央八项规定精神，驰而不息纠正“四风”。同时，要注重制度的建设与执行，把制度建设贯穿于全面从严治党全过程。要结合“不忘初心、牢记使命”主题教育把党风廉政建设工作融入主题教育活动中，践行忠诚干净担当，确保国家图书馆党风廉政建设工作取得实效。警示教育大会最后，参会人员集体观看《红线不容触碰——2018年北京市纪律教育警示录》《贪婪的代价——海淀区图书馆原馆长赖双平受贿案警示录》等案例典型、针对性强的警示教育片，进一步通过以身边事教育身边人，引导广大党员领导干部时刻保持对党纪国法的敬畏之心，不断强化纪律规矩意识，坚守使命担当。

【召开第二届职工代表大会第九次全体会议】

2月14日，国家图书馆第二届职工代表大会第九次全体会议在综合楼多功能厅召开。馆长、党委副书记饶权，副馆长孙一钢，副馆长兼党委副书记、纪委书记陈樱，副馆长汪东波作为特邀代表出席会议，全馆职代会代表参会。会议由党委书记、副馆长、馆工会主席魏大威主持。汪东波代表馆领导班子就《2019年国家图书馆工作要点》做说明，介绍起草过程、起草思路和重点内容。财务处处长张军报告国家图书馆2018年度财务工作情况。与会代表围绕会议主题，对工作要点和财务工作报告进行深入讨论，提出建设性意见建议。大会表决通过《2019年国家图书馆工作要点》和《国家图书馆2018年度财务工作报告》。

【举办国家图书馆第四届青年学术论坛】

5月6日，国家图书馆团委举办以“转型与变革——技术驱动下图书馆的愿景与未来”为主题的第四届青年学术论坛。文化和旅游部机关党委副书记、一级巡视员孙秋霞，国家图书馆副馆长张志清出席论坛并致辞，阿里巴巴集团副总裁刘松做题为“DT时代，产业智能与文化产业的应用思考”主旨报告，国家图书馆研究院副研究馆员马涛做“馆史概况”讲座，征文获奖代表在会上进行报告交流。馆部处主任和团员青年代表等200余人参加论坛。本次青年学术论坛开展的征文活动共收到投稿论文103篇，经过两轮匿名专家评审，最终评选出一等奖10篇、二等奖15篇、三等奖20篇、优秀奖32篇。本次论坛通过征文比赛、讲座报告、座谈交流、馆史馆情教育等丰富多样的形式，为助力青年员工成长成才搭建起学习平台，对青年员工坚定理想信念、弘扬五四精神、提升科研水平、拓宽工作思路起到积极推动作用。

【关注员工子女教育 举办系列活动】

5月21日，馆工会邀请紫竹院学区管理中心相关领导举办海淀区2019年升学政策讲座，对2019年海淀区幼升小、小升初升学政策进行解读。5月27日，馆工会举办员工亲子学习讲座，邀请语文教育教学专家分享语文教育的经验与方法。5月31日，馆工会与展览部联合举办了一场“玩转印刷术”六一亲子互动活动。活动首先参观了甲骨文记忆展，随后进行互动体验环节。近年来，馆工会已经连续5年为员工举办“六一”系列活动。

“玩转印刷术”六一亲子互动活动

【组织开展纪念任继愈先生逝世10周年缅怀祭扫活动】

7月10日，馆团委组织团员青年代表赴北京万安公墓开展纪念任继愈先生逝世10周年缅怀祭扫活动。同时，开展“不忘初心、牢记使命”主题教育活动，组织团员青年瞻仰李大钊烈士陵园、参观李大钊烈士革命事迹陈列室。团员青年纷纷表示，通过本次缅怀祭扫和主题教育活动，进一步增强对图书馆事业以及文化和旅游事业建设的责任感和使命感，要继承和发扬老一辈国图人的精神，不忘初心，逐梦前行。

【组织员工参加“我爱你中国”青年手机摄影大赛并获奖】

9月26日，由文化和旅游部主办的“我爱你中国”青年手机摄影大赛获奖结果公布。国家图书馆获评优秀组织奖，青年员工投稿的《追光》获赞逾万，入围大赛8月份最美照片;《团结就是力量》《知书少年》《较量》等7幅作品获得三等奖,《我们来典博啦》《光影音阅汇聆听经典》《志愿者妈妈讲故事》等8幅作品获得优秀奖。

组织员工参加“我爱你中国”青年手机摄影大赛并获奖

【国家图书馆古籍馆文献修复组荣获2017—2018年度中央和国家机关青年文明号】

2019年9月，共青团中央和国家机关工作委员会公布关于命名2017—2018年度中央和国家机关青年文明号的决定，中央和国家机关131个青年集体被命名为中央和国家机关青年文明号。

国家图书馆古籍馆文献修复组喜获殊荣。10 月 30 日，国家图书馆举行中央和国家机关青年文明号授牌仪式。文化和旅游部直属机关党委副书记、一级巡视员孙秋霞为古籍馆文献修复组授牌，副馆长陈樱主持授牌仪式，文化和旅游部直属机关党委统战和群众工作处副处长、部团委负责人张呈鼎出席仪式。国家图书馆古籍馆文献修复组员工以妙手仁心为古籍续命，积极发挥行业引领作用，推进技艺传承、技术创新，促进社会对古籍保护的认知。该集体在平凡岗位上做出了突出贡献，充分体现了青年文明号的精神理念，是国家图书馆广大青年集体的缩影。

国家图书馆古籍馆文献修复组荣获 2017—2018 年度中央和国家机关青年文明号

【组建 110 周年馆庆系列活动文化志愿服务队】

2019 年 9 月国家图书馆 110 周年馆庆期间，组建馆庆系列活动文化志愿服务队，圆满完成“图书馆 · 与时代同行”国际学术研讨会、“中华传统文化典籍保护传承大展”等各项志愿服务任务。志愿者们以强烈的主人翁意识、高度的责任感全身心地投入馆庆志愿服务工作，承担了外事翻译、文物接运、财务管理、会场布置、注册签到、礼仪引导、餐饮服务、视频拍摄、后勤保障等大量工作，圆满完成各项志愿服务任务，确保馆庆各项工作顺利进行；在来自世界各地图书馆界的专家学者们和全国各地图书馆界同人面前，展示国图人良好的精神风貌。

文化志愿服务队参与110周年馆庆系列活动

【举办国家图书馆第十三届员工运动会】

10月12日，国家图书馆第十三届员工运动会在北京交通大学举办。本届运动会以“运动健身，强壮体魄，高效工作”为主题，共设置29个比赛项目，包括竞技项目21项和趣味项目8项。自5月起，相继举办跳长绳团体赛、踢毽子团体赛、乒乓球团体赛、趣味项目比赛、广播操团体赛等一系列比赛项目，共有近2000人次参与了各项赛事，充分体现全民健身的理念。在为期5个月的比赛过程中，广大员工积极参与，各赛事工作组周密策划、认真组织，确保各项赛事的顺利进行，集中展示全馆员工健康向上的精神风貌，进一步提升全馆员工的凝聚力和荣誉感。

【举行离退休员工迎中秋座谈会】

9月12日，国家图书馆举行离退休员工迎中秋座谈会。馆长饶权出席座谈会，王婷、李致忠等15位离退休员工代表参加，办公室、人事处、财务处、业务管理处、党群工作办公室负责同志列席会议。饶权在讲话中指出，中共中央总书记、国家主席、中央军委主席习近平给丁瑜、薛殿玺等8位老专家回信，总书记的亲切关怀是对所有国图人的巨大鼓舞。近年来，在历届馆领导班子谋划以及全体员工努力拼搏下，国家图书馆各项工作取得了令人振奋的好成绩，事业发展持续呈现总体向好趋势，其中凝聚着老同志的心血汗水。老同志在座谈交流中充分肯定新一届馆领导班子上任以来，国家图书馆各项事业发展取得的突出成就，呈现出的新气象、新风貌。衷心感谢馆领导班子对老干部工作的高度重视，对离退休员工的尊重和关心，表示将积极作为，关心支持图书馆事业发展，发出国图好声音、汇聚传递正能量。

离退休员工迎中秋座谈会

【为老同志颁发纪念章】

国庆前夕，中共中央、国务院、中央军委决定颁发“庆祝中华人民共和国成立 70 周年”纪念章，国家图书馆共有 40 位老同志获此殊荣。文化和旅游部部长雒树刚，馆领导班子及人事处、离退休干部处等相关部处工作人员深入老同志家中进行走访慰问，为他们颁发纪念章，向老同志致以节日问候和崇高的敬意。颁发“庆祝中华人民共和国成立 70 周年”纪念章是隆重纪念新中国成立 70 周年系列重要活动之一，旨在表彰为新中国的建立及繁荣昌盛鞠躬尽瘁的人民栋梁。纪念章使用铜胎镀金材质，代表着国家的至高荣誉，“70”飘带象征中华人民共和国 70 年奋斗历程。

馆长饶权为老同志颁发“庆祝中华人民共和国成立 70 周年”纪念章

设施建设与安全保卫

- 基建工程
- 安全保卫
- 后勤服务保障
- 年度掠影

设施建设与安全保卫

一、基建工程

2019年，国家图书馆基建工程主要包括国家图书馆国家文献战略储备库工程（以下简称“储备库工程”）筹建和一期维修改造工程收尾相关工作。

（一）推进储备库工程前期各项工作

截至2018年底，储备库工程项目已完成可行性研究报告评估工作，取得可行性研究报告批复文件；完成工程初步设计和投资概算文件编制，通过文化和旅游部审核后，已报送国家发展和改革委员会；完成工程详细勘察以及防排洪设计、山体稳定性评估、园区外围山林防火系统方案设计及其估算编制等工作；办理完成建设用地规划许可证、规划设计方案和土地不动产权证等相关手续；累计完成项目投资1000万元；完成工程建设期间员工办公和食宿用房租赁工作。在此基础上，2019年国家图书馆继续推进储备库工程前期各项工作。

1. 配合做好工程初步设计和投资概算评审工作

自国家图书馆2018年11月将文化和旅游部审核通过的工程初步设计和投资概算报送国家发展和改革委员会后，国家图书馆协同设计单位和承德县委县政府，与国家发展改革委国家投资项目评审中心保持密切沟通联络，积极协调解决评估工作中的问题，及时反馈回复专家意见，全力配合评估评审工作。

2. 配合承德县完成项目场地平整工作

根据工程安排，承德县于2019年4月初启动工程项目场地平整工作，为确保场地平整严格按照设计图纸和时间进度施工，国家图书馆基建工程办公室分组排班，轮流到承德县值班，每日进行现场巡视，监督和记录施工进展，并积极与承德县政府和相关部门保持沟通配合，及时发现和反映场地平整施工中遇到的各种问题，有效解决项目现场有关问题，确保现场各项工作按时保质保量完成，为开工建设做好准备。

3. 协调设计单位及承德县推进各专项设计工作

2019年2月起，国家图书馆先后多次协调设计单位、承德县解决防洪、边坡工程与基坑支护专项设计中的边界与衔接等问题，对防洪设计超红线范围部分设计进行了调整，对深基坑及山体支护设计超红线范围等情况进行了优化及概算调整。深基坑及山体支护设计和防洪专项先后通过专家评审，取得承德县水务部门批件。针对防洪设计蓄滞洪区的红线外占地问题，与承德县人民政府确定了占地6027平方米的蓄滞洪区的建设用地免费提供给本项目使用。

4. 推进项目控制线围挡护栏方案与修建单位比选工作

2019 年 5 月起，国家图书馆根据项目进度安排及用地协议，开展修建项目控制线范围的围挡护栏工作。经过对多家公司的咨询了解和调研比较，拟定围挡护栏选型、报价及施工方案，于 7 月由馆务会确定，并落实控制线围挡护栏施工可行性；9 月完成围挡方案深化工作，并委托咨询公司完成围挡护栏项目预算审核工作；10 月得到承德县政府向国家图书馆确认已完成预留土地收储工作的公函，同意国家图书馆在预留土地上建设围栏，国家图书馆随即启动修建项目围挡护栏的签订合同工作。

（二）做好一期维修改造工程相关收尾工作

2019 年，国家图书馆继续同委托单位做好一期维修改造工程竣工结算内部审核工作；同时配合律师完成招待所项目法律仲裁，并根据法律仲裁结果向施工总承包单位北京市建筑装饰设计工程有限公司支付剩余工程款。

在一期维修改造工程施工合同纠纷仲裁案中，国家图书馆全力进行法律诉讼的资料核查提交、问题答复、新兴公司证据确认等相关工作，对新兴公司提交证据中结算资料的真实性进行认真核查，对洽商变更文件和认价文件进行逐一比对；在有限时间内对有关图纸进行核实，对国家图书馆原件的留存情况及国家图书馆人员签字的真实性进行核实，做了大量细致工作，全力配合律师的调查取证。

二、安全保卫

（一）消防安全工作

2019 年，共召开消防安全专题会议 7 次；督促各部处开展节前自查共 4 次，与 34 个部处签订安全责任书。坚持日常检查制度，对公共区域、办公场所开展经常性安全巡查工作，杜绝使用明火、挤占消防疏散通道、封堵消火栓、遮挡消防指示标志等违章现象。组织保卫值班干部、中控员到南区的 11 个弱电间、食堂的燃气阀间及北区中控室进行现场模拟演练，制定应急处置预案。

4 月 23 日，国务院安委会第十四考核巡查组对国家图书馆的消防安全进行专项检查考核。该项工作受到考核巡察组的高度好评。保卫处有关领导接受中央电视台法制频道《平安 365》节目组的现场采访。4 月 26 日，文化和旅游部消防安全专家组对国家图书馆消防工作进行检查督导。专家组指出的问题已整改完毕。

国务院安全生产委员会第十四考核巡查组赴国家图书馆考核巡查消防安全工作

分别于4月2日—5月6日和8月20日—9月3日对国家图书馆总馆、古籍馆及各家属区的消防器材进行检修，更换便携式灭火器6125具；为阅览室、书库新增投掷型灭火器300余具；联系维保单位对馆区及员工住宅楼避雷设施进行年度检测。遇到重要时期、敏感时段、特殊环境，利用消防文摘、消防安全会议、消防挂图、宣传横幅等形式进行宣传教育。利用集体办公特点，通过OA系统在网上交流互动、发布防灾提示。全年发放消防文摘12期840份，发送消防文摘邮件20448份，馆通讯刊发消防稿件8篇。

分别于7月22—26日和12月5—20日对全馆34个部处进行创安验收。根据验收结果评选出安全保卫先进部处5个，合格部处28个。安排专人与施工方对接，对馆内施工区域进行经常性巡查。全年累计开具动火证197张，查火警或火警相关操作374人次，现场核查漏水报警171次，进行布撤防操作2654次，完成重大节假日闭馆广播手动操作26次。

（二）治安工作

1. 重大活动安保任务

2019年，保卫处按照“统一思想、部门联动、信息共享、把好关口”的工作思路，圆满完成了一系列安保任务。重点做好70周年国庆、110周年馆庆期间国家图书馆的重要安保工作。先后承担“问祖寻根——姓氏文化主题展”“枘凿万端——中国榫卯活性传承艺术研究展全国巡展”“迎春送福——武强年画专题展”“文明匠心——亚洲非遗作品展开幕式”“汉文文书——东波塔档案中的澳门故事展及开幕式”“安东尼布朗的幸福博物馆”“中华传统文化典籍保护传承大展”“文献名邦，书香绍兴——越地历史文脉展”“妙法天成——细川护熙书法展”以及国家图书馆理事会成立大会及第一次理事成员会议，中国图书馆学会九届五次理事会协调会，2019 年“两会”代表、前驻外大使及家属、中国公共外交协会集体参观，4·23 世界读书日，110 周年馆庆系列活动“图书馆·与时代同行”国际学术研讨会和第十五届全国省、自治区、直辖市、较大城市图书馆馆长联席会议等重大活动的安保任务。协助配合警卫局和公安部门先后完成了原中共中央政治局常委李长春，原中共中央书记处书记、中央纪委副书记赵洪祝，日本前首相、公益财团法人、永青文库理事长细川护熙等到馆后的重要现场安保任务。古籍馆保卫科完成 12 次部级领导干部历史文化讲座、56 次文津讲坛及典籍与文化讲座的安保任务。

2. 日常安保工作

全年共处理读者故意滋事 15 起，协助派出所逮捕盗窃嫌疑人 2 名，配合属地派出所及相关单位调用查看录像 58 次，调解读者矛盾纠纷 100 余起，办理和修改门禁卡数据 794 人次。查扣各类刀具 50 余把，打火机 6000 余个。捡拾并归还读者手机 32 部，钱包 62 个，笔记本电脑 12 台，现金 2200 余元。全年共办理应届大学生入馆、人员调入、馆内调动、调出（离职）手续 80 余人次，办理 IC 卡 267 人次，退休证、结业证盖钢印 1479 人次。为 19 名员工（及子女）办理落户，办理户口借用手续 282 人次。

3. 安保人员培训工作

保卫处先后组织对各级值班人员进行设备操作使用、各类报警处置程序和方法的集中培训 12 次，邀请安防、消防行业专家为员工集中授课 1 次，并于 7 月 16—19 日在中央文化和旅游管理干部学院（昌黎校区）组织 1 期由 30 个部处 40 名员工参加的国家图书馆安全员及义务消防队长培训。组织编写 300 道题目的安全题库，主要内容为员工在国家图书馆治安、消防、应急和日常工作中应知应会的安全常识和技能；分别于 6 月 24 日、11 月 8 日两次抽取各部门 15% 的员工进行考核，抽考的 386 名员工中 96% 成绩达到 80 分合格线以上，合格线以上人数较去年增加 14%。

（三）安防设施建设与维护工作

2019 年，督导消防、安防维保公司排除 150 处消防设施隐患，解决视频监控、入侵报警、门禁及漏水报警设备故障 28 处；完成北区电气火灾系统 411 个监控点位的升级改造任务；完成南区 276 处门禁消防联动强切施工任务；对北区气体灭火保护区 9 台空气采样报警系统进行升级改造；完成总馆和古籍馆消防、电气设施的检测、改造和升级；对 18 组 UPS 主机和备用电池进行维修更换。利用闭馆停电检修期间，对消防、安防系统 UPS 电源、视频存储服务器、硬盘录像机进行清洁除尘和专业检测。配合文化和旅游部网络中心完成总馆南区入口、国图艺术中心售票口、北区读者阅览区 3 处高清视频监控上传工作。为古籍馆食堂操作间安装灶台灭火系统，为燃气间安装独立燃气报警系统。

三、后勤服务保障

2019年，后勤服务管理中心在立足基础运行保障，做好服务后勤建设；关注民生强化监管，做好管理后勤建设；攻坚克难成果转化，做好技术后勤建设的基础上，以国家图书馆建馆110周年馆庆为契机，完成夜景照明改造、古籍保护传承宣传长廊建设、文园思园修缮、馆区环境整体美化等工作，实现馆区环境的整体跃升。以增强保障能力为目标，完成“二期数据中心和四库全书库空调系统改造”，推进“运行调度中心控制系统改造”，启动“总馆北区基础设施设备改造”，全面推进重点工程改造项目。以“常修常新”理念为指引，加强“5555”报修热线管理，编制《国家图书馆后勤服务管理中心报修手册（初稿）》，完成A栋书库照明集中控制系统改造工作，完成总馆卫生间普查及维修以及馆区内多项小型维修工作。以员工身心健康为福祉，不断完善食堂管理、员工体检等工作。

（一）系统设备运行保障和日常维修工作

全年无重大设备事故，综合设备完好率达到96%以上。完成2018—2019年度冬季供暖保障和2019—2020年冬季供暖各项工作。供暖前对热力管线和暖气设备进行调试检修，对热力管道和暖气设备实施冲洗作业、上水试压测试，保障冬季供暖工作的正常进行；及时将中央空调系统运行模式进行切换，对风机盘管、空调控制器与室内外压缩机等进行检修，按时为馆区供暖送风。完成2019年中央空调保障任务。北区中央空调安全运行5256小时，恒温恒湿机运行保障8760小时；完成电力设备巡检732次；完成空调及电气设备、照明设备、书刊传送系统以及房屋、给排水等各种维修近万次；安装、调整电话233部；接听查询电话47520次。

（二）服务保障工作

全年完成110周年馆庆、70周年国庆、“两会”期间等重大活动服务的车辆保障及通讯保障，国家领导人参观视察、高层讲座、馆长公开课等重要活动，会议的空调、电梯、医务、保洁、绿植摆放等各项服务保障工作，其中完成重大活动、会议车辆保障任务8000余台次。完成艺术中心演出及活动空调保障、电力保障420次。

结合不同季节特点对司机进行安全行车教育，认真落实公务用车管理和车辆安全检查制度，全年安全行驶23万余公里，无重大交通安全责任事故。日常门诊服务8030人次，为各项活动提供医务保障20次，完成全馆395名一线员工的健康证体检和全员健康体检工作。收发工作准确率99%以上，完成本年度的报刊订阅工作。接收饮用水50700桶，清洗、维修饮水机700余台次。按照电梯运行管理制度和维保合同，督促电梯公司加强日常巡检和年检，完成古籍馆临琼楼电梯改装工程、C栋文津厅电梯维修、北区扶梯大修工程；更换行政楼、综合楼、Q栋电梯轿厢钢板；组织对馆内26部直梯、5套滚梯及馆属宿舍的38部电梯进行逐一排查，发现问题立即整改，保证电梯安全运行。

（三）行政管理工作

完成计划生育、爱国卫生、房屋管理、人防工程、节能减排、馆区及宿舍区改造维修等各项行政管理工作。攻坚克难，在短时间内完成员工食堂经营模式转变工作，成立员工食堂监督管理小组对食堂经营进行监管。将沿用多年的规定时间、固定地点的团检模式，调整为北京区域16家门店自行预约的散检模式，并将体检时间从3个月延长至6个月。多次安排对员工食堂食品与卫生工作，物业服务、设备运行以及安全管理等进行定期检查及抽查，促进其服务水平的提升，确保各项工作平稳运行。

（四）制度建设

2019年，后勤服务管理中心加强制度建设，落实和完善安全管理工作，明确后勤各科室、各级人员安全职责，制定应急预案，编制后勤年度安全工作汇编，落实安全检查制度，加强基础设施设备的维护、维修、安全排查，及时发现安全隐患，开展电气设备安全综合治理，确保了设备设施安全可靠运行；完成冷冻站压力容器检测，保障国家图书馆夏季空调系统安全稳定运行；抓好车队车辆定人、定位、派遣、动用、归场、维修和保养、节假日检查、停驶和登记等相关制度的落实。

年度掠影

【召开春节前安全工作会】

国家图书馆春节前安全工作会议

1月29日，国家图书馆春节前安全工作会在行政楼413会议室召开，副馆长孙一钢出席会议并讲话。各部处正职、主管安全的部处领导、安全员近70人参加会议，保卫处处长赵建国主持会议。会上，赵建国传达中央国家机关社会治安综合治理委员会办公室《关于做好中央国家机关2019年元旦春节火灾防控和烟花爆竹安全管理工作的通知》和文化和旅游部领导在《关于应急管理部消防救援局今冬明春火灾防控座谈会有关情况汇报》上的批示意见，保卫处副处长周道贵传达《保卫处关于做好春节期间各项安全工作的通知》。孙一钢在会议最后提出三点工作建议和要求：一是各部处要在节前结合部门安全工作实际，开展安全自查。各部处"一把手"要亲自带队，对本部门所属区域进行一次彻底的检查，不让隐患滞留在馆区和部门内。二是各部处要高度重视，守住安全底线。三是要明确责任，层层传导安全压力。

【召开国家图书馆2018年度安全工作总结表彰会】

3月1日，国家图书馆2018年度安全工作总结表彰会暨"两会"安全工作部署会召开。国家图书馆党委书记、副馆长魏大威，副馆长孙一钢出席会议。各部处领导、主管安全的负责人，安全先进部处、科组和个人代表及安全员等近140人参加会议。会上，保卫处长赵建国宣读《国家图书馆关于表彰2018年度创建安全单位先进集体和先进个人的决定》，两位馆领导向获得表彰的先进集体和个人颁奖。获得表彰的先进部处代表介绍本部处安全工作先进经验，并围绕本部处安全工作管理、日常安全保障、员工安全教育培训、安全工作特点和难点等方面与参会者进行安全工作业务交流。魏大威就如何做好国家图书馆2019年安全工作提出三点要求，并对即将召开的"两会"进行安全工作部署：一是要高度重视，充分认清安全工作的重要性；二是要强化安全责任，确实落实好安全管理工作；三是要精心筹划、严防严控，确保馆区各项工作安全稳定。他强调，要以更加坚定的信心、更加饱满的热情、更加旺盛的斗志，共同为国家图书馆的发展创造良好的安全环境，为迎接新中国成立 70 周年和国家图书馆 110 周年馆庆奠定坚实的安全基础。

在国家图书馆 2018 年度安全工作总结表彰会上为“先进部处”颁奖

【国务院安全生产委员会第十四考核巡查组赴国家图书馆考核巡查消防安全工作】

4 月 23 日，国务院安委会第十四考核巡查组对国家图书馆消防安全工作进行考核巡查。考核巡查组成员、应急管理部消防救援局总工程师周天出席并讲话。文化和旅游部机关服务局党委书记李建军，国家图书馆馆长，党委副书记饶权，国家图书馆党委书记、副馆长魏大威，副馆长孙一钢等馆领导参加会见并陪同考核检查。孙一钢向考核巡查组汇报国家图书馆全年消防安全工作开展情况。周天指出，党中央、国务院高度重视消防安全工作，尤其是巴西国家博物馆发生火灾后，习近平总书记专门批示，应急管理部、文化和旅游部专门部署开展安全大检查。国家图书馆要做好表率，以高标准、严要求查改问题，提升消防安全管理水平。周天对考核巡查组进行分工，完成台账资料查阅、现场安全检查、微型消防站拉练等考核巡查工作，并对馆区阅览室、展厅、书库、公共区域、消防设施、自动报警、防火排烟、喷水灭火、防火防烟分区等重点区域进行重点检查。

【开展安全生产月系列宣传活动】

6 月 1—30 日，保卫处联合各部门开展“防风险、除隐患、遏事故”为主题的安全生产月系列活动，活动包括举办安全知识讲座，组织安全常识考核，进行灭火器的实操训练和应急疏散演练等。本次活动专门成立领导小组筹备相关工作。在国家图书馆范围内组织开展《中华人民共和国安全生产法》《中华人民共和国消防法》和国家图书馆消防安全管理制度等法律法规及规章制度的学习，并将其内容编入《国家图书馆安全知识题库》。

6 月 24 日，邀请北京市住建委专家库专家、国家注册安全工程师李云祥在国家图书馆文会堂做安全培训讲座，主要讲授公共安全和消防安全的相关内容，结合国家图书馆实际重点讲解消防安全主体责任，公共聚集场所和人员密集场所的消防安全以及国家图书馆可能存在的安全隐患。讲座结束后，保卫处现场对参加讲座的约 190 名员工进行安全知识考核。安全生产月期间，保卫处对职能部门、外文采编部等部门员工进行灭火器和消防水带的实操训练，各部门按照活动方案的要求开展相应的消防演练。

举办安全培训讲座

【举办安全员和义务消防队长培训活动】

7 月 16—19 日，保卫处在中央文化和旅游管理干部学院（昌黎校区）举办国家图书馆安全员和义务消防队长培训活动，共计 30 个部处 40 名员工参加。培训期间，由保卫处消防科长杨进勇为学员做“创安”讲座，并组织学员们共同观看北京市住建委专家库专家、国家注册安全工程师李云祥的安全培训讲座视频，参加中央文化和旅游管理干部学院助理研究员苗宾老师主持的关于“如何坚守初心使命，做好国家图书馆安全管理工作”的结构化研讨，到昌黎地区企业进行了消防安全现场参观学习，并要求学员对培训内容进行分组讨论。

【举办 2019 年消防宣传月系列活动】

2019 年 11 月是全国第二十九届消防宣传月，保卫处联合各部门开展以“防范火灾风险、建设美好家园”为主题的系列活动，活动包括学习相关法律法规、开展消防安全培训及演练、组织安全常识考核等。11 月 8 日上午，保卫处组织行政楼应急疏散演练。馆长饶权，副馆长孙一钢、陈樱和行政楼部分员工参加此次演练。根据《行政楼疏散演练方案》，参演人员在听到消防广播后从 3 个疏散楼梯撤离，在指定的安全区域集结，用时 128 秒。随后，保卫处组织员工进行消防灭火实操培训，讲解并使用干粉灭火器、二氧化碳灭火器和水基型灭火器进行实战灭火。下午，组织 203 名员工参加消防安全常识考核。此次考核从《国家图书馆安全知识题库》中抽题，对全体员工的消防安全知识掌握情况进行全方位、多角度的测试。

开展消防灭火实操培训

【完成 2019 年度创安验收工作】

12 月 5—20 日，国家图书馆 2019 年度创安验收工作有序展开。本次创安验收工作由保卫处处长赵建国担任验收工作组组长。先期召开内部验收工作协调会后，验收工作组分成 2 个小组，分别对国家图书馆 34 个部处年内安全工作落实情况进行检查验收。验收工作组在总结历年工作经验的基础上，继续深化检查细则，统一检查标准，量化项目分值，采用查阅档案、现场提问、现场检查、考试抽查等多种形式，对各部处组织领导、安全制度、安全教育、安全检查、安全隐患排查等工作开展情况进行全方位、多角度、分层次的检查。同时本着“严密组织、严格考核”的原则，对 2019 年各部处违章情况进行汇总，并按照既定的权重比例，核算出创安验收总成绩，为馆先进部处评比提供参考。

【完成夜景照明改造工作】

国家图书馆南区作为20世纪80年代北京十大建筑之首，双塔形主楼与高低错落的裙楼秉承汉唐传统风格，孔雀蓝琉璃瓦大屋顶，淡乳灰色的瓷砖外墙，花岗岩基座的石阶，再配以汉白玉栏杆，通体以蓝色为基调。由于原有照明系统建设时间较久，线路老化严重，且所用灯具耗电量大，一直不能正常使用。2019年6月，后勤服务管理中心对南区A、B、C、D、E、F、G、H、J、L、M栋约15万平方米的建筑进行夜景照明改造，拆除原有老旧灯具及管线，进行配电线路改造，安装屋脊线瓦楞灯和屋面、楼面LED投光灯，在充分尊重建筑的设计理念和建筑的功能性质的基础上，结合与其相关周边道路和城市的关系，从对国家图书馆建筑的理解出发，用简洁、独特的灯光渲染方式在强化建筑设计主题的同时，景观形象具有可读性和识别性。改造后亮化面积超过10万平方米，夜景充分体现出国家图书馆的建筑魅力、人文内涵、文化底蕴和文化氛围，着力突显国家图书馆庄重大气、唯美典雅的风格，营造出简洁、雅致的夜景效果，为国家图书馆建馆110周年馆庆营造良好景观效果。

【建设古籍保护传承宣传长廊】

古籍保护传承宣传长廊

2019年8月，在总馆南区修建古籍保护传承宣传长廊。古籍保护传承宣传长廊位于总馆南区西侧，作为古籍保护宣传的长期展览展示平台，展览展示的主要内容为国家图书馆建馆110周年大事记、四大专藏壁画、国家图书馆百十年典籍传承记、中华古籍长河。该项目自2018年4月起委托设计单位进行方案设计，先后经过多次馆长办公会议讨论，并前往石刻博物馆、中央党校实地勘察调研，汲取国家古籍保护中心办公室、展览部及研究院多方反馈意见，调整5版设计，修订校对110周年大事记内容7版，中华典籍长河内容5版，确定最终方案。长廊设计理念来自于书简，方案以简洁为主，充分考虑读者动线，具有国图元素，突出展示古籍的保护和传承，让读者共享古籍保护文化发展成果，近距离感受博大精深的历史文明，切实提高全社会古籍保护意识。实体墙面和镂空围栏相结合，形成高低错落的整体。借紫竹院景，形成“馆”“景”一体。墙面及镂空围栏可作为展览展示载体，展示有关古籍保护工作的文字、浮雕等，供读者参观。通过暗刻方式，在镂空围栏柱子上记录国家古籍保护发展重大历史时刻或重要馆藏保护大事，并以时间为主线，梳理典籍形成和流传脉络；通过浮雕方式，在墙面以赋的形式系统讲述国图百十年典籍传承的历史、人物，并展现国家图书馆四大专藏（赵城金藏、敦煌遗书、永乐大典、四库全书）的生动历史和对古籍保护事业的启示。

【完成馆区环境整体美化】

2019年，对南区西侧环境进行整体美化，对文园、思园两处楼间小院进行修缮。在保留两处庭院原有设计的同时将古典庭院的布局融入其中，松树、散石、翠竹、绿地错落有致，再配上圆形月亮门，形成独特的韵味。庭院铺装采用阴刻文字效果，在入口及停留处展示古籍文化保护相关文字，与古保长廊相得益彰。对南区西侧步道进行改造，铺设完整新步道，混凝土路面垫层，花岗石铺装人行道甬道和路缘石，拆除原有路灯，保留电缆路由和监控探头，修砌检查井等，改善了黄土裸露、杂草丛生的状态，路缘石轧毁严重的状况。对垃圾站附近路段进行维修改造，包括铣刨路面、新做沥青混凝土路面、划定垃圾箱固定安放区域，并在该区域埋设花纹防滑钢板，防止因长期拖拽造成路面再次损毁。

行政楼前“圖”字花坛

为迎接110周年馆庆和70周年国庆，创造节日氛围，“双庆”期间，在总馆北区景观水池选择荷花、睡莲进行摆放装饰，整个设计采取自然式和规则式混合摆放的方式，烘托出图书馆高尚典雅的气质，南侧为主要观赏面，因此摆放数量较多，以2个组团形成1个序列，等距离间隔摆放，平面造型整齐，立面层次丰富；西侧为行人通行路段，采取荷花和莲花等量、规则式摆放，通过整体造型增加观赏的韵律感，形成较强的引导性。行政楼前以国家图书馆LOGO作为造型模板摆放花卉，以花色偏橘黄的孔雀草为主体“圖”字的塑造花卉，整体颜色亮眼，造型简洁清晰，成为读者、员工游赏的主要景观，增加馆区绿化的丰富度与可观赏性。

【全面推进重点工程改造项目】

2019年，推进“运行调度中心控制系统改造”。运行调度室于2018年2月正式投入使用，初步实现运行监控、报修、调度、信息管理等功能。目前正着手对高压配电室、室外给水管网等进行改造，以实现对供配电系统、给水系统的实时监控，完工后国家图书馆设施设备的智能化、专业化、精细化管理水平将进一步提升。启动“总馆北区基础设施设备改造”。该改造项目包含总馆北区气动窗系统维修、总馆北区三层地板送风单元改造更新、总馆北区地下车库改造、总馆冷冻站环境整治、总馆北区景观水池防水修复、总馆北区四层地板改造更新、热力站及人防工程屋顶防水修复、Q栋管道维护更新等8项。着重解决馆区设施设备老化，维护费用逐年增加等问题。2019年前4项已进场施工，由于部分施工区域涉及阅览室、办公区，为不影响正常的工作秩序，将气动窗系统维修、三层地板送风单元改造等调整为夜间施工。

【进一步加强基础设备设施管理水平】

完成A栋书库照明集中控制系统改造工作，实现就地控制和远程控制相结合，消除书库内照明常明等安全隐患。更换A栋书库人体红外感应开关114个。对冷冻站开式冷却水塔进行清洗、对闭式冷却水塔进行填料更换；维修闭式冷却水塔3号水泵；空调机组初效、中效、活性炭过滤器更换消毒；更换北区EPS应急电源；完成信息技术部多媒体展示系统线路改造工作、数字资源部文献数字化中心音像分中心供电增容施工工作；继续开展总馆北区中厅灯具改造。

完成总馆卫生间普查，对南区卫生间洗手池进行改造，用不锈钢框架替代原有结构，更换大理石台面和面盆；对冷却塔外墙进行维修，重做基层，铺贴瓷砖，并粉刷外墙涂料；总馆墙面修复及防撞设施改造，南区一层至二层墙角及墙面撞损修复，安装不锈钢防撞条共计120处；完成总馆南区C、D、G栋部分通道门及阅览室门更换工作；修缮总馆南区E栋西小院庭院雨水系统及庭院景观绿化。总馆南区A、D、H栋屋顶防水维修。完成西小区2号楼外立面漏水修缮工作。

完成Q栋外立面玻璃幕墙玻璃封条维修、古籍馆临琼楼门窗及电源消防整改、国资处综合楼资产库房漏水维修、典阅部加装照明灯具、中采办公室空间调整等应急维修工程。完成地面10个新能源汽车慢速电桩安装调试，已投入使用。保障59部电梯的安全运行，排除各类故障130次。

【多措并举重视员工身心健康】

2019年，与人事处、社会教育部共同邀请北京市第六医院的专家为全馆员工开展健康观念、心脑血管、呼吸道等3场健康讲座。为应对馆区突发的心源性猝死等问题，分别为总馆北区、南区配置自动体外除颤器（AED），并面向全馆开展AED施救培训，提升员工自救互救能力。为在馆区工作的各用工类型人员3200人发放防暑降温药品。牵头推进全馆健康促进工作，巩固北京市健康单位创建成果。2019年的员工体检在原有体检项目基础上，新增颈动脉彩超和肝胆系统疾病筛查。将沿用多年的规定时间、固定地点的团检模式，调整为北京区域16家门店自行预约的散检模式，并将体检时间从3个月延长至6个月。

【完成夏季防汛工作】

2019年，为确保国家图书馆顺利度过汛期，后勤服务管理中心提前着手，多次召开工作会议，细化工作方案，明确责任分工，做好防汛预演，并集中对总馆南区大屋顶、C栋扶梯间、M栋室外消防通道及部分馆属宿舍等易发区防水进行全面检查和修复。对上百台潜污泵逐台试车，确保汛期馆区没有发生任何房屋漏雨、路面积水、雨水井倒灌等问题。

【完成春、秋季电力设备检修保养工作】

2019年，为确保全馆电力设备安全运行，分别于春、秋两季对电力设备运行状况进行动态检测，并根据检测报告对存在问题的设备进行针对性维修。利用平时晚间闭馆时间对北区和部分南区电力设备进行局部停电检修，并尽量压缩停电时间，把因停电对业务部门工作和小区居民生活的影响降到最低。检修期间，做到国家数字图书馆服务器不停机，安防、消防系统和小区不停电，进一步提高电力保障能力。

统计资料

- 经费使用
- 国有资产
- 业务统计数据
- 科研项目
- 人员
- 馆内外奖励
- 对外交流
- 部分会议、讲座、国图公开课、培训、展览
- 档案资料

统计资料

一、经费使用

（一）购书经费

单位：万元

项　目	经　费	项　目	经　费
中文书	2403.66	联合国资料	89.84
西文书	3513.25	图书装订费	134.70
东文书	747.66	中文资料	40.13
俄文书	300.66	中文刊	192.03
交换书	521.81	外文报刊	4056.94
港台书	441.24	中文报	47.34
善本特藏	94.98	港台报刊	212.98
学位论文	5.00	其他书	3.27
视听资料	65.02	地方文献	133.73
合计	13004.25		

（二）国家数字图书馆资源建设及服务经费

单位：万元

项　目		经　费
电子出版物	中文	636.33
	外文	2420.00
合计		3056.33

二、国有资产

（一）简况

截至2019年12月31日，国家图书馆资产总额（账面净值，下同）602144万元。其中：流动资产38032万元，固定资产342522万元，在建工程201943万元，长期投资3264万元，无形资产16211万元，公共基础设施等行政事业性国有资产172万元。

（二）政府采购

2019年，国家图书馆严格执行政府采购的各项法律法规，全年政府采购预算20244.0万元，节约资金262.95万元，资金节约率为1.3%。

政府采购总额19981.05万元。其中货物类11286.48万元，占采购总额的56.49%，比上年稍有上升；服务类7978.69万元，占采购总额的39.93%，比上年稍有下降。

在政府采购总额中，政府分散采购19969.66万元。其中货物类11275.08万元，占采购总额的56.46%；另外服务类7978.69万元、工程类715.89万元。

（三）馆属企业

馆属企业营业总收入（含国家图书馆出版社）由2018年的26601万元增长至2019年的30564万元，增长14.9%；缴纳国有资产收益费由2018年的4793万元增长至2019年的5804万元，增长21.1%。企业业务发展呈现持续增长趋势。

三、业务统计数据

1. 各类文献登记总量647363种2929243册/件，登记册/件与2018年相比，减少2.26%。
2. 各类文献编目加工总量为628499种1363512册/件，编目加工种数与2018年相比，增加4.23%。
3. 入藏各类正式馆藏文献679809种1352344册/件，入藏册/件与2018年相比，增加2.01%；入藏各类非正式馆藏文献571747册/件，入藏册/件与2018年相比，减少3.32%。
4. 截至2019年底，馆藏总量为40364223册/件。
5. 接待到馆读者5770626人次，与2018年相比增加5.72%。
6. 全馆流通书刊24633584册次，与2018年相比减少3.40%。

7. 国家图书馆网站年访问量为 81445.4 万次，与 2018 年相比增长 3.7%。月平均访问量为 6787.12 万次，日平均访问量为 223.14 万次。手机门户读者访问量 12034.7 万次，月平均访问量为 1002.89 万次，日平均访问量为 32.97 万次。

8. 各类咨询 87.08 万件，与 2018 年相比减少 22.64%。其中一般咨询 85.84 万件，与 2018 年相比减少 23.01%。

9. 办理读者证卡共计 35.25 万个，其中实体证卡 17.26 万个，虚拟办证（网络实名注册）17.99 万个。实体证卡与 2018 年相比减少 5.16%。

10. 培训、讲座、参观、展览等各项活动共接待读者 182.33 万人次，与 2018 年相比增加 40.36%。其中：举办展览 23 场，130.16 万人次；开办公益性讲座 295 场，7.55 万人次；组织培训 1350 场，15.90 万人次；接待参观 3733 批，8.31 万人次；举办演出 95 场，5.72 万人次；播放电影及租场 1451 场，14.69 万人次。

11. 截至 2019 年底，数字资源总量达 2158.83TB，与 2018 年相比增加 197.92TB。其中馆藏特色数字资源 1638.77TB（含征集资源 162.44TB 和交存报纸 6.74TB），外购数据库 244.7TB，网络采集资源 275.36TB。资源内容主要包括电子图书 2078165 种 2557882 册，电子期刊 56882 种，电子报纸 2924 种，学位论文 8472795 篇，会议论文 7575528 篇，音频资料 1880861 首，视频资料 191513 小时。

12. 截至 2019 年底，外购数据库共计 251 个，包括中文数据库 127 个，外文数据库 124 个。

外购数据库类型及数量

数据库类型	中文库数量	外文库数量
全文数据库	64	79
文摘/索引数据库	13	21
数值/事实数据库	30	16
多媒体数据库	16	0
工具型数据库	3	3
复合型数据库	1	5
合计	127	124

13. 截至 2019 年底，已发布数字资源的内容单元主要包括：电子图书（含民国图书）1953062 种，发布率 93.9%；电子期刊（含民国期刊）56659 种，发布率 99.6%；电子报纸（含民国报纸）2212 种，发布率 75.6%；学位论文 8465629 篇，发布率 99.9%；会议论文 7575528 篇，发布率

100%；音频资料 1373924 首，发布率 73.1%；视频资料 138401 小时，发布率 72.3%；古籍类资源 90704 种，发布率 75.6%。

2019年各类文献入藏明细表（正式馆藏）

	文献类别	种数	册 / 件数	上年册 / 件数	增长率 %
图书	中文普通书	298087	668678	616324	8.49
	台港图书	18836	19404	19868	-2.34
	盲文图书	593	2295	8	28587.50
	线装书	5899	12798	5328	140.20
	中文图书总计	323415	703175	641528	9.61
	西文图书	47856	50563	47923	5.51
	俄文图书	6945	7089	6950	2.00
	日文图书	16340	16695	14003	19.22
	东文图书	4165	4372	4677	-6.52
	外文图书总计	75306	78719	73553	7.02
	图书总计	398721	781894	715081	9.34
期刊	中文期刊	10596	195572	205471	-4.82
	台港期刊	708	7855	8361	-6.05
	中文期刊总计	11304	203427	213832	-4.87
	西文期刊	3736	30019	32245	-6.90
	日文期刊	1209	9310	9937	-6.31
	俄文期刊	732	8810	7531	16.98
	东文期刊	140	1073	1273	-15.71
	外文期刊总计	5817	49212	50986	-3.48
	期刊总计	17121	252639	264818	-4.60

（续表）

	文献类别	种数	册/件数	上年册/件数	增长率%
报纸	中文报纸（合订册）	1336	5848	9713	-39.79
	台港报纸（合订册）	79	3318	3545	-6.40
	中文报纸总计（合订册）	1415	9166	13258	-30.86
	外文报纸总计（合订册）	2	24	1496	-98.40
	报纸总计（合订册）	1417	9190	14754	-37.71
特藏专藏	善本	3	4	4326	-99.91
	外文善本	42	45	382	-88.22
	新善本	55	73	124	-41.13
	精装精印	70	78	24	225.00
	其他文献	0	0	2	-100.00
	金石文献	1188	1421	990	43.54
	手稿	45	59	5306	-98.89
	舆图	975	1658	36070	-95.40
	画片	20	26	569	-95.43
	照片	38	810	7226	-88.79
	民语文献	5827	9797	9286	5.50
	学位论文	216051	216162	195144	10.77
	敦煌资料	451	994	664	49.70
	地方文献	755	3974	11204	-64.53
	图书馆学资料	98	107	621	-82.77
	联合国资料	581	989	1351	-26.79
	中文资料	6979	7276	6992	4.06
	特藏专藏总计	233178	243470	280281	-13.13
缩微文献	缩微平片	12263	27343	18591	47.08
	缩微胶卷	1	197	0	—
	缩微文献总计	12264	27540	18592	48.13

（续表）

文献类别		种数	册/件数	上年册/件数	增长率%
音像资料	中文音像资料	6757	14852	14247	4.25
	外文音像资料	7602	16100	11739	37.15
	音像资料总计	14359	30952	25986	19.11
电子文献	电子文献总计	2749	6656	6184	7.63
正式入藏文献总计		679809	1352344	1325695	2.01

到馆读者人次、文献流通册次统计表

月份	人次	册次
1月	429148	1826454
2月	360093	1487000
3月	430796	2013111
4月	397478	1817864
5月	472132	1952312
6月	436657	1959741
7月	689613	3045123
8月	658135	3035335
9月	514045	2015267
10月	399462	1999663
11月	496502	1716527
12月	486565	1765187
合计	5770626	24633584

各阅览室与服务点接待读者人次统计表

阅览室及服务点名称	读者人次	阅览室及服务点名称	读者人次
OPAC检索(南区)	37530	OPAC检索（北区）	42639
人工复制（南区）	28313	人工复制（北区）	3961
自助复制（南区）	4995	自助复制（北区）	5620
缩微文献阅览室	8671	中文图书阅览区	1784731
保存本（综合阅览室）	4806	工具书区（北区）	319066
基藏本（综合阅览室）	185694	中文图书借阅区	277767
工具书（综合阅览室）	28258	中文报刊区（期刊）	117642
基藏外文图书外借出纳台	13528	中文报刊区（报纸）	78424
台港澳文献阅览室	23701	学位论文阅览室	49044
外文文献第一阅览室	72291	中国少数民族语文阅览室	7590
外文文献第二阅览室	28497	数字共享空间（集中区）	240949
外文文献第三阅览室 国际赠书阅览室 日本出版物文库阅览室	10764	数字共享空间（分散区）	11725
年鉴 新方志阅览室	16783	视听服务空间	103000
善本特藏阅览室	3127	少年儿童图书馆	348063
敦煌吐鲁番资料研究中心	3979	复制服务（古籍馆）	1857
国际组织与外国政府出版物阅览室	2922	普通古籍阅览室（古籍馆）	10271
海外中国问题研究资料中心	3649	家谱旧方志阅览室（古籍馆）	4928
法律参考阅览室	5897		
总计	3890682		

咨询工作统计

单位：件

	一般咨询	代检索课题	编制文献	年累计
党和国家领导	0	42	39	81
中央国家机关	31	359	1934	2324
重点科教单位	1658	6246	3449	11353
一般读者	856667	58	278	857003
年累计	858356	6705	5700	870761

国际互借工作统计表

项目	借出	借入
人次	29	136
册次	29	298
复印（件）	13	119
拒绝（件）	16	135

读者证卡统计

单位：个

<table>
<tr><th colspan="2">证卡名称</th><th>本年证卡</th><th>累计（实体/虚拟）</th></tr>
<tr><td rowspan="2">人工办证</td><td>成人读者卡</td><td>25399</td><td rowspan="3">3013339</td></tr>
<tr><td>少儿读者卡</td><td>1257</td></tr>
<tr><td>自助办证</td><td>读者卡</td><td>145988</td></tr>
<tr><td>虚拟办证</td><td>实名注册</td><td>179859</td><td>1745235</td></tr>
<tr><td colspan="2">合计</td><td>352503</td><td>4758574</td></tr>
</table>

四、科研项目

（一）立项科研项目

项目类型	编号	项目名称	申请人	经费（万元）	研制时间
社科基金冷门绝学和国别史等研究专项	19VJX012	国家图书馆藏《元朝秘史》整理与研究	萨仁高娃	40	2019-10—2024-12
社科基金一般项目	19BTQ002	新时代国家图书馆为国家立法和决策服务的模式与路径研究	李春明	20	2019-07—2021-12
社科基金一般项目	19BTQ017	深化我国公共图书馆法人治理结构改革路径研究	李　丹	20	2019-07—2022-06
社科基金一般项目	19BTQ038	出版物交换赠送与对外文化交流传播研究	李　伟	20	2019-07—2022-12
社科基金青年项目	19CTQ017	国家图书馆藏清宫戏曲文献研究	王　岩	20	2019-07—2021-12
社科基金青年项目	19CZW010	诗经图像文献整理与研究	吴　寒	20	2019-07—2023-12
国家文化和旅游科技创新工程项目	2019-014	中碱性AKD-明胶体系在纸质文物修复中的应用和推广研究	易晓辉	20	2019-04—2021-12
文化艺术和旅游研究项目信息化发展专项	—	公共数字文化工程融合创新发展技术应用研究	魏大威	25	2019-07—2020-12
馆级	NLC-KY-2019-01	新时代国家图书馆为国家立法和决策服务发展战略研究	李春明	5	2019-04—2021-12
馆级	NLC-KY-2019-02	公共图书馆知识产权信息服务体系建设研究	王　磊	5	2019-04—2021-06
馆级	NLC-KY-2019-03	国家图书馆存储体系及资源保存策略研究	钟晶晶	5	2019-04—2021-06

（续表）

项目类型	编号	项目名称	申请人	经费（万元）	研制时间
馆级	NLC-KY-2019-04	基于司法裁判分析的图书馆信息网络传播权法律研究	申庆月	2	2019-04—2022-06
馆级	NLC-KY-2019-05	国家图书馆馆舍变迁	胡建平	2	2019-04—2020-03
馆级	NLC-KY-2019-06	刘季平资料整理与研究	马　涛	2	2019-04—2021-12
馆级	NLC-KY-2019-07	乾嘉藏书人物传记文献整理与研究	刘　鹏	2	2019-04—2024-12
馆级	NLC-KY-2019-08	国家图书馆业务统计核心指标体系构建研究	张孝天	2	2019-04—2020-10
馆级	NLC-KY-2019-09	《国际图联图书馆参考模型（IFLA-LRM）》中文化及初步研究	张新宇	2	2019-04—2020-12
馆级	NLC-KY-2019-10	开放出版趋势下图书馆采访工作转型发展策略	冷　熠	2	2019-04—2021-06
馆级	NLC-KY-2019-11	民国时期儿童图书馆阅读推广研究	孟燕燕	2	2019-04—2021-03
馆级	NLC-KY-2019-12	公共图书馆面向老年读者的服务模式研究	刘会媛	2	2019-04—2021-04
馆级	NLC-KY-2019-13	国家图书馆涉密文献管理制度研究	周川富	2	2019-04—2021-05
馆级	NLC-KY-2019-14	基于民国文献酸化程度的原生性保护研究	李　茵	2	2019-04—2021-03
馆级	NLC-KY-2019-15	国家图书馆藏清宫戏曲文献研究	王　岩	2	2019-04—2021.12
馆级	NLC-KY-2019-16	中外文法律文献收藏调研及比较研究——以馆藏法律文献为中心	张小雨	2	2019-04—2021-06

（续表）

项目类型	编号	项目名称	申请人	经费（万元）	研制时间
馆级	NLC-KY-2019-17	公共图书馆微信公众号推广运营策略研究——以国家图书馆微信公众号为例	郭　炯	2	2019-04—2020-12
馆级	NLC-KY-2019-18	图书馆移动阅读服务框架研究	牛现云	2	2019-04—2021-05
馆级	NLC-KY-2019-19	基于公共数字文化工程融合的基层公共文化智能服务研究	宋　姝	2	2019-04—2020-06
馆级	NLC-KY-2019-20	基于物联网的机房环境监测系统试验研究	裴　烜	2	2019-04—2020-09
馆级	NLC-KY-2019-21	我国公共图书馆文化创意产品开发实践研究	李　楠	2	2019-04—2020-12
馆级	NLC-KY-2019-22	国家图书馆馆藏木版年画编目规则研究	张　萌	2	2019-04—2020-04
馆级	NLC-KY-2019-23	文津阁《四库全书》誊录监生研究	张伟丽	2	2019-04—2022-05
馆级	NLC-KY-2019-24	库瓷青纸的染色复原研究	杨　凡	2	2019-04—2019-10
馆级	NLC-KY-2019-25	馆藏陈介祺往来书札整理研究	曹菁菁	2	2019-04—2021-04
馆级	NLC-KY-2019-26	美国国家档案馆藏二战日本细菌战解密档案研究	申子超	2	2019-04—2021-04
馆级	NLC-KY-2019-27	国家图书馆节能减排研究	包　涵	2	2019-04—2019-12
馆级	NLC-KY-2019-28	宋元明珍贵方志书志	梁潇文	1	2019-04—2020-07
馆级	NLC-KY-2019-29	国家图书馆希腊语文献编目研究	李怡锐	1	2019-04—2021-07

（续表）

项目类型	编号	项目名称	申请人	经费（万元）	研制时间
馆级	NLC-KY-2019-30	公共图书馆儿童分级阅读服务研究	殷宏淼	1	2019-04—2021-04
馆级	NLC-KY-2019-31	馆藏民国时期“林译小说”的版本研究	娄　纯	1	2019-04—2021-03
馆级	NLC-KY-2019-32	全国主要公共图书馆科研态势分析与研究	陈　喆	1	2019-04—2020-03
馆级	NLC-KY-2019-33	国家图书馆藏裱轴中所见青铜器拓片题跋整理与研究	孙羽浩	1	2019-04—2021-05
馆级	NLC-KY-2019-34	古籍数字资源服务效能评价指标体系构建及影响因素研究	赵洪雅	1	2019-04—2021-04

（二）结项科研项目

项目类型	编号	课题名称	申请人	经费（万元）	结项时间
原文化部科技创新项目	2013kjcxxm09	基于RFID技术的读者借阅行为分析与预测研究	茹　文	5	2019-03-01
社科基金年度项目	12BTQ013	我国数字图书馆标准规范体系及其构建机制研究	汪东波	15	2019-02-25
社科基金年度项目	12BTQ019	哈佛燕京学社汉学引得丛刊研究	马学良	15	2019-08-27
社科基金艺术学委托项目	—	文化大数据应用规划研究	孙一钢	15	2019-09-03
社科基金年度项目	14BTQ013	图书馆电子书服务模式及平台研究	谢　强	20	2019-12-13
馆级	NLC-KY-2015-14	国家图书馆外文电子书馆藏发展政策研究	朱硕峰	2	2019-12-31

（续表）

项目类型	编号	课题名称	申请人	经费（万元）	结项时间
馆级	NLC-KY-2018-18	国立北平图书馆建筑设计历程考证	陈明颖	2	2019-12-25
馆级	NLC-KY-2018-21	不同加湿方式在图书馆应用的研究	师宇腾	2	2019-12-25
馆级	NLC-KY-2017-18	塑料薄膜封装对纸质文献耐久性的影响	闫智培	1	2019-11-20
馆级	NLC-KY-2016-14	馆藏东亚同文书院调查资料的整理与研究	郭传芹	2	2019-10-14
馆级	NLC-KY-2016-34	馆藏民国时期抗战题材画报整理与研究	李　雪	1	2019-10-11
馆级	NLC-KY-2018-11	基于智慧数据的数字人文资源发现与服务研究	周笑盈	2	2019-09-20
馆级	NLC-KY-2016-02	近代重要藏书家及其珍贵典藏系列展览必要性与可行性研究	张廷银	5	2019-06-12
馆级	NLC-KY-2016-20	民国时期北平图书馆与其他图书馆参考咨询工作对比研究	蔡成普	2	2019-05-21
馆级	NLC-KY-2016-31	胡适与国立北平图书馆（1929—1948）	李　蜜	1	2019-05-13
馆级	NLC-KY-2016-36	国家图书馆参考咨询“微服务”模式研究	肇　诚	1	2019-05-07
馆级	NLC-KY-2015-16	国家图书馆国际互借业务发展现状及对策分析	孙　蕊	2	2019-03-26

五、人员

（一）2019年馆领导名单

姓名	职务名称
饶　权	馆长、党委副书记、国家古籍保护中心主任、国家典籍博物馆馆长
魏大威	党委书记、副馆长
张志清	副馆长、国家古籍保护中心副主任
孙一钢	副馆长
陈　樱	副馆长、党委副书记、纪委书记
汪东波	副馆长

（二）2019年处级干部名单

部处	职务名称	姓名	备注
办公室	主任	苏品红	
	副主任	李　楠	
	副主任	朱　亮	
人事处	处长	辛　璐	
	副处长	吴　洋	
财务处	处长	张　军	
	副处长	李红霞	
	副处长	刘婷婷	
业务管理处	处长	毛雅君	
	副处长	张　玮	
	副处长	廖永霞	
	副处长	樊　桦	

（续表）

部处	职务名称	姓名	备注
党群工作办公室	主任	荣　杰	
	副主任	张红霞	
	副主任	谢万幸	
纪检监察处	处长	陈荔京	
	副处长	王正元	
	纪检监察员（副处级）	乔淑锦	
审计处	处长	安　洁	
	副处长	尹存喜	
离退休干部处	处长	孙　乐	
国际交流处（台港澳交流处）	处长	张　煦	
国有资产管理处	处长	黄　洁	
	副处长	郝丽萍	
	副处长	齐　欣	
法律事务处	处长	孙伯阳	
保卫处	处长	赵建国	
	副处长	张明亮	
	副处长	周道贵	
基建工程办公室	主任	王六长	
	副主任	卢　希	
研究院	院长	申晓娟	
	副院长	王雁行	
	《国家图书馆学刊》常务副主编	陈清慧	
中文采编部	主任	王　洋	
	副主任	刘　瑛	
	副主任	槐　燕	

（续表）

部处	职务名称	姓名	备注
外文采编部	主任	顾　犇	
	副主任	罗　翀	
	副主任	宋仁霞	
典藏阅览部（国家图书馆少年儿童馆）	主任兼国家图书馆少年儿童馆馆长	王志庚	
	副主任	陈慧娜	
	副主任	郭传芹	
立法决策服务部	主任	李春明	
	副主任	田贺龙	
参考咨询部	主任	王　磊	
	副主任	李翠薇	
	副主任	白云峰	
	副主任	张李江	
数字资源部	主任	曹　宁	
	副主任	李志尧	
信息技术部（国家图书馆现代技术研究所）	主任	谢　强	
	总工程师（正处级）	邢　军	
	副主任	张　炜	
	副主任	茹　文	
缩微文献部	主任	李晓明	
	副主任	张　阳	
	副主任	王　浩	
社会教育部	主任	汤更生	
	副主任	黄　亮	
	副主任	田　苗	

（续表）

部处	职务名称	姓名	备注
展览部	主持工作	林世田	
	副主任	顾　恒	
古籍馆	馆长	张志清	兼任
	副馆长（正处级）	陈红彦	
	副馆长（副处级）	谢冬荣	
	副馆长（副处级）	萨仁高娃	
国家古籍保护中心办公室	主任	林世田	
民国时期文献保护工作办公室	主任	马　静	
	副主任	雷　亮	
《中华传统文化百部经典》编纂工作办公室	主任	张　洁	
国图艺术中心	主任	吕慧军	
	副主任	侯　宁	
出版部	主任	方自金	
	总编辑	魏　崇	
	副主任	葛艳聪	
后勤服务管理中心	主任	曹　伟	
	副主任	张海波	
	副主任	董雪磊	
中国图书馆学会秘书处	秘书长	霍瑞娟	
	《中国图书馆学报》副主编	吴澍时	
中国古籍保护协会秘书处	副秘书长	王红蕾	

（三）人员结构

单位：人

人员总数		
	在编员工	1407
	离退休人员	1147
	2019年进馆人数	30
	2019年离馆人数	63（其中退休36人，调出24人，病逝3人）
性别结构		
	男	488
	女	919
部处科组管理人员		
	处级	80
	科级	281
年龄结构		
	30岁及以下	214
	31—40岁	682
	41—50岁	223
	51岁及以上	288
专业技术职务结构		
	正高级职称	72
	副高级职称	489
	中级职称	676
	初级职称	87
学历结构		
	博士学历	83
	硕士学历	678
	本科学历（硕士学位）	75
	本科学历	443
	专科及以下学历	128

六、馆内外奖励

（一）馆内奖励

2019 年度先进集体名单

1. 获得 2019 年度国家图书馆先进集体的部处

党群工作办公室
离退休干部处
缩微文献部
国家古籍保护中心办公室
《中华传统文化百部经典》编纂工作办公室

2. 获得 2019 年度国家图书馆先进集体的科组

保卫处综合管理科
研究院政策研究室
中文采编部中文图书书目数据组
外文采编部外文报刊采编组
典藏阅览部中文报刊和学位论文阅览组
立法决策服务部外交与国防组
参考咨询部竞争情报组
数字资源部文献数字化组
信息技术部数字资源发布与应用管理组
社会教育部摄编组
展览部保管组
古籍馆办公室
后勤服务管理中心机电运行科

2019 年度国家图书馆服务标兵名单

吴师泽（中文采编部中文图书采访组）
李跃进（外文采编部国际组织与外国政府出版物组）
唐　睿（典藏阅览部中文图书阅览组）
吴杨方舟（典藏阅览部基藏本阅览组）
张美宁（典藏阅览部音像制品和电子出版物典藏阅览组）
李　雪（典藏阅览部中文报刊和学位论文阅览组）
章　静（典藏阅览部少年儿童服务组）
钟世国（典藏阅览部中文图书外借组）
赵雨泊（典藏阅览部数字资源服务组）
纪　睿（典藏阅览部外文文献阅览组）
孙　丽（立法决策服务部教科文卫组）

陈英爽（立法决策服务部综合服务组）

申淑丽（参考咨询部综合咨询组）

袁　浩（参考咨询部科技咨询组）

刘　斌（参考咨询部文献提供组）

刘向前（参考咨询部读者证卡组）

张克清（参考咨询部复制组）

高　馨（数字资源部推广工程建设协调组）

廉洪霞（信息技术部移动服务管理组）

杜文学（缩微文献部数字缩微组）

李　静（社会教育部讲座组）

李　扬（社会教育部摄编组）

孙齐圣（展览部讲解服务组）

张伟丽（古籍馆古籍善本特藏典阅组）

李凤英（古籍馆少数民族语文组）

杜立功（古籍馆地方文献组）

李彦娜（古籍馆古籍善本特藏典阅组）

2019 年度“馆长特别奖”获奖名单

1. 建馆 110 周年馆庆系列活动（含“图书馆・与时代同行”国际学术研讨会、升旗仪式、国家图书馆夜景照明系统改造工程等）

获奖部处：研究院、办公室、国际交流处、后勤服务管理中心、信息技术部

2. 中华传统文化典籍保护传承大展

获奖部处：展览部、国家古籍保护中心办公室、古籍馆、保卫处

3.“4・23”全民阅读系列活动

获奖部处：社会教育部、中国图书馆学会秘书处、业务管理处、研究院

4. 国家图书馆互联网信息战略保存项目首家基地落户新浪

获奖部处：业务管理处、数字资源部、信息技术部、参考咨询部

5. 多方位宣传打造，提升国图影响力（专题片《国图风云志》、纪录片《口述国图》、官微抖音等多媒体创新合作项目）

获奖部处：办公室、社会教育部、数字资源部、信息技术部

（二）馆外奖励

序号	获奖单位	奖项名称	授予单位
1	国家图书馆	2018年度文化信息工作先进单位	文化和旅游部办公厅
2	国家图书馆	《文化文物单位文创产品开发情况调研报告》获评全国文化和旅游系统2018年度十佳调研报告	文化和旅游部
3	国家图书馆	《国家法律图书馆建设调研报告》获评全国文化和旅游系统2018年度优秀调研报告	文化和旅游部
4	国家图书馆	《国家图书馆数字资源保存管理调研分析报告》获评全国文化和旅游系统2018年度优秀调研报告	文化和旅游部
5	国家图书馆	“印象数图”数字图书馆体验区入选2019年文化和旅游装备技术提升优秀案例	文化和旅游部科技教育司
6	国家图书馆	文化和旅游部“我爱你中国”青年手机摄影大赛优秀组织奖	文化和旅游部直属机关党委
7	国家图书馆	“七五”普法中期先进集体	全国普法办
8	国家图书馆	整理著作《汉字与中华文化十讲》入选第十四届文津图书奖	国家图书馆
9	国家图书馆	“国家图书馆”微信公众号入选第四届“大众喜爱的50个阅读微信公众号”	中国新闻出版传媒集团 中国全民阅读媒体联盟
10	国家图书馆	“微博十年特别贡献·创新”荣誉	微博　新浪网
11	国家图书馆	整理著作《汉字与中华文化十讲》荣获第九届中国出版集团出版奖·综合奖	中国出版集团
12	国家图书馆	整理著作《汉字与中华文化十讲》入选中国图书评论学会“中国好书”评选活动“2018中国好书”	中国图书评论学会
13	国家图书馆	在全国首届“图书馆杯全民英语口语风采展示活动”组织工作中荣获“组织之星”称号	中国图书馆学会阅读推广委员会
14	国家图书馆	2019年全国科技活动周重大示范活动荣誉奖	全国科技活动周组委会办公室科技部引进国外智力管理司

（续表）

序号	获奖单位	奖项名称	授予单位
15	国家图书馆	整理著作《汉字与中华文化十讲》入选2019年江苏省全民阅读活动领导小组向社会推荐的12本好书	江苏省全民阅读活动领导小组
16	国家图书馆	海淀区2019年度交通安全先进单位	北京市海淀区交通安全委员会
17	国家图书馆	整理著作《汉字与中华文化十讲》荣获第三届京东文学奖评选活动“年度传统文化图书奖”	京东文学奖评审委员会
18	国家典籍博物馆	“旷世宏编　文献大成——国家图书馆藏《永乐大典》文献展”荣获第十六届（2018年度）全国博物馆十大陈列展览精品推介优胜奖	中国博物馆协会 中国文物报社
19	国家典籍博物馆	“甲骨文记忆展”入选“博苑撷英——全国博物馆陈列艺术成果交流展（2009—2019年度）”	中国博物馆协会　中国人民革命军事博物馆
20	国家古籍保护中心办公室	全国民族团结进步模范集体称号	国务院
21	离退休干部处党支部	文化和旅游部系统离退休干部先进集体	文化和旅游部
22	中国记忆项目中心	访问并整理著作《一生一事：顾方舟口述史》入选中国图书评论学会“中国好书”评选活动“2018中国好书”	中国图书评论学会
23	古籍馆文献修复组	2017—2018年度中央和国家机关青年文明号	中央和国家机关团工委
24	国家数字图书馆APP客户端运营团队	第四届“五个一百”网络正能量精品评选活动“百名网络正能量榜样”	中国互联网发展基金会中国网络社会组织联合会
25	中国图书馆学会	组织实施的“‘阅读推广人’培育行动”获评2019年全民阅读优秀项目	国家新闻出版署

（续表）

序号	获奖单位	奖项名称	授予单位
26	中国图书馆学会	2018年度科协系统统计调查工作优秀单位	中国科协计划财务部
27	中国图书馆学会	2018年度全国学会科普工作予以表扬单位	中国科协科普部
28	国家图书馆出版社	2018年度全国优秀馆配出版社	图书馆报
29	国家图书馆出版社	2019中国图书海外馆藏影响力出版100强	中国出版传媒商报、北京外国语大学国际新闻与传播学院·中国文化走出去效果评估中心、中国图书进出口（集团）总公司
30	国家图书馆出版社	海峡两岸出版交流贡献单位	海峡两岸图书交易会组委会
31	国家图书馆出版社	《中华传统文化百部经典·第一辑》荣获第七届中华优秀出版物奖图书奖	中国出版协会
32	国家图书馆出版社	《国家图书馆藏样式雷图档·圆明园卷初编》荣获第七届中华优秀出版物奖图书提名奖	中国出版协会
33	国家图书馆出版社	《浙学未刊稿丛编·第一辑》荣获全国古籍出版社年度百佳图书（2018年）二等奖	中国出版协会古籍出版工作委员会
34	国家图书馆出版社	《中国书院文献丛刊（第一辑）》荣获全国古籍出版社年度百佳图书（2018年）二等奖	中国出版协会古籍出版工作委员会
35	国家图书馆出版社	《孔子博物馆藏孔府档案汇编：明代卷》荣获全国古籍出版社年度百佳图书（2018年）二等奖	中国出版协会古籍出版工作委员会
36	国家图书馆出版社	《上海图书馆藏稿钞本日记丛刊》《上海图书馆藏稿钞本日记丛刊提要》荣获全国古籍出版社年度百佳图书（2018年）二等奖	中国出版协会古籍出版工作委员会
37	国家图书馆出版社	《不能错过的亲子阅读：0—4岁》入选“百部家庭教育指导读物”	中国家庭教育学会、中国出版协会
38	国家图书馆出版社	《小漫画，大历史：从清末到民国》荣获第27届上海市中小学、幼儿园优秀图书评选活动三等奖	上海市教育委员会中小学图书馆工作委员会

（续表）

序号	获奖单位	奖项名称	授予单位
39	国家图书馆出版社	《中国文化年鉴（2017）》荣获第六届年鉴编纂出版质量评比活动综合奖二等奖（中央级年鉴）；单项奖（中央级年鉴）：框架设计二等奖，条目编写二等奖，装帧设计一等奖，检索、编校质量和出版时效三等奖	中国出版协会年鉴工作委员会
40	国家图书馆出版社	《赣州年鉴（2018）》荣获第六届全国地方志优秀成果（年鉴类）评比活动地市级综合年鉴一等年鉴	中国地方志指导小组、中国地方志学会
41	国家图书馆出版社	《江西年鉴（2018）》荣获第六届全国地方志优秀成果（年鉴类）评比活动省级综合年鉴三等年鉴	中国地方志指导小组、中国地方志学会
42	国家图书馆出版社	《你看见我的蛋了吗》入选2019年农家书屋重点图书推荐目录	国家新闻出版署
43	国家图书馆出版社	《中华传统文化百部经典》7种（《老子》《论语》《孟子》《庄子》《孙子兵法》《诗经》《左传》）、《老子绎读》、《国图绘本花园》4种（《袋鼠卡兹的故事》《袋熊威尔的故事》《考拉凯拉的故事》《鸭嘴兽皮克的故事》）、《小漫画，大历史：从清末到民国》、《大国价值》、《大国精神》、《梁启超：永远的少年》16种图书入选2019年全国中小学图书馆（室）推荐书目	教育部办公厅
44	国家图书馆出版社	《民国时期图书馆学教育研究》获成都市第十四次哲学社会科学优秀成果奖文化建设类一等奖	成都市哲学社会科学评奖委员会

七、对外交流

（一）出国（境）访问

2月20—27日，馆长饶权、业务管理处处长毛雅君、国际交流处处长张煦、数字资源部主任曹宁、国际交流处副研究馆员郝金敏赴新加坡参加第二十七届亚洲和大洋洲地区国家图书馆馆长会议、第二届丝绸之路国际图书馆联盟论坛并访问新西兰。

3月20—24日，信息技术部主任谢强、高级工程师甘蒂赴荷兰参加世界数字图书馆合作伙伴会议。

4月15—19日，古籍保护协会秘书处副秘书长王红蕾、副研究馆员滕静静赴台湾参加第七届古籍保护与流传学术研讨会和第五届海峡两岸古籍保护论坛。

5月14—18日，缩微文献部副主任王浩、馆员马玉峰赴加拿大参加国际标准化组织第171技术委员会年会。

5月14—21日，出版社总编辑殷梦霞、重大项目编辑室主任张爱芳、古籍编辑室副主任南江涛赴台湾参加海峡两岸优秀编辑中华优秀传统文化共商共编选题研讨会。

6月4—8日，数字资源部副研究馆员季士妍、信息技术部高级工程师高宏赴克罗地亚参加2019年国际互联网保存联盟年会。

6月9—16日，副馆长孙一钢、业务管理处副处长廖永霞、数字资源部副主任李志尧、信息技术部副主任张炜、国际交流处副研究馆员吴凯赴科威特参加第三届中国与阿拉伯国家图书馆及信息领域专家会议并访问摩洛哥国家图书馆。

6月17日—9月11日，古籍馆普通古籍组馆员杜萌赴韩国国立中央图书馆进行业务交流。

6月24—25日，国际交流处副研究馆员吴凯随文化和旅游部团组赴俄罗斯阿穆尔州布拉戈维申斯克市参加中俄文化合作分委会第十九次会议及第十届中俄文化大集。

8月9—13日，中国古籍保护协会秘书处副秘书长王红蕾、馆员陶敏娟赴英国举办“梓墨千年——中国印刷术的传承与发展暨十竹斋木版水印艺术作品展”。

8月24—30日，副馆长张志清、中文采编部主任王洋、外文采编部主任顾犇、参考咨询部主任王磊、国际交流处馆员卫萌萌、业务管理处馆员王菲、典藏阅览部馆员陈小凡、数字资源部馆员毛嘉瑞、社会教育部助理馆员张弼衎、展览部助理馆员高诗萌赴希腊参加第85届国际图联大会。

9月1—5日，社会教育部主任汤更生、业务管理处副研究馆员龙利方、展览部展览策划组组长徐慧子赴日本参加国际博物馆协会第25届大会。

9月20—24日，古籍馆副馆长陈红彦、展览部助理馆员孙齐圣赴英国举办“梓墨千年——中国印刷术的传承与发展暨十竹斋木版水印艺术作品展”二期。

9月23—30日，副馆长陈樱、典藏阅览部主任王志庚、中国图书馆学会秘书处秘书长霍瑞娟、办公室副主任朱亮、典藏阅览部馆员李洋赴丹麦、芬兰进行业务交流。

9月24—28日，副馆长张志清、研究院《文献》杂志编审张燕婴、国家古籍保护中心办公室综合组副组长郑小悠赴台湾参加第六届“玄览论坛”学术研讨会。

10月4—14日，党群工作办公室主任荣杰、典藏阅览部副主任郭传芹、古籍馆副馆长萨仁高娃、古籍馆敦煌文献组副研究馆员刘波、善本组副研究馆员吴密、善本组馆员程天舒赴澳门参加“庆祝新中国成立七十周年暨澳门回归二十周年文献特展”。

10月8—12日，参考咨询部副研究馆员赵星、参考咨询部副研究馆员黎知谨赴捷克参加国际图联第16届馆际互借与文献提供会议。

10 月 14—18 日，展览部馆员李周、岳小艺赴日本进行永青文库展品交接、清点等工作。

10 月 20—24 日，副馆长汪东波、立法决策服务部主任李春明、民国时期文献保护工作办公室主任马静、立法决策服务部外交与国防组组长尹汉超、国际交流处副研究馆员郭妮赴法国与法国国家图书馆签署合作协议。

10 月 21—25 日，馆长饶权、法律事务处处长孙伯阳、国家古籍保护中心办公室主任林世田、国际交流处副研究馆员刘源泓、典藏阅览部馆员刘赟赴日本永青文库访问。

10 月 23—25 日，中文采编部名称规范与整合组副组长戴建武、副研究馆员王广平赴台湾参加中文名称规范联合协调委员会第十七次会议。

10 月 27 日—11 月 9 日，国图艺术中心主任吕慧军、业务管理处副处长张玮赴法国参加 2019 年文化志愿者服务与社区文化建设赴法培训班。

10 月 28 日—11 月 1 日，出版社社长魏崇、民国文献编辑室主任于浩随团赴日本参加东京版权说明会和业务访问。

11 月 4—24 日，业务管理处主任科员韩超、研究院政策研究室主任李丹、中文采编部联合编目组组长索晶、信息技术部应用系统管理组组长刘金哲赴新加坡国家图书馆管理局进行业务交流。

11 月 5—12 日，副馆长魏大威、审计处处长安洁、立法决策服务部副主任田贺龙、社会教育部副主任黄亮、中文采编部副研究馆员陈瑜赴日本国立国会图书馆进行第 38 次业务交流。

11 月 22—26 日，古籍馆副馆长陈红彦、研究馆员李际宁赴日本参加影印宋本《思溪藏》样书交接仪式及研讨会。

12 月 25—28 日，展览部馆员李周、岳小艺赴日本进行永青文库展品交接等工作。

（二）来访

2 月 20 日，美国芝加哥大学图书馆东亚馆馆长周原来访洽谈赠书事宜。

2 月 27 日，美国驻华大使馆新闻文化处地区公共联络专员鲍慈等 2 人来访交流参观。

2 月 28 日，葡萄牙无限事件展览公司经理保罗・桑托斯等 2 人来访洽谈合作办展事宜。

3 月 7 日，法国文献学院院长米歇尔・巴布尼切克等 6 人来访交流参观。

3 月 12—14 日，日本永青文库教授高桥智等 3 人来访洽谈办展事宜。

4 月 9 日，蒙古图书馆代表团 17 人来访参观。

4 月 28 日，阿联酋迪拜市政局总干事达乌德・哈吉里等 9 人来访交流参观。

5 月 7 日，韩国西大门区公务员代表团 13 人来访参观。

5 月 17 日，新加坡国家图书馆主任黄美萍等 4 人来访交流参观。

5 月 20 日，老挝国家图书馆甘特马利・杨努沃恩等 7 人来访交流参观。

5 月 21 日，美国芝加哥大学图书馆东亚馆馆长周原来访洽谈赠书事宜。

5 月 21 日，韩国首尔市永登浦区政府代表团蔡铉一等 10 人来访参观。

5 月 24 日，台湾图书馆协会京津图书馆参访团柯皓仁等 30 人来访参观。

5 月 27 日，伊朗库姆大学教师马哈迪来访交流参观。

6月10日，葡萄牙文化部长格拉萨·丰塞卡等6人来访出席“汉文文书——东波塔档案中的澳门故事”展开幕式。

6月10日—7月15日，港澳大学暑期实习生5人来馆实习。

6月13日，厄瓜多尔文化和遗产部部长劳尔·佩雷斯·托雷斯等6人来访交流参观。

6月17日，印尼高教部官员及印尼大学生54人来访参观。

6月17—24日，韩国国立中央图书馆副馆长金相旭等5人来访进行业务交流。

7月19日，阿拉伯国家联盟驻华大使马哈穆德·艾勒艾敏、沙特阿卜杜勒·阿齐兹国王公共图书馆执行总监阿卜杜凯里木·载德等3人来访参加中阿电子图书馆项目发布一周年专题座谈会。

7月24日，阿根廷国立图书馆馆长博尔赫斯的遗孀玛利亚·儿玉及阿根廷驻华大使馆文化处负责人等4人来访交流参观。

7月26日，日本书店经理中村英总等8人来访参观。

8月13日，巴布亚新几内亚国家图书和档案馆总馆长卡开托·卡西等4人来访交流参观。

8月15日，乌拉圭驻华大使费尔南多·卢格里斯等3人来访参观并赠书。

8月21日，加拿大多伦多大学图书馆馆长拉里·阿尔福德等4人来访交流。

8月23日，2019年吉布提档案管理研修班和2019年约旦文化机构负责人研修班61人来访参加专题讲座并参观。

9月7—11日，国际图联秘书长杰拉德·莱特纳等19位外宾来访参加“图书馆·与时代同行”国际学术研讨会。

9月16日，阿联酋驻华使馆一等秘书玛丽亚姆·尚穆希等2人来访洽谈合作事宜。

9月19日，日本出版友好访华团社平林彰等12人来访进行业务交流。

9月19日，印度尼西亚伊斯兰大学生联合会16人来访参观。

10月14—25日，英国国家图书馆馆员左薇·米勒等3人来访进行业务交流。

10月16日，香港图书馆协会副会长谭文力等10人来访交流参观。

10月24日，美国华人图书馆员协会执行长阮炼来访交流参观。

11月11日，美国芝加哥大学图书馆东亚馆馆长周原来访交流。

11月14日，日本前首相、永青文库理事长细川护熙等10人来访参加“妙法天成——细川护熙书法展”开幕式。

11月21—29日，2019年东南亚图书馆员研修班西松浦·乔端达等11人来访参加培训。

11月25—30日，台湾汉学研究中心馆员赖莹娟等3人来访调研。

11月27日，台湾佛光山惠中法师来访洽谈合作事宜。

12月2日，澳门科技大学图书馆馆长戴龙基等2人来访交流参观。

12月5日，伊朗驻华大使馆文化参赞阿巴斯阿里·瓦法伊等2人来访交流。

12月11日，马尔代夫图书管理研修班23人来访参观。

12月15—18日，日本永青文库展览负责人山沢敏康等2人来访撤展并洽谈后续展览事宜。

12月19日，台湾佛光山佛陀纪念馆馆长如常法师等9人来访赠书并洽谈展览事宜。

八、部分会议、讲座、国图公开课、培训、展览

（一）会议

时间	会议名称	地点	备注
1月11日	古籍保护系列教材编纂讨论会	北京	
1月23日	国家图书馆2019年春节活动暨建馆110周年系列活动发布及座谈会	北京	
2月18日	国家图书馆理事会成立大会	北京	
3月15—16日	2019年全国古籍评审工作启动会暨“全国古籍重点保护单位”评审会	北京	
3月18—19日	第六批《国家珍贵古籍名录》（简帛、碑帖、舆图、少数民族文字、其他文字）评审工作会	北京	
3月18—19日	第六批《国家珍贵古籍名录》（经、史、子、集、敦煌、佛经）评审工作会	北京	
3月27日	2019中英图书馆论坛	四川成都	与中国图书馆学会、英国国家图书馆合办
4月2日	中国文献影像技术协会、全国文献影像技术标准化技术委员会2018年年会	北京	中国文献影像技术协会、全国文献影像技术标准化技术委员会主办
4月18日	革命文献与民国时期文献整理出版项目专家评审会	北京	
4月19日	国家图书馆互联网信息战略保存项目启动会	北京	
5月14—16日	2019年全国公共图书馆技术部主任会议	山东济南	山东省图书馆承办
5月21日	古籍保护宣传工作专家研讨会	北京	
6月11日	第三届中国与阿拉伯国家图书馆及信息领域专家会议	科威特	与阿拉伯国家联盟秘书处合办，科威特国家图书馆承办

（续表）

时间	会议名称	地点	备注
6月13日	民间收藏古籍文献数字化及缩微保存研讨会	北京	
6月18日	“不忘初心、牢记使命”主题教育动员部署大会	北京	
6月21日	第六批《国家珍贵古籍名录》（少数民族文字古籍）复审工作会	北京	
6月25—26日	第六批《国家珍贵古籍名录》（经、史、子、集、敦煌、佛经）复审工作会	北京	
6月27日	“《中华古籍总目》编目手册”审定会	北京	
7月8—9日	2019年海峡两岸档案暨缩微学术交流会	宁夏银川	中国文献影像技术协会、中国档案学会主办
7月19日	中阿电子图书馆项目发布一周年专题座谈会	北京	
8月21日	2019年中国图书馆年会	内蒙古鄂尔多斯	中国图书馆学会和鄂尔多斯市东胜区人民政府主办，国家图书馆（国家古籍保护中心）等协办
9月3日	中国文献影像技术协会第六次全国会员大会暨2019年年会	北京	中国文献影像技术协会主办
9月6日	“不忘初心、牢记使命”主题教育总结大会	北京	
9月9—10日	“图书馆·与时代同行”国际学术研讨会	北京	
9月16日	深入学习贯彻习近平总书记给国家图书馆老专家回信精神大会	北京	
10月15—16日	第六批《国家珍贵古籍名录》审定会	北京	
11月12日	古籍数字资源发布会	北京	

（续表）

时间	会议名称	地点	备注
11月26日	第十五届省、自治区、直辖市、较大城市图书馆馆长联席会议	北京	
11月26日	藏文古籍保护工作座谈会	北京	
12月3日	国家图书馆出版社四十周年出版座谈会	北京	
12月26日	《鲁迅手稿全集》编辑委员会会议	北京	

（二）讲座

时间	讲座名称	主讲人	备注
1月4日	征服与磨合——元	党宝海	稽古·贯通·启新——北京大学中国古代史名家讲座，与北京大学历史系合办
1月5日	面对海洋的秦始皇帝——《史记·秦始皇本纪》研读	王子今	国图讲坛“二十四史研读系列”
1月5日	预测不准是常态	王汉生	国图讲坛“大数据研究系列”
1月11日	重建的困境——明	李新峰	稽古·贯通·启新——北京大学中国古代史名家讲座，与北京大学历史系合办
1月12日	纪录片如何讲故事——以《舌尖上的中国》《极地》等为例	任长箴	国图流动讲坛：辽宁省图书馆
1月12日	斗栱飞檐画古建——用画笔记录古建遗珍	连　达	文津读书沙龙
1月12日	从金字塔到大神庙：古埃及文明的表征与内里	郭子林	国图讲坛“东西方古代文明比较研究”
1月13日	冰冻圈科学考察	秦大河	国图讲坛“科学家讲坛”
1月13日	一代文化大家左宗棠	徐志频	文津读书沙龙

（续表）

时间	讲座名称	主讲人	备注
1月18日	清代地方行政体制	郭润涛	稽古·贯通·启新——北京大学中国古代史名家讲座，与北京大学历史系合办
1月18日	郑振铎：中国文化界最值得尊敬的人	刘跃进	国家典籍博物馆系列讲座
1月19日	从四个层面谈中华美学精神	叶　朗	部级领导干部历史文化讲座系列
1月20日	改革开放以来人物传记创作出版面面观	董保存	文津读书沙龙
1月20日	计算与智能	林惠民	国图讲坛“‘科学与中国’院士专家巡讲系列”
1月20日	二十四节气与民俗	萧　放	国图流动讲坛：辽宁省图书馆
1月27日	以小说的体裁写历史——如何书写明十四帝全传	廖心一	文津读书沙龙
1月27日	从《战狼2》说起——南苏丹内战中的中国外交官	马　强	国图讲坛“外交官亲历系列”
2月22日	晚明时期的插图艺术及其影响	周心慧	国家典籍博物馆系列讲座
2月23日	汉语汉字与中华文化	王　宁	部级领导干部历史文化讲座系列
2月23日	诗韵之美	郑欣淼	国图讲坛“文津经典诵读系列”
2月23日	没有美万万不能——美学与人生	潘知常	国图讲坛“美学与生活系列”
2月24日	神经病？精神病？心理病？——生活中那些心理健康误区	田成华	国图讲坛“健康中国系列”
2月24日	统计学与大数据	朱利平	国图讲坛“大数据研究系列”
3月8日	民间木版年画题材的文化意蕴	孙建君	国家典籍博物馆系列讲座
3月9日	感受《孙子兵法》的永恒魅力	黄朴民	国图流动讲坛：辽宁省图书馆
3月13日	中国古代文学作品欣赏	葛晓音、张鸣、刘勇强	风雅·风骨·风趣——中国古代文学名家名作讲座，与北京大学中文系合办
3月16日	我们的国歌	于　海	国图流动讲坛：辽宁省图书馆

（续表）

时间	讲座名称	主讲人	备注
3月17日	丁玲与女性主义的原点问题	贺桂梅	国图讲坛“镜子的另一面——女性文学研究系列”
3月17日	只余古木记宣华——花蕊夫人宫词与唐五代艺术	苏泓月	国图讲坛“镜子的另一面——女性文学研究系列”
3月20日	《诗经》中的“变雅”	于迎春	风雅·风骨·风趣——中国古代文学名家名作讲座，与北京大学中文系合办
3月23日	日本文明	高　洪	部级领导干部历史文化讲座系列
3月23日	家庭生活中的梁启超	夏晓虹	文津读书沙龙
3月23日	带你看万千气象——太阳、地球和天气	朱定真	国图讲坛“世界气象日特别活动”
3月24日	关爱女性　呵护健康	白文佩	国图讲坛“健康中国系列”
3月24日	重温记忆里的北京与流年	肖复兴	文津读书沙龙
3月29日	《左传》如何读	傅　刚	风雅·风骨·风趣——中国古代文学名家名作讲座，与北京大学中文系合办
3月31日	联合国与中国	张小安	国图讲坛“外交官亲历系列”
3月31日	《管子》的现代价值	孙中原	文津读书沙龙
4月5日	诸子三著：《论语》《庄子》《韩非子》	常　森	风雅·风骨·风趣——中国古代文学名家名作讲座，与北京大学中文系合办
4月12日	陶渊明的诗歌艺术	钱志熙	风雅·风骨·风趣——中国古代文学名家名作讲座，与北京大学中文系合办
4月13日	大横断：探索美丽新世界	杨浪涛	文津读书沙龙
4月13日	漂移与重构：变迁中的婚姻、家庭与性别	戴锦华	国图讲坛“镜子的另一面——女性文学研究系列”
4月14日	北京：文学与城市	石一枫	文津读书沙龙

（续表）

时间	讲座名称	主讲人	备注
4月14日	宇宙的结构和命运	武向平	国图讲坛“‘科学与中国’院士专家巡讲系列”
4月19日	元稹、白居易的盛唐记忆之异同	杜晓勤	风雅·风骨·风趣——中国古代文学名家名作讲座，与北京大学中文系合办
4月20日	普希金与俄国近代文学的崛起	吴晓都	部级领导干部历史文化讲座系列
4月20日	如何阅读《诗经》：以《诗经周南关雎》为例	李　菁	国图流动讲坛：福建省图书馆
4月20日	如何不误读王维	王志清	国图流动讲坛：辽宁省图书馆
4月23日	诗词之美，点亮人生	彭　敏	国图流动讲坛：辽宁省营口市图书馆
4月26日	安史之乱中的李白和杜甫	葛晓音	风雅·风骨·风趣——中国古代文学名家名作讲座，与北京大学中文系合办
4月27日	从科幻作品走入科学世界	刘兴诗	国图讲坛“科学家讲坛”
4月27日	文明的摇篮——古代美索不达米亚	于殿利	国图讲坛“东西方古代文明比较研究”
4月28日	当诗词遇见春天·春季诗词诵读会	于晓鹏、梧声乐团等	国图讲坛“文津经典诵读系列”
5月3日	“指出向上一路”的东坡词	张　鸣	风雅·风骨·风趣——中国古代文学名家名作讲座，与北京大学中文系合办
5月10日	唐宋古文运动的三重维度	张　剑	风雅·风骨·风趣——中国古代文学名家名作讲座，与北京大学中文系合办
5月10日	《管子》解读——《管子》的思想与名言警句	孙中原	国家典籍博物馆系列讲座

（续表）

时间	讲座名称	主讲人	备注
5月11日	何问西东：丝绸之路上的文明对话	张国刚	文津读书沙龙
5月11日	与苏轼一起读历史——历史书的一种读法	马伯庸	国图流动讲坛：辽宁省图书馆
5月12日	文人的弱者情怀：人性底蕴	陈晓明	国图流动讲坛：福建省图书馆
5月17日	元杂剧公案剧中的奇思巧构	李　简	风雅·风骨·风趣——中国古代文学名家名作讲座，与北京大学中文系合办
5月18日	古代希腊城邦文明	黄　洋	部级领导干部历史文化讲座系列
5月18日	现代人如何读经典	余世存	国图流动讲坛：辽宁省图书馆
5月19日	当代科学发展与中国自主创新战略	李正风	国图讲坛“科技的力量——庆祝建国70周年系列”
5月19日	同中有异与异中有同：古希腊文明与华夏文明	郭小凌	国图讲坛“东西方古代文明比较研究”
5月24日	作为小说标准的《红楼梦》	刘勇强	风雅·风骨·风趣——中国古代文学名家名作讲座，与北京大学中文系合办
5月25日	达沃斯小镇与世界经济论坛	董津义	国图讲坛“外交官亲历系列”
5月25日	冰心创作中的母性之爱	李　玲	国图讲坛“镜子的另一面——女性文学研究系列”
5月31日	绵延千年的想象力：文言小说的奇幻世界	李鹏飞	风雅·风骨·风趣——中国古代文学名家名作讲座，与北京大学中文系合办
6月1日	图画书如何走进孩子的心灵？——现实主义题材图画书的创作与阅读思考	九　儿	国图讲坛“六一国际儿童节”特别活动
6月1日	小孩子为什么要读儿童文学？	汤素兰	国图讲坛“六一国际儿童节”特别活动

（续表）

时间	讲座名称	主讲人	备注
6月6日	端午诗词音乐会	吴玉霞等	国图讲坛“2019年非物质文化遗产保护讲座月”
6月14日	《西游记》的文本结构及其寓意	潘建国	风雅·风骨·风趣——中国古代文学名家名作讲座，与北京大学中文系合办
6月14日	《史记》——一部历史巨著与治国宝典	张大可	国家典籍博物馆系列讲座
6月15日	关于中华优秀传统文化精神标识的思考	陈祖武	部级领导干部历史文化讲座系列
6月15日	中国传统设计之美	杭　间	国图流动讲坛：福建省图书馆
6月16日	中国传统医学之解读	吴大真	国图讲坛“健康中国系列”
6月16日	解读新编《中国大通史》——以全新的视角看待历史	曹大为	文津读书沙龙
6月22日	非物质文化遗产保护和可持续发展	巴莫曲布嫫	国图讲坛“2019年非物质文化遗产保护讲座月”
6月22日	《战上海》：上海解放第一年	刘　统	文津读书沙龙
6月29日	谈美术学科的核心素养及其培养	段　鹏	国图讲坛“蒙以养正——青少年传统文化与艺术教育系列”
6月29日	斯托夫人的“红与黑”：评《汤姆叔叔的小屋》	金　莉	国图讲坛“镜子的另一面——女性文学研究系列”
7月6日	传统民间舞蹈与现代社会	梁力生	国图讲坛“2019年非物质文化遗产保护讲座月”
7月6日	适我无非新——文化遗产的传承与创新	杭　侃	国图讲坛“2019年非物质文化遗产保护讲座月”
7月7日	给时代留下你的精气神	杭　间	国图流动讲坛：福建省图书馆
7月12日	空花——用中国剪纸讲世界的故事	乔晓光	国家典籍博物馆系列讲座
7月13日	精细木作技艺与红木文化艺术	杨金荣	国图讲坛“2019年非物质文化遗产保护讲座月”

（续表）

时间	讲座名称	主讲人	备注
7月13日	老子的洞见和智慧	王中江	国图讲坛“中华传统文化百部经典系列”
7月19日	第三届“老北京非遗趴”——了不起的曲艺	蔡源莉、赵玉明、种玉杰、王玥波、翟静婉等	国图讲坛“2019年非物质文化遗产保护讲座月”
7月19日	文书档案书写载体与文书行政的变化	张荣强	国家典籍博物馆系列讲座
7月20日	文学史为何选择杜甫	刘跃进	部级领导干部历史文化讲座系列
7月26日	甲骨文：沉埋的瑰宝	黄德宽	国家典籍博物馆系列讲座
7月27日	用心灵感受事物的本质——重读《小王子》	车　琳	文津读书沙龙
7月27日	纳米科技与智能社会	赵宇亮	国图讲坛“科技的力量系列”
8月3日	除了速度，5G还能带来哪些改变?	张新生	国图讲坛“科技的力量系列”
8月3日	让健康从“心”开始——如何预防和应对心脏病发	张海澄	国图讲坛“健康中国系列”
8月9日	昆剧、苏剧艺术赏析	王　芳	国图讲坛“艺术家讲坛”
8月10日	中法关系和中国改革开放进程	孙海潮	国图讲坛“外交官亲历系列”
8月10日	罗马历史的启示	杨共乐	国图讲坛“东西方古代文明比较研究”
8月16日	《论语》的主体思想及其影响	韩　星	国家典籍博物馆系列讲座
8月17日	苏东坡的现代意义	莫砺锋	部级领导干部历史文化讲座系列
8月17日	如何读《孟子》	梁　涛	国图讲坛“中华传统文化百部经典系列”
8月17日	走近机器人世界	孙增圻	国图讲坛“科技的力量系列”
8月24日	《别让太阳掉下来》——我们的创作体会	朱成梁	文津读书沙龙

（续表）

时间	讲座名称	主讲人	备注
8月24日	纪念爱因斯坦诞辰140周年特别活动：不为人知的爱因斯坦	方在庆	文津读书沙龙
8月30日	安东尼·布朗创作揭秘：永葆童年状态的形状游戏	阿　甲	国家典籍博物馆系列讲座
9月1日	朗诵艺术的基本功和艺术技巧	刘纪宏	国图讲坛“文津经典诵读系列”
9月1日	未来一百年，人类能到哪里？	郑永春	国图讲坛“2019年开学第一课特别活动”
9月8日	为什么《西厢记》天下夺魁？	张燕瑾	国图讲坛“中华传统文化百部经典系列”
9月8日	理解天气预报 认识和谐自然	梁旭东	国图讲坛“科技的力量系列”
9月15日	孟子	梁　涛	国图流动讲坛：福建省图书馆
9月19日	国史是怎样炼成的？	徐　俊	国家典籍博物馆系列讲座
9月20日	老子的“道物关系论”——“道法自然”的真谛	王中江	国家典籍博物馆系列讲座
9月21日	何以中国——考古学视角下的中国诞生史	许　宏	部级领导干部历史文化讲座系列
9月22日	认识流感病毒 探索生命奥秘	冯录召	国图讲坛“科技的力量系列”
9月22日	诗人的爱国情怀	褚宝增	国图讲坛“文津经典诵读系列”
9月27日	三晋地域文化与传统戏曲	刘文峰	国图讲坛“地方传统艺术公开课系列”
9月29日	全球化与《中庸》之道	王岳川	国家典籍博物馆系列讲座
10月10日	明清皇家传统工艺——雕漆与掐丝珐琅	张　荣	国图讲坛“地方传统艺术公开课系列”
10月11日	传统是条流动的河——山东三大秧歌	刘晓真	国图讲坛“地方传统艺术公开课系列”
10月12日	中国木偶戏、皮影戏的历史发展与时代创新	魏力群	国图讲坛“地方传统艺术公开课系列”

（续表）

时间	讲座名称	主讲人	备注
10月13日	打造“无废城市”，让废物变资源	杜祥琬	国图讲坛“科技的力量系列”
10月13日	17—18世纪亚洲三大国文化认同比较研究	蒋重跃	国图讲坛“东西方古代文明比较研究”
10月19日	王选的世界——当代毕昇的心路历程	丛中笑	国图讲坛“科技的力量系列”
10月19日	从区域走向全球　揭秘北斗系统背后的故事	耿　涛	国图讲坛“科技的力量系列”
10月19日	中国行政区划的历史变迁及其基本规律	李晓杰	部级领导干部历史文化讲座系列
10月20日	文学的可能性	王　山	国图流动讲坛：福建省图书馆
10月25日	经史传统与中国哲学	李存山	国家典籍博物馆系列讲座
10月26日	梦想与情感——徽派建筑理念	陈继腾	国图讲坛“地方传统艺术公开课系列”
10月27日	唐诗的博物学解读	胡　淼	国图讲坛“文津经典诵读系列”
10月27日	荀子人性论辨析	廖名春	国图讲坛“中华传统文化百部经典系列”
10月30日	千年传承——作为世界非遗的中国剪纸	乔晓光	国图讲坛“地方传统艺术公开课系列”
11月2日	我国民歌音乐中的文化多样性与文化融合	周青青	国图讲坛“地方传统艺术公开课系列”
11月9日	韩非政治学说的现代意义	张　觉	国图流动讲坛：福建省图书馆
11月16日	国际海洋热点及中国策略	张海文	部级领导干部历史文化讲座系列
11月17日	东西方军事学著作书写范式的异与同——以《孙子兵法》《战争论》为例	黄朴民	国图讲坛“东西方古代文明比较研究”

（续表）

时间	讲座名称	主讲人	备注
11月17日	漫谈地球科学	刘嘉麒	国图讲坛“‘科学与中国’院士专家巡讲系列”
11月22日	五彩霓裳——中国民族服饰赏析（上）	杨　源	国图讲坛“地方传统艺术公开课系列”
11月23日	《九章算术》和刘徽	郭书春	国图讲坛“中华传统文化百部经典系列”
11月23日	围炉诗会——玄冬话诗情	范诗银、莫真宝等	国图讲坛“文津经典诵读系列”
11月29日	五彩霓裳——中国民族服饰赏析（下）	杨　源	国图讲坛“地方传统艺术公开课系列”
11月29日	《庄子》研究：从诸子学到哲学	章启群	国家典籍博物馆系列讲座
12月6日	初心和使命从哪里来?	王炳林	文津读书沙龙
12月7日	吕不韦和《吕氏春秋》	张双棣	国图讲坛“中华传统文化百部经典系列”
12月7日	中国哲学的基本精神——由《中国哲学十五讲》说开去	杨立华	文津读书沙龙
12月14日	“心声吟诵爱国情”朗诵音乐会	于晓鹏等	国图讲坛“文津经典诵读系列”
12月14日	诗圣杜甫与诗史精神	杜晓勤	国图讲坛“文津经典诵读系列”
12月15日	阴阳学的三大命题	吴　震	国图流动讲坛：福建省图书馆
12月18日	书香人淡自庄严：周叔弢先生与自庄严堪藏书	陈红彦	国家典籍博物馆系列讲座
12月21日	入世与离尘——《红楼梦》的思想世界	王　博	部级领导干部历史文化讲座系列
12月28日	古希腊文学中的女性	陈戎女	国图讲坛“镜子的另一面——女性文学研究系列”
12月28日	博物馆参观记	扬之水	文津读书沙龙

（续表）

（三）国图公开课

时间	公开课名称	主讲人
1月11日	丹青之美 第六讲　明四家与明代的多元发展	陈履生
1月11日	丹青之美 第七讲　四王与石涛八大	陈履生
1月19日	舞蹈与生命的交响 第四讲　彼岸世界——舞蹈在佛教和道教的体系里	冯双白
4月14日	心连广宇　志在苍穹——人类太空探索与中国航天之路 第十一讲　空间探索的那些事——一个都不能少	庞之浩
4月23日	4·23世界读书日第十四届文津图书奖发布暨国图公开课特别活动	秦伯益 钱　逊
5月17日	心连广宇　志在苍穹——人类太空探索与中国航天之路 第十二讲　人类太空探索前景——勾画宏伟蓝图	庞之浩
6月14日	世界古代史（上古部分） 第九讲　古希腊文明（一）	郭小凌
6月14日	世界古代史（上古部分） 第十讲　古希腊文明（二）	郭小凌
6月23日	话说曲艺 第一讲　曲艺的定义与特征	吴文科
6月23日	话说曲艺 第二讲　曲艺的品种类型与特殊功能	吴文科
8月19日	美在民间——中国民间美术十讲 第一讲　文化瑰宝——民间美术绪论	孙建君
8月19日	美在民间——中国民间美术十讲 第二讲　神灵造化——民俗信仰中的民间美术	孙建君
8月20日	美在民间——中国民间美术十讲 第三讲　美轮美奂——衣饰穿戴中的民间美术	孙建君
8月20日	美在民间——中国民间美术十讲 第四讲　器用之美——生活器具中的民间美术	孙建君
8月21日	美在民间——中国民间美术十讲 第五讲　粉墨丹青——民间年画与戏曲文化	孙建君

（续表）

时间	公开课名称	主讲人
8月21日	美在民间——中国民间美术十讲 第六讲　巧手裁春——重新发现剪纸的文化意义	孙建君
8月30日	诗词格律十二讲 第一讲　品味古典诗词的情思与艺术之美	陶文鹏
8月31日	美在民间——中国民间美术十讲 第七讲　刻木传神——戏曲表演中的木偶艺术	孙建君
8月31日	美在民间——中国民间美术十讲 第八讲　流光溢彩——民间皮影与民俗文化	孙建君
9月27日	诗词格律十二讲 第二讲　什么是诗骚传统	钱志熙
9月27日	诗词格律十二讲 第三讲　古体诗的形与魂	钱志熙
9月29日	美在民间——中国民间美术十讲 第九讲　愉悦人生——游艺中的民间玩具	孙建君
9月29日	美在民间——中国民间美术十讲 第十讲　匠心独运——民间美术图案的文化意蕴	孙建君
10月17日	诗词格律十二讲 第四讲　近体诗格律（平仄、对仗、用韵）	钱志熙
10月24日	诗词格律十二讲 第五讲　初盛唐五律	钱志熙
10月24日	诗词格律十二讲 第六讲　初盛唐七律（名家篇）	钱志熙
10月31日	诗词格律十二讲 第七讲　初盛唐七律（杜甫篇）	钱志熙
11月13日	诗词格律十二讲 第八讲　绝句的创作（章法篇）	钟振振
11月14日	诗词格律十二讲 第九讲　绝句的创作（主题篇）	钟振振
11月14日	诗词格律十二讲 第十讲　绝句的创作（技法篇）	钟振振
11月16日	音乐里的中国 第一讲　音乐是谁发明的？	田　青

（续表）

时间	公开课名称	主讲人
11月17日	纪念司马光诞辰一千周年	游彪 赵前
11月19日	音乐里的中国 第二讲　中国人的伟大发明——礼乐制度	田青
11月20日	音乐里的中国 第三讲　诸葛亮空城计靠的啥？——古琴	田青
12月4日	诗词格律十二讲 第十一讲　词的格律	钟振振
12月4日	诗词格律十二讲 第十二讲　词的创作	钟振振
12月7日	音乐里的中国 第四讲　让白居易泪湿青衫的乐器——琵琶	田青
12月13日	音乐里的中国 第五讲　苦难产生旋律——瞎子阿炳与《二泉映月》	田青
12月31日	音乐里的中国 第六讲　音乐中的家国情怀——古筝曲《崖山哀》	田青

（四）培训

时间	培训名称	主讲人	地点	备注
1月22—25日	“典籍大课堂”寒假班	朱莺等	北京	
3月2日—5月18日	古籍修复春季周末A班	崔志宾	北京	
3月7日—4月4日	2019年北京市图书资料系列职称考试辅导班	朱芊、富平、刘小玲	北京	
3月12日	研究院博士后出站汇报讲座A：辛弃疾与元刻稼轩长短句	石任之	北京	
3月12—15日	杭州灵隐寺佛教图书编目研修班	朱青青、张新宇、林世田、杨因、郑闽峰、楼晓尉	杭州	
3月18日	新版OA办公自动化系统使用培训（1）	OA系统工程师	北京	

（续表）

时间	培训名称	主讲人	地点	备注
3月19—22日	机读目录编目员上岗证培训班（北图文化发展中心定制）	富平、董双庆	北京	
3月19—22日	2019年全国省级及副省级市公共图书馆参考咨询工作培训	范爱红、李春梅、张莉、张李江、王磊、冼育华、张为江、汪岚	广西南宁	广西壮族自治区图书馆承办
3月20日	新版OA办公自动化系统使用培训（2）	OA系统工程师	北京	
3月20日	研究院博士后出站汇报：个性化信息推荐服务研究	张　华	北京	
3月27—30日	第四期全国古籍保护工作管理人员研修班	杨忠、肖珑等	天津	天津师范大学承办
3月30日—5月25日	“小小讲解员”春季班	赵国香等	北京	
4月8—28日	第三期全国碑帖拓片修复技术培训班	胡玉清	山西太原	山西省图书馆承办
4月9—28日	第四期碑帖编目与鉴定研修班	冀亚平等	山东曲阜	孔子博物馆承办
4月14—27日	第二期全国古籍编目合作进修班	杜云虹、唐桂艳	山东济南	山东省图书馆承办
4月17日	魏大夫告诉您：呼吸道那些事	魏丽娟	北京	
4月20—30日	第十期全国少数民族古籍修复培训班	杨利群	云南昆明	云南省图书馆承办
4月21日—5月26日	“典籍大课堂”春季班	徐云平等	北京	
4月21日—7月14日	古籍修复春季周末B班	田婷婷	北京	
5月6—10日	中国机读目录格式编目员上岗资质培训班（北京）	刘小玲	北京	
5月6—17日	第十一期全国少数民族古籍修复培训班	杨利群	广西南宁	广西壮族自治区图书馆承办

（续表）

时间	培训名称	主讲人	地点	备注
5月7日—6月3日	第五期碑帖编目与鉴定研修班	冀亚平等	山东曲阜	孔子博物馆承办
5月13—16日	中国机读目录格式编目员上岗资质培训班（武汉）	富　平	湖北武汉	
5月13—17日	第二期古籍数字化理论与实践培训班	许京奕等	浙江杭州	浙江图书馆承办
5月15日	心血管专家跟您聊聊心动的故事	刘肆仁	北京	
5月15—16日	革命文献与民国时期文献保护工作培训班	马静、张克非、刘小玲、朱芊、延卫平	甘肃兰州	与中国图书馆学会合办，（革命文献与民国时期文献保护计划宣传推广系列活动）
5月18日—6月29日	篆刻艺术鉴赏与实践培训班	梅跃辉	北京	
5月19日—6月23日	北京面人郎非遗技艺培训班	郎佳子彧	北京	
5月24日	2019年网络安全培训	路龙惠	北京	
5月25日—7月13日	雕版印刷技艺培训班	李振豪	北京	
5月27—31日	中文普通图书编目工作培训班	朱青青、曹玉强、王广平	北京	
6月2—6日	中国机读目录格式编目员上岗资质培训班（杭州）	刘小玲	杭州	
6月5日	寻找正确的健康观	王丽彦	北京	
6月10—14日	第五期中华传统文化推广培训班	刘冬颖等	黑龙江哈尔滨	黑龙江省图书馆承办
6月10日—7月12日	第八期全国古籍修复技术提高班	师有宽等	甘肃兰州	甘肃省图书馆承办
6月16—30日	第二十四期《全国古籍普查登记目录》审校人员培训班	吴　格	安徽合肥	安徽省图书馆承办

（续表）

时间	培训名称	主讲人	地点	备注
6月17—21日	图书馆文献资源建设培训班	崔云红、张涛、张新宇、刘洁萍、刘峥、韩玲、孟丽娟	北京	
6月17日—7月6日	第六期全国碑帖编目与鉴定研修班	冀亚平等	北京	
6月23—26日	中国机读目录格式编目员上岗资质培训班（贵阳）	朱青青	贵阳	
6月24—29日	武汉市公共图书馆发展管理培训班	王晓松、申晓娟等8位	北京	
7月1—5日	中文期刊与报纸编目管理培训班	杨静、孟丽娟	北京	
7月1日—8月2日	第十期全国古籍修复技术与工作管理研修班	胡玉清	山东曲阜	孔子博物馆承办
7月6—11日	国家级非物质文化遗产代表性传承人记录工作培训班	巴莫曲布嫫、鲍江等13位	北京	
7月8—13日	第三十三期古籍普查培训班——佛教古籍普查培训班	许建平等	福建福州	福建涌泉寺承办
7月15日	中层培训：牢记党的性质宗旨，做好新时代意识形态工作	林雅华	北京	
7月15—19日	信息时代图书馆读者服务工作培训班	富平、郭斌、马涛、赵俭、刘庆财、董曦京	北京	
7月15—26日	古籍修复基础班（暑期脱产班）	李　莉	北京	
7月16—19日	国家图书馆安全员及义务消防队长培训	杨进勇、李云祥、苗宾	河北昌黎	中央文化和旅游管理干部学院（昌黎校区）承办
7月16—21日	“小小讲解员”（暑假中文班）	高诗萌等	北京	
7月22—26日	第三期古籍数字化理论与实践培训班	边巴次仁等	西藏拉萨	西藏自治区图书馆承办
7月23—28日	“小小讲解员”（暑假英文班）	孙齐圣等	北京	

（续表）

时间	培训名称	主讲人	地点	备注
7月29日—8月9日	古籍修复提高班（暑期脱产班）	李　莉	北京	
7月31日	中层培训：舆情危机应对处置	田书和	北京	
8月4—10日	经典典籍读书班（暑假班）	刘雅等	北京	
8月5—9日	图书馆参考咨询业务案例解析培训班	赵红、唐晶、刘素清、郭依群、张莉、吴杨	北京	
8月12—22日	“欧洲古典书籍装帧”培训班（暑期脱产班）	胡　瑾	北京	
8月12—23日	第二十五期《全国古籍普查登记目录》审校人员培训班	吴　格	云南昆明	云南省图书馆承办
8月19—23日	2019年图书馆新入职及转岗员工培训班	汤更生、张新宇、杨新涯、高凡、李桂华	四川成都	
8月25日—9月21日	第三期全国西文古籍修复技术研修班	林明等	广东广州	中山大学承办
8月26日—9月1日	图书馆古籍整理与提要编纂高级研修班	陈先行、吴格等	上海	上海图书馆承办
9月2—12日	第二十六期《全国古籍普查登记目录》审校人员培训班	吴　格	甘肃兰州	甘肃省图书馆承办
9月4—5日	革命文献与民国时期文献保护工作培训班	马静、寻霖、王彦侨、杨静、袁春艳	湖南长沙	与中国图书馆学会、湖南省文化和旅游厅合办（革命文献与民国时期文献保护计划宣传推广系列活动）
9月16—21日	第四期中华传统文化推广培训班	洪修平等	江苏南京	南京图书馆承办
9月22日—12月22日	经典典籍读书班（秋季班）	刘羽冰等	北京	

（续表）

时间	培训名称	主讲人	地点	备注
9月24—27日	全国图书馆参考咨询协作网业务培训班	王鹤云、龙江智、运梅、徐辉、马新蕾、张帆、王磊（女）、刘秉宇、孙琪、戴波	吉林长春	吉林省图书馆承办
10月12—18日	第二期《中华古籍总目》（分省卷）编纂研修班	寻霖等	河南郑州	河南省图书馆承办
10月15—18日	2019年全国公共图书馆缩微技术培训班	马玉峰、宁三香、邢君、黄征、张超亚、樊向伟、邢军、巫晓萍、金龙、冯晨	陕西西安	中国文献影像技术协会承办
10月20日—12月1日	版本知识与鉴赏培训班	陈红彦、赵前等	北京	
10月20日—12月22日	古籍修复提高班（秋季周末班）	田婷婷	北京	
10月20日—11月2日	2019年公共数字文化工程第一期馆员研修培训班	运梅、闵然	北京	
10月21—22日	公共数字文化工程技术支撑平台培训班	公共数字文化服务行业专家、各支撑平台负责人	陕西西安	
11月4—8日	中国机读目录格式编目员上岗资质培训班	朱青青、刘伟	北京	
11月10—16日	第三期《中华古籍总目》（分省卷）编纂研修班	寻霖等	广东广州	广东省立中山图书馆
11月12—15日	北大附中道尔顿学院研学班	李子日等	北京	
11月13—14日	革命文献与民国时期文献保护工作培训班	马静、刘庆、王彦侨、董馥荣、延卫平、	山东青岛	与中国图书馆学会合办（革命文献与民国时期文献保护计划宣传推广系列活动）
12月9—10日	中华女子学院图书馆定制培训班	萨蕾、韩萌、刘波、白鸿叶	北京	

（五）展览

时间	展览名称	地点	备注
全年	名家手稿展	北京	国家典籍博物馆基本陈列展
全年	不忘初心　砥砺奋进——国家图书馆藏革命历史文献精品展	北京	国家典籍博物馆基本陈列展
2015年10月14日—2019年6月30日	甲骨文记忆展	北京	
2017年4月21日—2019年8月4日	从《诗经》到《红楼梦》——那些年我们读过的经典	北京	
2018年9月28日—2019年8月4日	旷世宏编　文献大成——国家图书馆藏《永乐大典》文献展	北京	
2018年12月19日—2019年6月2日	出相入胜——中国古代书籍插图展	北京	
2018年12月19日—2019年6月2日	高文有典　美行如圭——郑振铎诞辰一百二十周年纪念展	北京	
2018年12月28日—2019年4月7日	问祖寻根——姓氏文化主题展	北京	随州博物馆承办，襄阳市博物馆等协办
1月6—26日	枘凿万端——中国榫卯活性传承艺术研究展全国巡展·北京站	北京	北方工业大学主办
1月31日—5月12日	迎春送福——武强年画专题展	北京	与河北省委宣传部、中共衡水市委、衡水市人民政府合办
4月23日	第十四届“文津图书奖”获奖图书展	北京	
4月23日—8月4日	激活经典　熔古铸今——《中华传统文化百部经典》专题展览	北京	
5月13—17日	革命文献与民国时期文献保护计划成果展	甘肃兰州	与中国图书馆学会合办（革命文献与民国时期文献保护计划宣传推广系列活动）
5月16—28日	文明匠心——亚洲非遗大展	北京	与中国对外文化集团有限公司、中央美术学院合办

（续表）

时间	展览名称	地点	备注
5月17—24日	建安风骨　承古启新——三国文化典籍特展	北京	网易（杭州）网络有限公司主办，北京国图创新文化服务有限公司协办
6月7日—8月4日	剪出秀色满人间——中国妇女儿童博物馆藏北方剪纸展	北京	与中国妇女儿童博物馆合办
6月10日—7月26日	汉文文书——东波塔档案中的澳门故事	北京	与葡萄牙书籍、档案馆及图书馆局（东波塔国家档案馆）合办
6月22日—9月22日	安东尼·布朗的幸福博物馆	北京	与中信出版集团合办
9月2—6日	革命文献与民国时期文献保护计划成果展	湖南长沙	与中国图书馆学会、湖南省文化和旅游厅合办（革命文献与民国时期文献保护计划宣传推广系列活动）
9月7日起	中华传统文化典籍保护传承大展	北京	文化和旅游部、国家文物局主办，国家图书馆（国家古籍保护中心、国家典籍博物馆）承办，全国高等院校古籍整理研究工作委员会及各参展单位协办
9月7—30日	“聚力文化惠民　共建数字中国”公共数字文化展	北京	
9月10日起	甲骨文记忆展	北京	展览改陈
9月17日—10月20日	册府千华——黑龙江省藏国家珍贵古籍特展	黑龙江哈尔滨	与黑龙江省文化和旅游厅合办
9月20日起	“幻彩童年——中国百年童书展”新疆图书馆巡展	新疆乌鲁木齐	与新疆图书馆合办
9月27日起	“甲骨文记忆展”盘龙城遗址博物院巡展	湖北武汉	与武汉盘龙城遗址博物院合办
9月27日—10月20日	“两弹一星”功勋人物肖像画展	北京	与中国科学院合办

（续表）

时间	展览名称	地点	备注
10月15—24日	当代国际藏书票巡展（北京站）	北京	国家艺术基金2018年度传播交流推广资助项目，由广东省文化和旅游厅指导，实施主体为广州美术学院，广州美术学院绘画艺术学院承办。
11月1—7日	文献名邦　书香绍兴——越地历史文脉展	北京	与中共绍兴市委、绍兴市人民政府合办
11月11—15日	革命文献与民国时期文献保护计划成果展	山东青岛	与中国图书馆学会合办（革命文献与民国时期文献保护计划宣传推广系列活动）
11月14日—12月15日	悠然得佳趣——古代经典诗词与当代书法创作展	北京	
11月14日—12月15日	妙法天成——细川护熙书法展	北京	与日本不东株式会社合办，公益财团法人永清文库协办
12月6日起	旷世宏编　文献大成——国家图书馆藏《永乐大典》文献展深圳南山博物馆巡展	广东深圳	深圳市南山区文化广电旅游体育局主办，深圳市南山博物馆、国家图书馆（国家典籍博物馆）承办
12月18—24日	中国—朝鲜建交70周年纪念展	北京	中华人民共和国文化和旅游部、朝鲜民主主义人民共和国驻华大使馆合办，中国对外文化集团有限公司承办
12月21日—2020年1月30日	册府千华——大连地区藏国家珍贵古籍特展暨古籍保护成果展	辽宁大连	与大连市公共文化服务中心合办
12月24—30日	“东方诗意　黄山影像”黄山摄影工作坊（2016—2018）作品展	北京	黄山市人民政府主办，中共黄山市宣传部等承办
12月27日起	凡是国宝都要争取——郑振铎等抢救流散香港文物往来信札入藏纪念展	北京	文化和旅游部、国家文物局主办，国家图书馆（国家古籍保护中心）承办

九、档案资料

2019年，进一步提升日常档案管理能力。办公室会同信息技术部对档案综合管理系统存在的问题进行梳理，在OA升级改造中加以解决，并对数据库进行调整和补充；办公室牵头组织部处主任、兼职档案员进行档案综合管理系统使用培训，加强档案系统实操指导，规范兼职档案员工作流程，将档案工作前置，整体提升档案工作水平。

完成2018年度归档工作。本年度共接收34个部处移交的文书、活动、业务等各类电子档案25706件/张，较上年增长21%。档案移交过程中加大审核力度，电话或面对面辅导兼职档案员196人次，减少归档错误，提高归档质量。

积极为馆内业务工作提供档案支持。馆档案室全年共接待到档案室查阅实体档案43项103人次；电子档案查阅328批次1322条目，同比增长77%；处理电子档案下载1417页。

开展实物档案整理编目工作。4月起，馆档案室对实物档案进行分类整理、重新排架，并在档案系统中制作包含实物档案照片的目录数据。12月底全部完成，共计整理实物档案3036件，制作数据1473条。

按上级部门要求开展档案统计工作。7月，按照国家档案局的部署和文化和旅游部办公厅机要档案处的要求，馆档案室开展现有档案数量调查统计工作。调查范围为2018年12月31日前形成的保管期限为永久和长期的档案，统计结果为：纸质档案100557件、录音录像档案1328盘、照片档案95245张、实物档案3036件。

归档情况统计

档案类型	档案数量
文书档案	4860件
活动档案	175件
业务档案	1905件
照片档案	17407张
实物档案	3件
刊物档案	91件
项目档案	47件
缩微历史档案	1218件
合计	25706件/张

重要文件选编

- 馆发文件目录
- 重要文件选编

重要文件选编

一、馆发文件目录

◇ 国家图书馆关于协调机构调整的通知
国图人发〔2019〕1 号

◇ 国家图书馆关于印发《国家图书馆先进集体评选表彰管理办法》的通知
国图人发〔2019〕2 号

◇ 国家图书馆关于印发《国家图书馆创建安全单位活动先进集体与先进个人评选办法》的通知
国图保发〔2019〕3 号

◇ 国家图书馆关于黄洁等 22 人任职转正的通知
国图人发〔2019〕4 号

◇ 国家图书馆关于颁发 2018 年度“馆长特别奖”的决定
国图办发〔2019〕5 号

◇ 国家图书馆关于表彰 2018 年度先进集体的决定
国图人发〔2019〕6 号

◇ 国家图书馆关于表彰 2018 年度服务标兵的决定
国图业发〔2019〕7 号

◇ 关于印发饶权同志在 2019 年年初中层干部扩大工作会议上讲话的通知
国图研发〔2019〕8 号

◇ 国家图书馆关于印发《国家图书馆“改革发展和党的建设宣传工作先进集体和个人”评选办法》的通知
国图办发〔2019〕9 号

◇ 关于印发张旭、饶权同志在 2019 年全馆员工大会上讲话的通知
国图研发〔2019〕10 号

◇ 关于印发《2019 年国家图书馆工作要点》的通知
国图研发〔2019〕11 号

◇ 关于印发《2018 年国家图书馆工作总结》的通知
国图研发〔2019〕12 号

◇ 国家图书馆关于表彰 2018 年度创建安全单位先进集体和先进个人的决定
国图保发〔2019〕13 号

◇ 国家图书馆关于2018年度全员考核情况的通报
国图人发〔2019〕14号
◇ 关于印发《国家图书馆馆长特别奖评选办法》的通知
国图办发〔2019〕15号
◇ 关于表彰2018年度宣传工作先进集体和个人的决定
国图办发〔2019〕16号
◇ 关于印发《国家图书馆服务标兵评选办法》的通知
国图业发〔2019〕17号
◇ 国家图书馆关于孙乐、申晓娟任职公示的通知
国图人发〔2019〕18号
◇ 国家图书馆关于牛春兰、杜红卫职务聘任的通知
国图人发〔2019〕19号
◇ 国家图书馆关于张立朝等7人职务聘任的通知
国图人发〔2019〕20号
◇ 关于印发《国家图书馆关于开展增强“脚力、眼力、脑力、笔力”教育实践工作方案》的通知
国图人发〔2019〕21号
◇ 国家图书馆关于国内出版物呈缴组更名的通知
国图人发〔2019〕22号
◇ 国家图书馆关于撤销中文采编部中文资料组的通知
国图人发〔2019〕23号
◇ 国家图书馆关于白云峰等3人职务调整的通知
国图人发〔2019〕24号
◇ 国家图书馆关于馆领导班子成员分工调整的通知
国图人发〔2019〕25号
◇ 国家图书馆关于孙乐、申晓娟职务试用聘任的通知
国图人发〔2019〕26号
◇ 国家图书馆关于吴澍时任职转正的通知
国图人发〔2019〕27号
◇ 国家图书馆关于解除邵维卡职务聘任的通知
国图人发〔2019〕28号
◇ 关于印发《国家图书馆财务管理办法（2019年修订）》的通知
国图财发〔2019〕29号
◇ 关于印发饶权同志在2019年年中中层干部扩大工作会议上讲话的通知
国图研发〔2019〕30号

◇ 国家图书馆关于2019年度职称评审工作的通知
国图人发〔2019〕31号

◇ 关于部处领导班子成员分工调整报备有关事项的通知
国图人发〔2019〕32号

◇ 国家图书馆关于深入学习贯彻习近平总书记给国家图书馆老专家回信精神的通知
国图办发〔2019〕33号

◇ 国家图书馆关于辛璐职务调整的通知
国图人发〔2019〕34号

◇ 关于公示2019年度高级专业技术职务任职资格评审结果的通知
国图人发〔2019〕35号

◇ 关于印发饶权同志在学习贯彻习近平总书记给国家图书馆老专家回信精神青年干部座谈会上讲话的通知
国图研发〔2019〕36号

◇ 关于印发《关于深入学习贯彻落实习近平总书记给国家图书馆老专家回信精神　推动事业创新发展的实施意见》的通知
国图研发〔2019〕37号

◇ 关于印发《国家图书馆发展战略研究工作方案》的通知
国图研发〔2019〕38号

◇ 关于印发《"图书馆・与时代同行"国际学术研讨会工作总结》的通知
国图研发〔2019〕39号

◇ 关于2019年度部处领导班子及全员年度考核工作的通知
国图人发〔2019〕40号

◇ 关于印发《关于深入学习贯彻落实习近平总书记给国家图书馆老专家回信精神　推动事业创新发展的实施意见项目工作台账》的通知
国图研发〔2019〕41号

二、重要文件选编

2019 年国家图书馆工作要点

2019 年是中华人民共和国成立 70 周年，国家图书馆建馆 110 周年，是国家图书馆“创新发展年”。国家图书馆将坚持以习近平新时代中国特色社会主义思想为指导，深入学习贯彻党的十九大和十九届二中、三中全会精神，全面落实党中央、国务院及文化和旅游部党组决策部署，坚持以人民为中心，坚持以社会主义核心价值观为引领，坚定不移贯彻落实国家文化发展战略，秉承“传承文明、服务社会”宗旨，继承优良传统，创新发展思路，在强化业务建设、提升服务效能、规范内部管理上持续发力，稳步推进国家图书馆事业发展再上新台阶。

一、深入学习贯彻习近平新时代中国特色社会主义思想和党的十九大精神

1. 坚持把深入学习贯彻习近平新时代中国特色社会主义思想和党的十九大精神作为首要政治任务。持续深入学习贯彻习近平新时代中国特色社会主义思想和党的十九大精神，旗帜鲜明讲政治，坚持读原著、学原文、悟原理，在学懂弄通做实上下功夫，在结合实际贯彻落实上下功夫。进一步树牢“四个意识”，坚定“四个自信”，切实做到“两个维护”，始终在政治立场、政治方向、政治原则、政治道路上同以习近平同志为核心的党中央保持高度一致。深入开展“不忘初心、牢记使命”主题教育，教育引导党员悟初心、守初心、践初心。加强学习型领导班子建设，充分发挥党委理论学习中心组在思想理论学习上的示范带头作用，带动全馆营造浓厚学习氛围，不断提升全体党员和干部职工对习近平新时代中国特色社会主义思想的认识水平。

2. 全面落实文化和旅游部巡视整改工作部署。按照《国家图书馆关于落实中央巡视反馈意见的整改措施》，从讲政治的高度，持续推进强化理论武装、加强党组织建设、完善管理制度、落实意识形态责任制等巡视整改任务落地，深化巡视整改成果运用，建立健全长效工作机制，更好发挥党组织战斗堡垒作用和党员先锋模范作用，更好发挥我馆在培育践行社会主义核心价值观，弘扬中华优秀传统文化、继承革命文化、发展社会主义先进文化方面的积极作用。

3. 严格落实意识形态工作责任制。按照《国家图书馆意识形态工作责任制实施办法》，完善意识形态风险点排查、过程监控、监督考核等工作机制。不断强化抓意识形态工作的履职自觉，引导党员、干部牢牢把握政治标准，提高关键岗位员工辨识、处理意识形态问题的能力，增强政治敏锐性和政治鉴别力。加强阵地管控，强化文献资源建设与服务、社会教育与阅读推广活动等领域意识形态管控，守好公共文化窗口。做好新闻宣传、外事交往、社会合作中的意识形态管理。根据网络传播规律，建立较为完善的互联网环境意识形态工作机制，提高用网治网水平，充分运用“两微一端”等网络载体和数字图书馆推广工程等业务平台，用中华文明优秀成果滋养网络空间。

二、加强党的建设，坚定不移推动全面从严治党向纵深发展

4. 坚持党政同责、一岗双责，认真落实“两个责任”。坚持党的建设与业务建设“两手抓、两

加强、两促进”工作格局，带领全馆干部职工立足本职岗位，围绕中心，服务大局，把智慧和力量凝聚到贯彻落实党的各项重大决策上来，凝聚到推动国家图书馆事业发展的各项工作部署上来。推动党风廉政建设与行政、业务工作同部署、同落实、同检查、同考核，压实基层党支部和部门责任，加大对重点岗位、重点部位、重点环节风险防控，完善权力运行监督制约机制，切实把从严治党、正风肃纪的要求落实到基层。不断巩固落实中央八项规定精神成果，驰而不息纠正“四风”。强化监督执纪问责，深化运用监督执纪“四种形态”，加强对纪律审查工作各环节的管理和监督，不断提升纪律审查工作质量和水平。

5. 加强党组织和党员队伍建设。以政治建设为统领，进一步加强馆党委班子建设。坚持民主集中制原则，不断完善党委议事决策机制。围绕事业发展大局和党建工作全局深入开展调查研究。坚持党委班子成员双重组织生活制度。按照《中国共产党支部工作条例（试行）》要求，完善支部工作机制，提升支部党建工作标准化、规范化水平。进一步规范支部政治生活，严格落实“三会一课”、民主生活会、组织生活会、谈心谈话、民主评议党员等制度。加强馆属企业党组织建设。结合业务实际和党员队伍特点开展党性教育，从严规范党员言行。突出政治引领，提升党员队伍思想政治素质和职业素养，做好党员发展和管理，完善党费管理使用制度。

三、深化国家文献信息资源总库和国家书目建设，进一步增强文献信息整合揭示和保存保护能力

6. 统筹推进国家文献信息资源总库建设。广泛宣传《公共图书馆法》交存制度，促进相关配套制度尽快出台，做好文献信息交存工作。适时优化馆藏体系，提高购书经费使用效益，确保文献品种入藏率稳步增长。配合文献搬迁，有序开展缺藏本补藏工作，不断完善实体馆藏与虚拟馆藏的协调互补机制。拓展文献采访渠道，保持特色馆藏优势。继续加强中国学、边疆海疆等重点领域，以及“一带一路”沿线等与国家宏观战略关系密切的国家和地区文献信息资源的采访与补藏工作。研究启动电子学位论文交存平台建设，着力开展网络信息资源、移动新媒体资源和活态记忆资源的采集保存。充分发挥文献数字化中心功能，持续推进珍贵文献数字化和按需数字化工作，继续开展民国时期文献缩微拍摄。完善数字资源全流程规范化管理，加大数字资源生命周期各环节版权管理力度，制定公有领域文献资源利用方案，提升资源使用效能。

7. 促进国家文献信息资源总目建设。推动信息分析和知识组织工具的自主研发和应用，完善实体馆藏目录和各类馆藏元数据的全面整合方案，促进文献信息资源的关联揭示、一站式检索与开放利用。以关联数据注册与服务平台为依托，实现中国分类主题词表的关联发布与业界服务。研制一般资料标识、内容形式和媒介类型标识应用于文献信息资源揭示体系的实施方案。继续推进国际编目规则《资源描述与检索》（RDA）本地化实施工作。完善实体资源管理与服务平台，积极推进数据处理工作，适时开展馆藏分析与评估。推进中国国家书目建设。

8. 稳步提升国家文献信息战略保存保护水平。适应文献发展需求，不断优化典藏格局。做好保存本书库固改密改造工程。统筹开展年度文献搬迁任务，确保承德文献周转库的文献安全和平稳过渡。采取针对性保护措施，继续开展古籍修复、缩微胶片修复工作。在存储体系和存储设备

调研的基础上，制定数字资源长期保存工作规范，进一步提高数字资源保存的安全性、可靠性和规范性。探索社会化合作，适时启动互联网信息长期保存基地试点工作。

四、增强专业化服务能力，多措并举提升服务效能

9. 提升为国家立法与决策服务的水平与能力。主动做好为党和国家领导人、中央和国家机关的全方位文献信息保障与咨询服务。完善全国“两会”服务机制，强化对人大代表与政协委员的个性化服务。加大重点专题领域研究，打造特色产品。推进国家法律法规数据库、海外中国学、边疆文献等专题数据库建设。做好部委分馆建设，开展服务模式和建设经验总结。继续办好部级领导干部历史文化讲座。

10. 加强对重点科研教育生产单位的服务。充分发挥科学评价中心功能，策划成立国家图书馆知识产权信息服务中心。探索知识图谱等信息组织工具在参考咨询服务中的应用。联合京津冀地区图书馆共同编制《京津冀协同创新分析报告》。加强对科研教育重点领域国家政策的跟踪研究，制定针对性服务策略。不断提高对重点科研教育生产单位的文献支撑能力。

11. 优化社会公众到馆服务体验。探索制定开馆时间和部分门禁集中服务调整方案，启动馆区服务空间优化调研。做好到馆服务工作，解答读者咨询，促进文献流通，办好公益性讲座、展览、培训、阅读推广活动、纪录片展映和艺术演出。围绕中华人民共和国成立70周年等重要时间节点，策划举办专题活动。加强面向未成年人、老年人、残疾人和流动人口等特殊群体的服务。继续做好“国图公开课”“文津图书奖”等工作，整合讲座、培训及阅读推广活动资源，统筹策划，归口管理，打造统一服务品牌。通过线上线下相结合的方式开展读者信息素养教育活动。

12. 充分发挥国家典籍博物馆的阵地优势。做好中葡文化节重点项目——“东波塔档案馆的澳门故事”等展览的组织实施。持续引进其他博物馆、图书馆的优秀展览，拓宽典籍博物馆展陈的题材与范畴，加大原创展推广力度。继续开展“典籍博物馆大课堂”系列活动，加强与中小学教育机构等单位的合作，建设好“全国中小学生研学实践教育基地”。做好公共教育课程开发与梳理，完善“展厅讲解＋技艺体验＋目标研学”的全方位课程体系，进一步健全讲解员和志愿者的管理与培训机制。与有关部门深入合作，深入开发基于优秀传统文化的图书馆研学游项目。

五、积极应用现代信息技术，创新服务方式方法

13. 推动公共数字文化工程深度融合、创新发展。贯彻落实部党组关于推进公共数字文化工程融合发展的部署，加强领导协作，有效推进数字图书馆推广工程等公共数字文化工程在资源、技术、平台、服务、标准等领域的融合发展。完善统筹管理机制，提高工程建设科学化水平。整合工程存量资源，联合打造创新服务品牌，提升公共数字文化服务效能。坚持开放兼容原则，调整、完善工程已有标准规范，建立统一标准规范体系。创新工程建设模式，拓宽社会力量参与渠道，探索跨部门、跨行业、跨地域的开放协作，实现共建共享共赢。

14. 积极利用技术手段拓展服务。利用大数据、人工智能等新技术创新服务内容和服务形式，全面提升智能服务和移动服务水平。重点做好门禁智能化升级改造项目，实施人脸识别、扫码入

馆、扫码借书等智能化应用项目。统筹推进国家图书馆网站的建设与管理，优化远程资源访问路径。提升ALEPH系统性能，进一步增强文津搜索系统的整合与揭示能力，不断完善云发布系统对多种资源发布的自适应性，建设读者云门户系统。丰富数字图书馆体验区展示形式，利用大数据全面展示公共数字文化工程建设成果。继续推进数字图书馆一体化网络建设，加大数字资源向贫困地区、边疆地区和特殊群体的倾斜力度，深化公共数字文化惠民服务实效，更好满足广大人民群众快速增长的数字文化需求。

六、稳步实施重点文化工程，创新推动中华文化继承和发展

15. 继续实施中华古籍保护计划。做好古籍普查、征集整理和保护修复工作，推进《全国古籍普查登记目录》出版，编纂《中华古籍总目》分省卷，做好第六批《国家珍贵古籍名录》和“全国古籍重点保护单位”评审。加强人才培养，推进教材编制，促进古籍保护学科体系建设。加快建设中华古籍资源库，完成日本永青文库捐赠汉籍数字化。力争完成“天禄琳琅”专项修复工作。推进古籍保护科技重点实验室认证工作。继续开展海外典籍调查、文献数字化与出版回归。出版《中国珍贵典籍史话丛书》第三批10种图书。持续推进《中华医藏》《中华续道藏》《国学基本典籍丛刊》等的编纂出版工作。

16. 持续推进革命文献与民国时期文献保护计划。不断拓展文献普查范围，继续编纂出版《民国时期图书总目》。开展民国线装书普查和目录出版。加强海内外所藏革命历史文献、外国对华调查、抗日战争史料等重要文献的征集与专题史料库建设。继续推进《民国文献资料丛编》《革命历史文献资料丛编》等整理出版工作。继续实施民国时期图书缩微胶卷数字化转换项目。不断加强馆藏革命文献与民国时期文献原生性保护工作。加强专业人才队伍培养。

17. 做好中华优秀传统文化典籍整理出版。深入开展《中华传统文化百部经典》编纂项目已定书目分析，推进百部书目遴选，出版《楚辞》等15种图书。完成《鲁迅手稿全集》编辑出版。依托国家传统文化典籍整理工程，推进边疆海疆、“一带一路”等领域文献整理工作，出版《辛亥革命武昌起义文献辑刊》《山西石刻目录》《敦煌遗书书法选集》《西域文献藏文古籍——国家图书馆卷》《甘肃文献选编》等整理成果。完成《国家图书馆藏样式雷图档·香山玉泉山卷》《国家图书馆藏明代诗文集珍本汇编》等出版项目。

七、务实推进国内外交流合作，提升行业和国际影响力

18. 切实发挥行业示范引领作用。继续提升《中国图书馆学报》《文献》《国家图书馆学刊》等学术性刊物的办刊质量和行业影响力。广泛组织学界和业界专业力量，积极参与国际图联事务和学术交流活动。加强对中国图书馆学会、中国古籍保护协会、中国文献影像技术协会、全国图书馆标准化技术委员会、全国文献影像技术标准化技术委员会的支持，进一步提升行业组织履职能力，组织开展中国图书馆学会成立40周年系列活动。依托中国古籍保护协会，继续组织实施中华古籍普查文化志愿服务行动。组织召开第十五届副省级以上公共图书馆馆长联席会。加强对地方图书馆的业务指导和技术支持。

19. 加强对外及港澳台交流。组织召开第二届丝绸之路国际图书馆联盟馆长论坛、第二届金砖国家图书馆联盟会议、中国与阿拉伯国家图书馆及信息领域专家会议、2019 中英图书馆论坛，筹备举办日本永青文库书法展。参加第 85 届国际图联大会、第 27 届亚洲及大洋洲地区国家图书馆馆长会议等国际会议。做好加拿大、新加坡、韩国、乌兹别克斯坦、格鲁吉亚等国家图书馆以及日本出版友好访华团的来访接待。继续加强与台湾汉学研究中心、香港中央图书馆、澳门中央图书馆等机构的交流与合作。切实履行好国际图联保存保护中心中国中心、中文语言中心职责。

八、健全人才培养机制，提升员工科研能力

20. 全面加强人才队伍建设。按需引进人才，不断充实员工队伍。细化岗位管理，落实好专业技术人员岗位分级聘用工作。加强管理干部队伍建设，做好处级、科级干部选任。健全和完善人才培养、使用和激励机制，加强青年拔尖人才和领军人才队伍建设。推进“国家级专业技术人员继续教育基地”建设。

21. 以科研成果推动业务创新发展。健全科研奖励机制，加强科研项目的组织与管理，营造良性发展的学术环境。坚持开放研究，加强与重点教育科研机构交流合作，不断充实研究力量，带动、培养本馆青年研究人才，推动建设高水平科研梯队。鼓励科研成果转化和推广应用，加大科研成果的宣传和推广力度，支持重点科研成果的研究开发和推广应用，形成科研工作和业务实践的良性互动。

九、积极推进文化创意产品开发，努力实现社会效益与经济效益统一

22. 狠抓文化创意产品开发。启动全国图书馆文化创意产品开发联盟“品牌发展计划”，引进社会优质力量推动实现文创产品开发新突破。强化图书馆知识产权授权管理，与专业机构合作开发系列文创产品。开通文创联盟天猫旗舰店，加大与各级图书馆、书店、新闻媒体等的合作力度，积极拓展文创产品营销渠道。

23. 有效保障全年收支平衡。积极争取财政资金，保障事业发展。坚持将社会效益放在首位，积极谋划，加强统筹，推动各部处挖掘潜能，依托馆藏文献资源和专业化信息服务能力，更好地为社会公众提供优质服务，努力实现社会效益和经济效益相统一。支持馆属企业发展，鼓励企业围绕图书馆工作拓展业务，增强发展能力，与我馆事业发展形成良性互动。提高财务管理水平，加强成本费用控制，合理安排财政资金，做好预算执行相关工作。完成养老保险职业年金归集。

十、深化体制机制改革，不断提升综合管理水平

24. 推进法人治理结构改革工作。建立健全理事会工作机制，梳理、调整管理层和党组织现行议事规则与工作制度，实现理事会与管理层和党组织现行管理体制的有效衔接。根据改革中出现的问题，及时对改革方案做必要的调整完善。积极总结试点工作经验，为其他公共文化服务机构的法人治理结构改革提供参考借鉴。

25. 优化收入分配激励机制。继续加强岗位管理，落实基础性绩效和奖励性绩效相结合的绩效工资改革工作。优化按岗取酬、优绩优酬的收入分配激励机制，充分调动和激发干部职工积极性和创造性。

26. 提升规范管理水平。加强各类项目立项前的调查研究与可行性评估，完善科学决策机制。加强国有资产规范化、精细化管理，完善管理制度，防止国有资产流失，确保国有资产保值增值。严格落实政府采购管理有关政策文件要求，规范合同管理程序。加强馆属企业管理，积极探索企业监管新模式。加强内部审计制度建设，进一步完善事前控制、事中监督、事后检查的全过程监督审计机制。研究建立绩效指标库，完善绩效管理工作机制，自主开展资源建设、用户服务及工程项目等领域绩效评价。优化档案管理系统。规范各类会议、活动、项目及公文审批程序，加强分类归口管理。加大全馆宣传工作统筹力度，做好媒体公关拓展。强化知识产权领域法务工作，推进依法依规治馆。

27. 营造积极向上的群团工作风貌。组织召开第四次工会代表大会暨第三届职工代表大会，完成工会换届。开展全民健身运动和群众性文体活动，办好国家图书馆第十三届员工运动会。深入开展团员青年爱国主义和革命传统教育与实践活动。加强团组织建设，召开共青团国家图书馆第九次代表大会，完成团委换届改选。围绕我馆党政中心工作大局，创新共青团工作形式和载体，举办纪念五四运动100周年系列活动和国家图书馆第四届青年学术论坛。继续发挥文化和旅游部老年大学、老干部活动中心等平台作用，切实关心离退休员工生活，做好春节慰问及团拜会、离退休干部体检、中秋重阳慰问、春秋游等重点工作。

十一、守好安全工作底线，增强事业发展保障能力

28. 确保生产安全万无一失。加强安全管理、安全教育和安全检查，确保馆藏文献、馆舍、设施设备、读者与员工安全。加强各馆区中控设备日常维护，保证供水、供电、供暖和空调等系统和设备设施、车辆运行安全、汛期安全、消防安全。严格落实展览等活动的安保预案要求，加大重点要害部位、阅览区域安全巡查力度。坚持节假日带班值班制度，抓好值班人员业务培训，规范值班秩序，提高应急处置能力。做好全馆网络优化调整，加强网络管理及网络安全检查，提高网络安全意识，继续强化信息化管理职责，完善信息安全管理体系。

29. 不断提高综合保障水平。加强工程管理，完成一期维修改造工程收尾和二期工程验收结项工作，加快推进国家图书馆二期数据中心和四库全书库空调系统改造、南区夜景照明系统改造、运行保障维护调度中心控制系统改造、总馆北区基础设施设备改造等工程实施。建立基础设施设备常修常新工作机制，优化馆区环境。巩固北京市健康示范单位创建成果，全面升级全员体检工作。推进食堂经营模式转变与监管。探索物业服务精细化管理。

30. 全力推进国家图书馆国家文献战略储备库项目建设。配合国家发展改革委对国家图书馆国家文献战略储备库项目初步设计和投资概算的审批工作，完成项目施工图设计和审查。完成施工总承包单位、监理单位招标工作，办理完成建设工程规划许可证、建筑工程施工许可证等前期相关报批手续，确保流程规范、手续齐全。开工建设国家图书馆国家文献战略储备库，做好工程建设期间项目质量管理、安全管理、投资管理和档案管理等工作，研究制定国家图书馆国家文献战略储备库信息化及网络安全方案。

十二、组织开展馆庆系列活动，展现新时代国家图书馆精神风貌

31. 组织开展建馆110周年系列活动。以策划组织110周年馆庆活动为契机，丰富公共服务内容、提升服务质量、促进业务发展。建立组织机制，确保各项活动的组织实施与馆内业务工作、服务工作统筹部署。遵循隆重、简朴、厉行节约的原则，以“图书馆·与时代同行”为主题组织召开建馆110周年国际学术研讨会，筹备举办全国中华传统文化典籍保护传承展、图书馆与新时代新技术展等系列展览。举办图书馆文创产品征集大赛暨文创精品展、专场文艺演出等活动，开展“我的国图故事”主题征文，编辑出版《国家图书馆同人文选·第五辑》。

关于深入学习贯彻落实
习近平总书记给国家图书馆老专家回信精神
推动事业创新发展的实施意见

国家图书馆建馆110周年之际，习近平总书记给国家图书馆8位老专家回信，充分肯定了老专家离退休后仍心系国图发展和文化事业，对“传承文明、服务社会”初心的坚守，充分肯定了国家图书馆110年来在多方面所发挥的积极作用，向每一位国图人致以诚挚问候，并对国家图书馆事业未来发展提出殷切期望。

为深入学习贯彻落实习近平总书记回信精神，推动国家图书馆事业创新发展，制定本实施意见。

一、重要意义

习近平总书记首次就图书馆事业专门作出重要论述，充分体现了以习近平同志为核心的党中央对国家图书馆发展、全国图书馆事业和国家文化建设的高度重视。习近平总书记回信中关于图书馆事业的重要论述，对国家图书馆和全国图书馆事业发展具有非常重要的理论意义和重大的现实意义，是总书记关于新时代中国特色社会主义文化建设重要论述的重要组成部分，进一步丰富和发展了党的创新理论中关于文化建设的重要论述，是推动图书馆事业发展需要长期坚持的根本遵循，是指明国家图书馆事业未来发展方向的纲领性文献。

二、总体目标

坚持社会主义先进文化前进方向，坚持以人民为中心，坚持以社会主义核心价值观为引领，以高度的政治责任感和历史使命感深入学习贯彻落实习近平总书记回信精神，并以此为契机，整体提升国家图书馆事业发展水平和服务能力，充分发挥我馆在传承中华文明、提高国民素质、推动经济社会发展中的重要作用，更好满足人民精神文化需求，增强文化自信，为建设社会主义文化强国再立新功。

三、重点任务

（一）深入学习领会习近平总书记回信精神

结合工作实际开展专题学习，引领全国图书馆界通过学习研讨、汇报交流等多种形式，深刻学习领会总书记回信的核心要义和丰富内涵。通过学习，牢牢把握习近平总书记对新时代图书馆事业发展目标与职能的新定位，牢牢把握习近平总书记对新时代国家图书馆事业发展方向和重要任务的指示精神，增强创新发展的责任感和使命感。

继承传扬百年国图精神。秉承“传承文明、服务社会”的办馆宗旨，始终坚持以人民为中心的工作导向，服务国家经济社会发展，服务科技强国和学习强国建设。通过开展馆史馆情教育、加强岗位培训、建立健全荣誉体系等多种方式，使百年国图精神薪火相传。

（二）坚持正确政治方向

全面加强党的建设。坚持以政治建设为统领，以习近平新时代中国特色社会主义思想为指导，增强“四个意识”，坚定“四个自信”，做到“两个维护”，自觉在思想上、政治上和行动上始终与以习近平同志为核心的党中央保持高度一致，始终坚持正确的政治原则、政治道路、政治方向，用党的创新理论武装头脑、指导实践、推动工作，全面增强国家图书馆党组织的战斗堡垒作用。

严格落实意识形态工作责任制。不断增强政治意识、安全意识，坚持底线思维，强化馆藏、展品及出版物、阅读推广活动等内容监管，加大对各类讲座、展览、培训、演出、会议和场地租赁等业务的审核力度，把好政治导向关、价值导向关，坚决守好意识形态阵地，深入贯彻、大力宣传习近平新时代中国特色社会主义思想。

（三）弘扬优秀传统文化

依托中华古籍保护计划、革命文献和民国时期文献保护计划等重点文化工程，做好传统文化典籍的普查整理、保护修复、发布利用等工作。推进《中华传统文化百部经典》《鲁迅手稿全集》等编辑出版项目和国家传统文化典籍整理工程，深入发掘和阐发典籍的文化内涵，使中华优秀典籍中蕴含的历史智慧能够更好地服务当代，服务社会。办好国家典籍博物馆，策划举办精品展览，利用现代信息技术、先进展陈手段、精彩互动体验，使“书写在古籍里的文字活起来”。

加快提升资源保障能力。加强国家文献信息资源总库、中国记忆项目建设，优化馆藏结构，建立立体化馆藏资源体系，强化对国家经济社会发展的文献支撑保障作用。编制国家书目和联合目录，完善文津搜索系统，提升资源整合揭示能力。依托国家图书馆国家文献战略储备库、国家图书馆互联网信息战略保存等项目，提升文献信息保存保护水平。

（四）创新服务方式

强化立法决策智力支持。全面提高面向国家立法决策的文献保障能力，切实为国防、外交等国家重大决策提供文献支撑，使国家图书馆成为具有较高保障能力和保障水平的立法决策文献信息资源基地。加强立法决策服务的针对性、前瞻性和专业性，建立对国家政治外交大局变化的快速响应机制，加强部委分馆建设，围绕国家政治、经济、文化、社会和生态等重点领域和重大问题提供热点研判和及时服务响应。

充分发挥公共服务职能。完善服务制度，优化服务环境，改善服务体验，加强面向科技创新的专业化服务，整体提升服务质量和服务效能。不断发掘和丰富图书馆空间的文化意境，打造联结人与人、人与社会、人与文明、人与知识、人与未来的文化体验新空间，改善在线服务，拓展服务范围，完善到馆服务与远程服务互为补充的服务体系。拓展社会教育职能，依托“国图公开课”等服务品牌，通过教育引导、文化熏陶、实践培养等方式，滋养民族心灵。持续提升面向少年儿童等特殊群体的精细化服务水平，依托公共数字文化工程，丰富面向革命老区、民族地区、边疆地区和贫困地区的服务供给。

全力推进公共数字文化工程融合创新发展。根据文化和旅游部党组的总体部署，会同文化和旅游部全国公共文化发展中心，推进公共数字文化工程在资源、技术、平台、服务、标准等领域的融合发展，创新公共数字文化服务业态，着力构建适应新需求、新环境、新常态的公共文化服务产品供给模式，提高基本公共文化服务的覆盖面和适用性，更好发挥工程对现代公共文化服务体系的支撑作用。

积极应用现代技术提升服务效能。加大成熟技术转化应用的研究与实践，加强语义关联、大数据分析等新技术在基础业务领域的推广应用，促进人工智能技术与资源揭示和读者服务工作的深度融合，着力提升我馆数字化、网络化、智能化服务水平。强化信息中介功能，构建高度开放、高度集成、高度共享的多元信息整合服务平台，实现各类信息服务产品的集成供给，促进信息生产、信息传播、信息消费之间的精准对接。

（五）推动全民阅读

通过到馆文献借阅、馆际互借、文献传递、自助借还、网上预约、扫码读书、在线阅读、听书服务等多种形式，满足公众多样化、多层次阅读需求。依托“文津图书奖”等特色阅读服务品牌，广泛开展阅读指导、读书交流、讲座诵读等丰富多彩的阅读活动。联合全国各级各类图书馆推动全民阅读，与学校、出版机构、书店、新闻媒体等社会力量共享阅读资源，共同构建支持学习、深化学习的阅读服务网络。

（六）增强行业引领能力

切实发挥行业引领作用。加强与各级各类图书馆及教育科研机构、高新技术企业的开放合作，围绕图书馆事业发展重点领域，联合开展新技术、新理念、新方法的调查、研究与开发，深入推进事业发展亟须政策制度、标准规范的研制与应用。依托各类合作联盟与业务协作平台，继续完善各领域合作机制，加强对其他图书馆的业务指导和技术支持。支持行业组织进一步提升履职能力和行业影响力，广泛联合业界力量，共同推动事业发展。

积极开展国际交流合作。履行对外文化交流职能，推介传播中国精神和中国价值，促进文化交流互鉴。依托丝绸之路图书馆联盟、金砖国家图书馆联盟等，巩固和加强与周边国家、重点地区图书馆间的双边与多边交流机制。加强与海外图书馆的务实合作，继续推进已有合作项目，适时策划启动新项目，进一步扩大合作领域。在国际图书馆协会与机构联合会等国际组织中发挥积极作用，提升我馆在国际图书馆事务中的话语权和影响力。

坚定不移推动改革创新。不断优化业务流程，加强业务管理，建立健全系统完备、运行有效的业务制度体系，提高业务工作的科学化、规范化水平。进一步推动岗位聘用、职称评定、绩效考核、收入分配等改革工作，不断完善人才培养与评价激励机制，形成有利于激发创新活力、鼓励干事创业的良好氛围。不断深化法人治理结构改革，建立健全多元参与的管理和监督评价机制，切实提升管理运行水平。

不断增强综合保障能力。加强安全管理、安全教育和安全检查，确保馆藏文献、馆舍、设施设备、读者与员工安全。做好全馆网络优化调整，加强网络管理及网络安全检查，提高网络安全意识，强化信息化管理职责，完善信息安全管理体系。强化知识产权领域法务工作，推进依法依规治馆。

四、组织实施和保障措施

（一）加强组织领导

馆党政领导班子通过多种方式，带头开展学习，充分发挥党委理论学习中心组带动引领作用，统一领导、协调推进，带动全馆各级干部深入学习领会习近平总书记回信精神。各部门、各党支部主要负责人承担本部门、本支部学习贯彻落实习近平总书记回信精神的主体责任，组织专题研讨、开展学习讨论、制订工作方案、狠抓贯彻落实，引导党员干部员工以习近平总书记回信精神为指导，结合工作实际，推动事业发展。

（二）明确实施责任

各部门、各党支部要根据本意见确定的主要项目，按照责任分工细化工作方案，做好任务分解，明确时间表、路线图和责任分工，推动各项目按时间进度要求逐项落实。馆党政班子成员要按照班子分工，指导分管部处做好各项目的统一规划、协调部署和分步实施。根据总书记回信精神，结合事业发展需要，在全面系统调研的基础上，理清思路，适时谋划、启动新项目。

（三）加强监督考核

将学习贯彻总书记回信精神的落实情况纳入年度考核及支部党建述职评议考核，坚持分工负责、齐抓共管，建立定期监督检查通报工作机制，实行目标责任制管理，建立主要工作进度台账，对学习领会和贯彻落实总书记回信精神有关情况和主要项目执行情况进行动态监测和评估，严格责任追究，发现问题及时督促整改，确保各项任务达到预期目标。

深入学习贯彻落实
习近平总书记给国家图书馆老专家回信精神
推动事业创新发展的主要项目

深入学习贯彻落实习近平总书记回信精神，推动国家图书馆事业创新发展是我馆当前和今后一段时期的首要政治任务。本附件所列项目有的已经启动实施，有的为新设项目，其他未列项目，将依据习近平总书记回信精神，从实际工作出发研究设立。

一、深入学习领会习近平总书记回信精神

1.“领会回信精神、推动创新发展”专题学习。通过召开座谈会、研讨会、组织生活会等多种形式深入学习总书记回信精神，引导干部员工结合岗位工作，充分认识、深刻领会总书记回信的重大意义和丰富内涵，将总书记回信精神落实到工作实践中。（牵头人：饶权。牵头部门：办公室。已启动）

2. 国家图书馆发展战略研究。根据习近平总书记回信中对国家图书馆未来发展的要求，启动国家图书馆发展战略研究，在系统调研的基础上，明确未来十年的目标方向和发展定位，形成《国家图书馆“十四五”规划纲要》及未来十年发展战略，加强对国家图书馆较长时期内事业发展的顶层设计，推动转型发展。（牵头人：饶权。牵头部门：研究院。新设项目）

3. 馆史资料征集与研究。面向老员工、各部处、社会有关方面征集馆史资料，开展馆史研究，采集老馆员口述史资料，制作专题纪录片，出版《中日战事史料征辑会文献汇编》等馆史资料征集、整理与研究项目成果。（牵头人：汪东波。牵头部门：研究院。已启动）

4. 馆史馆情教育。通过新员工培训、国图故事征文、馆史展览、馆史重要人物重要事件纪念研讨、老专家学术成果整理出版、制作《口述国图》纪录片等多种形式，开展馆史馆情宣传教育，努力在全馆培育立足岗位、甘于奉献、扎实工作、积极进取的文化氛围。（牵头人：馆领导班子。牵头部门：办公室、人事处、党群工作办公室。已启动）

二、坚持正确政治方向

5. 党支部标准化规范化建设。围绕落实《中国共产党支部工作条例（试行）》要求，落实《国家图书馆党委关于落实全面从严治党责任实施办法》，制定实施《国家图书馆党委关于推进党支部标准化规范化建设的实施意见》，探索加强党支部建设的新思路新方法，整体提升各支部党建水平。（牵头人：魏大威。牵头部门：党群工作办公室。已启动）

6. 党支部考核指标体系建设。加强党建述职评议考核工作，进一步完善党支部工作考核机制，建设指标体系和量化标准，加强考核结果应用，强化考核对支部党建工作的引导和促进作用。（牵头人：魏大威。牵头部门：党群工作办公室。已启动）

7. 年轻干部理论学习小组建设。推进各支部成立年轻干部理论学习小组，采取集体学习研讨、

开展课题研究、组织实地调研、举办专题辅导、联学联做，以及知识竞赛、演讲比赛、红色经典诵读等形式，教育引导年轻干部不断提高理论素养和能力水平。（牵头人：魏大威。牵头部门：党群工作办公室。已启动）

8. 国家图书馆党建网站建设。依托馆藏党建文献信息资源，建立党建专题网站，将其打造成为国家图书馆党员干部学习教育平台和党建工作先进经验交流展示平台。（牵头人：魏大威。牵头部门：党群工作办公室。已启动）

9. 意识形态动态管理机制建设。严格落实意识形态工作责任制，加强对意识形态工作的组织领导，建立意识形态风险点排查、制度建设、过程监控、监督考核等动态管理机制，确保事业发展的正确政治方向。（牵头人：馆班子成员。牵头部门：办公室、业务管理处、党群工作办公室。已启动）

三、弘扬优秀传统文化

10. 中华古籍保护计划。做好中华古籍普查登记工作，完成第六批《国家珍贵古籍名录》和“全国古籍重点保护单位”评审，完成日本永青文库捐赠汉籍数字化、“天禄琳琅”专项修复等工作，举办中华传统晒书大会、古籍修复技艺大赛、古籍数字资源联合发布活动等，加强对海外中华典籍的全面调查与数字化回归，建设国家珍贵古籍资源数据库。（牵头人：张志清。牵头部门：国家古籍保护中心办公室。已启动）

11. 革命文献和民国时期文献保护计划。开展民国线装书普查，发布普查数据和馆藏数据，推进《民国时期图书总目》编纂出版，整理出版民国时期专题文献，上线日本细菌战等资源库，举办纪念抗日战争胜利75周年、中国共产党成立100周年专题展览。（牵头人：张志清。牵头部门：民国时期文献保护工作办公室。已启动）

12.《中华传统文化百部经典》编纂项目。对中华优秀传统文化经典著作进行深入浅出的解读，发掘典籍蕴涵的时代价值，推动传统经典普及传播，使中华优秀传统文化在怡情养志、涵育文明中焕发新的生命力，年底前完成30种图书出版，通过开展讲座、公开课、线上试读、微视频等多种形式进行宣传推广，充分挖掘利用《百部经典》品牌的文化内涵。（牵头人：饶权。牵头部门:《中华传统文化百部经典》编纂工作办公室。已启动）

13.《鲁迅手稿全集》编辑出版项目。对国内主要收藏单位所藏鲁迅手稿进行系统调查整理，出版《鲁迅手稿全集》文稿编、译稿编、书信编、日记编、辑校古籍编、辑校金石编和附录编等。（牵头人：张志清。牵头部门：业务管理处。已启动）

14. 国家传统文化典籍整理工程。联合全国各级各类图书馆等相关机构，深入挖掘馆藏典籍资源，共同开展全国传统文化典籍的整理、揭示、研究、出版和宣传推广，继续推进“辛亥革命武昌起义文献整理研究”“一带一路文献整理与研究”“中国石刻资料征集、整理与研究”等项目实施，启动“全国图书馆藏新民主主义革命时期中共党史文献整理与研究”项目。（牵头人：汪东波。牵头部门：研究院。已启动）

15. 国家典籍博物馆建设。依托馆藏文献典籍，利用现代信息技术、先进展陈手段、精彩互动体验，使“书写在古籍里的文字活起来”，使更多公众能够近距离感受珍贵典籍穿越历史的恒久魅力，打造“展厅讲解＋技艺体验＋目标研学”的全方位公共教育课程体系，深入开发基于优秀传统文化的图书馆研学游项目，建设好“全国中小学生研学实践教育基地”。（牵头人：张志清。牵头部门：展览部。已启动）

16. 中华传统文化典籍保护传承大展。通过数字虚拟沙盘演示、全息视频演示、沉浸式数字场景、微信导览等多种手段，全面展示新中国成立以来中华传统文化典籍保护传承事业的发展历程和历史成就，展示社会各界在中华传统文化典籍保护传承中付出的巨大努力和取得的卓越成就。（牵头人：张志清。牵头部门：展览部。已启动）

17. 中国历史文献总库平台建设。整合自建各类历史文献资源库，实现跨库检索，建设中国历史文献总库平台，为相关领域研究工作提供优秀传统文化数字资源产品及服务。（牵头人：魏大威。牵头部门：国家图书馆出版社。已启动）

18. 国家图书馆国家文献战略储备库建设。调整完善国家文献信息资源总库的总体规划和业务布局，逐步形成本地与异地保存相结合的重要文献信息资源的全面储备，实现国家重要战略文献的长久安全保存。尽快完成国家文献战略储备库基础设施建设，做好工程建设期间项目质量管理、安全管理、投资管理和档案管理等工作。（牵头人：孙一钢。牵头部门：基建工程办公室。已启动）

19. 馆藏发展政策研究。根据文献信息资源发展变化情况，研究调整馆藏发展政策和数字馆藏发展政策，完善馆藏资源建设的专家咨询制度、绩效评价制度和用户需求反馈制度。进一步完善馆藏复本制度、交存本制度和文献采访制度。（牵头人：汪东波。牵头部门：业务管理处。已启动）

20. 国家书目建设。依托全国联合编目系统，加强各级各类图书馆的书目合作共享，加快推进数字化国家书目系统建设，逐步实现国家书目广泛覆盖各类型文献资源。（牵头人：汪东波。牵头部门：中文采编部。已启动）

21. 中国记忆项目。完善口述资源收集、保存、服务机制，加大口述文献等活态记忆资源建设力度，打造全国性统一合作平台，建设中国记忆资源总库。（牵头人：汪东波。牵头部门：社会教育部。已启动）

22. 国家网络信息资源典藏工程。将数量庞大的网络资源纳入国家文献信息战略保存体系，探索构建覆盖全国的分级分布式国家互联网信息资源采集与保存体系，在数字网络环境下更好履行国家文献信息资源总库职能。依托在新浪建立的首个试点基地，深入开展互联网数据的保存、整理、分析与利用。（牵头人：魏大威、孙一钢。牵头部门：业务管理处、数字资源部、信息技术部。已启动）

四、创新服务方式

23. 国家图书馆部委分馆建设。与国务院各部委建立有效的信息沟通和日常联系机制，推进部委分馆服务模式与手段创新，围绕国家政治、经济、文化、社会和生态等重点领域和重大问题提

供热点研判和及时服务响应。（牵头人：陈樱。牵头部门：立法决策服务部。已启动）

24. 立法决策服务品牌产品开发计划。发挥国家图书馆在为国家立法决策服务方面的资源和专业优势，开发具有竞争优势和专业特点的立法决策服务产品，提高产品质量，加强品牌推广，提升品牌影响力。（牵头人：陈樱。牵头部门：立法决策服务部。新设项目）

25. 国家图书馆科学评价中心建设。依托国家图书馆科学评价中心，开发新的信息分析与服务产品，进一步拓展面向重点教育、科研机构与企业的服务。（牵头人：汪东波。牵头部门：参考咨询部。已启动）

26. 知识产权信息服务。对知识产权相关信息进行收集、整理、分析，为重大项目、重点领域提供知识产权信息服务，为知识产权信息分析、创新活动提供实践场地和专业指导，开展知识产权信息素养教育，宣讲普及知识产权信息知识及技能，建设和维护知识产权信息资源平台。（牵头人：汪东波。牵头部门：参考咨询部。已启动）

27. 服务政策调整完善。开展读者需求调研，科学调整服务政策，研究制订调整开馆时间方案，建立读者信用制度，加大服务政策的执行、监督考核力度和奖惩力度，提升读者满意度。（牵头人：汪东波。牵头部门：业务管理处。新设项目）

28. 国图公开课。以传承弘扬中华优秀传统文化为宗旨，引导公众价值取向和审美趣味，鼓励高尚精神追求，将“国图公开课”建设成为互联网上有影响力的国家级公共开放课程平台，进一步丰富学习资源、优化课程体系，形成集知识性、通俗性、趣味性、艺术性和创造性于一体的互联网优秀传统文化空间。（牵头人：汪东波。牵头部门：社会教育部。已启动）

29. 公共数字文化工程融合创新发展。会同文化和旅游部全国公共文化发展中心，推进工程统一称谓、统一标准、统一平台、统一界面、统一目录、统一培训、统一推广，不断深化公共数字文化资源整合、“两微一端”服务、智能服务、大数据分析评价等工作，创新公共数字文化服务业态，提升公共文化服务的覆盖面、适用性和便利性。（牵头人：魏大威、孙一钢。牵头部门：数字资源部、信息技术部。已启动）

30. 服务智能化提升计划。加强对网络信息技术、5G 及人工智能技术的应用，不断提升服务效能，实施门禁智能化升级改造、人脸识别、扫码入馆、扫码借书等智能化到馆服务。（牵头人：魏大威、孙一钢。牵头部门：信息技术部。已启动）

31. 网络服务整合提升计划。对文津搜索、资源发布、网络服务等数字图书馆服务平台进行整合，优化系统功能和性能，搭建私有云系统，进一步创新移动服务，整合线上服务窗口，统一移动端和 PC 端底层架构及发布流程。（牵头人：魏大威、孙一钢。牵头部门：信息技术部。新设项目）

32. 基于大数据的数据分析和服务能力提升计划。加强对各类业务和服务大数据的整合、分析、研究与利用，对馆藏资源利用和读者信息行为数据进行采集、挖掘和分析，为馆藏发展政策和用户服务政策调整提供数据支持。（牵头人：魏大威、孙一钢。牵头部门：信息技术部。新设项目）

33. 国家图书馆—华为联合创新实验室建设。与华为技术有限公司开展全面合作，成立联合创新实验室，开展新技术，特别是5G技术、智能化技术在图书馆的应用研究，为提升国家图书馆和全国图书馆界的新技术应用水平和公共数字文化服务效能提供解决方案。（牵头人：魏大威、孙一钢。牵头部门：信息技术部。已启动）

五、推动全民阅读

34. 图书借阅创新服务。发起图书漂流活动，鼓励社会公众共享图书资源，选取部分下架图书进入漂流渠道，为公众提供交换阅读体验的平台和载体，营造读书氛围；与物流公司合作，通过微信小程序，面向专业研究人员提供外文图书的快递借还业务。（牵头人：汪东波。牵头部门：典藏阅览部。新设项目）

35. 少年儿童服务提升计划。进一步明确国家图书馆少儿馆发展方向和功能定位，引领全国图书馆少儿服务，探索建设国家少年儿童图书馆地方分馆，围绕少年儿童的感性素质和创新意识培养，开展阅读指导、读书交流、演讲诵读、图书互换等形式多样的社会教育活动。（牵头人：汪东波。牵头部门：典藏阅览部。已启动）

36. “文津图书奖”评选与推广。评选适宜大众阅读的、读者喜爱的优秀图书，培养和引导公众阅读兴趣与倾向，通过多种途径开展宣传推广活动，营造作者写好书、出版社出好书、读者读好书的良好社会氛围。组织好第十五届“文津图书奖”评选工作。（牵头人：汪东波。牵头部门：社会教育部。已启动）

37. “读好书 · 爱中华”主题阅读活动。联合全国各级各类图书馆，通过荐读导读、经典诵读、主题征文、主题展览等形式多样的阅读活动，引导公众全面了解新中国成立70年来的光辉历程、伟大成就和宝贵经验，用琅琅书声、清新书香迎接新中国70周年华诞。（牵头人：陈樱。牵头部门：中国图书馆学会秘书处。已启动）

六、增强行业引领能力

38. 公共图书馆事业发展战略研究。系统梳理公共图书馆事业发展成就和存在问题，分析事业发展新环境、新趋势、新要求，研究提出公共图书馆事业未来目标、方向与着力点。（牵头人：饶权。牵头部门：研究院。新设项目）

39. 行业组织能力建设。为中国图书馆学会、中国古籍保护协会、中国文献影像技术协会、全国图书馆标准化技术委员会、全国文献影像技术标准化技术委员会等行业组织、技术组织提供人员、经费、业务等各方面保障，支持其通过组织学术交流、开展理论研究、制定业务标准、策划合作项目等多种方式，促使其更好地在行业发展中发挥作用。（牵头人：张志清、陈樱、汪东波。牵头部门：研究院、缩微文献部、中国古籍保护协会秘书处、中国图书馆学会秘书处。已启动）

40. 丝绸之路国际图书馆联盟建设。配合国家重大战略以及重大文化外交活动，不断拓展国际合作领域和合作范围，推进丝绸之路国际图书馆联盟建设，促进沿线各国、各民族文化交流传播。（牵头人：饶权、陈樱。牵头部门：国际交流处。已启动）

41. 海外中国文化中心图书馆建设。继续为海外中国文化中心图书馆提供文献保障、技术和专业支持，结合国家外交大局，有针对性地推送优秀中华文化资源，加强中华优秀传统文化在海外的传播推广，提升中华文化的国际影响力。（牵头人：饶权、陈樱。牵头部门：国际交流处。已启动）

42. 图书资料系列职称制度改革研究。创新思路，深入开展调查研究，立足于充分发挥职称评审工作对人才队伍建设的导向作用，为有关部门制定出台图书资料专业技术人员职称制度改革指导意见提供政策研究支撑。（牵头人：饶权、魏大威。牵头部门：人事处。已启动）

43. 国家图书馆科研体系建设。探索创新现有科研体系，有效整合馆内外研究力量，结合事业发展统筹规划研究项目，探索建立专职研究、委托研究、岗位研究相结合，在职与脱产研究互为补充的研究工作机制，打造开放研究平台，与业界、学界进行高水平对话与合作，实现科研工作与基础业务的相互促进、相互融合、共同发展，培养一批精通业务并在相关学术领域有较高影响的科研人才。（牵头人：饶权、魏大威。牵头部门：人事处。新设项目）

44. 业务流程与机构设置优化调整。根据习近平总书记回信中对图书馆工作的新定位、新要求，进一步优化调整现有业务流程与机构设置，建立运行高效、科学规范的内部管理体系。（牵头人：饶权、魏大威。牵头部门：人事处。新设项目）

45. 专业人才梯队建设。不断健全和完善人才识别选拔、教育培训、引导管理等机制，营造公开透明、公平有序、开放包容、温情温馨的人才发展环境，通过轮岗培训、学习深造等多种方式，帮助新员工和青年员工提升个人能力、提高工作本领。加强领军人才培养，建立核心业务领域人才梯队。（牵头人：饶权、魏大威。牵头部门：人事处。已启动）

46. 馆区环境改善工程。建设基础设施设备常修常新工作机制，实施国家图书馆二期数据中心和四库全书库空调系统改造工程、国家图书馆南区夜景照明系统改造工程、国家图书馆运行保障维护调度中心控制系统改造工程、国家图书馆总馆北区基础设施设备改造项目、文津街馆区改造工程、古籍保护传承宣传长廊建设工程、南区文园思园绿化改造工程。（牵头人：孙一钢、陈樱。牵头部门：后勤服务管理中心。已启动）

47. “安全国图”工程。全面检查检修消防设施设备，完善安全隐患排查整改、宣传教育、应急处置等工作机制，落实安全责任制，在部门和干部考核中实行安全事故责任一票否决。强化动态、整体、综合的防护理念，完善网络安全防护体系，提升网络安全意识和技能，加强网络安全应急工作，采用多种管理方法和技术手段加强网络安全防护。（牵头人：魏大威、孙一钢。牵头部门：保卫处、信息技术部。已启动）

媒体报道

- 广电媒体
- 平面媒体
- 网络媒体

媒体报道

一、广电媒体

日期	标题	媒体名称
2月5日	幸福中国年·看不见的精彩	中央电视台CCTV1
5月11日	多彩亚洲　多姿文明	中央电视台CCTV1
5月13日	多彩亚洲·亚洲文明展将在国博开展　多国文物精品见证文化交流	中央电视台CCTV1
5月15日	多彩亚洲　多姿文明·文化盛宴	中央电视台CCTV1
7月8日	把博物馆带回家·国家典籍博物馆　让历史文化走出书本	中央电视台CCTV1
7月29日	“中华传统文化百部经典”第三批图书出版	中央电视台CCTV1
9月9日	习近平给国家图书馆老专家回信强调　坚持正确政治方向　弘扬优秀传统文化	中央电视台CCTV1
11月13日	简讯　国家图书馆　7.2万余部古籍数字资源在线发布　免费阅览	中央电视台CCTV1
5月13日	关注亚洲文明对话大会　亚洲文明展：汇聚多国文物精品　见证文化交流	中央电视台CCTV2
5月13日	亚洲文明展在国博开幕　多国文物精品见证文化交流	中央电视台CCTV2
5月17日	聚焦亚洲文明对话大会　多彩亚洲文化：国家图书馆展览看点多	中央电视台CCTV2
3月25日	《中华传统文化百部经典》第二批图书出版	中央电视台CCTV3
4月24日	国家图书馆启动互联网信息战略保存项目	中央电视台CCTV3
5月13日	十分热点　《甲骨文记忆展》等三大展览亮相国家图书馆	中央电视台CCTV3
7月15日	把博物馆带回家　国家典籍博物馆：让书写在古籍里的文字活起来	中央电视台CCTV3

5月11日	亚洲文明对话大会将于5月15日在北京开幕　多彩亚洲：精华荟萃　多项主题活动陆续举行	中央电视台CCTV4
5月13日	多国文物精品　见证文化交流	中央电视台CCTV4
5月14日	亚洲文明联展亮点不断　国家图书馆三大展览看点多　镇馆典藏《永乐大典》原件展出　甲骨文记忆展　科技体验远古占卜	中央电视台CCTV4
7月8日	暑期博物馆打卡热　特色体验活动把知识带回家	中央电视台CCTV4
11月11日	国图风云志——京馆初创	中央电视台CCTV4
11月12日	国图风云志——避战南迁	中央电视台CCTV4
11月13日	国图风云志——重获新生	中央电视台CCTV4
11月14日	国图风云志——国宝重光	中央电视台CCTV4
11月15日	国图风云志——砥砺前行	中央电视台CCTV4
7月12日	《幕后》之“我在国图修海报”	中央电视台CCTV6
4月21日	2018年度“中国好书”颁奖盛典于23日播出	中央电视台CCTV10
11月26日	《翰墨戏韵》20191126 细川护熙书法展	中央电视台CCTV11
4月23日	热线关注　世界读书日	中央电视台CCTV12
1月9日	新闻速览　百家图书馆共推文创品牌发展计划	中央电视台CCTV13
2月3日	国家图书馆　春节期间推出多项活动欢迎读者	中央电视台CCTV13
2月16日	《中华传统文化百部经典》编纂项目　五种第二批图书日前出版	中央电视台CCTV13
4月6日	等闲识得东风面　2019年习近平主席访问欧洲三国纪行	中央电视台CCTV13
4月23日	国图联合三千多家图书馆　倡议以各种手段服务全民阅读	中央电视台CCTV13
4月23日	倡导全民阅读　共建书香中国	中央电视台CCTV13
5月11日	多彩亚洲・亚洲文明对话大会5月15日举行　国家图书馆三大展览看点多	中央电视台CCTV13
5月11日	多彩亚洲・亚洲文明对话大会5月15日举行《甲骨文记忆展》见证殷商历史	中央电视台CCTV13
5月11日	亚洲文明对话大会将于5月15日开幕　国家图书馆三大展览看点多	中央电视台CCTV13

5月13日	多彩亚洲　多姿文明　亚洲文明对话大会进入倒计时2天	中央电视台CCTV13
5月15日	亚洲文明对话大会今天开幕　多彩亚洲　多姿文明　文化盛宴	中央电视台CCTV13
5月17日	亚洲非遗大展开幕　60余位非遗大师作品集中亮相	中央电视台CCTV13
7月7日	暑期博物馆打卡热　特色体验活动把知识带回家	中央电视台CCTV13
7月29日	中华传统文化百部经典第三批出版	中央电视台CCTV13
8月8日	首届“中华传统晒书大会”举办	中央电视台CCTV13
8月23日	经典回归　光华再现　明代版刻彩印《十竹斋笺谱》成功复刻重刊	中央电视台CCTV13
8月28日	国家图书馆建馆110周年　古籍大展及国际论坛将举行	中央电视台CCTV13
8月29日	国家图书馆建馆110周年	中央电视台CCTV13
9月10日	习近平给国家图书馆老专家回信强调　坚持正确政治方向 弘扬优秀传统文化	中央电视台CCTV13
10月12日	国家图书馆成立110周年　思想启蒙　致敬经典	中央电视台CCTV13
11月13日	国家图书馆 7.2万余部古籍数字资源在线发布	中央电视台CCTV13
11月14日	中华传统文化典籍保护传承大展　国宝吉光　一眼千年	中央电视台CCTV13
12月27日	郑振铎抢救流散文物往来信札国图首展	中央电视台CCTV13
12月30日	抒写中国梦　文旅部广泛开展文化进万家活动	中央电视台CCTV13
1月10日	全国百家图书馆推出文创品牌发展计划　让古籍里的文字活起来	中国教育电视台CETV1
1月16日	2018年度中国童书榜发布：给最美丽的童年选最美好的童书	中国教育电视台CETV1
2月2日	国家图书馆：赏年画　写春联　让公众感受书香年	中国教育电视台CETV1
2月6日	大年初一　国家图书馆迎首批读者	中国教育电视台CETV1
2月7日	开卷有益　书香迎春过大年	中国教育电视台CETV1
3月18日	北大中文系知名学者国图开讲中国古代文学	中国教育电视台CETV1
6月2日	让每个孩子都拥有幸福童年　各地欢庆“六一”儿童节	中国教育电视台CETV1
7月20日	京腔京韵话传承：老中青少同台展示曲艺魅力	中国教育电视台CETV1

9月9日	习近平给国家图书馆老专家回信强调　坚持正确政治方向 弘扬优秀传统文化	中国教育电视台CETV1
10月14日	“国家勋章和国家荣誉称号获得者”馆藏文献展　讲述功勋人物奉献故事	中国教育电视台CETV1
11月2日	纪念甲骨文发现120周年座谈会在京举行	中国教育电视台CETV1
11月27日	新中国科学家故事展：信札展志向　情怀感学生	中国教育电视台CETV1
2月13日	赏年画　写春联——武强年画专题展在国家典籍博物馆开展	中央数字电视书画频道
1月3日	“问祖寻根姓氏文化主题展”在国家典籍博物馆开展	北京卫视
2月6日	李光羲田连元登台　国图书香筑梦送祝福	北京卫视
2月6日	文化游园打造年味儿春节　大年初二游客量大幅上升	北京卫视
2月7日	读者“夜候”13小时获赠书	北京卫视
2月9日	河北武强年画过大年	北京卫视
2月10日	读者获赠书　国家图书馆推出系列活动帮助读者过文化年	北京卫视
4月18日	国家图书馆发布世界读书日系列活动	北京卫视
4月21日	迎接4·23世界读书日北京全民阅读进入高潮	北京卫视
4月23日	世界读书日：阅读活动丰富多彩　京城处处飘书香	北京卫视
5月13日	多国文物精品　见证文明互鉴	北京卫视
5月15日	亚洲文明联展正在京城展出	北京卫视
6月8日	文化和自然遗产日：国家图书馆推出非遗讲座月	北京卫视
6月8日	悠悠国乐声　浓浓端午情	北京卫视
6月21日	忆经典　蓝天野国图开讲《演戏和看戏》	北京卫视
6月22日	“安东尼布朗的幸福博物馆”国图开展	北京卫视
7月8日	国家级非遗传承人国图亮绝技	北京卫视
7月8日	抢救性记录！478个非遗项目进入国图“中国记忆”馆藏	北京卫视
7月20日	曲艺名家登台　国图上演“老北京非遗趴”	北京卫视

7月22日	国图推出“我们都是追梦人”70名普通人故事入藏中国记忆	北京卫视
8月5日	国图“致敬经典” 86版西游记主创带观众重拾记忆	北京卫视
8月5日	众人拾柴 经典传承话题愈酿愈醇厚	北京卫视
8月28日	迎接110周年馆庆 国家图书馆将办古籍大展	北京卫视
9月2日	国图致敬经典 听邬大为讲歌词创作	北京卫视
9月8日	三百余种珍贵古籍善本亮相“中华传统文化典籍文化传承大展”	北京卫视
11月7日	70余种传世珍本亮相国图 讲述“越地历史文脉”	北京卫视
11月13日	7万余部古籍上线 居家可查国之典籍	北京卫视
12月2日	激活传统融入时代 京剧表演艺术家尚长荣国图开讲	北京卫视
12月27日	抢救流散香港文物往来信札入藏国家图书馆	北京卫视
4月23日	第24个世界读书日 京城处处飘书香	北京电视台财经频道
5月15日	聚焦亚洲文明对话大会：亚洲文物聚首亚洲文明联展	北京电视台财经频道
1月3日	“问祖寻根姓氏文化主题展”在国家典籍博物馆开展	北京电视台新闻频道
2月6日	李光羲田连元登台 国图书香筑梦送祝福	北京电视台新闻频道
2月6日	文化游园打造年味儿春节 大年初二游客量大幅上升	北京电视台新闻频道
2月7日	读者“夜候”13小时获赠书	北京电视台新闻频道
2月7日	文化游园打造年味儿春节 大年初二游客量大幅上升	北京电视台新闻频道
2月9日	河北武强年画过大年	北京电视台新闻频道
2月10日	读者获赠书 国家图书馆推出系列活动帮助读者过文化年	北京电视台新闻频道
4月24日	国家图书馆设互联网“记忆库”微博内容纳入公益使用项目	北京电视台新闻频道
5月1日	国家图书馆开启“当诗词遇见春天”系列活动	北京电视台新闻频道
5月11日	多彩亚洲·亚洲文明对话大会5月15日举办 国家图书馆三大展览看点多	北京电视台新闻频道
5月12日	亚洲文明对话大会：国家图书馆展览看点多	北京电视台新闻频道

10月10日	国图建馆110周年：11位艺术名家手稿集中展出	北京电视台新闻频道
12月19日	“智能朗读亭”进地铁　乘客共享“悦”读时光	北京电视台新闻频道
2月9日	国家图书馆展出百余幅武强年画　观众体验年俗文化趣味	东方卫视
4月22日	超2000亿条微博将被国图保存　网友：后人懂我的梗吗	东方卫视
4月23日	世界读书日：第十四届文津图书奖揭晓	东方卫视
8月28日	庆祝国家图书馆建馆110周年　将举办古籍大展等系列活动	东方卫视
9月10日	国家图书馆：庆祝建馆110周年　330余种珍贵藏品对外展出	东方卫视
10月11日	国家图书馆晒技艺诵经典　传承文化致敬经典	东方卫视
10月19日	“国家图书馆华为联合创新实验室”挂牌成立　打造智慧数字图书馆新业态	东方卫视
12月27日	郑振铎等抢救流散香港文物往来信札入藏国家图书馆	东方卫视
4月22日	人民日报　国家图书馆互联网信息战略保存项目启动　超2000亿条微博将被国图保存	上海电视台新闻频道
11月13日	7.2万部古籍碑帖网上免费阅览　国图联合发布数字资源	上海电视台新闻频道
8月6日	首届“中华传统晒书大会”在孔子博物馆举行	山东卫视
8月6日	首届“中华传统晒书大会”今天在曲阜开幕	山东卫视
8月31日	新生活新体验——国家图书馆里的古书修复体验	山东卫视
9月8日	山东4种典籍入选中华传统文化典籍保护传承大展	山东卫视
8月6日	中华传统晒书大会：晒国宝　晒经典　晒技艺　晒传统	山东电视台公共频道
11月29日	国家典籍博物馆——《光阴的故事》我爱博物馆	山东电视台公共频道
12月6日	国家典籍博物馆——《光阴的故事》我爱博物馆	山东电视台公共频道
11月10日	两岸国学大讲堂（北京专场）在国家典籍博物馆举办	东南卫视
2月1日	“迎春送福——武强年画专题展”在国家图书馆开展	河北卫视
1月15日	“2019年公共数字文化走基层”为群众提供“文化年货”	旅游卫视

9月8日	“中华传统文化典籍保护传承大展”在京开幕	三沙卫视
11月13日	古籍数字资源上线 公众足不出户阅古籍	三沙卫视
2月11日	文化和旅游部：春节假期全国旅游接待总人数4.15亿人次	中央人民广播电台中国之声
2月16日	《中华传统文化百部经典》第二批图书出版	中央人民广播电台中国之声
8月29日	9月9号国家图书馆将迎来建馆110周年	中央人民广播电台经济之声
8月14日	国家图书馆今年将举办系列活动庆祝建馆110周年	北京人民广播电台新闻广播
8月14日	我的国图故事征集活动正在进行中	北京人民广播电台新闻广播
8月28日	国家图书馆建馆110周年系列文化活动今天公布	北京人民广播电台新闻广播
8月29日	9月9号国家图书馆将迎来建馆110周年	北京人民广播电台新闻广播
8月29日	国家图书馆将于9月9号迎来建馆110周年	北京人民广播电台交通广播

二、平面媒体

1月30日	国家图书馆的春节系列文化活动即将拉开大幕	人民日报
2月1日	写春联、赏年画、进博物馆……翰墨飘香　年味渐浓	人民日报
2月8日	品书香　过大年	人民日报
2月12日	国图春节期间到馆人次超12万（礼赞70年）	人民日报
2月16日	《中华传统文化百部经典》第二批图书出版	人民日报
2月24日	春节后，北京国家图书馆迎来读者高峰	人民日报
3月28日	行久以致远——习近平主席2019年首访赴欧洲三国纪实	人民日报
4月24日	文津图书奖揭晓《汉字与中华文化十讲》等10种图书获奖	人民日报
6月9日	保护革命文物　传承红色基因——写在文化和自然遗产日之际	人民日报
7月30日	“中华传统文化百部经典”第三批图书出版	人民日报
9月10日	习近平给国家图书馆老专家回信强调　坚持正确政治方向 弘扬优秀传统文化	人民日报

11月20日	越来越多的少数民族古籍被发现、修复、整理——唤醒不可或缺的文化记忆	人民日报
1月31日	春节“文旅大餐”备好了	人民日报海外版
2月1日	春节，国图与你不离不弃	人民日报海外版
2月15日	国图：传承文明　服务社会	人民日报海外版
2月16日	百部经典第二批图书出版	人民日报海外版
4月5日	中英图书馆论坛在成都举行	人民日报海外版
4月19日	国图启动互联网信息战略保存项目	人民日报海外版
5月3日	别打着数据名义侵犯隐私（云中漫笔）	人民日报海外版
6月7日	国图“六一”主题公益活动丰富多样	人民日报海外版
6月14日	国图收藏你曾追的梦想	人民日报海外版
6月21日	“汉文文书”呈现200年前澳门风貌	人民日报海外版
6月21日	非遗传承人抢救成果在国图展映	人民日报海外版
6月28日	到国图看“安东尼·布朗的幸福博物馆”	人民日报海外版
9月13日	国宝吉光照月明——中华传统文化典籍保护传承大展侧记	人民日报海外版
9月18日	《大足石刻全集》赠国家图书馆	人民日报海外版
9月18日	出版文创渐入佳境　老国图　新出手	人民日报海外版
11月4日	守住中华文明的根脉	人民日报海外版
11月11日	“两岸国学大讲堂”在京开讲	人民日报海外版
11月11日	越地历史文脉展在国图举办	人民日报海外版
11月21日	7.2万部古籍网上免费读	人民日报海外版
11月29日	数字阅读驶入高速“车道”（网上中国）	人民日报海外版
12月3日	国家典籍博物馆“寻宝”	人民日报海外版
12月27日	郑振铎等抢救流散香港文物往来信札捐赠划拨仪式在京举行	人民日报海外版
3月28日	行久以致远 习近平主席2019年首访赴欧洲三国纪实	新华每日电讯
4月24日	“世界读书日”特别活动在国图举行	新华每日电讯

9月14日	文明中国 70年中国面貌变迁述评之五	新华每日电讯
10月18日	国图这个“镇馆之宝”，曾惊心动魄逃难	新华每日电讯
1月4日	经典回归　光华再现——写在《十竹斋笺谱》复刻面世之际	光明日报
1月9日	“打卡”博物馆成为年轻人新时尚	光明日报
4月24日	国图举办世界读书日活动——用阅读链接美好生活	光明日报
4月25日	2018年度“中国好书”入选图书书目	光明日报
5月17日	亚洲文化嘉年华：展现多元文明之美	光明日报
5月18日	亚洲非遗大展：文明的匠心 匠心的文明	光明日报
5月18日	大花园又添芬芳——亚洲文明对话大会成果概览	光明日报
5月19日	大树根连根　艺术手牵手——走进“亚洲文明联展”系列艺术展	光明日报
5月21日	坚持以精品奉献人民	光明日报
7月30日	“中华传统文化百部经典”第三批图书出版	光明日报
8月11日	晒书，也“晒”书	光明日报
8月30日	庆祝建馆一百一十周年国图将展出三百多种珍贵典籍	光明日报
9月8日	“中华传统文化典籍保护传承大展”开展	光明日报
9月10日	国图举办庆祝建馆110周年学术研讨会	光明日报
9月10日	习近平给国家图书馆老专家回信强调　坚持正确政治方向 弘扬优秀传统文化	光明日报
10月22日	国家兴　典籍幸——记国家典籍博物馆“中华传统文化典籍保护传承大展”	光明日报
10月30日	数字化古籍：走出深闺待人识	光明日报
11月3日	千年古城文脉绵延	光明日报
11月13日	7.2万部古籍数字资源可免费阅览	光明日报
12月27日	“凡是国宝，都要争取”——郑振铎等抢救流散香港文物往来信札划拨国图	光明日报
1月2日	国图举行纪念郑振铎诞辰一百二十周年系列活动	中华读书报
1月16日	国图携手全国116家图书馆推出文创“品牌发展计划”	中华读书报

1月23日	2018年度中国童书榜发布　原创童书“大丰收”	中华读书报
1月30日	畅读经典欢度新年　国图推出2019年春节系列活动	中华读书报
2月13日	国家图书馆官网推出“每日课堂”线上服务	中华读书报
2月20日	“新春剪纸送祝福”活动在国家典籍博物馆举行	中华读书报
2月20日	国图春节假期七天到馆人次同比增长140%	中华读书报
3月20日	国家图书馆举办中国古代文学名家名作讲座	中华读书报
4月17日	2019中英图书馆论坛在成都举行	中华读书报
4月24日	三千余家图书馆参与国图2019年世界读书日活动	中华读书报
4月24日	十种图书获第十四届文津图书奖	中华读书报
6月12日	国家图书馆推出2019年“文化和自然遗产日”系列活动	中华读书报
6月12日	国家图书馆征集“当代追梦故事”	中华读书报
6月12日	国图艺术中心举办纪念梅兰芳周信芳系列讲座	中华读书报
7月3日	艺术大师安东尼·布朗绘本主角首次集体亮相中国	中华读书报
8月7日	六小龄童等在国图与读者对话《西游记》	中华读书报
9月4日	迎110周年馆庆　国图举办古籍大展及国际论坛等系列活动	中华读书报
9月18日	国家图书馆联手“天猫新文创”举办系列活动	中华读书报
9月25日	“点校本二十四史国庆七十周年纪念珍藏版”入藏国图	中华读书报
9月25日	国图举办建馆110周年艺术名家手稿展	中华读书报
10月16日	国家图书馆举办中华传统晒书等活动	中华读书报
10月16日	让古籍活起来——国家图书馆110周年展记	中华读书报
10月23日	国图举办“致敬国家勋章和国家荣誉称号获得者”系列活动	中华读书报
10月30日	国家图书馆与华为签署全面合作框架协议	中华读书报
12月4日	国图公益讲座邀请尚长荣展现京剧魅力	中华读书报
4月24日	读书日特别活动在国家图书馆举行　第十四届文津图书奖揭晓	经济日报
1月26日	Mystery of the disappearing great books	中国日报英文版

4月25日	On our Sina Weibo	中国日报英文版
6月10日	Environment created for ‘blossoming’ of culture	中国日报英文版
8月29日	Exhibit of ancient books to celebrate national library’s anniversary	中国日报英文版
9月10日	Xi: National Library helps preserve culture	中国日报英文版
9月28日	Books that speak volumes	中国日报英文版
9月28日	Jewels brought home—but it takes patience	中国日报英文版
9月28日	Missive that went missing for centuries	中国日报英文版
1月21日	枘凿万端　榫卯魅力	科技日报
1月24日	国图推出春节系列活动	科技日报
2月1日	“出相入胜——中国古代书籍插图展”在京举行	科技日报
2月15日	“问祖寻根——姓氏文化主题展”在国家典籍博物馆开展	科技日报
4月21日	第十四届“文津图书奖”揭晓在即——国家图书馆2019年世界读书日系列活动精彩纷呈	科技日报
4月24日	文津图书奖揭晓　科普类占三席——全国图书馆界联合发布全民阅读倡议书	科技日报
4月26日	你我的网络声音，也是人类文明的组成部分	科技日报
7月12日	创意插画　艺术体验	科技日报
9月10日	机器人“小图”亮相公共数字文化展	科技日报
9月12日	“图书馆·与时代同行”国际学术研讨会举行	科技日报
9月12日	坚持开拓创新　让科技助力“美好阅读”	科技日报
10月14日	国家勋章　国家荣誉	科技日报
11月13日	7.2万部古籍　网上免费读	科技日报
11月29日	国家典籍博物馆　展出细川护熙书法	科技日报
12月27日	珍贵信札入藏国图	科技日报
1月28日	书香辞岁迎新春	人民政协报
3月29日	陈红彦：培根铸魂是文化工作者的使命担当	人民政协报
4月1日	2019中英图书馆论坛在成都举行	人民政协报

4月29日	“4·23世界读书日”全国图书馆界发布全民阅读活动倡议书	人民政协报
5月6日	国家图书馆互联网信息战略保存项目启动	人民政协报
5月13日	光影中的名着——讲述拍摄电视剧《红楼梦》背后的故事	人民政协报
6月10日	“书香筑梦·礼乐天坛”主题公益活动举办	人民政协报
6月10日	国图征集“当代追梦故事”	人民政协报
6月17日	国家图书馆推出非遗展映月	人民政协报
7月1日	“安东尼·布朗的幸福博物馆”开展	人民政协报
7月15日	年华易老，技·忆永存	人民政协报
9月2日	国图将举办建馆110周年系列活动	人民政协报
9月16日	传递文化基因镌刻民族记忆——“中华传统文化典籍保护传承大展”综述	人民政协报
11月11日	国家图书馆与华为签署全面合作框架协议	人民政协报
11月18日	“妙法天成——细川护熙书法展”在国图开幕	人民政协报
11月25日	“纪念司马光诞辰一千周年”国图公开课特别活动举办	人民政协报
12月9日	推动古籍整理出版——国家图书馆出版社四十周年出版座谈会综述	人民政协报
4月23日	不断提升阅读能力和品位——国家图书馆馆长饶权谈读书	中国纪检监察报
5月20日	来自14个国家的320件（套）匠心之作亮相“亚洲非遗大展”——“亚洲客厅”展现亚洲文明高雅气质	工人日报
7月29日	国家图书馆再开“老北京非遗趴” 名家传承人展现“了不起的曲艺”	工人日报
9月2日	国家图书馆将举办最大规模古籍展庆生	工人日报
9月16日	国家图书馆聚力“新文创 新阅读”	工人日报
11月25日	在国家典籍馆里玩密室逃脱？对，是真的	工人日报
1月4日	郑振铎抗战时期为国收书	中国青年报
2月18日	500余位学者激活《中华传统文化百部经典》	中国青年报

4月24日	2019年“4·23世界读书日”特别活动在国家图书馆举行	中国青年报
7月10日	92岁“老戏骨”蓝天野：没有小角色，只有小演员	中国青年报
7月26日	国家图书馆开始收藏追梦故事	中国青年报
7月30日	“中华传统文化百部经典”第三批图书出版	中国青年报
8月30日	国图3.2万部古籍实现在线阅览	中国青年报
11月13日	7.2万部古籍网上免费看	中国青年报
2月14日	国家图书馆年味浓 7天到馆人次突破12万	中国妇女报
7月2日	与古书为伴的国家图书馆古籍修复师　古籍的“生命延续”在她们手中实现	中国妇女报
9月12日	“幽兰香远：国图建馆110周年艺术名家手稿展”开展	中国妇女报
9月2日	国图将举办古籍大展等迎接110周年馆庆	农民日报
4月23日	National library to store all 200 billion microblogs	环球时报英文版
4月25日	National Library of China holds series of events to encourage reading	环球时报英文版
6月12日	China-Portugal exhibition ‘Story of Macao’ opens in Beijing	环球时报英文版
8月23日	在儿童身边寻找美丽景色	金融时报
4月26日	第十四届“文津图书奖”揭晓	科普时报
1月4日	《全国少年儿童图书馆（室）基本藏书目录》评审会在国图召开	图书馆报
1月4日	郑振铎诞辰一百二十周年系列活动在国图举行	图书馆报
1月11日	国图携手全国116家图书馆推出文创“品牌发展计划”	图书馆报
1月25日	国家图书馆第十四届“文津图书奖”评选启动	图书馆报
2月1日	书香辞岁　金猪迎春　国家图书馆推出2019年春节系列活动	图书馆报
2月22日	国家图书馆馆长拜年活动举行	图书馆报
3月1日	国家图书馆理事会成立	图书馆报
3月8日	2019年推进事业发展再上新台阶	图书馆报

3月8日	关注中国图书馆学会九届五次理事会	图书馆报
3月8日	饶权：图书馆事业充满希望 大有作为	图书馆报
3月8日	中图学会九届五次理事会召开　饶权当选理事长	图书馆报
3月15日	中国图书馆学会成立40周年：不忘初心　砥砺奋进	图书馆报
3月22日	第六批《国家珍贵古籍名录》和“全国古籍重点保护单位”评审工作正式启动	图书馆报
3月22日	关注 中国图书馆学会成立40周年	图书馆报
3月22日	中外专家共议国家图书馆的未来	图书馆报
3月29日	40周年　不忘初心　砥砺奋进　中国图书馆学会发展历程及组织建设	图书馆报
4月12日	第十三届全民阅读论坛在太原举行	图书馆报
4月19日	《书香联萃》：传承对联艺术 彰显民族智慧	图书馆报
4月19日	《永乐大典》竭尽心力，传承珍品	图书馆报
4月19日	《赵城金藏》千古第一，佛教经典	图书馆报
4月19日	敦煌遗书　风雨飘摇路，“遗书”现真容	图书馆报
4月19日	文津阁《四库全书》传承国学经典　弘扬优秀文化	图书馆报
4月26日	2019年“4·23世界读书日”特别活动在国图举行	图书馆报
4月26日	全国图书馆界联动，共同开展“4·23”系列活动	图书馆报
5月24日	革命文献与民国时期文献整理项目专家评审会召开	图书馆报
5月31日	《长江之歌》词作者胡宏伟做客国图艺术中心	图书馆报
6月7日	“当代追梦故事征集计划”在国图启动	图书馆报
6月14日	梅派传承人李玉芙做客国图艺术中心	图书馆报
7月5日	全国地市以上图书馆和文化（群艺）馆馆长培训班(西部地区）在成都举行	图书馆报
7月12日	国家级非遗代表性传承人记录工作优秀成果推介会在国图举行	图书馆报
7月19日	怀念任继愈先生	图书馆报
8月23日	“第十期全国古籍修复技术与工作管理研修班”结业	图书馆报
8月23日	“中华古籍资源库”已在线发布古籍资源3.2万余部	图书馆报

8月30日	抓住新机遇　探索新模式　共谋新发展　聚焦2019年中国图书馆年会	图书馆报
9月6日	“图书馆·与时代同行”国际学术研讨会会议议程	图书馆报
9月6日	百十载春风化雨　新时代继往开来	图书馆报
9月6日	传承文明　服务社会　馆长寄语	图书馆报
9月6日	扎根中国　面向世界　中国国家图书馆110年来国际交流情况回顾	图书馆报
9月13日	国图少儿馆举办“国际马良绘本全展”	图书馆报
9月13日	加强交流　深化合作　助推发展　“图书馆·与时代同行”国际学术研讨会在国家图书馆举行	图书馆报
9月13日	文化和旅游部召开学习贯彻习近平总书记给国家图书馆老专家回信精神座谈会	图书馆报
9月13日	习近平给国家图书馆老专家回信	图书馆报
9月20日	国图联手天猫推出新文创展现典籍之美	图书馆报
9月27日	国家图书馆凝心聚力推动事业创新发展	图书馆报
10月20日	国图致敬国家勋章和国家荣誉称号获得者	图书馆报
11月8日	“越地历史文脉展”在国家图书馆举行	图书馆报
11月8日	承先启后的江翰《京师图书馆善本简明书目》	图书馆报
11月8日	国家图书馆举办中华传统晒书活动	图书馆报
11月15日	《李光羲的艺术道路和人生感悟》公益讲座	图书馆报
11月15日	国图微信公众号获评第四届“大众喜爱的50个阅读微信公众号”	图书馆报
12月2日	回望经典：国家图书馆出版社四十年四十书	图书馆报
12月6日	国家图书馆与新华书店总店及新华互联公司签署战略合作协议	图书馆报
12月13日	国家图书馆出版社四十周年：传承文明　服务学术	图书馆报
12月13日	国家图书馆等二十家单位联合在线发布古籍数字资源	图书馆报
12月13日	口述史纪录片《口述国图》首映式在广州举办	图书馆报

12月27日	缅怀近代中国图书馆事业先驱　缪荃孙铜像揭幕仪式暨纪念研讨会在国图举行	图书馆报
1月16日	文化下基层	团结报
5月16日	“亚洲文明联展”亮相京城	团结报
3月27日	国图开启古代文学名家名作系列讲座	文艺报
1月29日	国图再为读者送新春文化“礼包”	中国财经报
6月11日	国图邀你来讲“当代追梦故事”	中国财经报
8月29日	迎建馆110周年国图将举办珍贵古籍大展	中国财经报
2月15日	书香辞旧岁，春节国图7天到馆人次突破12万	中国出版传媒商报
9月10日	国家图书馆举办多场活动庆祝建馆110周年	中国出版传媒商报
10月8日	国家图书馆纪念建馆110周年国际学术研讨会在京举办	中国出版传媒商报
12月6日	国家图书馆出版社40年传承文明服务学术	中国出版传媒商报
1月24日	国家图书馆推出2019年春节系列活动	中国改革报
8月29日	国家图书馆将迎来建馆110周年庆典活动	中国改革报
2月18日	国家图书馆举行一系列迎春活动	中国教育报
4月22日	国图举办多项活动庆祝世界读书日	中国教育报
8月19日	“我们都是追梦人”成册典礼举行	中国教育报
9月16日	让古籍活起来	中国教育报
9月23日	“图书馆·与时代同行”国际学术研讨会举行	中国教育报
10月14日	国图以文创精品引领新阅读	中国教育报
11月25日	Funbook开启趣味阅读	中国教育报
11月25日	国图公开课纪念司马光诞辰一千周年	中国教育报
4月26日	国家图书馆互联网信息战略保存项目启动　首家基地落户新浪	中国科学报
4月26日	中国图书馆界倡议服务全民阅读	中国科学报
5月24日	用艺术延展科学之美	中国科学报
8月30日	国家图书馆110周年　办古籍大展庆生	中国科学报
9月9日	科学典籍亮相国图110周年馆庆大展	中国科学报

9月28日	“两弹一星”功勋人物肖像画展在国图开幕	中国科学报
10月25日	国图与华为“牵手” 文化和科技“联姻”	中国科学报
11月15日	7.2万余部古籍上网　读者可免费查阅	中国科学报
1月9日	全国图书馆文创产品开发联盟“品牌发展计划”启动	中国旅游报
2月5日	武强年画走进国图	中国旅游报
4月19日	国图将办世界读书日系列活动	中国旅游报
4月29日	第十四届文津图书奖揭晓10种获奖图书	中国旅游报
4月29日	全国图书馆界发出全民阅读倡议书	中国旅游报
6月21日	国图以讲演结合形式普及音乐艺术	中国旅游报
7月19日	“在艺术中品味阅读”暑期活动在国图启动	中国旅游报
7月26日	第三届“老北京非遗趴”在国图举办	中国旅游报
8月7日	图书馆“抱团”让典籍“活”起来	中国旅游报
8月29日	国图将办中华传统文化典籍保护传承大展	中国旅游报
9月11日	为建设文化强国再立新功——习近平总书记给国图老专家的回信引发热烈反响	中国旅游报
9月11日	文化和旅游部召开座谈会　学习贯彻习近平总书记给国图老专家回信精神	中国旅游报
9月13日	到国图体验别样的文化之旅	中国旅游报
9月13日	加强公共文化服务满足人民精神文化需求	中国旅游报
9月23日	加强文旅融合推动全民阅读——业界学习领会习近平总书记给国图老专家回信精神之四	中国旅游报
11月15日	7.2万部古籍可网上免费阅览	中国旅游报
11月27日	古籍数字资源已超7.2万部	中国商报
1月4日	问祖寻根——姓氏文化主题展	中国社会科学报
1月7日	“枘凿万端——中国榫卯活性传承艺术研究展全国巡展·北京站”在国家典籍博物馆开展	中国社会科学报
1月28日	“迎春送祝福，书香过大年——迎己亥新春贺年音乐会”在国家典籍博物馆举办	中国社会科学报

2月13日	“迎春送福——武强年画专题展”在国家典籍博物馆开展	中国社会科学报
2月18日	展现中国传统典籍魅力	中国社会科学报
4月24日	国家图书馆艺术中心举行世界读书日特别活动	中国社会科学报
5月20日	文明匠心——亚洲非遗大展	中国社会科学报
7月24日	当代追梦故事征集计划纪念册成册典礼在国图举行	中国社会科学报
9月2日	国家图书馆艺术中心举办“致敬经典·那些年我们追过的艺术”系列名家讲坛第五场	中国社会科学报
9月9日	“中华传统文化典籍保护传承大展”在国家典籍博物馆开展	中国社会科学报
1月11日	“品牌发展计划”助力文创产品开发生态体系构建	中国文化报
1月18日	公共数字文化走基层服务小分队走进湖南	中国文化报
1月18日	国图启动人口较少民族口头传统典藏工作	中国文化报
1月24日	郑振铎纪念展讲述文化巨匠护书往事	中国文化报
1月25日	用最丰富的细节典藏人口较少民族口头传统	中国文化报
1月28日	公共数字文化惠及海南	中国文化报
1月29日	来国图，过个高科技的文化年	中国文化报
2月1日	迎春纳“福” 文润万家	中国文化报
2月13日	国家图书馆馆长拜年活动在国图总馆北区举行	中国文化报
2月14日	国图春节7天到馆人次突破12万	中国文化报
2月18日	河北武强年画展在京“迎春送福”	中国文化报
2月21日	国家图书馆理事会在京成立	中国文化报
3月6日	故宫、国图、中国美术馆：服务两会，更到位更便捷	中国文化报
3月13日	国家图书馆文创商店重装开张	中国文化报
3月20日	“博物馆+旅游”新玩法	中国文化报
3月21日	北大学者在国图讲中国古代文学	中国文化报
4月4日	为公共图书馆发展寻找更多可能——2019中英图书馆论坛侧记	中国文化报

4月12日	第十三届"全民阅读论坛"山西举办	中国文化报
4月23日	国图启动互联网信息战略保存项目	中国文化报
4月25日	第十四届文津图书奖揭晓	中国文化报
4月26日	五大联盟：谋求民心相通的最大合力	中国文化报
5月22日	"文明匠心——亚洲非遗大展"荟萃14国310件（套）匠心之作	中国文化报
5月24日	让中华善本借力互联网"活"起来	中国文化报
5月25日	"十二艺节"：看看"文创国家队"的范儿	中国文化报
5月25日	文创，向"国家队""取取经"	中国文化报
6月10日	生动呈现非遗保护的鲜活实践——2019年"文化和自然遗产日"非遗宣传展示活动掠影	中国文化报
6月11日	观众连声赞叹"不虚此行"——2019年"非物质文化遗产保护讲座月"引人入胜	中国文化报
6月14日	百余份东波塔档案讲述澳门故事　亮相国家典籍博物馆	中国文化报
6月14日	加强统筹整合　提升服务效能　公共数字文化工程融合创新发展全面提速	中国文化报
6月21日	琥珀四重奏讲演音乐会：沉淀青春　听读经典	中国文化报
6月25日	"安东尼·布朗的幸福博物馆"在北京国家典籍博物馆开展	中国文化报
6月30日	162幅安东尼·布朗插画原作首次亮相北京	中国文化报
7月3日	中部地区地市以上图书馆和文化（群艺）馆馆长在湘集训	中国文化报
7月24日	中阿电子图书馆项目发布一周年座谈会召开	中国文化报
7月29日	"老北京非遗趴"聚焦曲艺	中国文化报
7月29日	国图记录当代追梦故事	中国文化报
8月2日	为了利用而保护——国家图书馆积极推进古籍数字化工作	中国文化报
8月12日	传统晒书大会启动仪式在山东举办　晒国宝晒经典 传播古籍保护理念	中国文化报

8月14日	走向大众，激活经典——国家图书馆“中华传统晒书大会”活动侧记	中国文化报
8月22日	2019年中国图书馆年会举行	中国文化报
8月23日	文创产品如何吸引年轻人	中国文化报
8月29日	庆祝国图建馆110周年系列活动将展开	中国文化报
9月3日	促学科进步　兴全民阅读 ——业界共话中国图书馆学会成立40周年	中国文化报
9月5日	“革命文献与民国时期文献保护计划”走进长沙	中国文化报
9月9日	中华传统文化典籍保护传承大展在京举办	中国文化报
9月10日	“图书馆·与时代同行”国际研讨会在京召开	中国文化报
9月11日	文化和旅游部召开学习贯彻习近平总书记给国家图书馆老专家回信精神座谈会	中国文化报
9月11日	习近平总书记的回信使图书馆界深受鼓舞——在新时代图书馆要践行好传承文明、服务社会的初心	中国文化报
9月12日	陈力：坚守“传承文明、服务社会”的初心	中国文化报
9月12日	李仁年：人老心不老，身退情不退	中国文化报
9月12日	李致忠：这是时代赋予图书馆的新课题、新使命、新任务	中国文化报
9月12日	为建设社会主义文化强国再立新功	中国文化报
9月12日	薛殿玺：很荣幸，受鼓舞	中国文化报
9月12日	朱颜庄：喜看后辈推陈出新	中国文化报
9月12日	滋养民族心灵　培育文化自信	中国文化报
9月24日	国际图书馆界人士：与时代同行，加深多向互惠交流合作	中国文化报
9月30日	国家图书馆：互动体验让展览更有趣	中国文化报
10月16日	“图书馆助我们老有所为、老有所乐”——国家图书馆老年课堂持续关爱老年读者	中国文化报
10月31日	践行图书馆人使命担当　力促本土文化生动传承	中国文化报
11月7日	“越地历史文脉展”亮相国家图书馆	中国文化报

11月15日	“妙法天成——细川护熙书法展”开幕	中国文化报
11月18日	国图联合20家单位在线发布古籍数字资源	中国文化报
11月19日	国家典籍博物馆推出的博物馆主题实景解谜游戏“古籍保卫局”之“山海社的宝藏”在北京迎来首批玩家	中国文化报
11月21日	国图公开课邀读者“千年回望司马光”	中国文化报
11月25日	国家数字图书馆应用程序　荣获网络正能量榜样称号	中国文化报
11月29日	古籍保护的国图实践	中国文化报
12月2日	古籍保护：不仅需要保护网 更企盼助推器	中国文化报
12月5日	国家级非遗代表性传承人记录工作执行团队培训班在武汉开班	中国文化报
12月6日	国图与新华书店总店等合作推进全民阅读	中国文化报
12月13日	国家图书馆出版社举办四十周年出版座谈会	中国文化报
12月19日	中朝建交70周年纪念展在京开幕	中国文化报
12月20日	古籍数字化发展日新月异	中国文化报
12月20日	精彩文化活动歌颂祖国、祝福澳门	中国文化报
12月20日	数字化，让古籍从历史深处走出来、活起来	中国文化报
12月23日	国家图书馆首任馆长缪荃孙铜像揭幕仪式举行	中国文化报
12月27日	郑振铎等抢救流散香港文物往来信札入藏国图	中国文化报
1月11日	国图携手全国百余家图书馆推出文创“品牌发展计划”	中国文物报
4月26日	国家图书馆举办世界读书日系列活动	中国文物报
7月12日	第二届国家级非遗代表性传承人记录工作优秀成果公布	中国文物报
8月9日	2019年中华传统晒书大会在孔子博物馆启动	中国文物报
8月30日	迎接110周年馆庆　国家图书馆将举办古籍大展及国际论坛等系列活动	中国文物报
9月10日	“中华传统文化典籍保护传承大展”在国家图书馆开展	中国文物报
9月17日	《大足石刻全集》在国家图书馆首发	中国文物报
10月1日	让书写在古籍里的文字“活”起来——“中华传统文化典籍保护传承大展”珍品背后的故事	中国文物报

10月15日	著名古琴家姚公白先生手稿捐赠国家图书馆	中国文物报
10月18日	国图举办中国古代思想家邮票主题产品发行活动	中国文物报
11月5日	“纪念甲骨文发现120周年座谈会”专家发言摘编	中国文物报
11月8日	越地历史文脉展亮相国家图书馆	中国文物报
11月15日	国图等全国20家单位联合发布7200余部古籍数字资源	中国文物报
11月15日	细川护熙书法展在国家图书馆开幕	中国文物报
12月6日	杨晦先生手稿等珍贵文物捐赠国家图书馆	中国文物报
12月31日	“凡是国宝，都要争取——郑振铎等抢救流散香港文物往来信札入藏纪念展”开幕	中国文物报
2月1日	百余家图书馆共推文创产品	中国新闻出版广电报
7月4日	国际插画大师来了	中国新闻出版广电报
8月9日	国图主办琅嬛书话系列讲座	中国新闻出版广电报
10月10日	让古籍“活起来”	中国新闻出版广电报
12月5日	国图社40年披露5万余种珍稀历史文献	中国新闻出版广电报
7月26日	献礼建国70周年，芬必得品牌携手国家图书馆中国记忆项目共筑“中国梦”	中国新闻周刊
1月14日	全国百余图书馆共推文创“品牌发展计划”	中国艺术报
1月30日	国图春节系列活动迎新年	中国艺术报
2月15日	春节7天国图到馆人次突破12万	中国艺术报
4月12日	第十三届全民阅读论坛发布2019年全民阅读主题	中国艺术报
4月22日	国图“世界读书日”推动全民阅读	中国艺术报
4月24日	国图倡议推进学习型社会建设	中国艺术报
5月22日	《永乐大典》文献展	中国艺术报
5月27日	《长江之歌》词作者胡宏伟分享创作历程	中国艺术报
7月10日	国图第二届非遗展映月落幕	中国艺术报
7月24日	“了不起的曲艺”走进国图	中国艺术报
8月30日	国图系列活动迎接110周年馆庆	中国艺术报
9月6日	“约绘神笔”展示多彩《神笔马良》	中国艺术报

9月6日	邬大为国图开讲《红星歌》	中国艺术报
9月11日	330余种珍贵藏品汇集中华传统文化典籍保护传承大展	中国艺术报
9月13日	国图举办“图书馆·与时代同行”国际学术研讨会	中国艺术报
9月23日	国图艺术中心集中展示艺术名家手稿	中国艺术报
10月18日	古琴名家姚公白手稿捐赠国图	中国艺术报
11月18日	数字化让古籍活起来	中国艺术报
11月22日	何谓心灵之友？诗、书、画	中国艺术报
12月11日	新中国第一代女播音员葛兰国图开讲	中国艺术报
1月24日	国图春节系列文化活动启幕	北京日报
2月1日	百余武强年画精品亮相国图	北京日报
2月9日	图书馆里过大年	北京日报
4月24日	文津图书奖揭晓10种获奖图书	北京日报
5月17日	320件非遗匠心之作诉说亚洲文明	北京日报
5月22日	大美亚细亚	北京日报
5月22日	亚洲文明，和合之美	北京日报
6月5日	国家图书馆征集“当代追梦故事”	北京日报
6月11日	珍贵档案呈现200年前澳门风貌	北京日报
6月22日	安东尼·布朗绘本原画来华首展	北京日报
7月3日	几卷历史文书　百年澳门记忆	北京日报
8月29日	110岁国图将办珍贵典籍文献大展	北京日报
9月6日	国图将迎110岁生日	北京日报
9月7日	传世典籍存世孤本亮相国图大展	北京日报
10月12日	国图设展致敬国家榜样	北京日报
11月5日	越地历史文脉展诠释绍兴文化	北京日报
11月12日	7.2万部古籍网上可免费阅览	北京日报
11月15日	细川护熙书法作品展国图揭幕	北京日报
11月21日	修书即修行	北京日报
12月3日	国图110岁	北京日报

12月27日	郑振铎抢救文物信札入藏国图	北京日报
12月27日	“抢救流散香港文物往来信札”入藏国图	北京商报
1月10日	全国116家图书馆“抱团儿”开网店　共同追赶文创新潮流	北京晚报
1月31日	春节“文博盛宴”缤纷亮相	北京晚报
2月2日	“迎春送福——武强年画专题展”在国家典籍博物馆开展	北京晚报
4月4日	新东方在线携百家图书馆推广儿童阅读	北京晚报
4月23日	第十四届文津图书奖上午揭晓　《大国重器》等10种图书获奖	北京晚报
5月10日	让古书复活的年轻人	北京晚报
5月14日	40国非遗精品齐聚国图　“亚洲非遗大展”周四开幕	北京晚报
5月16日	汇聚亚洲60余位非遗大师作品　“亚洲非遗大展”亮相国图	北京晚报
6月3日	“当代追梦故事”国图邀您分享	北京晚报
8月28日	迎接110周年馆庆　国家图书馆将举办古籍大展	北京晚报
9月5日	国家图书馆院内logo造型的花坛惊艳亮相	北京晚报
9月6日	“中华传统文化典籍保护传承大展”明天国图开展　《四库全书》等330多种珍贵藏品亮相	北京晚报
9月6日	110岁国图正青春	北京晚报
9月6日	传统文化典籍展明天揭幕	北京晚报
9月6日	让古籍　活起来	北京晚报
9月8日	公共数字文化展今起开展	北京晚报
9月9日	110岁国图摆最强盛宴　330余种珍罕古籍见证文化传承　四大镇馆之宝同展　孤本谱牒双璧抢眼	北京晚报
9月10日	11位艺术名家手稿亮相国图	北京晚报
9月10日	一生陪伴国图　走过半个百年	北京晚报
10月25日	甲骨记忆　文化之根	北京晚报
11月4日	72种传世珍本讲述绍兴文化史	北京晚报

11月15日	国图举办书法展	北京晚报
12月27日	近5000卷《赵城金藏》成200个胶卷　记者探秘文献缩微工作车间“谍战技术”为古籍延命500年	北京晚报
12月27日	郑振铎等京港两地书入藏国图国宝回家幕后故事首次公开	北京晚报
1月26日	《四库全书》除夕将“露脸”	北京青年报
2月6日	国图馆长拜年活动连续举办10年——读者“夜候”13小时获赠书	北京青年报
3月8日	撤展在即，这些好东西别错过	北京青年报
4月19日	世界读书日将至　“先生的书房”开讲	北京青年报
8月29日	国图110周年办典籍大展庆生	北京青年报
9月8日	国家典籍博物馆　今起展出国宝级古籍	北京青年报
9月8日	向国家图书馆建馆110周年献礼　4位昆曲大师珍贵手稿捐赠国图	北京青年报
9月21日	点校本　二十四史珍藏版　入藏国图	北京青年报
10月12日	修复师秀艺	北京青年报
11月13日	7.2万部古籍　网上免费阅览	北京青年报
11月15日	46件书法作品　细川抒发中国情怀	北京青年报
11月19日	国家典籍博物馆玩起实景解谜游戏	北京青年报
12月25日	国家图书馆首次揭开　文献缩微工作面纱	北京青年报
10月11日	国家典籍博物馆　遇见古籍中的文字	北京商报
6月26日	“琥珀四重奏”讲演音乐艺术	海淀报
4月26日	京港地铁推荐经典书单	劳动午报
5月20日	《永乐大典》文献展　展示国图“镇馆之宝”	劳动午报
5月27日	2019创新中国　发明音乐会举办	劳动午报
12月5日	“馆店融合”推进全民阅读	劳动午报
1月24日	迎接新春，国家图书馆将再次展示《四库全书》库房	新京报
4月24日	三册珍贵宋刻善本在国图展出一个月	新京报
5月10日	习近平将出席亚洲文明对话大会	新京报

6月11日	档案中的澳门故事	新京报
6月21日	“绘本大师”安东尼·布朗原作亮相国家典籍博物馆	新京报
7月7日	技·忆永存 478个非遗项目入藏国图“中国记忆”	新京报
8月29日	300多种珍贵典籍文献9月将亮相国图古籍大展	新京报
9月7日	多版本《四库全书》“现身”中华古籍大展	新京报
11月13日	7.2万部古籍可网上浏览	新京报
11月18日	国图“千年回望司马光”开启“天才的时代”系列	新京报
7月31日	城管系列图书入藏国家图书馆	海淀报
12月13日	《口述国图》广州首映	天津日报
2月13日	我省首次与国家图书馆联办武强年画专题展	河北日报
1月7日	纪念郑振铎先生诞辰120周年 国家图书馆举办系列主题活动	藏书报
1月7日	日本永青文库向国家图书馆捐赠四千余册珍贵汉籍	藏书报
1月14日	图书馆文创“品牌发展计划”启动	藏书报
1月28日	古籍鉴定专家委员会成立 助力中华古籍保护计划实施	藏书报
1月28日	书香盈岁月 新桃换旧符 图书馆界开展新春下基层文化惠民活动	藏书报
1月28日	问祖寻根——姓氏文化在国图展出 出土文物与文献史料相映成趣	藏书报
2月11日	国图建馆110周年 今年将有这些大动作	藏书报
2月11日	国图推出春节系列活动 与读者共度有文化味的新年	藏书报
3月25日	北大名师在国图开展古代文学系列讲座	藏书报
4月15日	读经典 学新知 链接美好生活 第十三届全民阅读论坛举办	藏书报
4月22日	网络时代的文明记忆如何保存？国家图书馆互联网信息战略保存项目	藏书报
5月27日	国宝《永乐大典》参与“亚洲文明展”	藏书报
6月3日	全国古籍数字化培训班在杭州举办	藏书报
6月10日	中国记忆项目发起“追梦故事征集”	藏书报

6月17日	“古籍修复技艺进校园”活动多地启动	藏书报
6月17日	传承文化根脉　多元呈现“非遗”　国家图书馆推出非遗展示系列活动	藏书报
6月24日	年华易老　技忆永存　非遗代表性传承人抢救性记录工作成果首次发布	藏书报
7月22日	在艺术中品味阅读　国家图书馆启动暑期系列活动　让中小学生走近传统文化	藏书报
8月12日	“中华传统文化百部经典”第三批图书出版	藏书报
8月12日	传统七夕　依古晒书　首届“中华传统晒书大会”在孔子博物馆盛大启动	藏书报
8月12日	从“曝晒”到“分享”首届中华传统晒书大会在孔子博物馆启动	藏书报
8月26日	展出来　“晒”起来　首届中华传统晒书节　各地活动“如火如荼”	藏书报
9月16日	110岁国图摆最强文化盛宴　330余种珍罕古籍见证文化传承	藏书报
9月23日	中华传统文化典籍文化传承大展在国家图书馆惊艳亮相	藏书报
10月14日	“传承大展”全面解读	藏书报
10月14日	“国宝吉光”背后的故事	藏书报
10月14日	“嘉靖三刻”《韩诗外传》得书记	藏书报
10月14日	《凌烟阁功臣图》：两位艺术大师的双剑合璧之作	藏书报
11月4日	文献名邦　书香绍兴	藏书报
11月18日	7.2万部古籍网上可免费阅览	藏书报
11月25日	7200余部古籍数字资源在线发布	藏书报
12月16日	国图与新华书店“馆店融合”推进全民阅读	藏书报
11月15日	“免费阅览”让古籍走出“深闺”	河北日报
12月13日	国家图书馆与新华书店“馆店融合”	山西日报
8月22日	2019年中国图书馆年会在东胜区举行	鄂尔多斯日报

2月6日	国家图书馆推出　春节系列活动号召 全国读者过文化新年	内蒙古日报
8月23日	2019年　中国图书馆年会　在鄂尔多斯　东胜区开幕	内蒙古日报
2月16日	《中华传统文化百部经典》第二批图书出版	辽宁日报
9月23日	传统文化典籍大展“让古籍活起来”	文汇报（上海）
11月18日	七万二千部古籍可在网上免费阅览	文汇报（上海）
12月11日	“日用而不知”，图书馆文创需具备怎样的品质	文汇报（上海）
11月5日	去国家图书馆看《从百草园到三味书屋》手稿 鲁迅真迹隽秀儒雅自成一格	新民晚报
3月4日	激活经典的时代“生命力”	福建日报
4月23日	国家图书馆互联网信息战略保存项目启动	福建日报
7月19日	年华易老　技忆永存　我省国家级非遗传承人记录工作获肯定	福建日报
9月15日	文明中国	湖北日报
9月4日	书途漫漫　翰墨留香	湖南日报
9月12日	音乐纪录片《时光的旋律》入藏国家图书馆	湖南日报
9月15日	文明中国	湖南日报
4月22日	国图保存全部微博，是好事也是件难事	南方都市报
12月12日	口述史纪录片《口述国图》广州首映	南方都市报
12月16日	广州之夜	南方都市报
7月30日	激活经典　熔古铸今　“中华传统文化百部经典”第三批图书出版	深圳特区报
8月29日	国图喜迎110周年馆庆　多部顶尖珍品古籍将亮相	深圳特区报
1月16日	为基层群众送“文化年货”	海南日报
2月2日	武强年画专题展在京开展	海南日报
2月17日	《中华传统文化百部经典》第二批图书出版	海南日报
4月22日	再微小的声音，都可以成为时代的回音	海南日报

1月16日	公共数字文化下基层　为民众送“文化年货”	海口日报
1月15日	公共数字文化走基层今起在海口三沙开展	南国都市报
3月28日	中英专家成都“论剑”　公共图书馆如何更开放?	四川日报
4月24日	读书日一起来图书馆感受书香	四川日报
5月21日	《永乐大典》文献展　展示国家图书馆“镇馆之宝”	四川日报
6月3日	数字王阳明资源库全球共享平台上线	贵州日报
8月17日	第25期全国古籍普查登记目录审校培训班举办	云南日报
12月28日	国家图书馆文化文艺小分队下基层仪式在大理启动	云南日报
7月11日	全国县级图书馆长研习班在林芝开班	西藏商报
7月26日	217部古籍已入选《国家珍贵古籍名录》	西藏商报
8月19日	我区古籍普查工作开展10年来成果颇丰　投入1000余万元 普查古籍超1.3万函	西藏商报
8月27日	高山仰云　波涛壮阔	大公报
8月29日	国图古籍大展四“镇馆之宝”亮相	大公报
11月18日	细川护熙书法展彰显中日文化互鉴	大公报
12月4日	山阴书香绍文脉　文献名邦铭高风	大公报
12月27日	抢救流散在港文物信札入藏国图	大公报
8月29日	国图庆110周年镇馆之宝亮相	文汇报(香港)
9月7日	逾330种珍贵古籍亮相国图	文汇报(香港)
9月11日	图书馆应培育文化自信	文汇报(香港)
11月19日	日本前首相细川护熙书作亮相北京　曾向中国捐赠4175册珍贵汉籍	文汇报(香港)
12月27日	郑振铎信札入藏国图讲述重要文物在香港抢救过程　“凡是国宝我们都是要争取的”	文汇报(香港)
9月7日	古籍大展	澳门日报
10月8日	八专题回顾国家盛世发展　双庆文献特展今回归馆开幕	澳门日报
10月9日	八大专题显祖国澳门发展变化 双庆文献特展增国家认同	澳门日报
6月11日	汉文文书讲述档案中的澳门故事	华侨报

三、网络媒体

1月28日	体验年俗迎春晚会线上读经典　春节来国图品位书香文化年	人民网
2月1日	“迎春送福”武强年画展揭幕　国家图书馆内年味足	人民网
2月19日	是什么原因让传统文化成了新的时尚	人民网
2月20日	传承民俗　恭贺新春：“新春剪纸送祝福”活动举行	人民网
4月19日	《朱熹书法全集》新书发布会在国家图书馆召开	人民网
4月19日	3000余家图书馆参与　国家图书馆世界读书日活动丰富多彩	人民网
4月22日	致敬经典：王扶林畅聊《红楼梦》《三国演义》背后的故事	人民网
6月19日	沉淀青春听读经典　琥珀四重奏讲演音乐会拉开序幕	人民网
6月28日	“安东尼·布朗的幸福博物馆”在国家典籍博物馆开展	人民网
8月23日	经典回归，光华再现　迄今四百年　鲁迅曾赞不绝口的《十竹斋笺谱》重刊面世	人民网
8月28日	110周年！国家图书馆将举办系列馆庆活动	人民网
9月7日	“国家图书馆110周年公共数字文化展”在京开展	人民网
9月27日	“两弹一星”功勋人物肖像画展在国图开幕	人民网
11月9日	两岸国学大讲堂（北京专场）举行　国学成两岸青年“新网红”	人民网
11月18日	纪念司马光诞辰　国图公开课“千年回望司马光”开讲	人民网
11月22日	全国图书馆文化创意产品开发专题培训班在沪开班	人民网
12月6日	国家图书馆携手新华书店总店构建“馆店融合”新模式	人民网
12月11日	口述史纪录片《口述国图》首映式在广州举办	人民网
1月17日	“公共数字文化下基层”5天体验欢迎你	新华网
1月24日	国家图书馆春节活动丰富多彩　邀读者体验“文化年”	新华网

2月1日	“迎春送福——武强年画专题展”在国家典籍博物馆开展	新华网
2月5日	国家图书馆推出春节系列活动号召全国读者过文化新年	新华网
2月7日	品书香　过大年	新华网
2月15日	《中华传统文化百部经典》第二批图书出版	新华网
3月26日	习主席收到一份珍贵国礼	新华网
4月10日	第十三届全民阅读论坛在山西太原开幕	新华网
4月18日	第十四届“文津图书奖”将于2019世界读书日揭晓	新华网
4月22日	国家图书馆互联网信息战略保存项目启动　首家基地落户新浪	新华网
4月23日	《国家相册》等10种图书获第十四届“文津图书奖”	新华网
4月23日	2019年“4·23世界读书日”特别活动在国家图书馆举行	新华网
4月23日	National library builds first Internet information storage base	新华网
4月24日	“2018年度中国好书”揭晓 32种图书入选	新华网
4月24日	M地铁·图书馆“人无再少·书可重读”活动邀乘客自荐好书	新华网
4月28日	国家图书馆和紫竹院公园同时开启“当诗词遇见春天”系列活动	新华网
5月16日	30位亚洲艺术家匠心之作亮相“亚洲非遗大展”	新华网
5月17日	“文明匠心——亚洲非遗大展”在京开幕 以器物之美彰显文化活力	新华网
5月19日	《永乐大典》文献展展示国家图书馆“镇馆之宝”	新华网
5月19日	China holding variety of exhibitions, activities on Asian culture	新华网
5月20日	全国文创精品亮相十二艺节：让传统文化回归“诗意生活”	新华网
6月4日	国家图书馆启动“我们都是追梦人：当代追梦故事征集计划”	新华网

6月7日	“端午诗词音乐会”亮相国家图书馆	新华网
6月8日	沉浸古琴琵琶美妙韵味之中　展现非遗融入当代生活	新华网
6月8日	在生活中弘扬　在实践中创新——2019年“文化和自然遗产日”非遗活动掠影	新华网
6月9日	文明之光照亮复兴之路——以习近平同志为核心的党中央关心文化和自然遗产保护工作纪实	新华网
6月11日	“汉文文书——东波塔档案中的澳门故事”在京开展	新华网
6月11日	影像为非遗赋能	新华网
6月23日	“安东尼·布朗的幸福博物馆”即将开展	新华网
6月23日	“安东尼·布朗的幸福博物馆”亮相国家典籍博物馆	新华网
7月8日	国家图书馆举办第二届国家级非遗代表性传承人记录工作成果展映月系列活动	新华网
7月19日	中阿共建电子图书馆打造文明交流互鉴的数字化平台	新华网
7月22日	70位普通人追梦故事入选国家图书馆“中国记忆”项目	新华网
7月23日	第三期全国古籍数字化理论与实践培训班在拉萨举办	新华网
7月24日	记录时代——国家图书馆收藏当代追梦故事	新华网
7月30日	“中华传统文化百部经典”第三批图书出版	新华网
8月8日	首届中华传统晒书大会多地图书馆争“晒”国宝	新华网
8月23日	《十竹斋笺谱》重刊面世被国图收藏	新华网
8月28日	迎建馆110周年　国图将举办古籍大展　多个珍贵古籍首次展出	新华网
8月29日	国家图书馆将举办古籍大展等系列活动迎接110周年馆庆	新华网
9月8日	“中华传统文化典籍保护传承大展”汇集全国330余种珍贵藏品	新华网
9月9日	习近平给国家图书馆老专家的回信	新华网
9月9日	习近平给国家图书馆老专家回信强调　坚持正确政治方向　弘扬优秀传统文化	新华网

9月19日	点校本“二十四史”国庆七十周年纪念珍藏版捐赠入藏国家图书馆	新华网
10月10日	“无废城市”离我们还有多远？这个讲座告诉你	新华网
10月11日	国图文献修复师晒技艺	新华网
10月13日	庆祝新中国成立70周年少儿美术作品联展暨少儿数字阅读指导工作论坛在长沙举行	新华网
10月14日	建设“无废社会” 突围垃圾围城	新华网
10月15日	“海盗鼠”作者、著名作家卡梅伦开启中国巡讲之旅	新华网
10月18日	国图与华为签署全面合作框架协议	新华网
10月21日	专家解读北斗卫星导航系统发展故事	新华网
11月4日	72种传世珍本亮相“越地历史文脉展”	新华网
11月9日	“两岸国学大讲堂”走进国家典籍博物馆 平潭努力打造两岸共同精神家园	新华网
11月12日	国家古籍保护中心：7.2万部古籍网上免费阅览	新华网
11月14日	“妙法天成——细川护熙书法展”在国家图书馆开幕	新华网
11月25日	国家图书馆举办2019年东南亚图书馆员研修班	新华网
12月3日	国家图书馆携手新华书店总店“馆店融合”推进全民阅读	新华网
12月12日	口述史纪录片《口述国图》广州首映	新华网
12月18日	中朝建交70周年纪念展在京开幕	新华网
12月26日	国家文物局将郑振铎等抢救流散香港文物往来信札划拨国家图书馆	新华网
6月7日	Concert commemorating Dragon Boat Festival held in National Library	新华网英文版
6月8日	China Focus: China builds intangible cultural heritage protection network	新华网英文版
6月22日	Preview exhibition of “Anthony Browne’s Happy Museum” held in Beijing	新华网英文版
7月24日	National Library collects stories of contemporary “dream chasers”	新华网英文版

7月30日	National library releases 3rd batch of Chinese classic books	新华网英文版
8月4日	China’s National Library goes digital to preserve ancient books	新华网英文版
8月31日	Ancient Chinese books to be exhibited at National Library	新华网英文版
9月9日	Xi urges National Library to stick to correct political direction, promote traditional culture	新华网英文版
10月12日	Restorer demonstrate how to restore ancient book in National Library of China	新华网英文版
10月18日	National library, Huawei to promote smart library	新华网英文版
11月13日	72,000-plus digitized ancient Chinese books available online	新华网英文版
12月31日	Yearender: Xi Jinping—a great champion of culture and diplomacy	新华网英文版
8月28日	国图将举办古籍大展等系列活动迎接110周年馆庆	半月谈网
1月24日	书香辞岁营造传统年味　国家图书馆推出更有获得感的春节系列活动	央广网
1月26日	国家图书馆建馆110周年：赓续文脉烛照千秋	央广网
2月2日	李光羲、田连元登台演绎经典　书香筑梦传递新春祝福	央广网
2月11日	国家图书馆春节7天到馆人次突破12万	央广网
3月29日	2019中英图书馆论坛举行　共商公共图书馆发展新路径	央广网
3月30日	听跨界大咖讲述读书、音乐与人生	央广网
4月10日	第十三届全民阅读论坛开幕并发布2019年全民阅读主题及活动规划	央广网
4月19日	保存网络时代文化记忆　国家图书馆互联网信息战略保存项目启动	央广网
4月19日	国图2019年世界读书日系列活动丰富多彩 第14届“文津图书奖”将揭晓	央广网
4月23日	M地铁·图书馆推出由乘客自主推荐书籍	央广网

4月23日	第十四届文津图书奖揭晓 多种电子资源将集中发布	央广网
4月23日	科技赋能阅读　好书链接新知	央广网
5月22日	创新中国发明音乐会在国图艺术中心唱响（组图）	央广网
6月7日	非遗影像中国实践 2019年文化和自然遗产日非遗影像展开幕	央广网
6月10日	人间烟火 最是“燎”人——2019年非遗影像展侧记	央广网
6月13日	来国家图书馆　看非遗纪录片	央广网
6月16日	“沉淀青春　听读经典——琥珀四重奏讲演音乐会”拉开序幕	央广网
6月21日	这个夏天来国家图书馆“安东尼·布朗的幸福博物馆”玩耍吧	央广网
6月24日	同教授一道求索“学习中的有用与无用”	央广网
7月22日	“第三届老北京非遗趴——了不起的曲艺”在国家图书馆举办	央广网
8月22日	首次在区县级城市举办　2019年中国图书馆年会在鄂尔多斯市召开	央广网
8月28日	国宝级古籍珍品将集中亮相国图110岁“生日派对”	央广网
8月28日	国家图书馆迎建馆110周年　“中华传统文化典籍保护传承大展”即将开展	央广网
8月29日	国家图书馆将举办古籍大展　多个“首次”迎接建馆110周年	央广网
8月31日	国图艺术中心举办《音乐与人生》公益讲座	央广网
9月23日	昆曲名家捐赠珍贵手稿　献礼国图110周年馆庆	央广网
10月9日	奏响爱国情怀　国家图书馆举办专场音乐沙龙	央广网
10月11日	国图精选馆藏文献　致敬国家勋章和国家荣誉称号获得者	央广网
10月18日	国图与华为全面合作　5G+图书馆开启阅读新时代	央广网
11月7日	绍兴珍贵历史文献亮相国家图书馆	央广网
11月13日	京东方艺云携手咿啦看书推出Funbook儿童智能双语阅读器	央广网

11月14日	日本前首相细川护熙书法展在中国国家图书馆开幕	央广网
11月18日	国图公开课：千年回望司马光与《资治通鉴》	央广网
11月30日	公益讲座致敬国粹　尚长荣讲述“老戏骨”的创新之路	央广网
12月9日	国图“致敬经典”系列讲座年终完美收官　著名播音艺术家葛兰传授朗诵秘诀	央广网
1月30日	文化和旅游部现场打广告？国博、国图、网红故宫咋过春节	央视网
2月3日	国家图书馆春节期间推出多项活动欢迎读者	央视网
5月11日	多彩亚洲·亚洲文明对话大会5月15日举行：国家图书馆三大展览看点多	央视网
5月17日	亚洲非遗大展开幕　多位国外非遗大师现场献艺	央视网
7月19日	老北京非遗趴国图热演　老中青少四代传承人同台献艺	央视网
7月22日	“我们都是追梦人：当代追梦故事”纪念册成册典礼在国家图书馆举行	央视网
8月6日	六小龄童携86版《西游记》部分主创相聚国图　品读经典	央视网
8月7日	2019年中华传统晒书大会启动仪式成功举办	央视网
8月7日	首届中华传统晒书大会专题短片	央视网
8月8日	首届中华传统晒书大会——学术沙龙	央视网
8月9日	首届中华传统晒书大会启动仪式	央视网
9月5日	著名词作家邬大为做客国图艺术中心　分享艺术创作之路	央视网
11月11日	歌唱家李光羲做客国图艺术中心　分享从艺经历和人生感悟	央视网
11月12日	7.2万部古籍完成数字化工作　网上可免费阅览	央视网
12月30日	《2019·习近平的信札》之国图专家篇一纸情长润书香	央视网
12月31日	抒写中国梦 文旅部广泛开展文化进万家活动	央视网
1月8日	全国图书馆文创开发创新论坛暨优秀校企对接会在国家图书馆举办	光明网

1月24日	看书、听戏、赏年画、猜灯谜……国家图书馆带你玩转体验文化春节	光明网
1月28日	国家图书馆组织建馆110周年媒体探访活动	光明网
1月30日	国家典籍博物馆举办贺新春系列活动	光明网
1月31日	国图展出武强年画迎春节	光明网
2月1日	国家图书馆发布2019年春节活动及建馆110周年系列活动	光明网
2月14日	书香辞旧岁，国图馆长拜年第十载	光明网
3月5日	中国图书馆学会九届五次理事会在北京召开	光明网
3月11日	每日课堂 800余字探秘“我”在国图的行踪	光明网
3月19日	2019年全国古籍评审工作会议在京召开	光明网
3月19日	北京大学中文系12位知名学者国图主讲中国古代文学	光明网
3月19日	国家图书馆与中国银行北京市分行签署战略合作协议	光明网
3月19日	每日课堂　我如鱼　书如水　国图如海	光明网
3月21日	“四库全书”系列资源攻略	光明网
3月21日	国家古籍保护中心开展“走近四库全书”活动	光明网
4月18日	“4·23世界读书日”国家图书馆喊你来读书啦	光明网
4月24日	10部获奖50部入围　第十四届文津图书奖书单揭晓	光明网
5月14日	中华善本在当代中国的保护与传播	光明网
5月21日	激活古籍善本新生命，彰显中华文明新气象	光明网
5月22日	书香筑梦科技兴国　创新中国发明音乐会在国图艺术中心举办	光明网
6月5日	国图启动“当代追梦故事征集计划”	光明网
6月24日	听蓝天野在国图艺术中心讲述《演戏和看戏》	光明网
7月7日	易老的年华　盛开的芳华——国家图书馆举办第二届国家级非遗代表性传承人记录工作成果展映月系列活动	光明网
7月12日	2019中国文化馆年会聚焦文化馆的融合创新	光明网
7月16日	“在艺术中品味阅读”暑期系列活动在国家图书馆启动	光明网

7月17日	“古籍保护　你我同行”——古籍修复技艺走进湖北大学	光明网
7月22日	当代追梦故事征集计划纪念册发布	光明网
7月25日	国家图书馆饶权馆长会见玛利亚·儿玉女士	光明网
8月5日	“泱泱国乐　筑梦青春”音乐会在国图艺术中心举办	光明网
8月7日	首届中华传统晒书大会启动仪式在山东曲阜举行	光明网
8月9日	2019年中华传统晒书大会启动仪式在曲阜成功举办	光明网
8月15日	馆长饶权会见巴布亚新几内亚国家图书和档案馆总馆长	光明网
8月16日	全球知识创新服务业高峰会议举办	光明网
8月23日	《十竹斋笺谱》重刊面世发布会在京举行	光明网
8月29日	国图110周年馆庆将首次展出一批古籍普查新发现	光明网
9月9日	“图书馆·与时代同行”国际学术研讨会开幕式&主旨报告现场直播	光明网
9月10日	国家图书馆建馆一百一十周年系列活动现场图	光明网
9月12日	穿越古今展望未来　典籍保护和公共数字文化展览在国家图书馆同时开展	光明网
9月12日	推动文明交流互鉴　多国专家学者研讨新时代图书馆事业的未来发展	光明网
9月30日	与新中国同行，看70年国家图书馆藏书的“昨天”“今天”“明天”	光明网
10月12日	“国家勋章和国家荣誉称号获得者”馆藏文献展在国图开展	光明网
11月6日	国家图书馆展出绍兴珍贵历史文献	光明网
11月18日	国图公开课“千年回望司马光”开启“天才的时代”系列活动	光明网
12月10日	口述史纪录片《口述国图》在广州首映	光明网
12月17日	国图亮出“家庭荐书单”联合社会力量共促全民阅读	光明网
12月25日	“音乐点亮人生　我和我的祖国”新年音乐会在国图艺术中心举行	光明网

12月25日	缪荃孙铜像在国图揭幕	光明网
12月25日	图书馆学专家回顾40年学术出版历程	光明网
1月8日	大动作！国家图书馆携手全国116家图书馆推出文创“品牌发展计划”	中国经济网
2月1日	走！到国家典籍博物馆看武强年画	中国经济网
2月2日	国家图书馆举办2019迎春晚会　李光羲、田连元登台演绎经典	中国经济网
2月11日	国家图书馆里年味浓得不一般　7天到馆人次突破12万	中国经济网
4月19日	2019世界读书日活动来袭　国家图书馆联手3000余家图书馆举办全民读书盛典	中国经济网
4月22日	国家图书馆互联网信息战略保存项目启动　首创社会化保存模式	中国经济网
4月26日	阎维文等艺术家助阵国图世界读书日专场音乐会	中国经济网
7月8日	技·艺永存 22部影像作品获第二届国家级非遗代表性传承人记录优秀作品	中国经济网
8月21日	2019年中国图书馆年会在鄂尔多斯市东胜区举行	中国经济网
8月28日	迎建馆110周年　国家图书馆将举办古籍大展	中国经济网
8月29日	国家图书馆迎110岁生日　将首次展出近年古籍普查新发现的一批重要古籍	中国经济网
9月6日	人工智能机器人“小图”首次亮相国家图书馆公共数字文化展	中国经济网
9月12日	建馆110周年　国家图书馆举办“图书馆·与时代同行”	中国经济网
9月12日	让文创展现典籍之美　国家图书馆推出新文创新阅读系列活动	中国经济网
10月12日	国家图书馆举办“致敬国家勋章和国家荣誉称号获得者”馆藏文献展	中国经济网
11月4日	从先秦到民国　越地历史文脉展亮相国家图书馆	中国经济网
11月18日	国家图书馆开启“天才的时代”系列活动　首推“千年回望司马光”国图公开课特别活动	中国经济网
11月18日	实景解谜游戏带你看典籍大展	中国经济网

11月18日	中国国家图书馆少年儿童馆数字阅读区启用	中国经济网
1月8日	让典籍“时尚”起来！国家图书馆携手全国116家图书馆推出文创“品牌发展计划”	人民政协网
1月23日	国图发“新春大礼包”啦 线上线下感受“浓浓书香”年味儿	人民政协网
2月11日	12万人去国家图书馆里寻“年味”	人民政协网
3月29日	2019中英图书馆论坛举行 共话公共图书馆事业发展路径	人民政协网
3月31日	来国图听跨界大咖讲述读书、音乐与人生	人民政协网
4月11日	第十三届全民阅读论坛发布2019年全民阅读主题及活动规划	人民政协网
4月18日	国家图书馆第十四届“文津图书奖”即将揭晓	人民政协网
4月18日	迎世界读书日 国图发布系列活动清单	人民政协网
7月20日	了不起的老北京非遗趴，中国“说唱”你了解多少?	人民政协网
8月5日	《西游记》再伴孩子度暑假 主创聚首国图话经典	人民政协网
9月10日	“图书馆·与时代同行”国际学术研讨会在京召开	人民政协网
10月9日	“我和我的祖国”专场音乐沙龙举办 庆贺祖国70华诞	人民政协网
10月11日	向模范人物致敬！国图举办“致敬国家勋章和国家荣誉称号获得者”系列活动	人民政协网
11月11日	九旬歌唱家李光羲国图开讲 分享66年艺术实践经验	人民政协网
12月16日	“不忘初心 继往开来——中国音乐学院师生主题音乐会”举行	人民政协网
1月31日	“迎春送福——武强年画专题展”在京举行	中国日报网
3月12日	推动文化和旅游高质量发展 中国银行与文化和旅游部签署战略合作协议	中国日报网
2月1日	Festival Wood Print	中国日报网英文版
4月26日	Celebrating the mind	中国日报网英文版
5月21日	Asian crafts shown in Beijing as part of new conference	中国日报网英文版

6月18日	Embracing the cultural wealth of a shared historical legacy	中国日报网英文版
6月26日	Beijing exhibition shows work by acclaimed children’s author	中国日报网英文版
7月22日	Symposium in Beijing marks first anniversary of Arab-China Digital Library	中国日报网英文版
8月12日	Bringing the classics back to life	中国日报网英文版
8月30日	Museums bank on IP-driven success	中国日报网英文版
9月10日	110th birthday of the National Library of China celebrated	中国日报网英文版
11月12日	Ancient texts made available online	中国日报网英文版
11月15日	Former Japanese PM’s calligraphy exhibited in Beijing	中国日报网英文版
11月15日	Former Japanese prime minister’s art exhibition opens in Beijing	中国日报网英文版
12月19日	China, DPRK celebrate 70 years of ties with exhibition	中国日报网英文版
12月31日	Exhibits show China’s efforts to get back lost cultural items	中国日报网英文版
10月17日	“共和国不会忘记”馆藏文献展在国图展出　这84份“功勋”文献你读过吗?	中央纪委国家监委网站
4月2日	拓展少儿阅读视界 2019年全国少年儿童双语阅读推广项目启动	中国青年网
8月4日	《西游记》主创相聚 六小龄童“猴王”再现	中国青年网
8月26日	研学游　让青少年徜徉在活起来的古籍里	中国青年网
8月28日	国图110岁，3.2万部古籍实现在线阅览	中国青年网
9月12日	四库全书笔袋、永乐大典丝巾、敦煌莲花包……国图文创放大招了	中国青年网
11月22日	东南亚10个国家图书馆来华研修“数字图书馆的建设与合作”	中国青年网
1月7日	中国榫卯活性传承艺术研究特展在京开幕	中国新闻网

1月24日	武强年画展、馆长拜大年……国家图书馆丰富活动迎接己亥猪年	中国新闻网
1月31日	北京市民新年俗：典籍博物馆赏音乐　紫竹院公园纳百福	中国新闻网
1月31日	河北衡水“迎春送福”武强年画专题展首次在国家图书馆举办	中国新闻网
1月31日	赏年画　写春联　国家典籍博物馆年味十足	中国新闻网
3月2日	揭秘姓氏来源：“东郭”确有其姓？“嬴”姓很古老	中国新闻网
3月17日	北大教授国图开讲中国古代文学迎来爆满读者	中国新闻网
3月27日	2019中英图书馆论坛举行　行业“大咖”共论图书馆事业新发展	中国新闻网
4月23日	87版红楼梦导演“犯了个大错误”　最近这几年他才发现…	中国新闻网
4月23日	中国图书馆界发出全民阅读活动倡议书　文津图书奖十书单颁出	中国新闻网
5月15日	“革命文献与民国时期文献保护计划”展出珍贵抗战史料	中国新闻网
5月15日	国家图书馆藏《永乐大典》文献展吸引参观者	中国新闻网
5月16日	“文明匠心——亚洲非遗大展”在中国国家图书馆开幕	中国新闻网
5月16日	非遗精品大展凸显亚洲“匠心”	中国新闻网
5月21日	中国“抢救”保护革命文献与民国时期文献　展出珍贵抗战史料	中国新闻网
5月23日	亚洲非遗大展北京开幕　新生代匠心设计师携元中堂作品亮相	中国新闻网
5月30日	中国将南北联动共度“文化和自然遗产日”	中国新闻网
6月10日	国家图书馆发起“当代追梦故事征集计划”	中国新闻网
6月10日	世界记忆遗产“汉文文书”讲述档案中的澳门故事	中国新闻网
6月11日	梅兰芳诞辰125周年　梅派传人李玉芙开讲梅派艺术	中国新闻网
6月16日	琥珀四重奏讲演音乐会在国家图书馆艺术中心奏响	中国新闻网
6月21日	92岁“老戏骨”蓝天野：演戏到最后 拼的是文化素养	中国新闻网

6月22日	世界绘本大师安东尼·布朗162幅原画首度来到中国	中国新闻网
7月10日	历经600年《永乐大典》正本至今不知所终	中国新闻网
7月20日	曲艺名家同登台 老中青少共传承	中国新闻网
7月25日	《城管来了》等书籍捐赠国家图书馆	中国新闻网
8月28日	国图110周年馆庆将办古籍大展　数量规模等级皆最高	中国新闻网
9月4日	听邬大为讲歌词创作《音乐与人生》公益讲座举办	中国新闻网
9月6日	国图110周年馆庆办古籍大展：宋本云集 孤品频现	中国新闻网
9月6日	中国国家图书馆110周年馆庆办古籍大展	中国新闻网
9月11日	《我的祖国》创作往事：乔羽经过长江时顿生灵感	中国新闻网
9月11日	国家图书馆110周年推出“新文创　新阅读”文创产品吸睛	中国新闻网
9月15日	国图建馆110周年艺术名家手稿展再现匠心	中国新闻网
9月27日	中科院与国图共办“两弹一星”功勋人物肖像画展	中国新闻网
10月8日	澳门举办“贺双庆文献特展” 展出近百件珍贵文献	中国新闻网
11月4日	72种传世珍本亮相国图　讲述“越地历史文脉”	中国新闻网
11月12日	全国图书馆上线7.2万余部古籍　读者可在线免费查阅	中国新闻网
11月13日	全国7.2万余部古籍数字资源在线发布　免费阅览	中国新闻网
11月14日	日本前首相细川护熙书法展亮相中国国家典籍博物馆	中国新闻网
11月17日	国图公开课带读者回望千年前的司马光	中国新闻网
11月20日	来国图玩“密室逃脱”！实景解谜游戏带你看典籍大展	中国新闻网
12月17日	国图引入社会力量　助推藏文古籍保护	中国新闻网
12月18日	中朝建交70周年纪念展在北京开幕	中国新闻网
12月22日	中国图书馆事业拓荒者缪荃孙铜像在国家图书馆揭幕	中国新闻网
12月26日	“郑振铎等抢救流散香港文物往来信札”入藏中国国家图书馆	中国新闻网
8月28日	国家图书馆将举办古籍大展及国际论坛等系列活动 让古籍里的文字活起来	中国妇女网
1月8日	中国百余家图书馆联手推出文创“品牌发展计划” 让典籍“时尚”起来	国际在线网

1月24日	国家图书馆推出丰富活动　赏《四库全书》过文化大年	国际在线网
5月16日	“文明匠心——亚洲非遗大展”在京开幕，非遗大师匠心之作亮相国图	国际在线网
7月22日	国图“我们都是追梦人”纪念册成册　70位追梦人故事记录新时代	国际在线网
8月28日	中国国家图书馆将举办古籍大展庆祝建馆110周年	国际在线网
10月9日	澳门举办文献特展贺“双庆”　近百件珍贵文献集中亮相	国际在线网
10月11日	国家图书馆举办系列活动致敬国家勋章和国家荣誉称号获得者	国际在线网
12月26日	郑振铎等抢救流散香港文物往来信札入藏国家图书馆记录新中国成立初期抢救流散文物动人故事	国际在线网
1月25日	春节在国家图书馆过书香年	国家文物局网站
4月18日	2018年度“十大精品”初评揭晓	国家文物局网站
9月10日	中华传统文化典籍保护传承大展在国家典籍博物馆开幕	国家文物局网站
1月17日	国家艺术基金资助项目“中国榫卯工艺巡展”在国家典籍博物馆开幕	国家艺术基金网
8月28日	National Library of China celebrates 110th anniversary with exhibition and academic forum	环球时报英文网
9月6日	National Library of China exhibits ancient books to celebrate 110th anniversary	环球时报英文网
9月8日	Exhibition on protection and inheritance of ancient books kicks off in Beijing	环球时报英文网
11月17日	Exhibition of former Japanese PM’s calligraphy works kicks off at National Library	环球时报英文网
11月18日	Beijing’s National Museum of Classic Books launches new interactive “treasure hunt” experience to promote traditional culture	环球时报英文网
5月16日	亚洲文明对话大会系列活动“文明匠心——亚洲非遗大展”在北京开幕	环球网

9月10日	国图110岁啦 如何打造文化体验新空间?	环球网
10月18日	国家图书馆联手华为成立创新实验室　促文化科技融合发展	环球网
11月13日	7.2万部22个数据库　馆藏古籍网上免费看	环球网
12月18日	中朝建交70周年纪念展在京开幕	环球网
4月3日	新东方在线发起2019年全国少年儿童双语阅读推广项目	经济网
9月7日	科学典籍亮相国家图书馆110周年馆庆大展	科学网
9月10日	国图举办“图书馆·与时代同行”学术研讨会	科学网
1月9日	探索传统工艺　弘扬工匠精神——榫卯活性传承巡展首站在京开幕	人民论坛网
11月18日	「妙法天成」細川護熙書道展が中国国家典籍博物館で開幕	人民中国网
1月25日	国家图书馆@你领取2019春节五大“文化礼包”	人民周刊网
4月19日	国家图书馆互联网信息战略保存项目启动　首家基地落户新浪	人民周刊网
4月19日	三大亮点鼎力国家图书馆2019年世界读书日特别活动	人民周刊网
8月23日	中国图书馆学会成立40周年主题论坛成功召开	人民周刊网
8月29日	9月9日，国家图书馆喜迎建馆110周年	人民周刊网
4月24日	世界读书日国家图书馆联合抖音上线“抖音图书馆”	消费日报网站
9月2日	军歌再次在国图嘹亮，唱响“桃花盛开”	中国报道网
11月9日	首都军歌嘹亮团国图音乐厅欢快祝酒歌	中国报道网
9月8日	“中华传统文化典籍保护传承大展”将在国家图书馆开展 汇集全国330余种珍贵藏品	中国产业经济信息网
9月13日	让文创展现典籍之美　国家图书馆推出新文创新阅读系列活动	中国产业经济信息网
3月28日	2019中英图书馆论坛在四川成都举办	中国出版传媒网
6月3日	国家图书馆发起“我们都是追梦人”故事征集	中国出版传媒网
8月28日	国图迎来110周年馆庆　将举办珍贵典籍展等活动	中国出版传媒网

10月12日	致敬国家勋章和国家荣誉称号获得者　国图举办系列馆藏文献展	中国出版传媒网
10月15日	写作力培养：如何把100多只动物赶进故事里？——“海盗鼠”作者、著名作家卡梅伦在国家图书馆开启中国巡讲之旅	中国出版传媒网
7月29日	国家图书馆馆长饶权一行到新华书店总店调研交流	中国出版集团有限公司网站
6月6日	国家图书馆副馆长张志清一行考察贵州民族大学图书馆	中国高校之窗
1月21日	中国古籍保护协会古籍鉴定专业委员会在国家图书馆成立	中国古籍保护协会网
4月2日	个性阅读　拓展少年儿童阅读视界　“2019年全国少年儿童双语阅读推广项目”启动	中国教育新闻网
4月2日	新东方在线联动百家图书馆　助力少年儿童阅读视界拓展	中国教育在线网
1月9日	全国116家图书馆推出文创“品牌发展计划”	中国金融新闻网
2月2日	到图书馆里过文化年　国家图书馆推出2019年春节系列活动	中国金融新闻网
3月13日	国家文旅部与中国银行签订《推动文化和旅游高质量发展战略合作协议》	中国经济新闻联播
4月3日	百家图书馆与新东方在线联动推广少年儿童双语阅读	中国经济新闻网
7月24日	我们都是追梦人——当代追梦故事征集计划圆满落幕	中国经济新闻网
6月4日	让时代记住你的梦想——国图启动“当代追梦故事征集计划”	中国科技网
7月8日	年华易老　技忆永存——31部影片亮相国图第二届非遗展映月活动	中国科技网
7月16日	暑期来国图，在艺术中品味阅读	中国科技网
8月28日	国图将举办古籍大展　迎接110周年馆庆	中国科技网
1月31日	今年春节，请您进馆	中国旅游新闻网
4月18日	3000余家图书馆参与世界读书日系列活动丰富多彩	中国旅游新闻网

4月21日	“致敬经典·那些年我们追过的艺术”系列公益活动启动　导演王扶林在国图艺术中心开讲	中国旅游新闻网
4月22日	国图牵线各地图书馆合力打造文创产品	中国旅游新闻网
6月2日	国图艺术中心与天坛神乐署联合举办儿童节公益活动	中国旅游新闻网
6月21日	蓝天野做客国图讲《演戏和看戏》	中国旅游新闻网
6月25日	到国图跟教授学习“学习中的有用无用”	中国旅游新闻网
7月20日	第三届老北京非遗趴——“了不起的曲艺”在国家图书馆举办	中国旅游新闻网
8月3日	《西游记》主创相聚国图　为青少年读者讲述《国粹与名著》	中国旅游新闻网
8月28日	国图迎接110周年馆庆　将举办古籍大展及国际论坛等系列活动	中国旅游新闻网
9月8日	330余种珍贵藏品扎堆亮相国家典籍博物馆	中国旅游新闻网
9月8日	在国图公共数字文化展感受“科技范儿”	中国旅游新闻网
10月11日	诵经典　晒技艺　晒创新　国图举办特色活动让古籍里的文字活起来	中国旅游新闻网
10月13日	古琴家姚公白向国图捐赠《鹤鸣九皋》手稿	中国旅游新闻网
11月18日	国图举办公开课纪念司马光诞辰一千周年	中国旅游新闻网
2月13日	在年画中品年味，“迎春送福——武强年画展”亮相国家典籍博物馆	中国美术报网
11月14日	日本前首相细川护熙书法展“妙法天成”在国家图书馆（国家典籍博物馆）开展	中国美术报网
1月8日	国家图书馆携手全国116家图书馆推出文创“品牌发展计划”	中国社会科学网
2月2日	“书香筑梦　金猪送福”迎春晚会在国图艺术中心举办	中国社会科学网
3月17日	北大中文系12位知名学者国图主讲中国古代文学	中国社会科学网
3月18日	“风雅·风骨·风趣——中国古代文学名家名作讲座”开幕式举行	中国社会科学网
4月1日	2019中英图书馆论坛举行	中国社会科学网
4月18日	国家图书馆2019年世界读书日系列活动丰富多彩	中国社会科学网

4月22日	导演王扶林讲述拍摄《红楼梦》和《三国演义》的那些事——“致敬经典·那些年我们追过的艺术”系列公益活动启动	中国社会科学网
4月23日	2019年“4·23世界读书日”全国图书馆界联合发布全民阅读倡议书	中国社会科学网
5月18日	《长江之歌》词作者胡宏伟分享创作背后的故事	中国社会科学网
5月22日	创新中国发明音乐会在国图艺术中心举办	中国社会科学网
6月2日	国图与天坛联合举办“我和我的祖国”儿童节主题活动	中国社会科学网
6月3日	让时代记住你的梦想——“我们都是追梦人：当代追梦故事征集计划”启动	中国社会科学网
6月7日	2019年“非物质文化遗产保护讲座月”首场活动“端午诗词音乐会”在国图举办	中国社会科学网
6月7日	纪念梅兰芳、周信芳诞辰125周年系列讲座在国图艺术中心开讲	中国社会科学网
6月21日	蓝天野谈《演戏和看戏》	中国社会科学网
7月7日	第二届“国家级非遗代表性传承人记录工作成果展映月”优秀成果推介会在国图举行	中国社会科学网
7月16日	任继愈先生学术思想座谈会在京召开	中国社会科学网
7月21日	“我们都是追梦人：当代追梦故事征集计划”纪念册成册典礼在国图举行	中国社会科学网
8月3日	《西游记》主创相聚国图　携青少年读者祝福祖国华诞	中国社会科学网
9月8日	昆曲名家捐赠珍贵手稿祝贺国图110周年馆庆	中国社会科学网
9月10日	国家图书馆举办“图书馆·与时代同行”国际学术研讨会	中国社会科学网
9月10日	国家图书馆举办建馆110周年音乐会	中国社会科学网
9月19日	点校本二十四史国庆七十周年纪念珍藏版入藏国家图书馆	中国社会科学网
10月9日	“我和我的祖国”专场音乐沙龙在国图举办	中国社会科学网
10月11日	国图举办“中国古代思想家邮票主题产品发行”活动	中国社会科学网

11月4日	“文献名邦　书香绍兴——越地历史文脉展”在国图开幕	中国社会科学网
11月9日	国图艺术中心举办《李光羲的艺术道路和人生感悟》公益讲座	中国社会科学网
11月12日	国家图书馆等全国20家单位联合在线发布古籍数字资源	中国社会科学网
11月18日	“纪念司马光诞辰一千周年——千年回望司马光”国图公开课活动举办	中国社会科学网
11月20日	“海外古籍文献的收藏、研究及整理出版”国际学术论坛在桂林举行	中国社会科学网
11月22日	2019年东南亚图书馆员研修班在国图开班	中国社会科学网
12月4日	国家图书馆出版社四十周年出版座谈会在京召开	中国社会科学网
12月8日	“致敬经典”系列讲座年终收官　著名播音艺术家葛兰做客国图	中国社会科学网
12月22日	缅怀中国图书馆事业的拓荒者　著名学者缪荃孙铜像揭幕仪式在国图举行	中国社会科学网
1月4日	当年抢救古籍文物的文人	中国书画网
4月22日	导演王扶林现身国图 讲述《红楼梦》《三国演义》创作背后的故事	中国搜索网
6月22日	92岁蓝天野做客国图艺术中心讲述《演戏和看戏》	中国搜索网
8月3日	《西游记》主创相聚国图　六小龄童重现“美猴王”经典动作	中国搜索网
9月11日	艺术名家珍贵手稿亮相国家图书馆艺术中心	中国搜索网
1月23日	品书香　赏年画　做花灯　国家图书馆启动文化春节系列活动	中国网
2月2日	李光羲田连元登台演绎经典　书香筑梦国图传递新春祝福	中国网
2月11日	国家图书馆里年味浓　春节7天到馆人次突破12万	中国网
3月27日	2019中英图书馆论坛在蓉开幕	中国网
4月9日	第十三届“全民阅读论坛”太原开幕	中国网

4月23日	“世界读书日”第十四届文津图书奖揭晓 十种图书上榜	中国网
4月23日	“世界读书日”中国图书馆界倡议：服务全民阅读 助力扶贫攻坚	中国网
5月17日	国家图书馆三国典籍特展开启，携手《率土之滨》手游传承古文文化	中国网
6月9日	梅兰芳弟子李玉芙国图艺术中心开讲梅派艺术	中国网
6月16日	到国图听读经典　琥珀四重奏讲演音乐会拉开序幕	中国网
6月21日	让孩子发现幸福和惊喜：绘本大师安东尼·布朗原作中国首展	中国网
8月28日	2019中国图书馆年会在内蒙古举行	中国网
8月29日	国家图书馆迎来建馆110周年 330多种珍贵典籍文献将与读者见面	中国网
9月7日	机器人“小图”亮相国家图书馆　带你看公共数字文化展	中国网
9月11日	国家图书馆跨界合作启动新文创活动　打造全国图书馆文创IP	中国网
10月18日	国家图书馆与华为签署全面合作协议　成立联合创新实验室	中国网
10月24日	天猫新文创牵手国家图书馆，图书也玩跨界！	中国网
11月14日	7.2万部古籍网上免费阅读　普查数据库收录古籍超744万册	中国网
12月27日	凡是国宝　都要争取：郑振铎等抢救流散香港文物往来信札入藏国图	中国网
4月19日	国家图书馆发布2019“世界读书日”活动计划 “文津图书奖”将揭晓	中国文化传媒网
8月15日	国家图书馆建馆110周年系列活动媒体策划会在京举办	中国文化传媒网
8月28日	国家图书馆将迎来110周年馆庆　古籍大展及国际论坛等系列活动同步展开	中国文化传媒网

9月1日	国家图书馆将举办古籍大展等系列活动迎接110周年馆庆	中国文化传媒网
9月13日	把时代变迁和幸福生活融进歌声里　音乐纪录片“《时光的旋律》第二季：为祖国歌唱”在国家图书馆首映	中国文化传媒网
9月30日	国庆，到国图看大展！	中国文化传媒网
9月30日	金秋时节，来海淀赴一场演出盛宴	中国文化传媒网
1月11日	“问祖寻根——姓氏文化主题展”开展	中国文化网
1月17日	国家图书馆在凤凰开展“文艺小分队下基层”志愿服务活动	中国文明网
6月20日	凤台花鼓灯将在国家图书馆展映	中国文明网
2月2日	春节，到国图看武强年画、写春联	中国文艺网
10月9日	国家图书馆举办“我和我的祖国”专场音乐沙龙	中国小康网
11月18日	国家图书馆“千年回望司马光”开启“天才的时代”系列	中国小康网
1月3日	《嘉业堂景宋四史》首次原貌影印	中国新闻出版广电网
1月30日	《琴曲钩沉》展现非遗之美	中国新闻出版广电网
3月20日	一个插图展 一段古籍史	中国新闻出版广电网
5月6日	以当代眼光审视古代典籍	中国新闻出版广电网
5月21日	文献保护计划宣传推广活动走进兰州	中国新闻出版广电网
6月26日	在国图听蓝天野说演戏和看戏	中国新闻出版广电网
10月14日	“国家勋章和国家荣誉称号获得者”文献展开展	中国新闻出版广电网
12月16日	纪录片《口述国图》亮相广州纪录片节	中国新闻出版广电网
1月15日	全国百余图书馆共推文创“品牌发展计划”	中国新闻人网
1月25日	国家图书馆陪你过大年	中国作家网
3月21日	北大教授在国图带你读古文	中国作家网
4月19日	世界读书日看哪里？国图在这里等你！	中国作家网
4月22日	国家图书馆“致敬经典·那些年我们追过的艺术”系列公益活动启动 王扶林：电视剧《红楼梦》和《三国演义》背后的故事	中国作家网

4月24日	第十四届文津图书奖揭晓10种获奖图书——2019年“4·23世界读书日”特别活动在国家图书馆举行	中国作家网
6月22日	安东尼·布朗笔下的小伙伴们来到了中国——“安东尼·布朗的幸福博物馆”在国家典籍博物馆开展	中国作家网
8月29日	国家图书馆将举办庆祝建馆110周年系列活动	中国作家网
9月10日	珍贵典籍　荟萃国图——国家图书馆“中华传统文化典籍保护传承大展”开展	中国作家网
11月25日	玄冬围炉，在国图品雪品诗	中国作家网
1月10日	国家图书馆联合116家图书馆一起做文创	中青在线
1月24日	走，去国家图书馆过大年！	中青在线
7月21日	国图举办“老北京非遗趴” 大展曲艺传承的力量	中青在线
9月27日	“两弹一星”功勋人物肖像画展走进国图	中青在线
10月12日	国图举办“致敬国家勋章和国家荣誉称号获得者”系列活动	中青在线
10月18日	国图与华为全面合作，成立联合创新实验室	中青在线
2月27日	上星了！“国图公开课”《丝绸之路与丝路之绸》课程将在中国教育电视台播出	北京旅游网
5月15日	40余国非遗精品联展凸显亚洲“匠心”	北京商报网
1月9日	大动作！国家图书馆携手全国116家图书馆推出文创“品牌发展计划”	北京时间网
1月25日	穿越时空遇见你！这个春节来国图惊喜不断　获得满满	北京时间网
2月6日	书香过年！国图馆长拜年第十载　前三名读者获赠“文津奖”图书	北京时间网
3月28日	2019中英图书馆论坛在蓉开幕　有效增进两国文明交融	北京时间网
4月23日	第十四届文津图书奖揭晓《汉字与中华文化十讲》等10种图书获奖	北京时间网
5月22日	不一样的音乐会！用创新的舞台艺术讲述发明故事	北京时间网
6月1日	少先队建队70周年！国图和天坛联合给孩子们过六一	北京时间网
6月22日	与孩子一起发现幸福与惊喜!来国图感受安东尼·布朗的原画魅力	北京时间网

7月19日	这趟地铁坐“值”啦！近距离体验老北京非遗技艺很过瘾	北京时间网
8月3日	“泱泱国乐　筑梦青春”音乐会在国图艺术中心举办	北京时间网
8月3日	关注！《西游记》主创相聚国图　携青少年读者祝福祖国华诞	北京时间网
8月28日	国图将迎110岁生日！古籍大展镇馆之宝纷纷亮相　系列活动非比寻常	北京时间网
10月15日	著名古琴家姚公白先生《鹤鸣九皋》手稿捐赠给国家图书馆	北京时间网
11月17日	纪念司马光诞辰一千周年！国图公开课带您回望司马光和《资治通鉴》	北京时间网
8月28日	国家图书馆扮靓夜景　喜迎建馆110周年	北青网
9月2日	国图3.2万部古籍实现在线阅览，体量相当于8部《四库全书》	北青网
9月6日	看北京　机器人“小图”国图上岗	北青网
11月14日	日本前首相细川护熙在国图举办书法展	北青网
2月5日	书香辞旧岁，国图馆长拜年第十载	北晚新视觉网
4月18日	“世界读书日”国图将开展系列活动　文津图书奖也将于当日揭晓	北晚新视觉网
6月21日	安东尼·布朗人气绘本主角集体亮相国图，展览将展至9月22日	北晚新视觉网
10月12日	国图设展致敬国家榜样　向公众讲述这些功勋人物的奉献故事	北晚新视觉网
10月14日	在国图艺术中心，听陈燕民导演说字——“诗与歌”	北晚新视觉网
1月8日	全国百家图书馆联合开网店　合力塑造图书馆文创品牌	新京报网
1月26日	博物馆里品雅韵　国家典籍博物馆举办新春音乐会	新京报网
3月16日	北大名师国图开讲古代文学　系列讲座听众爆满	新京报网
4月18日	国图发布世界读书日活动计划“文津图书奖”将揭晓	新京报网
4月19日	我们在网络上的痕迹，百年后由谁来保存?	新京报网
4月23日	《尚书正义》等三种宋刻本在国图展出	新京报网

4月23日	读经典学新知　世界读书日揭晓“文津图书奖”	新京报网
5月22日	“创新乐器”音乐会在国图举办|组图	新京报网
6月1日	听埙篪古音、演排箫齐奏，国图与天坛联合为孩子过六一	新京报网
6月6日	国图端午诗词音乐会奏响离骚、橘颂　非遗讲座月启动	新京报网
6月7日	奏《离骚》吟《橘颂》国图举办端午诗词音乐会 |组图	新京报网
6月10日	百余件葡萄牙藏中文档案国图展出，讲述清代澳门故事	新京报网
6月10日	文书档案讲述澳门旧事　“汉文文书”展亮相国图	新京报网
7月19日	唱大鼓、弹单弦、打快板　“老北京非遗趴”在国图举办	新京报网
7月21日	我们都是追梦人！70名普通人故事入藏国图“中国记忆”	新京报网
8月3日	86版《西游记》主创聚国图讲述《国粹与名著》	新京报网
8月25日	明代《十竹斋笺谱》重刊：曾影响日本浮世绘艺术发展	新京报网
8月28日	“二百年来古籍界最大发现”9月将亮相国图古籍大展	新京报网
9月6日	公共数字文化展国图开展　机器人“小图”迎宾讲解|组图	新京报网
9月10日	《西游记》剧本、昆曲学戏手记亮相国图艺术名家手稿展	新京报网
9月10日	国家图书馆展出11位艺术名家手稿	新京报网
9月11日	“为祖国歌唱”《时光的旋律》第二季首映	新京报网
10月3日	故宫、国博人太多？这些展览也值得一看	新京报网
10月6日	人生苦短，书海无涯丨日签	新京报网
10月8日	国图举办“我和我的祖国”专场音乐沙龙	新京报网
10月11日	“中国古代思想家”文创系列产品发行	新京报网
10月11日	国家勋章和荣誉称号获得者功勋何在？国图用文献展讲述	新京报网
11月4日	《从百草园到三味书屋》鲁迅手稿真迹现身国图	新京报网
11月4日	72种传世珍本亮相国图展示“越地历史文脉”	新京报网

11月14日	日本前首相细川护熙书法展在国图开幕	新京报网
11月14日	日本前首相在国图举办书法展，去年曾捐赠四千余册汉籍	新京报网
11月23日	国图“围炉诗话”讲解咏雪名篇　四季读诗吸引40万读者	新京报网
11月30日	公益讲座致敬国粹　京剧表演艺术家尚长荣国图开讲	新京报网
1月16日	公共数字文化下基层今起在海口、三沙开展	新浪网
4月18日	国家图书馆2019年世界读书日系列活动丰富多彩	新浪网
4月18日	国图2019年世界读书日系列活动打造全民阅读盛典	新浪网
4月19日	国家图书馆首个互联网信息战略保存基地落户新浪	新浪网
4月23日	2019年“4·23世界读书日”特别活动　在国家图书馆举行	新浪网
8月29日	国家图书馆建馆110周年系列活动新闻发布会在京召开	新浪网
9月9日	迎馆庆 国图召开国际学术研讨会	新浪网
10月11日	诵经典·晒技艺·晒创新：“中华传统晒书活动”在京举行	新浪网
10月18日	国家图书馆与华为签署全面合作框架协议	新浪网
11月14日	日本前首相细川护熙书法展在国家图书馆开幕	新浪网
12月4日	馆店融合发展　共同推进全民阅读	新浪网
12月9日	著名播音艺术家葛兰作客国图 分享艺术人生	新浪网
1月23日	国家图书馆推出2019年春节系列活动“大礼包”　邀您来图书馆过大年	新民网
4月23日	第十四届文津图书奖今日揭晓，评委朱永新：原创图书的异军突起	新民网
8月28日	20多省300多种典籍文献　国图将办国内外最“重量级”典籍大展	新民网
4月22日	专家谈互联网信息保存：打造个体与国家记忆的整合	北国网
12月9日	国图“围炉诗话”讲解咏雪名篇　四季读诗吸引40万读者	北国网

1月23日	国家图书馆春节送文化“大礼包” 读者可走近《四库全书》	大公网
11月14日	日本前首相国图展书法	读特网站
4月20日	国家图书馆互联网信息战略保存项目启动首家基地落户新浪	凤凰网
6月11日	第四期中华传统文化推广培训班在黑龙江省图书馆开班 龙江书院挂牌成为“中华优秀传统文化实践基地”	凤凰网
8月22日	《十竹斋笺谱》重刊面世发布会在京举行	凤凰网
1月31日	首次！河北省与国家图书馆联合举办武强年画专题展	河北新闻网
2月13日	河北首次与国家图书馆联办武强年画专题展	河北新闻网
6月11日	中华传统文化推广培训班开班	黑龙江新闻网
1月18日	国家图书馆文艺惠民活动走进辰溪	华声在线
8月22日	2019年中国图书馆年会在鄂尔多斯东胜区开幕	内蒙古新闻网
5月17日	到国图看“亚洲非遗”：日本的陶瓷，锡兰的木偶，韩国的斗笠	澎湃新闻网
6月8日	用影像记录非遗的“此刻”，为人们留下非遗“记忆”	澎湃新闻网
6月11日	通过影像，让非遗从“被记录”到“被看见”	澎湃新闻网
8月22日	国内外1000多名专家学者来东胜参加这个重要论坛	澎湃新闻网
9月15日	四库全书笔袋、永乐大典丝巾：图书馆与出版社的文创在路上	澎湃新闻网
10月12日	“国家勋章和国家荣誉称号获得者”馆藏文献展在京举行	澎湃新闻网
11月5日	从《兰亭集序》到鲁迅手稿，72种绍兴传世珍本勾勒越地文脉	澎湃新闻网
11月12日	7.2万部古籍碑帖网上免费阅览，国图联合发布数字资源	澎湃新闻网
11月18日	日本前首相细川护熙：真正感知书法之美是在退出政坛后	澎湃新闻网
11月18日	世界仅存司马光《资治通鉴》手稿残稿在京展出	澎湃新闻网

12月11日	纪录片《口述国图》：国家图书馆110年里那些闪光的人和事	澎湃新闻网
12月27日	从郑振铎信札看“香港秘密收购文物小组”收购中秋帖等往事	澎湃新闻网
8月6日	有一种“显摆”叫晒书！这些国宝级古籍亮相首届“中华传统晒书大会”	齐鲁网
8月9日	纸质文物破损严重　山东台主持人带你看千百年古籍如何“续命”	齐鲁网
3月27日	2019中英图书馆论坛在川开幕　中英图书馆代表共话创新路径	四川新闻网
1月24日	赏年画　写春联　品书香——国家图书馆邀您一起过大年	文汇网
4月23日	世界读书日：哪10种书摘得文津图书奖？中国图书馆界倡议“全民阅读”	文汇网
10月8日	澳门举办庆祝新中国成立70周年暨澳门回归20周年文献特展	香港访谈网
9月10日	图书馆如何与时代同行？	雅昌艺术网
12月27日	“我们的中国梦——文化进万家”国家图书馆文化文艺小分队下基层启动仪式在大理启动	云南网
12月29日	国家图书馆文化文艺小分队走进大理洱源	云南网
1月31日	河北省首次与国家图书馆联合举办武强年画专题展	长城网
4月19日	未来你发的微博 可能成为这个时代的国家数字记忆	浙江新闻网

年度大事记

年度大事记

一 月

1日，国家图书馆学习强国版学习平台正式上线提供服务。该平台包含了文津图书奖、中国记忆、宋人文集、敦煌遗珍、碑帖菁华、西夏碎金、年画撷英、前尘旧影、数字方志、在线展览等10部分的资源内容。读者可在国家图书馆网站实名注册后，登录浏览该平台资源内容。同时，国家图书馆积极配合中宣部“学习强国”学习平台建设，在其网站首页开设“国图公开课”栏目，提供多领域的学习视频。

7—9日，14—17日，2019年元旦、春节期间，国家图书馆联合文化和旅游部全国公共文化发展中心组织多支小分队，由馆领导带队，分别赴湖南省和海南省的全国建设新时代文明实践中心试点区县开展文化惠民活动，为湖南省辰溪县、凤凰县和海南省海口市美兰区、琼海区，以及三沙市的5家基层图书馆开通基层数字图书馆平台，捐赠数字图书馆阅读卡、资源宝，为部分图书馆捐赠6000余册图书，并在当地开展名家写春联、京剧表演、文学讲座等活动。

8日，由国家图书馆、全国图书馆文化创意产品开发联盟、上海自贸区国际文化投资发展有限公司联合主办的全国图书馆文化创意产品开发联盟“品牌发展计划”正式启动。品牌发展计划由“三百目标”“两个平台”“一场大赛”构成，预计3年完成。“三百目标”包括“百位联盟成员”“百家合作伙伴”“百家联盟门店”3项发展目标。“两个平台”指的是“全国图书馆文化创意产品开发一体化平台”和“全国图书馆文化创意产品开发联盟天猫旗舰店”销售平台，已于启动仪式当天正式上线运营。“一场大赛”即“全国图书馆‘典籍杯’优秀文创产品设计大赛”。此外，联盟将通过“百家合作伙伴”的方式进一步拓宽联盟成员的对外合作渠道，并在2021年底前建立“百家联盟门店”。

18日，中国古籍保护协会古籍鉴定专业委员会在国家图书馆举办成立大会。国家图书馆副馆长、国家古籍保护中心副主任张志清，中国古籍保护协会会长刘惠平向拟任委员颁发聘书。随后召开的委员会第一次会议上，委员们围绕委员会未来5年工作规划和近期工作重点各抒己见。

23日，国家图书馆举行2019年春节活动暨建馆110周年系列活动发布及座谈会。国家图书馆馆长饶权、党委书记魏大威、副馆长陈樱，文化和旅游部办公厅副主任喻剑南，以及来自国家图书馆相关部处、中央及地方各类媒体共计70余人参加活动。饶权在致辞中简要回顾了2018年国家图书馆新闻宣传报道取得的成效，并对做好2019年新闻宣传工作提出新的希望。魏大威介绍春节活动，并发布建馆110周年系列活动。

28日，国家图书馆举办2019年新春团拜会，国家图书馆领导班子与800余位离退休员工及统战人士团聚一堂共迎佳节。

二　月

5日（正月初一）上午，国家图书馆馆长拜年活动在总馆北区二层大厅举行。馆长饶权率馆领导班子以及相关部处负责人喜迎己亥猪年首批读者的到来，向大家致以新春祝福，并赠送拜年封、文津图书奖获奖图书、《中华传统文化百部经典》部分图书，以及《佳联赏析：亥猪拱福》一书。春节期间，国家图书馆推出一系列群众喜闻乐见的春节活动，包括迎春送福——武强年画专题展等多场展览、“猜灯谜过大年”、剪纸艺术家访谈沙龙及现场剪纸活动等。

18日，国家图书馆理事会成立大会在北京召开，16人被聘为国家图书馆第一届理事会理事、监事。文化和旅游部党组书记、部长雒树刚出席会议，为理事会理事、监事颁发聘书并发表讲话。文化和旅游部党组成员、副部长张旭主持会议。成立大会后，即召开国家图书馆第一届理事会第一次会议，审议通过《国家图书馆章程》，明确理事会、管理层、党组织和职工代表大会的职责，以及理事会的构成、理事和监事的权利与义务等，确保国家图书馆依法依规运行。

20—27日，中国国家图书馆馆长饶权率代表团一行5人赴新加坡、新西兰进行访问。期间，代表团参加了中国国家图书馆与新加坡国家图书馆管理局联合主办的第二届丝绸之路国际图书馆联盟论坛，饶权做题为“丝绸之路国际图书馆联盟的建设情况和发展展望”的主旨报告。访问新西兰期间，饶权代表中国国家图书馆与新西兰国家图书馆馆长威廉·麦克努特共同续签《中国国家图书馆与新西兰国家图书馆合作安排》。

28日，中国图书馆学会九届五次理事会在国家图书馆召开，126名理事出席会议。会议选举通过第九届理事会学会负责人和党委负责人，审议学会2018年工作及财务报告和2019年工作计划，并听取学会分支机构的2018年工作总结和2019年工作计划。国家图书馆馆长饶权当选为第九届理事会理事长、党委书记，并担任中国图书馆学会法定代表人；国家图书馆副馆长陈樱当选为第九届理事会副理事长、党委委员。会议还安排中国图书馆学会成立40周年签名祝福活动，各位理事纷纷在留言板上签名。

三 月

15日，2019年全国古籍评审工作会议在国家图书馆召开，第六批《国家珍贵古籍名录》和“全国古籍重点保护单位”评审工作正式启动。文化和旅游部党组成员、副部长张旭，国家图书馆党委书记、副馆长魏大威，副馆长张志清，文化和旅游部公共服务司副司长陈彬斌，以及来自文化和旅游部、国家图书馆相关部门负责人，全国古籍评审工作委员会及评审专家委员会成员参加会议。魏大威介绍了第六批古籍评审工作的组织情况及后续安排。陈彬斌宣读了2019年全国古籍评审工作委员会成员名单、2019年全国古籍评审专家名单。全国古籍保护专家委员会主任李致忠对评审标准作说明。

27日，由中国图书馆学会、中国国家图书馆、英国国家图书馆主办的2019中英图书馆论坛在四川省图书馆举办。英国驻重庆总领事艾佩诗（Cecille El Beleidi），英国国家图书馆馆长莉兹·乔利（Liz Jolly），文化和旅游部公共服务司副司长陈彬斌，中国国家图书馆党委书记、副馆长魏大威，中国图书馆学会副理事长、中国国家图书馆副馆长陈樱以及“鲜活的知识”英国图书馆联盟（Living Knowledge Network）代表、国内部分公共图书馆馆长等共计120余人参加。本次论坛主题为“公共图书馆服务创新与事业发展”。陈彬斌、魏大威在开幕式上致辞。陈樱在主旨发言中介绍中国公共图书馆事业发展及相关法规。

四 月

3日，国家图书馆召开2019年事业发展和党的建设宣传工作会议，表彰宣传和党建工作先进集体和个人，回顾2018年工作，部署2019年任务，规划未来发展。国家图书馆党委书记、副馆长魏大威，副馆长、党委副书记陈樱，以及全馆各部处主管宣传工作负责人、党支部书记、宣传员、党建信息员、《国家图书馆通讯》编委、国图微传播团队成员等70余人参加会议。会议宣读了相关表彰决定，并颁发“宣传工作优秀部处”“信息报送优秀党支部”以及“优秀宣传员”“宣传工作积极分子”“优秀党建信息员”等奖项。

19日，国家图书馆互联网信息战略保存项目在北京启动，首家互联网信息战略保存基地落户新浪。文化和旅游部公共服务司副司长陈彬斌，国家图书馆馆长饶权，党委书记、副馆长魏大威，副馆长孙一钢，微博首席执行官王高飞，新浪首席信息官王巍，以及相关专家学者，国家图书馆和新浪的代表等出席本次活动。魏大威和王巍分别代表国家图书馆和新浪签署合作协议。饶权、王高飞分别发表致辞。现场召开了以“互联网时代人类文化记忆保存的价值、路径和未来”为主题的圆桌论坛。

23 日，国家图书馆、中国图书馆学会、学习强国平台联合全国图书馆界共同举办了主题为“读经典　学新知　链接美好生活”的全民读书盛典。中宣部宣传舆情研究中心主任、学习强国学习平台负责人刘汉俊，文化和旅游部公共服务司副司长陈彬斌，国家图书馆领导班子成员，第十四届文津图书奖获奖图书作者和出版单位代表，文津图书奖组委会、专家评委会、媒体评委会代表以及全国公共图书馆联合评审单位代表等 400 多人参加活动。活动现场，依次揭晓第十四届文津图书奖少儿类、科普类、社科类 10 种获奖图书。国家图书馆联合全国图书馆界共同发布了《服务全民阅读　共创美好生活——中国图书馆界 4·23 全民阅读活动倡议书》。国家图书馆领导班子及馆员代表，与在各分会场的 13 家地方图书馆代表，共同宣读倡议书，向社会发出图书馆人对于服务全民阅读，推进学习型社会建设的倡议。

五　月

16 日，“文明匠心——亚洲非遗大展”在国家图书馆开幕。本次展览由中国对外文化集团有限公司、中央美术学院、国家图书馆主办。本次展览共展出来自 14 个亚洲国家的 320 件（套）非遗大师作品。国家图书馆的“甲骨文记忆展”“旷世宏编　文献大成——国家图书馆藏《永乐大典》文献展”与“文明匠心——亚洲非遗大展”一并被列入“亚洲文明联展”。

30 日，数字王阳明资源库全球共享平台上线仪式暨阳明文化文献研究成果发布会在贵阳举办。国家图书馆副馆长张志清出席，并向贵州省图书馆赠送相关图书。会上同时发布了“王阳明馆藏文献典籍普查、复制和研究丛书”。国家图书馆于 2016 年 11 月受贵阳市政府委托，开展馆藏王阳明相关古籍特藏文献普查、研究和高仿复制工作，历时 2 年多完成。

六　月

10 日，为庆祝中葡建交 40 周年、澳门回归祖国 20 周年，由中国国家图书馆，葡萄牙书籍、档案馆及图书馆局（东波塔国家档案馆）共同主办的“汉文文书——东波塔档案中的澳门故事”在国家典籍博物馆开展。展览展出 100 余份精选的“汉文文书”，展示从政治交往到日常生活，从税收管理到经济商业利益的协商，再到两个民族间的冲突解决等发生在澳门却关乎中国、葡萄牙甚至印证世界历史重要进程的故事，重现清代澳门丰富多彩的历史图景。

11 日，中国国家图书馆和阿拉伯国家联盟秘书处共同主办，科威特国家图书馆承办的“第三届中国与阿拉伯国家图书馆及信息领域专家会议”在科威特举行。来自 11 个阿拉伯国家及阿盟秘书处、12 家中方机构共 30 余名馆长、官员、专家出席本次会议。会议主题为“交流与互鉴——面向未来的中阿图书馆信息化”。

13 日，中国国家图书馆副馆长陈樱会见来访的厄瓜多尔文化和遗产部长劳尔·佩雷斯·托雷斯一行。

13—16 日，中国国家图书馆副馆长孙一钢一行 5 人赴摩洛哥访问。孙一钢代表中国国家图书馆与摩洛哥国家图书馆代表哈桑·阿盖共同签署了《中国国家图书馆与摩洛哥王国国家图书馆合作协议》，并与该馆多位部门代表进行座谈，介绍丝绸之路国际图书馆联盟和中阿电子图书馆门户网站项目的现状与发展规划。

17—24 日，韩国国立中央图书馆代表团一行 5 人由副馆长金相旭率领，到中国国家图书馆进行第 22 次业务交流。中国国家图书馆党委书记、副馆长魏大威会见金相旭一行。交流期间，双方举行 2 场业务交流会，分别就海外中国（韩国）学文献资源收集方案、图书馆目录规则发展动向及其在国家书目建设中的应用等内容进行了深入探讨。中国国家图书馆副馆长孙一钢、陈樱分别出席交流会。

18 日，国家图书馆召开“不忘初心、牢记使命”主题教育动员部署大会。国家图书馆党委书记、副馆长魏大威做动员讲话，党委副书记、纪委书记、副馆长陈樱主持会议。馆领导班子成员、馆党委委员、全馆中层干部和党支部支委 120 余人参加会议。

七　月

12 日，纪念任继愈先生逝世 10 周年座谈会在国家图书馆举办。国家图书馆党委书记、副馆长魏大威出席座谈会并讲话，副馆长张志清主持会议。馆班子成员、党委委员、离退休人员代表、相关部门主要负责人、青年员工代表参加座谈并交流发言。

19 日，中阿电子图书馆项目发布一周年专题座谈会在中国国家图书馆举办。中国国家图书馆馆长饶权、文化和旅游部国际交流与合作局副局长朱琦、阿拉伯国家联盟驻华大使马哈穆德·艾勒艾敏、沙特阿卜杜勒·阿齐兹国王公共图书馆执行总监阿卜杜凯里木·载德等出席了座谈会。中国国家图书馆副馆长孙一钢主持座谈会。座谈会总结回顾项目上线一年来取得的成绩，研究展望下一阶段的发展规划。

八　月

6 日，由国家图书馆（国家古籍保护中心）主办的“中华传统晒书大会”在曲阜孔子博物馆举行启动仪式。仪式由孔子博物馆馆长孔德平主持，国家图书馆馆长、国家古籍保护中心主任饶权，山东省文化和旅游厅一级巡视员李国琳，大连图书馆原馆长张本义先后致辞。仪式现场，张本义先生向国家图书馆赠送了自己亲笔书写的《国图百十年典籍传承记》墨宝。国家图书馆出版社现场发布《中国古籍珍本丛刊·孔子博物馆卷》、孔子博物馆藏《乾隆御定石经·孝经》和《圣门礼乐志》3本新书，并向孔子博物馆捐赠图书30种337册。

9日，国家图书馆召开警示教育大会，贯彻落实文化和旅游部警示教育大会精神，并结合“不忘初心、牢记使命”主题教育，以案为鉴、警钟长鸣，以身边事教育身边人，推进国家图书馆党风廉政建设各项工作向纵深发展。馆领导班子成员、党委委员、纪委委员、中层干部、各党支部委员、馆属企业主要负责人共计110余人参加会议。

13日，中国国家图书馆馆长饶权会见巴布亚新几内亚国家图书和档案馆总馆长卡开托·卡西一行，副馆长陈樱参加会见。

15日，中国国家图书馆馆长饶权会见来访的乌拉圭驻华大使费尔南多·卢格里斯一行并接受赠书，副馆长陈樱参加会见。

21日，2019年中国图书馆年会在内蒙古自治区鄂尔多斯市东胜区召开，这是中国图书馆年会首次在区县级城市举办。此次年会主题为“新时代图书馆的转型发展：均衡　融合　智慧”。文化和旅游部公共服务司一级巡视员陈彬斌，中国图书馆学会理事长、国家图书馆馆长饶权等领导和嘉宾以及国内外图书馆界及相关业界专家学者、图书馆工作者、企业代表、新闻媒体记者等共同参加年会。本次年会举办了中国图书馆学会成立40周年、信息素养与可持续发展等9场主题论坛，及“同城共读 万卷共知”阅读知识竞赛、“图书馆人之夜”等活动。

24—30日，中国国家图书馆副馆长张志清率代表团一行5人赴希腊雅典参加第85届国际图书馆协会与机构联合会大会。本届大会主题为“图书馆·通过对话实现变革”。张志清参加了大会开幕式、国家图书馆馆长会议、理事会会议以及闭幕式，就中国国家图书馆的发展现状以及国际图联的参与情况与参会代表进行了交流与分享。

26—28日，由国家图书馆、文化和旅游部全国公共文化发展中心联合举办的2019年“春雨工程·公共数字文化走基层”活动在内蒙古自治区阿尔山市成功举办。来自国家图书馆、文化和旅游部全国公共文化发展中心、内蒙古自治区文化和旅游厅、内蒙古自治区图书馆、阿尔山市的相关负责同志及业界同人、社会公众200余人参加活动。活动现场举办了“聚力融合发展，创新公共数字文化服务业态”展览和专家讲座。

九 月

6日，国家图书馆召开“不忘初心、牢记使命”主题教育总结大会。国家图书馆馆长、党委副书记饶权主持会议，党委书记、副馆长魏大威做主题教育总结报告。馆领导班子成员、馆党委委员、全馆中层干部和党支部支委120余人参加会议。

7日，“中华传统文化典籍保护传承大展”在国家典籍博物馆正式开展。文化和旅游部党组书记、部长雒树刚，文化和旅游部党组成员、国家文物局局长刘玉珠，中宣部、中央统战部、教育部相关司（局）负责同志，国家图书馆馆长、国家古籍保护中心主任、国家典籍博物馆馆长饶权，国家图书馆党委书记、文化和旅游部全国公共文化发展中心主任魏大威等国家图书馆领导班子全体成员，文化和旅游部、国家文物局有关司（局）以及相关直属单位负责人，全国古籍保护工作部际联席会议各成员单位联络员，古籍保护领域专家学者代表，参展单位和私人藏书家代表，博物馆界代表等200余人出席开幕式。此次大展汇集全国20多个省40余家公藏单位、30余位私人藏书家的珍贵藏品330余种。

8日，中共中央总书记、国家主席、中央军委主席习近平给国图8位老专家回信，向国图全体人员致以诚挚的问候，希望国图坚持正确政治方向，弘扬优秀传统文化，创新服务方式，推动全民阅读，更好满足人民精神文化需求，为建设社会主义文化强国再立新功。

9日，国家图书馆举行建馆110周年升旗仪式。馆长饶权，党委书记、副馆长魏大威，副馆长张志清、孙一钢、陈樱、汪东波出席仪式，各部处负责人及员工共800余人参加仪式。

9日，“图书馆·与时代同行”国际学术研讨会在国家图书馆召开，文化和旅游部部长雒树刚、副部长张旭，原文化部部长、国家图书馆理事会理事王蒙，原文化部副部长、国家图书馆原馆长周和平，韬奋基金会理事长聂震宁，国际图书馆协会与机构联合会秘书长杰拉德·莱特纳，国家图书馆馆长饶权，以及国内外图书馆界权威专家学者，图书馆工作者，新闻媒体记者等近300人参加大会。国家图书馆党委书记、副馆长魏大威主持会议。雒树刚代表文化和旅游部，向国家图书馆表示热烈祝贺。饶权、杰拉德·莱特纳、中山大学资讯管理学院教授程焕文分别做主旨报告。

16日，国家图书馆召开深入学习贯彻习近平总书记给国家图书馆老专家回信精神大会。馆长饶权，党委书记魏大威，副馆长张志清、孙一钢、陈樱，各部处相关负责人及员工代表等900余人参加会议，魏大威主持会议。饶权宣读了习近平总书记给国家图书馆8位老专家的回信。

23—27 日，国家图书馆馆长饶权、党委书记魏大威、副馆长孙一钢、汪东波及人事处、离退休干部处等相关部处工作人员分别到获得“庆祝中华人民共和国成立 70 周年”纪念章的 40 位老同志家中进行走访慰问，为他们颁发纪念章，向老同志致以节日问候和崇高的敬意。“庆祝中华人民共和国成立 70 周年”纪念章由中共中央、国务院、中央军委颁发，是新中国成立 70 周年系列庆祝活动的重要组成部分。

24—28 日，国家图书馆副馆长张志清等 3 人赴台湾参加第六届“玄览论坛”。本次论坛主题为“金针度人：活化古学，提炼新知”。张志清参加开幕式，代表国家图书馆向台湾汉学研究中心、佛光山佛陀纪念馆赠送《永青文库》（四种）、《国学基本典籍丛刊》、《中国珍贵典籍史话丛书》等书籍，并代表国家图书馆接受 2 家单位所赠书籍。

十 月

8 日，由国家图书馆与澳门中华总商会、澳区省级政协委员联谊会联合主办的“庆祝新中国成立七十周年暨澳门回归二十周年文献特展”在澳门艺术博物馆澳门回归贺礼陈列馆开幕。展览分为 7 个单元，展出国家图书馆所藏古籍、舆图、老照片、新善本、民国文献等共 99 种，系统地展现了新中国走过的艰辛历程和取得的辉煌成就，以及澳门回归祖国 20 年来的飞速发展。

11 日，“共和国不会忘记——新中国成立 70 周年国家勋章和国家荣誉称号获得者”馆藏文献展在国家图书馆总馆北区二层大厅开展。展览精选 42 位被授予国家勋章和国家荣誉称号的功勋模范人物的代表性著作、相关研究型文献和新闻报道资料，以“共和国勋章”“友谊勋章”和“国家荣誉称号”三类奖项为脉络，共展出图书 65 种，报刊 13 种 19 册。

18 日，国家图书馆与华为全面合作签约仪式在国家图书馆举行。国家图书馆馆长、党委副书记饶权，党委书记、副馆长魏大威，副馆长汪东波，华为公司中国区副总裁、华为公司 EBG 中国区总裁蔡英华，华为公司数字政府中国区总裁刘正宝等出席活动。魏大威主持仪式。饶权和刘正宝代表双方签署了全面合作框架协议。作为国图和华为全面合作的成果，“国家图书馆华为联合创新实验室”挂牌成立，饶权、魏大威、蔡英华、刘正宝共同为“国家图书馆华为联合创新实验室”揭牌。

30 日，国家图书馆举行中央和国家机关青年文明号授牌仪式。文化和旅游部直属机关党委副书记、一级巡视员孙秋霞到国家图书馆为荣获中央和国家机关“青年文明号”集体——古籍馆文献修复组授牌，副馆长陈樱主持授牌仪式。

十一月

4日，“文献名邦 书香绍兴——越地历史文脉展”开幕仪式在国家图书馆举行。本次展览由国家图书馆、中共绍兴市委、绍兴市人民政府主办，绍兴市文化广电旅游局承办，浙江省古籍保护中心协办。来自国内图书馆界，以及关心绍兴文化、热爱古籍保护工作的相关人士100余人参加活动。本次展览共分为6个单元，图文并茂地梳理绍兴历史文脉，展示绵延2500多年的绍兴文化史。

12日，国家图书馆等20家单位联合举办古籍数字资源共享发布活动，在线发布古籍数字资源7200余部（件），免费服务大众阅览和学术研究。这是国家图书馆组织的第四次古籍数字资源联合发布活动，累计发布古籍资源总量已超7.2万部/件。

14日，“妙法天成——细川护熙书法展”在国家典籍博物馆正式开展。文化和旅游部部长雒树刚参加活动并宣布展览开幕，日本前首相、永青文库理事长细川护熙，国家图书馆馆长饶权，以及来自中国书法家协会、中国国家画院等单位负责人、部分专家、媒体代表出席开幕式。开幕式由国家图书馆副馆长陈樱主持。本次展览共展出细川护熙的46件书法作品。

22日，2019年东南亚图书馆员研修班开班仪式在中国国家图书馆举办。来自东南亚10个国家图书馆的11名专家学者参加此次研修班。本届研修班的主题为“数字图书馆的建设与合作”，邀请来自中国国家图书馆、中国科学院文献情报中心、北京大学图书馆等机构的多名专家进行专题教学，并组织学员赴多家图书馆及文化机构参观交流。

26日，第十五届省、自治区、直辖市、较大城市图书馆馆长联席会议在国家图书馆召开。本届馆长联席会的主题是深入学习贯彻习近平总书记给国家图书馆老专家回信精神，共同谋划公共图书馆“十四五”发展大局。国家图书馆馆长饶权、党委书记魏大威，文化和旅游部公共服务司副司长白雪华，国家图书馆副馆长张志清、汪东波，58位来自全国副省级以上的公共图书馆馆长参加会议。饶权做大会主旨发言。河北省图书馆、上海图书馆、浙江图书馆、河南省图书馆、重庆图书馆、新疆图书馆、广州图书馆的7位馆长代表分别就本馆的工作现状和未来发展做发言。

十二月

3日，国家图书馆、新华书店总店、新华互联电子商务有限责任公司战略合作签约仪式在国家图书馆举行。国家图书馆馆长饶权、新华书店总店总经理茅院生、新华互联电子商务有限责任公司总经理许维华代表3方签署合作协议。根据协议，三方将积极适应互联网时代阅读需求变化，努力构建新时代“馆、社、店”融合发展的创新模式。

3日，国家图书馆出版社40周年出版座谈会在京举行。国家图书馆馆长饶权，中宣部出版局副局长、古籍办副主任许正明，中国编辑学会会长郝振省，国家出版基金规划管理办公室监管处处长刘兰肖，以及来自文史学界、图书馆界、出版界的知名专家、学者共40余人参加会议。国家图书馆党委书记魏大威主持会议。

9日，由中国博物馆协会、中国人民革命军事博物馆主办的“博苑撷英——全国博物馆陈列艺术成果交流展（2009—2019年）”开幕，国家典籍博物馆的基本陈列展览“甲骨文记忆展”入围参展，并获颁纪念牌。

10日，由国家图书馆摄制的口述史纪录片《口述国图》在2019中国（广州）国际纪录片节上首映。国家图书馆副馆长汪东波、曾经在国家图书馆工作过的谭祥金、黄俊贵以及广东省图书馆界的老专家、老学者代表等嘉宾参加活动。

16日，国家图书馆、北京苹果慈善基金会藏文古籍保护合作框架协议签约仪式在国家图书馆举行。国家图书馆馆长饶权，北京苹果慈善基金会创始人王秋杨女士、名誉理事长高西庆教授，国家图书馆相关部门负责人，北京苹果慈善基金会相关负责人等参加仪式。国家图书馆副馆长张志清与北京苹果慈善基金会秘书长马帅代表双方签约。根据协议，双方将在西藏自治区的古籍保存、保护、修复、出版、数字化和宣传推广等方面开展通力合作，共同促进藏文古籍的保护与利用。

19日，由国家图书馆、星云文化教育公益基金会、佛光山文教基金会共同主办的《星云大师全集》捐赠仪式在国家图书馆举行。台湾佛光山佛陀纪念馆馆长如常法师向国图捐赠《星云大师全集》108册和《佛光大藏经·般若藏》42册，国家图书馆馆长饶权接受捐赠并向如常颁发捐赠证书。

22日，中国图书馆事业的拓荒者、国家图书馆前身京师图书馆首任馆长缪荃孙铜像揭幕仪式在国家图书馆举行。江阴市委、市政府代表缪荃孙家乡人民，向国家图书馆捐赠缪荃孙半身铜像。国家图书馆馆长饶权、副馆长张志清，中共江阴市委常委计军、程政，副市长张韶峰，以及来自北京大学、清华大学、国家图书馆、南京图书馆等单位的专家学者，缪荃孙后裔共40余人出席会议。

26日，“郑振铎等抢救流散香港文物往来信札捐赠划拨仪式暨入藏纪念展开幕式”在国家图书馆举行。文化和旅游部部长雒树刚向捐赠方中国嘉德国际拍卖有限公司颁发捐赠证书，并宣布展览开幕。此次所捐赠的“郑振铎等抢救流散香港文物往来信札”，包括1952年至1958年间，郑振铎先生等与“香港秘密收购文物小组”成员之间的往来信件、电报存根等共计166页，涉及收购小组成立、文物收购原则、真伪鉴定、资金筹措等多方面内容。

26日，《鲁迅手稿全集》编辑委员会会议在国家图书馆召开。文化和旅游部部长、编委会主任雒树刚，文化和旅游部党组成员、国家文物局局长、编委会副主任刘玉珠，国家文物局党组成员、副局长、编委会委员关强，国家图书馆馆长、编委会委员、专家委员会主任、编委会办公室主任饶权等领导及来自文化和旅游部、国家文物局相关司局负责人，鲁迅手稿收藏单位的代表以及《鲁迅手稿全集》编辑委员会各位委员、编委会办公室有关成员及编纂人员参加会议。

综合索引

C

D

E

F

G

H

J

K

L

M

N

P

Q

R

S

T

W

X

Y

Z

（佛山科学技术学院　衡中青　编制）